Alessandro Manzoni

Lettera sul Romanticismo

Saggio introduttivo di
Arturo Graf

Studio biografico in appendice di
Angelo De Gubernatis

pe
Primiceri Editore

2023 Tutti i diritti riservati.
Finito di stampare nel mese di gennaio 2023
presso Rotomail Italia Spa – Vignate (MI)
per conto di Primiceri Editore Srls
Via Savonarola 217, 35137 Padova
Prima Edizione
ISBN 978-88-3300-312-2
www.primicerieditore.com

Immagine di copertina:
Ritratto di Alessandro Manzoni - Francesco Hayez
1841, Pinacoteca di Brera

PREMESSA DELL'EDITORE
in occasione dei 150 anni dalla morte
di Alessandro Manzoni

Il 22 maggio del 2023 verranno celebrati i 150 anni dalla scomparsa di Alessandro Manzoni. In questo anno saranno certamente moltissime le iniziative che verranno organizzate da enti, istituzioni, associazioni e imprese, pubbliche e private, così come altrettante saranno le pubblicazioni in memoria del grande scrittore capofila del *Romanticismo* e anticipatore del genere letterario oggi conosciuto come *romanzo storico*. Da Editore attento e sensibile alla storia della letteratura italiana, Primiceri ha scelto di partecipare alla commemorazione di Manzoni, non solo ristampando la propria edizione de "*I promessi sposi*" che trovate disponibile nella collana dei classici, ma anche attraverso il presente volume, il quale vuole rappresentare un omaggio alla grandezza di romanziere che fu propria del Manzoni. Parte centrale e fondamentale di questo volume è infatti la *Lettera sul Romanticismo* che Alessandro Manzoni scrisse nel 1823 indirizzata al nobile piemontese Cesare D'Azeglio per difendere il *Romanticismo* dai dubbi espressi da quest'ultimo circa la debolezza delle idee romantiche nel confronto con il *Classicismo*. Nel 1823 il marchese Cesare Taparelli d'Azeglio pubblicò la *Pentecoste* di Manzoni sulla sua rivista "*Amico d'Italia*". Inviò poi copia della rivista a Manzoni, accompagnandola con una lettera nella quale affermava che il *Romanticismo* avrebbe avuto vita breve. Nella risposta a D'Azeglio, che ripubblichiamo in questo volume, Manzoni spiega in modo estremamente chiaro quali fossero le idee Romantiche riguardo all'arte e alla letteratura. In quel tempo i Romantici lombardi ruotavano intorno alla rivista *Il Conciliatore*, periodico bisettimanale pubblicato per la prima volta a Milano nel 1818, chiamato anche *Foglio azzurro* per il colore della carta su cui veniva stampato. L'intenzione del giornale era quella di conciliare le opposte tendenze che in quel periodo stavano emergendo in Italia, in politica come in letteratura. In breve tempo, però, *Il Conciliatore* assunse posizioni sempre più vicine a quelle dei romantici, contrarie alla dominazione austriaca e aperte alle idee di rinnovamento provenienti dall'Europa. Per questo venne soppresso dalla censura austriaca nel 1819. La *Lettera sul Romanticismo* fu stampata per la prima volta nel 1846, nonostante il parere contrario dell'autore, che nel 1870 ne rivide il testo per la pubblicazione definitiva. La lettera si compone essenzialmente di due parti, una parte critica (*pars destruens*) e una positiva (*pars costruens*). Nella prima parte Manzoni si sofferma sul rapporto *Romanticismo – Classicismo*. Manzoni afferma innanzitutto che il termine *Romanticismo* non ha un significato univoco: sono differenti i significati che gli si attribuiscono in Inghilterra, in Germania e in Francia e in Italia. Il *Romanticismo* milanese, poi, ha delle peculiarità ulteriori, ossia è sostenuto da un complesso di idee moderate e ragionevoli, molto diverse da quelle che caratterizzano il *Romanticismo* d'oltralpe. Il pregio del *Romanticismo* rispetto al *Neoclassicismo* è il rifiuto della mitologia. La mitologia, secondo Manzoni, è negativa da un punto di vista letterario perché consiste nell'imitazione priva di originalità di un passato ormai lontano che ha perso significato ai giorni nostri. La mitologia inoltre esprime un'idea del mondo contraria alla religione cristiana, una morale basata sulla ricerca del piacere e dei beni materiali e per questo voluttuosa, superba, feroce, ed egoistica. La mitologia, inoltre, viene usata dai neoclassici per raggiungere il *bello poetico*, ma, in realtà, per Manzoni si tratta di idolatria, in quanto il *bello poetico* deve essere ottenuto tramite l'aderenza al vero. Quindi, passando alla parte positiva della lettera, Manzoni spiega come la poesia e la letteratura in generale, debbano avere *l'utile come fine, il vero per oggetto e l'interessante come mezzo*. L'opera letteraria deve pertanto essere interessante per attrarre il pubblico dei lettori, deve occuparsi del vero, che è anche l'unica sorgente del bello, e deve essere utile alla società. Manzoni distingue tra *vero storico* e *vero morale*: il primo è la rappresentazione del vero della storia, il secondo ha a che fare con le verità dell'animo umano, ed è il campo specifico di indagine del poeta. Entrambi però generano nel lettore il diletto. Affermati questi concetti sul vero, Manzoni conclude che la rappresentazione del vero non è in contrasto, anzi, va nella stessa direzione del sentimento religioso.

Il presente volume, al fine di restituire al lettore un quadro completo del momento storico e artistico in cui Manzoni si trovò ad essere protagonista, si arricchisce di altri due scritti, ad opera di due eccelsi studiosi, che si inseriscono nelle numerose analisi che numerosi critici letterari hanno svolto sulla figura del Manzoni e sulla sua letteratura, preziose testimonianze di come il dibattito circa il Romanticismo e su come Manzoni ne fosse in Italia il caposcuola oltre che il migliore interprete, fosse in quei tempi molto vivace. Si tratta del saggio *"Sul Romanticismo del Manzoni"* che *Arturo Graf* pubblicò per la prima volta nel 1895 (riproposto in apertura del presente volume come saggio introduttivo) e lo *"Studio biografico su Alessandro Manzoni"* di *Angelo De Gubernatis*, raccolta delle letture svolte alla *Taylorian Institution di Oxford* nel maggio dell'anno 1878, riproposto in appendice al presente volume e ancora oggi fonte di conoscenza circa tutta l'opera letteraria del Manzoni.

IL ROMANTICISMO DEL MANZONI[1]

di Arturo Graf

Alessandro Manzoni passò sempre, in Italia e fuori d'Italia, per caposcuola del romanticismo italiano. E non senza ragione, di sicuro, chi consideri che nella lettera allo Chauvet sulle unità drammatiche noi abbiamo il documento più cospicuo di quella letteratura polemica; nella lettera a Cesare D'Azeglio il catechismo, per così dire, di quella dottrina; nei *Promessi Sposi*, nelle tragedie, negl'inni sacri, quanto di meglio quella letteratura produsse in Italia. Se non che, dal tenere, così senz'altro, e in modo, direi, assoluto, il Manzoni capo di quella scuola, possono nascere, e nacquero infatti, e nascono tuttavia, alcune pregiudicate opinioni che, specie se spalleggiate da un po' di avversione o di predilezione istintiva, non lasciano rettamente intendere l'uomo, nè l'opera sua, nè quella scuola stessa di cui si vorrebbe vedere in lui l'espressione più sicura e più piena. Il Manzoni fu romantico, senza dubbio; ma non quel romantico che

---

[1] Questo saggio fu pubblicato la prima volta nella *Nuova Antologia*, Serie III, vol. LX (1895). Salvo qualche piccola aggiunta e qualche emendazione, esso rimane immutato. Con questo medesimo titolo: *Le romantisme de Manzoni*, il signor Vittorio Waille fece stampare in Algeri, nel 1890, un libro, che dato in deposito al librajo Hachette di Parigi, e restituito da questo, dopo non molto, all'autore, fu certo veduto da pochi, e non è più in commercio. Nelle 195 pagine di cui si compone il volume sono molte buone osservazioni, e delle cose nostre ci si discorre con una conoscenza ed una imparzialità che non sono molto frequenti nei libri francesi. Tuttavia mi pare che l'autore esageri quando parla degl'influssi esercitati dal pensiero francese e dall'arte francese sul pensiero e sull'arte del Manzoni, e quando fa di questo, a dirittura, un discepolo del Fauriel e dello Chateaubriand (pp. 24-5, 36, 122-3, 190); e che cada in tale esagerazione, e in alcun altro errore, per non conoscere abbastanza le origini del romanticismo nostro, del quale per altro ritrae molto bene l'indole e gli intendimenti. Che io, salvo la inevitabile conformità di alcuni giudizii, ho trattato in modo affatto diverso il tema già trattato da lui, potrà essere facilmente avvertito da chiunque voglia torsi la briga di confrontare l'uno con l'altro i due scritti. Si può anche vedere nei *Preussische Jahrbücher* del 1874 uno studio di W. LANG, *Alessandro Manzoni und die italienische Romantik*.

molti si dànno ad intendere; e capo del romanticismo italiano egli non può esser detto senza accompagnare quel titolo periglioso di molte avvertenze, distinzioni e restrizioni, che ne scemano d'assai la portata, o ne mutano non poco il carattere. I giudizii sommarii non valgono nulla, neanche in letteratura. Del resto il Manzoni, come il Lamartine, ricusò sempre il nome, l'ufficio e le brighe del caposcuola; e se il Pieri, una volta, lo chiamò dispettosamente *corifeo del romanticismo italiano*; e se altri dopo il Pieri, gli diedero quello stesso, o altro simile titolo; ebbe pur sempre ragione il Mamiani di dire che il presunto e acclamato *capitano procedette sempre solo*[2]. E di ciò si ha, fra tant'altre, una prova nel fatto che il Manzoni favorì bensì il *Conciliatore*, ma non vi scrisse; astensione che per un caposcuola del romanticismo non lascia d'essere un po' curiosa.

I.

Parlare del romanticismo è, anche ora, cosa molto difficile, per quanto appajano sedate, se non ispente affatto, le passioni che già resero un tempo difficilissimo il parlarne. Perchè la difficoltà non nasceva tutta dall'impeto e dal contrasto di quelle passioni, le quali non lasciavano veder chiaro nella questione; ma nasceva, e in certa misura nasce ancora, dall'oscurità, dall'estensione, dal viluppo della questione stessa. Più forse di ogni altra dottrina letteraria, in dottrina romantica, presa nel tutto insieme, appare a primo aspetto una agglomerazione di parti malamente coordinate, e talvolta anche repugnanti fra loro; sparsa di certe larve d'idee che, speciose in vista, non si possono poi ridurre a forma definitiva e pensabile; intralciata di troppi di quei giudizii che il Manzoni, parlando d'altro, dice nati «prima sul labbro che nella mente, e che svaniscono a misura che uno li contempla con

---

[2] Perciò assai malamente scrisse il PRINA (*Alessandro Manzoni*, Milano, 1874, p. 3) che il Manzoni «capitanò il gran movimento romantico».

attenzione». Se n'ha una prova in quelle tante, troppe, definizioni che del romanticismo si diedero e si dànno, e che tutte, qual più, qual meno, tornano inadeguate e vaghe, specie se pretendano di far colpo con certa stringatezza e recisione aforistica che il soggetto non comporta (*il romanticismo è il liberalismo nell'arte, lo spiritualismo nell'arte, il vero nell'arte, il trionfo del lirismo, il soperchiare del soggettivismo, il disordine della fantasia, il senso del mistero, la forza dell'aspirazione, ecc.*)[3] e se n'ha una prova anche maggiore nel vedere parecchie di quelle definizioni contraddirsi e negarsi a vicenda.

Ad ogni modo, sono lontani i tempi in cui Vittore Hugo, non convertito per anche alla nuova fede, poteva dire che *classico* e *romantico* sono parole senza senso, e il Guerrazzi ripetere in Italia: «Io non vorrei profferire nemmen i nomi di classici e di romantici, dacchè per sè stessi non significano nulla». Veramente quei nomi qualche cosa significano, e noi, ora, sempre più li veniamo intendendo, sempre più discerniamo le cose e le idee significate per essi, e le attinenze, conseguenze e ragioni loro. Contraddizioni e incertezze nella dottrina ce ne furono anche troppe, ma dovute, la più parte, alla natura stessa delle cose, le quali vanno per la lor china, come la necessità ne le porta, nè si curano di accondiscendere alle dottrine perchè le riescano più facilmente, di primo tratto, chiare, intere, bene spartite e coerenti.

Risalendo ai principii e guardando un po' dall'alto, si vede ciò che non si può vedere dal basso. I nuovi indirizzi dell'arte e le dottrine che li accompagnano, e alle volte li precedono, sono determinati più e meno (non mai del tutto) da moti molto più vasti e più profondi, effettuatisi già, o che si vanno effettuando, negli ordini della vita e del pensiero. Il romanticismo non fa eccezione a questa che è legge costante e generale; ma esce in qualche modo dall'ordinario, e si stringe a certo gruppo di casi particolari, ove quel nuovo indirizzo si vede essere (sempre più e meno) l'effetto,

---

[3] L'Hugo che definì il romanticismo il liberalismo nell'arte, giunse poi a dire che romanticismo e socialismo sono una sola e medesima cosa.

non di moti concordi e cooperanti, ma di moti discordi e contrastanti, e come la *risultante* di più forze divergenti. Si vedono comunemente nel romanticismo gli effetti della reazione politica e religiosa; ma non ci si vedono, o ci si vedono molto meno, gli effetti di quello spirito contro cui s'armò la reazione, di quello spirito che concepì e operò i grandi rivolgimenti del secolo scorso[4]. La inclinazione religiosa e mistica che l'arte romantica manifesta sin dal suo nascere; quella infatuazione pel medio evo; quel sentimento di patria e di nazione fatto più permaloso e più acuto, sono frutto di reazione senza dubbio; ma quel vago, inquieto e talvolta protervo desiderio del nuovo; quell'avversione acre all'autorità ed alle regole; quella baldanza critica e battagliera; quel proposito democratico; quel confondere i generi come si eran confuse le classi, son frutti dello spirito stesso del secolo XVIII. Qual meraviglia se il romanticismo, formato, dirò così, di un intreccio di forze contrarie, mostra in sè più di una contraddizione? Se mentre esalta il sentimento sopra la ragione, si serve della ragione per buttar giù il classicismo, con procedimenti non troppo dissimili da quelli che i filosofi avevano usato contro la fede? Se mentre riconsacra le patrie, scioglie inni all'umanità? Se mentre ripone Dio sugli altari, prepara le vie

---

[4] Leggo in un opuscolo tedesco (*Die romantische Schule in Deutschland und in Frankreich, von* STEPHAN BORN, Heidelberg, 1879, pag. 5): Il romanticismo francese «è scaturito direttamente dalla opposizione alla rivoluzione». Errore. Vedi LARROUMET, *Les origines françaises du romantisme*, in *Études de littérature et d'art*, Parigi, 1893. Tutto il più si può dire che, durante il suo periodo violento, la rivoluzione francese interruppe, o turbò lo svolgimento normale del romanticismo. Il culto della Dea Ragione contraddice al culto del Dio Sentimento. Per le origini remote del romanticismo italiano, vedi FINZI, *Lezioni di storia della letteratura italiana*, vol. IV, parte I: *Il romanticismo e Alessandro Manzoni*, Torino, 1891; MAZZONI, *Le origini del romanticismo*, in *Nuova Antologia*, serie III, vol. XLVII, fascicolo del 1° ottobre 1893; BERTANA, *Un precursore del romanticismo*, nel *Giornale storico della letteratura italiana*, volume XXVI (1895), pp. 114 segg. Per le origini del romanticismo inglese vedi W. LION PHELPS, *The Beginnings of the english romantic Movement*, Boston, 1893. Parmi strana l'affermazione del MENÉNDEZ Y PELAYO (*Historia de las ideas estéticas en España*, t. V. Madrid, 1891, p. 233) che non fosse in Inghilterra romanticismo vero e proprio.

all'incredulità e al *satanismo*, correggendo esso stesso il detto di Enrico Heine, che il romanticismo sia un fior di passione nato dal sangue di Cristo? Vedere in queste incoerenze e in questi dissidii non altro che sintomi di debolezza e d'inettitudine non è ragionevole. Essi, piuttosto, sono sintomi di vita operosa, combattuta e profonda. Giudicar l'arte e la dottrina che li accolsero in sè fatti di scadimento e di esaurimento, senz'altro, è erroneo. Il romanticismo ebbe molte parti vive e vitali; alcune vitali tanto che vivono ancora, anzi, pajono, mutati i nomi, prender nuovo vigore. Il romanticismo fece ciò che non poteva più, per nessun modo, il classicismo: rappresentò la coscienza dei tempi nuovi nella molteplicità mutabile de' suoi aspetti, nel tumulto e nel contrasto delle sue numerose tendenze, nel lutto insieme dell'agitata e tormentosa sua vita. Fu qualche cosa più che la *epizoozia* schernita dal Monti.

Del resto quando nella dottrina del romanticismo si sia fatta la cernitura degli elementi avventizii, scioperati, caduchi, e siasi cercato alquanto sotto la superficie, non si stenta molto a trovare un nucleo saldo e incorruttibile, formato dal concetto di un'arte che, non più dell'antica, ma più di quella che s'affanna a rifare l'antica, scaturisca dall'intimo della psiche, e viva del vivo, traendo spirito e norma dal veramente sentito e dal veramente pensato, anzi che dagli esempii e dai precetti; sia, per così dire, immanente e non derivata. Questo concetto, dal quale vennero al rivolgimento letterario della fine del secolo scorso e di parte del presente alcuni caratteri non troppo dissimili da quelli che contraddistinguono il rivolgimento religioso del secolo XVI; questo concetto, che formò pure il nucleo del realismo, è di tutta giustezza e inoppugnabile. E se il romanticismo traviò poi in tanti errori e in tanti eccessi, traviò, non già per averlo troppo osservato, ma bensì per non averlo osservato abbastanza. E se, notando l'atteggiamento diverso che il romanticismo ebbe a prendere tra le varie genti d'Europa, e come quella diversità diventi alle volte contrasto e contraddizione, si volesse inferirne che quel principio non è nè immutabile nè unico, s'inferirebbe il falso, quando la diversità, il contrasto e la contraddizione nascono appunto dall'essere quell'unico e costante principio applicato a condizioni di vita e di coltura profondamente diverse, e da quella mescolanza di elementi e di tendenze a cui ho accennato poc'anzi. Un solo e supremo principio estetico e letterario, e molte e varie contingenze e tendenze particolari, ecco perchè ci fu un romanticismo comune e generico, e ci furono tante specie di romanticismo quanti i paesi in cui allignò.

Sebbene Hermes Visconti abbia definito *crocchio sopraromantico* il crocchio che intorno al 1820 si adunava in casa del Manzoni, pure gli è indubitato che il romanticismo italiano, specie quello che in Milano ebbe espressione più ragionevole e vita più rigogliosa, fu di sua natura molto temperato, molto conciliativo: tanto temperato e tanto conciliativo che, appunto in quell'anno, nella lettera allo Chauvet, pubblicata poi il 1822, il Manzoni stesso era tratto ad esprimere il dubbio non avessero i romantici italiani a udirsi rimproverare di non essere abbastanza romantici. Egli per primo non dovette sembrare a molti abbastanza romantico. A ragione, o a torto? Ecco appunto la questione che io vorrei esaminare e discutere. Che è a dire del Manzoni considerato nel romanticismo generale europeo? Che è a dire del Manzoni considerato nel romanticismo particolare italiano? Quanto al romanticismo italiano, leggonsi parole del Manzoni che proverebbero pieno e perfetto in quegli anni medesimi l'accordo suo con gli scrittori del *Conciliatore*, di cui erano stati soppressi i fogli ma non le idee. In principio del 1821, scrivendo al Fauriel, egli li chiamava suoi amici e compagni di patimenti letterarii, *amis et compagnons de souffrance littéraire*[5], e certamente li aveva per tali. Ma era poi l'accordo così pieno e così perfetto come si parrebbe da quelle parole? Ci sono molte

---

[5] *Epistolario di* ALESSANDRO MANZONI, *raccolto ed annotato da* Giovanni Sforza, Milano, 1882, vol. I, pag. 200. Vedi anche la lettera del 17 ottobre 1820 allo stesso Fauriel.

ragioni per credere che no. E il disaccordo, forse assai leggiero in principio, non s'andò aggravando col tempo? Ci sono molte ragioni per credere che sì.

II.

Prima di tutto, il Manzoni ebb'egli da natura un temperamento che possa dirsi di romantico, di romantico schietto, di romantico risoluto? Tale domanda non è senza importanza. Per aderire *scientemente* a una dottrina o religiosa, o politica, o filosofica, o letteraria, e più per farsene banditore e campione, è necessaria una certa costituzione psichica, una certa complessione morale, varia secondo la varia indole della dottrina stessa e simile (sino a certo segno) in tutti coloro che quella dottrina professano. Ciò va inteso con molta discrezione, con molta larghezza, ed è vero solamente di coloro che abbracciano le dottrine a ragion veduta, con intendimento, con sincerità, con deliberato proposito. Quanto ai molti più che si caccian lor dietro, o perchè allettati da una qualsiasi lusinga di un qualsiasi guadagno, o perchè trascinati dall'andazzo e dalla voga, o perchè usi di porsi alle calcagna del primo che passi e faccia loro cenno, essi non han bisogno d'avere per quelle nessuna inclinazione vera e naturale, e possono, anzi, averci ripugnanza. La fazione, la confessione, la scuola sono formate da quei primi e guaste da quei secondi. Vengono i primi e iniziano, poniamo, un'arte per quanto è possibile nuova: vengono i secondi, e frantendendo, esagerando, adulterando, corrompono e disfanno l'opera di quelli, pur dandosi aria di ajutarla e di compierla. Tutte le scuole letterarie, per non parlar d'altre, conobbero questo flagello; ma nessuna forse più della romantica.

Ora, venendo al Manzoni, io credo si possa dire che la sua costituzione psichica, la sua complessione morale, furono appunto quali si richiedevano a intendere appieno e abbracciare risolutamente il principio primo e sostanziale del romanticismo secondo ho cercato di adombrarlo; furono solo in parte quali occorrevano per accondiscendere ad alcuni altri principii, importanti ancor essi, ma subordinati; non furono in nessun modo quali ci sarebbero volute per acconciarsi a tutto quel guazzabuglio d'idee, d'immaginazioni, di sentimenti, che pajono formar parte integrante della dottrina, ma che della dottrina propriamente sono o negazione, o caricatura.

Spero, nelle pagine che seguono, di riuscire a chiarir tutto ciò; ma si può far sin da ora, agevolmente, una osservazione abbastanza significativa. Se si raccolgono come in un gruppo i maggiori poeti romantici francesi, inglesi, tedeschi, si nota fra loro, a dispetto delle dissomiglianze a volte molto notevoli, come un'aria comune di famiglia: se s'introduce in quel gruppo il Manzoni, il Manzoni sembra un estraneo.

La ricerca di quella che il Taine chiamava facoltà maestra o cardinale può essere in taluni casi molto difficile, e anche molto delusiva, ma non mi par tale nel caso del Manzoni. Chi disse primo (poi fu ripetuto da molti) che il Manzoni è lo stesso buon senso fatto persona, disse bene, ma non disse abbastanza; e chi quel buon senso ragguagliò al senso comune errò grossamente. Gli è vero che il Manzoni stesso parla a più riprese, con molto rispetto, del senso comune, e lo invoca; ma non è da dimenticare ciò che in un luogo dei *Promessi Sposi* egli scrive a proposito dell'opinione generale circa il malefizio degli untori: che il buon senso «se ne stava nascosto per paura del senso comune»[6]. Tra senso comune e buon senso è poca amicizia; e il buon senso è come una virtù domestica dello spirito, la quale fa gran servizio nelle occorrenze ordinarie della vita, ma fuor di lì, o ne fa poco, o non ne fa punto. Col buon senso si evitano molti errori, e si

---

[6] Cap. XXXII, verso la fine. Più anni dopo, alludendo a tali parole, scriveva al Cantù: «Quella frase non avrei dovuto metterla per rispetto alla teoria del senso comune del Lamennais. Ma giacchè la c'è, la ci stia». E si capisce che non gli dispiaceva punto d'avercela messa.

ripara a molti mali spiccioli; ma per volere le cose grandi, e più per farle, il buon senso non basta: ci vuole un senso più alto, più ardito, più avventuroso, che non si adombri così facilmente d'un paradosso, che non ricalcitri quasi istintivamente ad ogni *ver che ha faccia di menzogna*, e non tema ogni momento di perder piede. Povero il novatore che avendo buon senso non abbia altro. E il Manzoni fu novatore quieto, ma novatore grande.

Il buon senso occupa i gradi mezzani della ragione, e il Manzoni sale dai mezzani ai più alti. Egli è uom di ragione per eccellenza. Con ciò non voglio già dire che la ragione in lui sia perfetta (e in chi mai fu perfetta?): voglio dire che è mirabile per acutezza e per vigoria, che sta in cima del suo spirito, che sopraintende a tutta la sua vita intellettuale e morale, e la promuove e la regola. La mente del Manzoni è delle meglio ordinate, proporzionate, equilibrate che io conosca; perspicace quanto prudente, agile quanto salda; metodica ma non sistematica; vaga del rigore logico, ma schiva d'ogni logica rigidezza. Il Manzoni sa che il vero sapere non si acquista se non procedendo dal noto all'ignoto; che il metodo *è uno* per ogni cosa; che *gli errori di metodo sono sempre gravi*; che la *curiosità sincera* dev'essere accompagnata dal *dubbio ponderatore* e dar agio all'*esame accurato*, perchè *l'osservar poco è appunto il mezzo più sicuro per concluder molto*; che non bisogna lasciarsi affascinare dalle ipotesi, ma procedere sempre con *utile e ragionata diffidenza*[7]. C'è forse bisogno di dire che questa così affinata e cauta ragione non ha troppa somiglianza con quella che il secolo XVIII alzò sugli altari? e che abbiam qui una forma di ragione più alta e più sincera? Ma poi, c'è forse bisogno di soggiungere che anche questa ragione più alta e più sincera ha le sue debolezze e le sue esagerazioni? Notato il buono, notiamo anche il men buono.

Il Manzoni è di sua natura, sopra ogni altra cosa, un ragionatore, e sebbene muova consuetamente dal fatto e dalla

---

[7] *Discorso sopra alcuni punti della storia longobardica*, preambolo e capitolo IV.

osservazione, pure, come quei filosofi di cui serbò un qualche poco gli andamenti, anche dopo averne rinnegate le dottrine, non lascia di cader qualche volta nello abuso del ragionar troppo. Egli è un ragionatore molto ingegnoso e molto sottile, ma, qua e là, un pochin troppo ingegnoso e un pochin troppo sottile. Conosce assai bene i sotterfugi e i tranelli del pensiero e della parola, e sa guardarsene, ma non sempre, ma non in tutto. Per dire un esempio, nel discorso sopra il romanzo storico, il ragionamento pende talvolta nel sofistico, l'argomento diventa cavillo; e chi legge non può schermirsi interamente dal dubbio che l'autore abbia scritto, più che per altro, per fare una sua esercitazione dialettica, e per misurare le proprie forze di atleta logico[8]. Così ancora, nel *Dialogo della invenzione* non mancano alcune di quelle trappole di parole cui accenna uno degli interlocutori; e non mancano neanche altrove, sebbene nessuno meglio del Manzoni sappia che i traslati *sono traditori*, e che le parole, se non ci si bada bene, *menano fuori di strada*[9]. Non sempre chi ragiona bene ha ragione, e più d'una volta il Manzoni, per volere ragionare troppo, finisce ad aver torto; e allora non gli giova d'andare in collera contro coloro che negano *l'applicabilità de' principii a tutte le loro conseguenze*, e dicono *espressamente pericolosa la logica*[10]. Che l'accusa di troppa sottigliezza potesse, una volta o l'altra, venirgli da qualche banda, pare l'abbia sospettato egli stesso, perchè, quasi a pararsene, lasciò scritto: «j'ai remarqué que l'on appelle assez souvent subtiliser, ce qui pourrait s'appeler en d'autres termes: toucher le point de la question»[11]. E sta bene; ma un pochino di don Ferrante c'è in don Alessandro, sia detto con la discrezione dovuta: e c'è anche un poco di quel soverchio

---

[8] Vedi in proposito le giuste osservazioni del TENCA, *Prose e poesie scelte*, Milano, 1888, vol. I, pp. 331, 335, 350.

[9] *Lettera intorno al Vocabolario*, in *Opere varie*, Milano, 1870, pp. 829, 830. Delle *Opere varie* citerò sempre in seguito questa stessa edizione.

[10] Lettera al Laderchi, 23 giugno 1843. *Epistolario*, vol. II, p. 105.

[11] *Dialogue entre un homme du monde et un poëte. Opere inedite o rare*, pubblicate da R. Bonghi, Milano, 1883 segg., vol. II, p. 431.

rampollar di pensieri sopra pensieri che, se non dilunga a dirittura il segno, fa talora perplesso e lento chi ci tende. Abbiamo in ciò la confessione dello stesso Manzoni: *habemus confitentem reum*.

Ma il difetto è pur sempre lieve; e, tutto sommato, s'ha a riconoscere che il Bonghi giudicò rettamente quando disse che «nella mente del Manzoni la facoltà del ragionare esatto era delle maggiori»[12]. Chi ben guardi troverà la manifestazione di quella facoltà non meno nei *Promessi Sposi* che negli scritti d'indole critica e dissertativa. Il Manzoni non si contentò mai di cosa che, oltre al desiderio, non appagasse in pari tempo la ragione[13]; e credo che il Bonghi cogliesse anche una volta nel segno quando il cattolicismo di lui faceva dipendere, almeno in parte, da un vivo bisogno di logica e serrata coordinazione.

Ora dunque, se il Manzoni è, essenzialmente, un uomo razionale e ragionante; e se la ragione innalza sopra tutte le facoltà umane; e se della ragione usa continuamente, e qualche volta abusa; si vede come sin dal bel principio egli venga a contraddire, non solo a uno dei progenitori massimi del romanticismo, quale fu il Rousseau, che mise il sentimento sopra la ragione, ma ancora a tutti quei veri e proprii romantici della fine del secolo scorso e del primo ventennio di questo che, con a capo Guglielmo Schlegel, per amor di misticità, mossero, larvata o palese, guerra alla ragione.

Il Manzoni è un osservatore, un pensatore, e diciam pure un filosofo: quanto diverso in ciò (e non in ciò solo) da quello Chateaubriand che si vantava di essere antifilosofico sino alla superstizione! Egli, il Manzoni, si duole invece di esser capitato a vivere in una età *forse la più antifilosofica, che ci sia mai stata.* E il più curioso si è che la sua filosofia, appoggiata com'è alla

---

[12] *Opere inedite o rare*, vol. II, p. XI. La morte del Bonghi come fu grave danno per gli studii in genere, così fu grave danno per gli studii manzoniani in ispecie. Colui che curò la stampa delle *Opere inedite o rare* senza poterne vedere il compimento, aveva da lunghi anni promesso sul Manzoni un libro che per certo sarebbe riuscito capitale, e di cui sarebbe pur prezioso ogni abbozzo o frammento ch'egli avesse potuto lasciarne.

[13] Cel dice egli stesso nel *Dialogo della invenzione. Opere varie*, p. 539.

fede, e informata al più puro idealismo rosminiano, alle volte lascia scorgere un'aria di viso come di positivismo, e par che si scordi del rispetto dovuto alla metafisica, da lui stesso celebrata del resto in più occasioni quale il supremo sapere da cui ogni altro dipende. La parola *positivo* sdrucciola con molta frequenza dalla penna che scrisse la *Morale cattolica* e gl'*Inni sacri*.

Il Manzoni fu un filosofo, ma non un sognatore; e, pur troppo, non di tutti i filosofi si può dire altrettanto. La sua psicologia, la sua estetica, la sua morale recan sempre l'impronta di un pensiero vigoroso non meno che ponderato, il quale agevolmente si allarga dal particolare all'universale, assorge dalle contingenze ai principii. E così la sua critica, secondata da una forza di analisi che giustamente il De Sanctis giudicò *potentissima e straordinaria*[14]. E notisi che della critica, e non solo di quella corrente, egli non era già troppo tenero; anzi ne diffidava, conscio dei pericoli che fa correre all'arte e ad altro. I suoi giudizii sono sempre acuti, sempre lucidi, quasi sempre giusti: giustissimi, per ricordar qualche esempio, quelli sulla *Eneide*, sull'*Italia liberata* del Trissino, sull'*Henriade* del Voltaire: assai meno giusti, ma non ingiusti del tutto, quelli sul Tasso, sull'Alfieri, sul Leopardi. Quando ha da giudicare, egli sa, il più delle volte, sgombrar l'animo d'ogni passione, scordarsi d'ogni altro interesse che non sia quello del vero, levarsi a un'assoluta imparzialità. Possono farne fede i giudizii da lui pronunziati su Giuliano l'Apostata e sul Robespierre, dov'eran tante e così forti ragioni che potevan sedurlo ad esser men giusto. Le osservazioni ond'egli usava postillare i margini dei libri che leggeva sono come un commento perpetuo fatto da uno spirito che non è possibile soggiogare nè con la forza, nè con l'inganno.

La ragione del Manzoni si compone e si adagia nelle forme più geniali del senno, onde nascono a un tempo la moderazione e la modestia: la moderazione, che è il frutto del veder largamente e

---

[14] Studio critico che accompagna i *Promessi Sposi* nella edizione del Barbèra (Collezione Diamante), Firenze, 1888, vol. II, pp. 678, 679.

sotto ogni aspetto le cose; la modestia, che è il frutto del veder chiaramente e molto addentro in sè stesso. Piacque a taluno mettere in dubbio, se non la moderazione, che non si poteva, la modestia del Manzoni: a torto; perchè, com'ebbe a dire il Pope, *want of modesty is want of sense*; e l'uomo può serbarsi modestissimo anche se si conosca di molto superiore a molti. Si può dubitare piuttosto se egli non abbia ecceduto un pochino e nell'una e nell'altra virtù, e se conoscendo, come certamente lo conosceva, il Molière, non avrebbe dovuto ricordare un po' più quei due versi del *Misanthrope*:

> La parfaite raison fuit toute extrémité
> Et veut que l'on soit sage avec sobriété.

La saggezza fu forse la sola cosa in cui il Manzoni non seppe esser sobrio abbastanza.

Chi, seguitando questo discorso, credesse di poter andar oltre sicuramente, e sentenziare che nel Manzoni la ragione non lascia luogo al sentimento e alla fantasia, s'ingannerebbe a partito. Nel Manzoni il sentimento è vivo, vario, delicato, eccitabile, ma vigilato molto da presso, e tenuto in soggezione. Parla con misura e di rado, non perchè sia tardo di lingua, o abbia poco da dire, ma perchè non gli è permesso di parlare se non a tempo e luogo. Cresca sino a certo segno, ma non isperi uscir mai di pupillo, e, sopratutto, non isperi far del grande, e arieggiare alla passione. Se Gian Giacomo fece della passione una delle virtù cardinali, anzi la virtù suprema, buon pro gli faccia, e all'autrice di *Lélia* similmente, e a quanti vanno lor dietro. Al Manzoni, il fare della passione virtù, dando nome di forza alla debolezza, sembra, fra tante altre miserie umane, miseria grandissima. Certo, si farebbe presto a provare che il Manzoni inclina un po' troppo all'error contrario, e non s'avvede abbastanza che se le passioni non sono virtù, le virtù, senza l'ajuto di un po' di passione, rischiano facilmente di dar in secco, e l'arte, senza un po' di quell'ajuto, rischia di morir di languore; ma ciò, ora come ora, importa poco, mentre importa assai di notare che anche per questo rispetto il Manzoni s'accorda assai male con que' tanti romantici vecchi, nuovi, novissimi, che posero la passione in cielo, e fecero dell'arte la forma eletta della sua manifestazione sopra la terra. Il Manzoni, non solo non vuole ciò, ma non vuole nemmeno che il sentimento si stemperi e snaturi in quella uniforme, fluida, oziosa sentimentalità che par fatta apposta per accogliere i germi della passione, fomentarli, farli germogliare e fruttificare. Ciò che lo Chateaubriand chiamò *le vague de la passion* ripugna non meno a quel suo bisogno imperioso di precisione e di chiarezza che al suo criterio morale: onde ben disse il Goethe quando disse che il Manzoni ha sentimento, ma non sentimentalità. I romantici parlano sempre di cuore che intende, di cuore che sa, di cuore che presente, di cuore che insegna: il Manzoni scrive: «Certo, il cuore, chi gli dà retta, ha sempre qualche cosa da dire su quello che sarà. Ma che sa il cuore? Appena un po' di quello che è già accaduto»[15]. Se, prima di comporre, a vent'anni, la delicata elegia che comincia col notissimo verso:

> J'ai dit à mon cœur, à mon faible cœur.

Alfredo De Musset fosse ricorso per consiglio al Manzoni, gli è molto probabile che il Manzoni paternamente gli avrebbe detto: Comandate un po' a cotesto chiacchierino di cuore di tacere, e interrogate la ragione. Gli è vero che per l'arte sarebbe stata una disgrazia se il giovane poeta avesse ascoltato il consiglio.

Chi per fantasia intende l'attitudine a saltare di palo in frasca e la inettitudine a tessere logicamente e serratamente la tela delle idee; certa vaghezza del sogno accompagnata a certa intolleranza della realtà; un amore istintivo alla dissipazione e un orrore non meno istintivo dell'ordine; quegli potrà dire con asseveranza che il Manzoni ha poca fantasia, o non ne ha punta. Ma chi crede che la fantasia, o se la vogliamo chiamare con nome più acconcio, la

---

[15] *I Promessi Sposi*, cap. VIII, p. 156, ediz. di Milano, 1875.

immaginativa sia la facoltà inventrice e divinatrice per eccellenza; la facoltà che colma le lacune del reale, o quelle che a noi pajon tali; la facoltà che ajuta potentemente a conoscere e interpretare il reale, e opera la esaltazione del reale nell'ideale; quegli dirà, con sicurezza di dir giusto, che il Manzoni ebbe molta immaginativa, e di primissimo ordine. Nei *Promessi Sposi* di quella fantasia non v'è ombra, o quasi; ma di questa immaginativa n'è assai, e non so in quante altre opere dette d'immaginazione se ne trovi altrettanta[16]. Anche per questo rispetto, tra i romantici in genere e il Manzoni il consenso è scarso. Quelli si vantano di lasciar le briglie sul collo alla fantasia; questi non cessa mai di farle sentire il morso. E così, veramente, chiede la ragione.

III.

Sanno tutti che il Manzoni fu, non solo un curioso di storia, come ce ne sono tanti, ma ancora un indagatore, e un indagatore quanto più si possa desiderare paziente, diligente, perspicace. Egli ebbe in grado eminente quello che si potrebbe addimandare il senso della storia; senso delicatissimo, complicatissimo, che suppone tutto un complesso di virtù intellettuali ed affettive, ma vuole poi, di soprappiù, quel sentimento di larga, anzi di universale simpatia, che abbracciando tutti i tempi, e tutte le lunghe sequele dei casi, e le forme e le mutazioni della vita, ci pone in grado di coesistere in certo qual modo con la umanità tutta quanta e di rivivere la intera sua vita. Chi abbia vigor di pensiero, copia di dottrina, felicità d'indagine, potenza di parola a tutto narrare e tutto descrivere, e non allarghi l'animo in quel sentimento, potrà scrivere libri mirabili di materia storica, ma non iscriverà la storia. Per dire le sciagure degli uomini, non basta conoscerle, bisogna sentirle.

---

[16] Veggasi intorno a ciò il bello scritto del D'Ovidio, *Potenza fantastica del Manzoni e sua originalità*, in *Discussioni manzoniane*, Città di Castello, 1886, pp. 37 e segg.

Perchè ebbe assai vivo e sicuro il senso della storia, il Manzoni intese sempre ottimamente che non è storia quella che non muove dai fatti. Il Rousseau scrisse in principio del suo *Discours sur l'origine et les fondements de l'inégalité parmi les hommes*: «Commençons par écarter tous les faits»; e il Fichte soggiunse: «Nulla al mondo è più stupido di un fatto»; e il Royer-Collard mise in rilievo la conseguenza: «Il fatto è ciò che v'è di più spregevole». Tutto l'opposto pel Manzoni. Egli ha pei fatti il più grande, il più sincero, il più costante rispetto; dico rispetto e non idolatria, perchè nessuno sa meglio di lui che «una serie di fatti materiali ed esteriori, per dir così, foss'anche netta d'errori e di dubbi, non è ancora la storia», e che i fatti bisogna interpretarli e giudicarli con qualche cosa ch'è superiore ai fatti[17]. Perciò avrebbe voluto accoppiati insieme il Muratori e il Vico, *gl'intenti generali nella moltitudine delle notizie positive*[18]. Anche il Michelet voleva il Vico, ma si scordava poi di accompagnarlo col Muratori.

Se avesse voluto, il Manzoni poteva riuscire uno storico di primissimo ordine, e forse era questa la vocazione sua più vera e più forte. Nessuno vede ed intende meglio di lui i moti delle cose e degli uomini; il contrasto, il cozzo, l'intreccio degli avvenimenti, degli interessi, delle idee; le lontane derivazioni; i lontani influssi e come nascan gli errori; e come muojano le verità; e perchè l'una gente trionfi e l'altra rovini. Nessuno meglio di lui sa la vita e l'anima delle moltitudini, e le forze che le governano. La psicologia delle folle non ha interprete più ingegnoso e più sicuro di lui; ed è perciò che la descrizione della carestia e la descrizione della peste nel romanzo sono pagine di storia incomparabili. Nessuno, finalmente, è nei giudizii più acuto e più equo; lode grande se si pensa quant'è difficile mettere insieme l'equità e l'acutezza per modo che, non solo l'una non noccia all'altra, ma l'una all'altra soccorra.

---

[17] *Discorso sopra alcuni punti della storia longobardica*, preambolo.
[18] *Ibid.*, cap. II. *Opere varie*, p. 173.

Tutto questo discorso non è, come potrebbe sembrare, una digressione. Un certo amore alla storia direi che fa parte integrante della fede romantica. Quel desiderio di verità che, si voglia o non si voglia, è uno dei principii motori del romanticismo, e quello appunto per cui il romanticismo più strettamente si lega a tutto il pensiero del secolo XVIII, non poteva, mentre volgevasi a tutte le altre specie della realtà, non volgersi anche alla realtà storica. A ciò poderosamente ajutavano i nuovi studii: il concetto fecondo di una storia che non fosse più semplice biografia di principi e nudo racconto di battaglie: la paziente ricerca e l'attento esame dei documenti; l'antichità scórta in più vera luce; il medio evo quasi scoperto. È noto che entrambi gli Schlegel furono appassionatissimi di storia, e non meno appassionati di loro furono molti altri romantici: ma se la passione durò lungamente, non durò lungamente, pur troppo, quello spirito di vigilanza, quella probità di ricerca, quel bisogno di esattezza, senza di cui la passione, abbandonata a sè stessa, può far poco bene, anzi suol far molto male. Sanno tutti che cosa sia diventato il medio evo nelle ricostruzioni poetiche de' più dei romantici; e giacchè m'è venuto ricordato il medio evo, sarà questo il luogo di notare che il Manzoni non partecipò punto di quella infatuazione per esso che fu tanto comune ai romantici d'ogni paese, e divenne uno dei contrassegni più caratteristici di tutta la scuola. Veramente nei principii fondamentali della scuola non v'è nulla che giustifichi il detto di Madama di Staël: «Le nom de *romantique* a été introduit nouvellement en Allemagne, pour désigner la poésie dont les chants des troubadours ont été l'origine, celle qui est née de la chevalerie et du Christianisme»[19]. Che *romantico* rimandi a *romanzo*, e però a quella che nel medio evo fu detta *Romania*, e però al medio evo stesso, e ai trovatori, e ai cavalieri, erranti e non erranti, è verissimo; ma è altrettanto vero che quel nome fu assai malamente scelto, e peggio imposto alla scuola, perchè non esprime punto ciò che avevano in mente gl'iniziatori di essa,

---

[19] *De l'Allemagne*, parte II, cap. XI.

consapevoli e inconsapevoli, o lo esprime in modo parziale ed erroneo, escludendo dalla denotazione il mondo germanico, che non fu mai romanzo, e il mondo moderno, che non è quello dei cavalieri e dei trovatori. Comunque sia, o perchè così suggeriva quella credenza cristiana ch'ebbe nel medio evo il suo massimo rigoglio, o perchè così persuadeva l'avversione a quella paganità classica che nel medio evo fu più risolutamente negata, o più universalmente ignorata, fatto sta che il medio evo (quale medio evo!) diventò il caval di battaglia, per non dire il ponte dell'asino, del romanticismo europeo, e che cavalieri, castellane, paggi, menestrelli, giullari, torri merlate, palafreni bardati, cimieri impennacchiati, furono il sogno e l'incubo, la delizia e l'affanno di quanti ebbe poeti (voglio dire bardi, scaldi e trovatori) il romantico regno.

Ma non del Manzoni. Il Manzoni mise sì in tragedia la storia di Desiderio e di Adelchi, ma dopo aver fatto sulla età cui quella storia appartiene gli studii raccolti e condensati nel *Discorso sopra alcuni punti della storia longobardica in Italia*. Niente dunque di quel medio evo posticcio, lezioso, ridicolo, e niente di quella infatuazione puerile e fantastica. Se gli Schlegel, se Giuseppe De Maistre, se tanti altri esalteranno il medio evo sopra ogni altra età della storia, e sogneranno di potervi tornare, egli, che le conosce tutte, e conosce l'umana natura, lascerà che si sfoghino, e, senza far chiasso, riderà delle *pazze paladinerie*, e chiamerà *cronicaccia* la cronica del monaco di San Gallo, e scriverà nel romanzo, a proposito dei cavalieri erranti: «Bello, savio ed utile mestiere! mestiere, proprio, da far la prima figura in un trattato d'economia politica»[20]. Egli loda molto e il Berchet e il Grossi; ma chi vorrà credere che il trovatore errante per la selva bruna del primo e il Folchetto del secondo avessero a dare un gran gusto al creatore di don Abbondio e di Perpetua? e chi, piuttosto, non vorrà credere che la *trobadoric'arpa* gli riuscisse altrettanto nojosa quanto la cetra classica, ed anzi più? Quell'*oh*

---

[20] Cap. XXXIII. p. 607, ediz. cit.

gioja! che il buon Pellico profferì il giorno in cui gli toccò la ventura (durante un poetico rapimento, s'intende) di leggere sopra un macigno, nella *sacra valle* del Chiusone, i nomi d'Eudo e di Tancreda, quell'ingenuo *oh gioja*! vi pare che avrebbe mai potuto uscire dalle argute labbra del Manzoni? E vi pare che il Manzoni avrebbe mai voluto far molti vezzi a quella buona comare che, a detta del Carrer,

> Vien d'un albero all'ombria
> A colloquio colle fate;
> Col giullare sulla via,
> Nei castelli col magnate,

e dovrebb'essere, salvo errore, la Poesia? Vedremo, tra poco, che sentimenti nutrisse il Manzoni verso la poesia in genere; ma a buon conto s'ha da notare che tra' suoi versi non è neppur una di quelle romanze che così poco hanno in sè di romanzo, e neppur una di quelle ballate che della ballata non ebbero altro mai se non il nome.

Il Manzoni ebbe dunque assai più senso storico che non la più gran parte dei romantici, assai più di Gualtiero Scott, che, di solito, non va oltre le apparenze; e parlando segnatamente del romanziere e del poeta si può forse dire che n'abbia avuto sin troppo. Il *Carmagnola* fu più che mediocremente guasto dalla troppo fida e severa ossequenza alla storia, e di questa troppo fida e severa ossequenza è documento memorabile il Discorso intorno al romanzo storico. Si sa a quali conclusioni venga in esso l'autore, e non è ora il caso di ripeterle: bensì è da avvertire ch'egli è di tanti romantici il solo che combatta, proprio di proposito, e con assai vigorosa argomentazione, una specie di componimento che a' romantici fu sempre carissimo, e al quale egli stesso legò indissolubilmente il proprio nome e la propria gloria; e che se le ragioni del Guerrazzi, del Tenca e del De Sanctis valsero a rompere quell'argomentazione, non però valsero a distruggerla affatto[21]. Notisi che qualche dubbio circa la legittimità del connubio della poesia con la storia egli deve averlo avuto assai per tempo. Infatti, nella Lettera sulle unità drammatiche, egli considera la poesia come un'avvivatrice della storia; concede che si possa nel dramma, sino ad un certo segno, «compléter l'histoire.... imaginer même des faits là où l'histoire ne donne que des indications»; ma, quanto al romanzo, nota già che esso è per natura inclinato al falso, e ne parla con leggiera, ma non però dubbia, intonazione di sprezzo[22]. I dubbii non dovevano essere cessati nel gennajo del 1821, quando, pur lodando al Fauriel «ce système d'invention des faits, pour développer des mœurs historiques», lo pregava di dirgliene il suo parere[23]. Probabilmente quei dubbii tacquero, o furono fatti tacere, durante la composizione del romanzo; ma dovettero ricominciare a farsi sentire assai presto, e un bel pezzo prima che il Manzoni scrivesse il Discorso, lo che fu nel 1845. Nel 1847 il Lamartine pubblicava l'*Histoire des Girondins*, e l'autore dei *Trois Mousquetaires*, rapito dall'entusiasmo, gridava: «Lamartine a élevé l'histoire à la dignité du roman!»

Quella vivezza e acutezza di senso storico che abbiamo notata, la disposizione che lo spirito ne riceve a soffermarsi più particolarmente e con predilezione sulle cose e sui fatti umani, e una certa consuetudine che nasce da quella disposizione, dànno ragione, in parte almeno, della qualità ch'ebbe il sentimento della natura nell'autore dei *Promessi Sposi*. Il Manzoni fu tutt'altro che chiuso alle impressioni della natura; ma sempre ebbe più l'occhio alle anime che alle cose. Nel romanzo la scena dei luoghi, o è

---

[21] Vedi più particolarmente le delicate ed acute osservazioni del DE SANCTIS nel saggio intitolato: *La materia dei «Promessi Sposi»*. La questione del romanzo storico fu discussa in passato anche dallo Zajotti, dal Bianchetti e da altri. Ultimamente la riprese in esame il CESTARO in uno scritto intitolato *La storia nei «Promessi Sposi»*, pubblicato prima nella *Nuova Antologia*, fasc. del 1° maggio 1892, poi nel volume *Studi storici e letterari*, Torino-Roma, 1894. Gli argomenti da lui addotti contro le conclusioni del Manzoni sono assai vigorosi.

[22] *Opere varie*, pp. 426, 428, 431.

[23] *Epistolario*, vol. I, p. 202.

accennata soltanto, o è dipinta con tale rapidità di tocco e sobrietà di colori che a molti può non in tutto piacere. La descrizione del lago e delle sue rive, quali li poteva contemplare don Abbondio quella tal sera di novembre, è tutta raccolta in una pagina e mezzo; il bosco, ove Renzo fuggiasco passò quella mala notte, voi ve lo vedete d'intorno, pauroso, folto, attraversato qua e là da un raggio di luna, ma non sapete come succeda il miracolo, tanto è poco il numero delle parole adoperate a farvelo vedere. E non solo il Manzoni sorpassa volentieri alle cose, ma le lascia anche nel proprio esser loro, ben distinte da ciò che è umano. In altri termini, egli ignora, o non cura, l'arte di cui non s'avvisarono gli antichi (qualche eccezione non conta) e della quale troppo usarono e si gloriarono i romantici, di dare anima e sentimento alle cose, e di chiamarle a intimo colloquio con le anime umane. La natura è dal Manzoni trattata classicamente, e non è questo, come vedremo, il solo caso in cui s'abbia a notare nel Manzoni una tendenza classica, o un classico procedimento.

IV.

Il romanticismo fu, tra l'altro, un ritorno alla fede; uno studio di mostrar falsa e di scalzare la inveterata opinione, espressa in modo più particolarmente reciso dal Boileau, che i fatti e i dogmi del cristianesimo ripugnino alle forme e alle trasposizioni dell'arte; un desiderio e una sollecitudine di conciliare appunto quello con questa. Perciò lo Chateaubriand scrive il *Genio del cristianesimo*. Degli eccessi di reazion clericale che accompagnarono quel ritorno: gli Stati cristiani riassoggettati tutti dal Lamennais alla indiscutibile sovranità del Pontefice; il Pontefice proclamato da Giuseppe De Maistre dogma capitale della fede cattolica (*le dogme capital du catholicisme est le souverain Pontife*), ecc., ecc.; non è qui da discorrere. Molti romantici furono cristiani; molti furono cattolici; qualcuno dal cristianesimo o dal cattolicismo si condusse a grado a grado, come l'Hugo, a un vago deismo o panteismo; parecchi, per altre vie, riuscirono da ultimo all'ateismo. Il Manzoni fu cattolico, ma dopo essere stato razionalista. In ciò egli somiglia, per tacer d'altri, allo Chateaubriand; ma quanto diverso dallo Chateaubriand sott'altri aspetti! Quanto l'autore dei *Promessi Sposi* è più veramente, intimamente, sostanzialmente cristiano che non l'autore dei *Martiri*! Questi orgoglioso ed acre; quegli modesto e mite. Questi stuzzica e accende la passione; quegli la attutisce e la spegne. Da taluno fu messa in dubbio la sincerità del sentimento cristiano nel Manzoni; ma debbo confessare che non ne intendo troppo il perchè. Può darsi (io per altro nol direi) che il cristianesimo degl'*Inni sacri* riesca un po' scolorito, un po' freddo; ma quello dei *Promessi Sposi*? I *Promessi Sposi* sono opera e testimonio di una coscienza tutta cristiana, profondamente cristiana, penetrata dello spirito dell'evangelo sino negli ultimi suoi recessi; e però non si trova in essi nessuna di quelle tante piccole contraddizioni, piccole defezioni, piccole sconvenienze che si posson notare, e furon notate, nelle opere dello Chateaubriand. Certo il Manzoni non pensò mai a fare del Papa il dogma capitale del cattolicismo; ma ciò attesta, oltrechè la rettitudine della sua mente, anche la rettitudine della sua fede. E da questa fede vengono principii e norme non meno alla politica che all'arte di lui.

Fate che lo spirito evangelico si accompagni con quel vivo e giusto sentimento della realtà storica di cui s'è parlato testè, e avrete l'idea democratica e il sentimento democratico del Manzoni, quali prorompono negl'*Inni sacri*, nel celebre coro dell'*Adelchi*, nei *Promessi Sposi*. È un'idea molto larga, ma, nel tempo stesso, molto rigorosa; è un sentimento molto caritatevole, ma, nel tempo stesso, molto cauto. Certi spiriti di democrazia il romanticismo doveva (con molte eccezioni, restrizioni e contraddizioni, gli è vero) manifestarli sino da' suoi principii, e ciò per parecchi motivi. Prima di tutto essi erano, in parte, retaggio non alienabile di quel secolo xviii al quale, come s'è visto, il romanticismo è congiunto assai più strettamente che non paja; poi il sentimento cristiano, in quel suo rinnovarsi, s'aveva di necessità a penetrare alquanto di quella evangelica pietà e di quell'evangelico rispetto verso gli umili che il sentimento stesso, quando divenga consuetudine e tradizione, lascia troppo facilmente e troppo volentieri in disparte; poi, ancora, la semplicità e naturalezza di quegli umili aveva a piacere a chi era sazio dell'artifiziato, dell'aulico, dell'accademico; poi, finalmente, l'amore alla realtà, e, in ispecie, alla realtà storica, non poteva non fare che gli occhi e le menti si raccogliessero sopra quella che è la più vasta e viva delle realtà umane, il popolo co' suoi bisogni, le sue passioni, i suoi patimenti, le sue fedi. Molti romantici dunque (sarebbe un grande errore dir tutti) furono, se non democratici, nel proprio senso della parola, demofili, o popolari; e lasciato da banda l'uomo alterato e travisato dalle raffinatezze cortigiane e non cortigiane, cercarono, nè più nè meno di quanto abbiano poi fatto i realisti, l'uomo schietto e comune. Lodevole sentimento e lodevol proposito, ma che in pratica riesce assai difficile contenere entro gli angusti termini del giusto e del ragionevole. Il Manzoni, anche in questo diverso da troppi, seppe contenerveli con sapiente risolutezza. Egli ama il popolo. ma non l'adula; ne sostiene le ragioni, ma non ne stuzzica le passioni: lo vuol felice, ma non superbo. Diffida in sommo grado di certe formole, di certi aforismi. Dice, per bocca d'Agnese, che tutti i signori hanno del pazzesco: ma si burla dell'apotegma; *Voce di popolo, voce di Dio*; e le giustizie delle moltitudini stima le peggiori che si facciano al mondo[24].

I romantici vollero letteratura popolare, e il Bürger giunse a dire che la poesia popolare è la sola vera poesia, e l'Hugo, in quel suo linguaggio immaginoso, che ufficio del poeta è trasformare la folla in popolo. Per questo rispetto si può dire che il Manzoni fu più romantico di tutti i romantici, e coerente più di tutti; perchè fu

---

[24] *I Promessi Sposi*, cap. XII, p. 231; cap. XXXI, p. 564.

popolare non solo nella invenzione e nel fine, ma nello stile, nella lingua, e nella dottrina stessa della lingua, facendo alleanza col Porta, rifiutando la prosa poetica, e sino a un certo segno, ma non quanto si crede, la lingua poetica.

Il romanticismo favorì e promosse per un verso l'individualismo, e anzi da taluno il romanticismo fu definito, se definizione può dirsi, una esplosione d'individualismo. Come definizione regge benissimo. Non so come un tal fatto possa conciliarsi con quella innovata idea della storia cui accennavo di sopra, con la sollecitudine per le tradizioni e le usanze comuni, col concetto di una letteratura popolare, e, sopratutto, con l'umiltà cristiana. Mi par di vederci una grande contraddizione; ma non può esser còmpito mio (nè so di chi potrebbe esser còmpito) lo scegliere tutte le contraddizioni del romanticismo, piccole, grandi e mezzane. Fatto sta che una certa continuata e impertinente ostentazione di sè, quello che un Francese direbbe l'*étalage de la personnalité*, quello che uno psichiatra potrebbe chiamare l'*esibizionismo* letterario, è male cui van soggetti moltissimi romantici, male che nei più si mantiene abbastanza remissivo e tollerabile, ma che in alcuni diventa a dirittura smodato ed odioso. Non serve far nomi che tosto corrono alla mente di ognuno. Ora, anche di questo male andò immune il Manzoni. Non credo ch'egli giungesse a dire col Pascal: *le moi est haïssable*; ma gli è certo che di sè non parla se non il meno possibile: e se lascia intendere sùbito, molto chiaramente, di volere esser lui, di non essere punto disposto a lasciarsi stordire dai chiassi e trascinare dalla corrente, leva anche sùbito altrui il sospetto ch'egli voglia drizzarsi sopra un piedestallo, atteggiarsi a nume od a mostro.

L'esagerato e permaloso individualismo fu una tra le molte cause di quello che dissero male del secolo; male pressochè del tutto ignoto, sott'altro nome e altre sembianze, agli uomini delle età che furono dopo l'antica e innanzi alla presente, e serbato forse agli avvenire assai più di quanto altri sperino o dicano. In mezzo alla dilagante giocondità del secolo scorso, esso si manifestò da prima con le forme tenui e coi miti caratteri della melanconia, nata dalla sensitività tormentata e alterata, e a poco a poco crebbe e si esacerbò, riuscendo da ultimo nei parossismi di Renato, di Manfredo, di Rolla, di tant'altri. Questo male diventò un tempo mal comune, o, a dir meglio, comune ostentazione, perchè son sempre pochi quelli che lo possono provar davvero e grandemente; e anche in Italia s'ebbe il flagello degl'imberbi fatali, *pallidi, capelluti*, e delle *geroglifiche donne*, scherniti sulle scene, inchiodati alla gogna dal Giusti.

Il Manzoni non fu ammalato di questo male, sebbene egli fosse, in un certo senso, un gran pessimista. Quel male non può andar disgiunto dal pessimismo; ma il pessimismo, o, almeno, un certo pessimismo può aversi senza quel male, o, almeno, senza talune forme di quel male. Il Manzoni non conobbe, o non patì a lungo la melanconia; non già perchè la vita riposata e normale ne l'abbia preservato, ma perchè l'animo suo non la riceveva. Egli non condusse nè la vita dolorosamente inquieta dello Chateaubriand, nè la vita dolorosamente quieta del Leopardi; ma nè i grandi dolori si richiedono a far l'uomo triste quand'egli sia da natura inclinato alla tristezza, nè la vita del Manzoni fu così scevra di grandi dolori da torgli occasione e modo di diventar triste. Anzi a renderlo tale avrebbero potuto bastare e parer troppi, quand'egli fosse stato di altro temperamento, gl'incomodi della salute, e gl'impedimenti al lavoro che troppo spesso gliene venivano. Giovinetto, ritraendo sè stesso, aveva scritto:

m'attristo spesso;
Buono al buon, buono al tristo, a me sol rio;

ma forse scrisse a quel modo per ossequio all'usanza; forse fu stato d'animo superficiale e passeggero. Certo si è, non solo che egli non languì mai sotto il peso di quella formidabile noja di cui lo Chateaubriand era gravato e gravava le spalle de' suoi personaggi come d'un manto di non so quale regalità decaduta; nè conobbe i laceramenti, l'amara sazietà, i torbidi spiriti di ribellione dei personaggi del Byron e del Byron stesso; ma che fu, tutta la vita, se non lieto, sereno, e di una compostezza d'animo veramente assai più classica che romantica. Egli fu grande ammiratore del Goethe, di cui doveva molto piacergli, tra l'altro, la equanimità gagliarda, la tranquillità luminosa; ma non so davvero come e quanto gustasse il *Werther*.

E pure, dicevo, il Manzoni fu pessimista in un certo senso, e non deve far meraviglia che fosse. San Francesco di Sales, che fu buon cristiano, scrisse una volta che la tentazione di attristarsi d'essere al mondo è una tentazione assai forte. Io non so se questa tentazione egli sia riuscito a vincerla sempre; ma so che l'ebbero molti altri buoni e santi cristiani, e debbo pur credere che tutti quelli che non vedevano l'ora di volare in cielo, o poco o molto dovessero attristarsi d'essere quaggiù, perchè l'uomo naturalmente s'attrista d'essere in un luogo quando gli piacerebbe molto d'essere in un altro.

Considerate, di grazia, che una certa forma di pessimismo scaturisce spontaneamente, e non può non iscaturire, dal proprio centro della dottrina cristiana, da quell'idea d'un mondo corrotto e maledetto sin dalle origini, caduto in balìa di malvage potenze, redento sì, ma redento da tale che dice il suo regno non essere di quel mondo, e solo fuor di quel mondo, in un lontano avvenire, in una incognita patria, promette la restaurazione degli umani destini e il finale trionfo del bene. Quale gloriosa e salutare speranza, ma quanto combattuta, e da quanti pericoli circondata! Non udite voi il lungo gemito di tutte le creature sonar cupamente nelle parole di san Paolo? E il grido di tutti i santi che, come san Paolo, chiedono in grazia la morte per esser con Cristo? E gl'incalzanti epifonemi di un Pascal, descrivente l'eccesso delle umane miserie e il terrore dell'infinito? Capisco: non è il pessimismo buddistico, nè quello dello Schopenhauer o del Leopardi, poichè mette capo in una grande speranza; ma è o non è, almeno per quanto concerne il mondo di qua, una maniera di pessimismo, e sommamente dolorosa, e sommamente terribile? E non è dottrina cristiana la formidabile dottrina della predestinazione?

Il Manzoni è cristiano, e come cristiano è pessimista in questo senso: e forse quella indolenza sua, rimproveratagli le tante volte da tanti, nasce in parte, senza ch'ei se ne avvegga, dal sentimento profondo della disperata vanità di tutte le cose, di una comune sciagura sempre rinascente e sempre irreparabile: sentimento che si risolve in questa invariabile domanda: a che pro? Ma più ancora che alla meditazione dell'idea cristiana pare a me che il suo pessimismo derivi da quella sua così vasta e chiara e continuata visione della vicenda storica nel tempo e nello spazio. Egli sa che non vi può essere se non poca giustizia nel mondo, perchè glielo dicono le Scritture; ma sopratutto il sa perchè *vede* ciò che Renzo non vede, la giustizia offesa e conculcata in mille modi, continuamente, sfacciatamente, violentemente, in alto e in basso, nelle cose grandi e nelle cose piccole, per interesse, per furore, o per semplice gusto. Egli sa che la virtù è soggetta a mille prove, a mille pericoli, perchè così vuole la legge del riscatto e della giustificazione; ma sopratutto il sa perchè *vede* che scopertamente, o di soppiatto, la virtù è sempre schernita, insidiata, perseguitata. Egli sa che non vi può essere felicità nel mondo, perchè il mondo è valle di lacrime, nel bujo della quale splende solo, come s'esprimono le Sacre Carte ed egli ripete, una speranza piena d'immortalità; ma sopratutto il sa perchè *vede* gli angosciosi rivolgimenti, le formidabili sciagure, le immani rovine della storia, e le orde umane rovesciarsi le une addosso alle altre, furenti di cupidigia, sitibonde di sangue, e alla guerra tener dietro le carestie, e alle carestie tener dietro le pesti, e le tenebre dell'errore e della paura avviluppare ogni cosa. I *Promessi Sposi* si chiudono, se non colle parole, col concetto di questa sentenza: Non isperate d'essere contenti davvero.

Non so se il Manzoni avesse meditate ed intese le non troppo chiare disquisizioni di Federico Schlegel intorno all'ironia ed al suo officio nell'arte: so che quella sua ironia, così sottile e pur così indulgente, è un modo d'espressione di quel suo pessimismo.

V.

La vivezza del sentimento religioso condiziona nel Manzoni taluni principii d'estetica romantica che, per nascere e prender forza, non abbisognavano dell'ajuto di quel sentimento, ma ravvolti, per così dire, in esso, ne ricevevano nuovo vigore, e raffermavansi con risolutezza più intollerante e più battagliera e recisione anche troppa.

Il principio che voleva il vero e il reale nell'arte non poteva, negli animi che l'accoglievano, scompagnarsi da un senso più o meno vivo d'avversione per la mitologia pagana, e, se non per l'arte classica, per la imitazione dell'arte classica. Il Manzoni cominciò classicheggiante, come tanti altri, e invocò Apollo e le Muse e le Grazie, e salì con la fantasia gli ardui gioghi di Pindo e di Parnaso, bevve al pegaseo fonte, e vagheggiò la Gloria, figlia del Tempo e di Minerva, *sospir di mille amanti*; ma rinnegò ben presto e, sembra, senza stringimento di cuore, quei *numi d'Atene*, da' quali Carlo Tedaldi Fores, venuto al punto della conversione, non sapeva staccarsi senza tristezza e senza lacrime; e mai non conobbe quel sentimento di dolce rammarico che allo Schiller inspirava il canto degli *Dei della Grecia*, e al Leopardi quello delle *Favole antiche*, e al De Musset quei teneri versi dei *Vœux stériles*:

> Grèce, ò mère des arts, terre d'idolâtrie,
> De mes vœux insensés éternelle patrie,
> J'étais né pour ces temps où les fleurs de ton front
> Couronnaient dans les mers l'azur de l'Hellespont.

Il Manzoni appunto di quella idolatria si sente offeso, appunto quella, come cristiano, detesta, e ne vorrebbe spenta sin la memoria. L'*Ira d'Apollo*, scherzo composto in sul primo accendersi della guerra fra classici e romantici, ha carattere essenzialmente letterario, esprime un concetto in tutto conforme al comune; ma più tardi, e non molto più tardi, l'avversione del Manzoni crebbe a segno da diventare odio, e pareggiare quello degli antichi cristiani, e vincere lo stesso aborrimento espresso dallo Chateaubriand con tanto ardore e tanta impetuosità di parole. In fatti, nella famosa lettera a Cesare D'Azeglio (22 settembre 1823), egli, dette le ragioni per le quali a lui, come agli altri romantici, sembra assurdo, nojoso, ridicolo l'uso della mitologia, soggiunge: «Ma la ragione, per la quale principalmente io ritengo detestabile l'uso della mitologia, e utile quel sistema che tende ad escluderla, non la direi certamente a chicchessia, per non provocare delle risa, che precederebbero e impedirebbero ogni spiegazione; ma non lascierò di sottoporla a lei, che se la trovasse insussistente, saprebbe addirizzarmi, senza ridere. Tale ragione per me è, che l'uso della favola è vera idolatria»[25]. E séguita, recando le ragioni che lo fan pensare a quel modo.

Per ciò che spetta alla imitazione dei classici, dichiara egli stesso di nutrir «sentimenti molto più arditi, molto più irriverenti» che non la più parte dei romantici, e di nutrirli, principalmente, perchè «la parte morale dei classici è essenzialmente falsa»; perchè negli scritti loro manca di necessità «quella prima ed ultima ragione, che è stata una grande sciagura il non aver conosciuta, ma dalla quale è stoltezza il prescindere scientemente e volontariamente»; perchè egli non può nè vuole chiamar suoi maestri «quelli che si sono ingannati», e ingannerebbero lui pure[26]. Che cosa avrebbe mai detto il Tasso se avesse potuto udire, il Tasso di cui il Manzoni reca altrove gli argomenti contro l'uso della mitologia?

Dichiarazioni di questa sorte ci mettono un po' d'inquietudine addosso. A che dovrebbero poi riuscire? Esse ci fanno ricordare

---

[25] *Epistolario*, vol. I, p. 283.
[26] *Epistolario*, vol. I, p. 291.

di quel sant'Andoeno che nel secolo VII chiamava scellerati Omero e Virgilio; di Leone, abate di san Bonifacio e legato apostolico, scrivente, nel X, ai re Ugo e Roberto di Francia che i vicarii e i discepoli di san Pietro non vogliono avere a maestri Platone, Virgilio, Terenzio, e gli altri del filosofico bestiame, *neque ceteros pecudes philosophorum*; e non voglio dire ci facciano ricordar di Teofilo, vescovo di Alessandria, che buttava nel fuoco quanti libri *d'idolatria* gli capitavano nelle mani. Tutti i romantici schietti detestarono più o meno il Rinascimento, e si capisce che non lo potevano amare; ma non c'è egli ragion di credere che il Manzoni lo detestasse più degli altri, e troppo più del bisogno? Abbiam trovato già tante volte, in cose meno importanti, un Manzoni meno romantico dei romantici, che ci dispiace trovarlo in questa romantico *ultra*, e da mandare a braccetto nientemeno che con Giuseppe De Maistre; ma che s'ha a fare? diremo di lui ciò ch'egli ebbe a dire del suo Bortolo: quel Manzoni era fatto così; se ne volete un altro, fabbricatevelo.

Cioè, no: era e non era fatto così; era insomma di una cotal fattura intricata e complessa, da non poterci veder chiaro sempre. Questo nemico dei classici ha del classico qualche volta (ne abbiamo avuto già qualche indizio), e più di quanto altri possa credere, e dove altri non immagina. Il Carducci notò con ragione, e negl'*Inni sacri* e in altre liriche, movenze classiche del verso e della strofe, e *purissima delineazion virgiliana* nelle immagini, e altro ancora[27]; e gli è un fatto che il Manzoni non dimenticò mai (e forse se ne confessava come di un peccato) quelli cui egli stesso aveva dato nome di *prischi sommi*. Da giovane celebrò Omero in versi divenuti immortali; da vecchio, in prosa, disse di Virgilio cose mirabili. Guardate il Manzoni sotto certo aspetto, considerate per bene certi caratteri dell'arte sua, ed egli vi parrà il più classico dei romantici.

Ne volete un'altra prova, un po' leggiera, a dir vero, ma che pure ha il suo peso? Cercate un po' quale

---

[27] *Bozzetti critici e discorsi letterari*, Livorno, 1876, pp. 310-11.

passi tra il Manzoni e la luna. Tale invito pare una celia e non è. Quando il Carducci fece del sole un simbolo del classicismo, e della luna un simbolo del romanticismo, accennò poeticamente una relazione vera, per quanto ideale[28]. Che i romantici, dopo aver rinunziato, e per sempre, al culto di Artemisia e di Diana, per poco non ne instaurarono un nuovo, è noto anche troppo. Il sole cominciò a venir loro in uggia, a parer loro un pochino *volgare*: la luna invece, specie se velata da un lembo di nuvola discreta, come accortamente insinuava uno dei loro, molto più amabile, più spirituale e più *interessante*. Perciò la presero a confidente, inspiratrice e consolatrice loro, la celebrarono in tutte le lingue e su tutti i toni, la mescolarono a tutte le umane faccende, la consacrarono regina della poesia non meno che della notte, e inventarono la *sinfonia della luna* un bel pezzo prima che lo Zola inventasse la *sinfonia dei formaggi*. Sinfonia per sinfonia, mi par meglio la loro, benchè meno gustosa. Quella che un secentista malcreato aveva ardito chiamare *frittata del cielo*, diventò il *volto pensoso che dall'alto dei cieli scruta il mistero dell'ombre e degli oceani*. Gli *amica silentia lunae* di Virgilio si mutarono in intimi ed arcani colloquii; e già il Meli, ch'è tutt'altro che un romantico, poneva sulle labbra del suo Dafni questo saluto:

> Li placidi silenzii,
> All'umidu to raggiu
> Di la natura parranu
> L'amabili linguaggiu.
> A tia l'amanti teneru
> Cu palpiti segreti
> La dulurusa storia
> Mestissimu ripeti;

---

[28] *Classicismo e romanticismo*, nei *Giambi ed epodi e rime nuove. Opere*, vol. IX, Bologna, 1894, p. 298.

e già Ippolito Pindemonte confessava:

> Oh quante volle il giorno
> Insultai col desio del tuo ritorno!

e soggiungeva:

> Perchè sola ti vede,
> Sola l'ignaro vulgo in ciel ti crede:
> Ma il Riposo, la Calma,
> Del meditar Vaghezza,
> Ogni Piacer dell'alma,
> La gioconda Tristezza,
> E la Pietà con dolce stilla all'occhio,
> Ti stanno taciturne intorno al cocchio.

Non so se dal giorno in cui il Goethe disse alla luna: *Tu sciogli da ogni laccio l'anima mia!* sino a quello in cui il Longfellow la rassomigliò a uno *spirito glorificato*, ci sia stato poeta, o poco o molto romantico, o grande o piccino, che per la luna non abbia spasimato, o finto di spasimare. E tante ne dissero tutti costoro, e così stucchevolmente si ripeterono, che non è da stupire se da ultimo venne chi per beffa la paragonò a un punto sopra una i, e chi le diede della celeste paolotta.

Parecchie saranno state, cred'io, le ragioni di quel romantico invasamento; ma, forse, la più generale fu questa. Nella psiche romantica domina il sentimento, e il sentimento è, di sua natura, come già da gran tempo notarono gli psicologi, vago, fluttuante, indefinito, specie poi se si dissolve in sentimentalità. Nella psiche romantica domina ancora la fantasia, che similmente è vaga, fluttuante, indefinita. Sotto il pallido raggio lunare gli aspetti delle cose si scolorano, si stemperano, si smarriscono, e si prestano meglio alle interpretazioni del sentimento e alle trasformazioni della fantasia.

Sia come si voglia, fatto sta che il Manzoni non amoreggia con la luna nè punto nè poco. Abbiamo qua e là, nel romanzo, un villaggio rischiarato dalla luna, un lago terso e tranquillo in cui la luna si specchia, un bosco attraversato dai raggi della luna; ma sono tocchi rapidi e sobrii anche troppo, e che non importano sentimento, nè espresso, nè sottinteso. Non sono questi, davvero, i chiari di luna dello Chateaubriand o di Vittore Hugo. Quella rapidità, quella sobrietà, potrebbe essere indizio di amore tepido; ma il guajo è che vi sono indizii d'irriverenza. La faccia badiale di don Abbondio, nella quale spiccano, al lume d'una lucerna, due folti baffi, un folto pizzo, tutti canuti, il Manzoni la rassomiglia a un dirupo sparso di cespugli coperti di neve e illuminati dalla luna. All'osteria, dove il povero Renzo piglia quella memorabile bertuccia, il Manzoni dà per insegna la *Luna piena*. Il Pindemonte le avrebbe dato per insegna il *Sole raggiante*.

VI.

Ora gli è tempo di dire più in particolare qualche cosa dell'arte del Manzoni.

Il fondamento di essa arte è il vero, e segnatamente il vero morale. «Allora le belle lettere saranno trattate a proposito quando le si riguarderanno come un ramo delle scienze morali», scriss'egli in certe sue *Note estetiche*[29]. Il vero morale primeggia; ma egli vuole pure ogni altra maniera di vero, e non si tiene punto sicuro che ve ne sia qualcuna cui l'arte non possa o non debba accostarsi. Nella lettera sulle unità drammatiche leggiamo: «On peut bien, sans péril, condamner *a priori* tout sujet qui n'aurait pas la vérité pour base, mais il me semble trop hardi de décider, pour tous les cas possibles, que tel ou tel genre de vérité est à jamais interdit à l'imitation poétique; car il y a dans la vérité un intérêt qui peut nous attacher à la considérer malgré une douleur

---

[29] *Opere inedite o rare*, vol. III, p. 168.

véritable, malgré une certaine horreur voisine du dégoût»[30]. Il Manzoni sembra aver fatta sua la massima del Boileau: *rien n'est beau que le vrai*; ma allargandola tanto da farci capire anche il brutto, di cui legittima l'acconcia e sensata rappresentazione.

Ma chi dicesse che il vero, oltre ad essere il fondamento dell'arte manzoniana, ne è anche la norma suprema ed unica, rischierebbe molto, parmi, di dire il falso. Esaminiamo un po' la famosa formola: *l'utile per iscopo, il vero per soggetto e l'interessante per mezzo*, che il Manzoni introdusse nella lettera al D'Azeglio, e che molti anni dopo cancellò, senza dircene le ragioni, e senza nemmeno darci modo d'indovinarle. In questa formola abbiamo tre termini, e finchè v'è accordo fra essi, tutto va bene; ma se l'accordo manca, non si sa più come la vada. Mettiamo da banda l'*interessante*, che, come è l'ultimo dei tre termini, così ancora è il meno importante, e badiamo agli altri due. Sarebbe molto desiderabile che l'utile e il vero andassero, in questo povero mondo, sempre d'accordo; ma è altrettanto notorio che non sempre vanno. Che cosa succederà dunque quando l'utile vorrà a un modo e il vero dirà a un altro? A quale dei due bisognerà darla vinta? Un realista sincero e zelante risponderà senza esitare: il vero è sempre utile, anche se non paja; ma il Manzoni che in parecchie altre cose è, come vedremo, più realista di molti realisti, in questa non può essere, e non concederà mai e poi mai che certe turpitudini si possano dire o descrivere per la sola ragione che le son vere. Diremo dunque che il supremo principio dell'arte manzoniana sia l'utile, inteso, non occorre avvertirlo, com'egli lo poteva e doveva intendere? Nemmeno questo, se ci pensiamo bene, potremo dire. V'è qui, parmi, un nodo un po' difficile da sciogliere, e forse fu questa difficoltà la ragione che persuase il Manzoni, divenuto sempre meno affermativo, e sempre più circospetto, a cancellar le parole che lo formavano. Quanto a noi, per trarci d'impaccio, potremo forse dire che il Manzoni intese il vero a un dipresso come lo intese

---

[30] *Opere varie*, p. 409.

Alfredo de Vigny nelle sue *Réflexions sur la vérité dans l'art*, e che formatasi nella mente una specie di gerarchia di veri, prescrisse che quelli di sotto avessero sempre a cedere a quelli di sopra.

Senza andare a cercar altro, riconosciamo che fondamento dell'arte manzoniana è il vero, e che questo medesimo vero,

> L'arido vero che de' vati è tomba,

è pure fondamento dell'arte romantica in genere. Cioè, diciamo meglio: avrebbe dovuto essere; perchè i primi e i secondi romantici lo gridarono a' quattro venti; ma poi e quelli e questi, veduto come a voler fondare sul vero bisogni star sodo, e durar fatica molta, ebbero per più comodo e più spediente di fabbricare sul falso, e di quell'*interessante*, che avrebbe dovuto essere soltanto il mezzo, fecero, senz'altro, bravamente il fine. Il Manzoni stesso, nella lettera al D'Azeglio, accenna a questo che si contenta di chiamare errore; ma non insiste, e non s'indugia a chiarire la contrarietà di opinioni che anche per questo rispetto doveva essere fra lui e alcuni suoi *compagni di patimenti letterarii*, e più particolarmente forse fra lui e il Berchet[31].

Chi dell'utile fa lo scopo e del vero la materia dell'arte, va da sè che ricuserà e condannerà il concetto espresso con la famosa formola: *l'arte per l'arte*; concetto che da Platone agli estetici di jeri e di oggi ebbe tanti amici quanti nemici, e tanti, senza dubbio, seguiterà ad averne in appresso. A quella formola il Goethe s'accostò da vecchio; ma il Foscolo la negò implicitamente ed esplicitamente. Per bocca del Lenau la Poesia risponde fiere parole a chi la invita a uscir di solitudine, a rinunciare al sogno, a por sè stessa al servigio di una causa; e si dice ben risoluta a fare il piacer proprio. L'Hugo, dopo aver detto che nel giardino della poesia non v'è frutto vietato, si ravvide, e disse che il poeta è un *servitore del vero* e dev'essere utile, e scrisse:

---

[31] *Epistolario*, vol. I, p. 307.

> Honte au penseur qui se mutile;
> Et s'en va, chanteur inutile,
> Par la porte de la cité!

Ma lo stesso suo portabandiera, il Gautier, non era più di questa opinione quando esclamava: «La muse est jalouse; elle a la fierté d'une déesse et ne reconnaît que son autonomie». A che moltiplicare nomi ed esempii? Il Manzoni considerò sempre l'arte come dipendente da qualche cosa che è superiore all'arte.

E sta bene; ma a essere considerata in tal modo l'arte corre pure qualche pericolo. Può avvenire che l'artista, guardando un po' troppo fisso in quella cosa superiore, si disgusti del reale e del vero, se ne diparta, ne perda il senso, e insieme con l'arte sua si smarrisca dietro idealità esagerate, che, per poco che si lascino in balìa di sè stesse, diventano vacue e puerili. Che molti romantici finiron con perdere affatto il senso del reale e del vero, e annegaron nel sogno, è cosa tanto universalmente nota che basta un cenno a ricordarla. Il realismo fu appunto una reazione a quel male; ma di quel male il Manzoni rimase immune; e poichè il realismo non tardò poi molto a traviare ancor esso, a cadere in un romanzesco diverso dal precedente, ma non migliore di quello, a promuovere una specie d'idealismo a rovescio, si può davvero dire che il Manzoni fu più realista di molti realisti. E ciò non deve sembrare punto strano, se si pensa che i principii fondamentali del romanticismo non ripugnano ai principii veramente fondamentali del realismo, e che il Manzoni osserva molto fedelmente quelli, e molto rigorosamente gli applica. Egli scrive: «je crois ne dire qu'une vérité très simple, en avançant que la poésie ne doit pas inventer des faits». E ancora: «cette nécessité de créer, imposée arbitrairement à l'art, l'écarte de la vérité et le détériore à la fois dans ses résultats et dans ses moyens»[32]. Si può contraddire in modo più chiaro e più risoluto ad Aristotele e a Platone? E che cosa potrebbe dir di meglio, o di peggio, un realista di

---

[32] *Lettre sur l'unité de temps*, ecc. Opere varie, p. 425.

professione? E quando dice che l'inventar fatti è «ce qu'il y a de plus facile et de plus vulgaire dans le travail de l'esprit, ce qui exige le moins de réflexion, et même le moins d'imagination»[33], non anticipa il Manzoni concetti e giudizii espressi poi con molta più burbanza, con molta più saccenteria, dai maestri e dai curatori del realismo contemporaneo?[34]. Checchè altri possa credere o dire, il Manzoni ha pochi pari nel senso del reale, e giustamente il De Sanctis ne fece la osservazione. I *Promessi Sposi* sono, tutto sommato, un romanzo realistico nel miglior senso della parola, e più di certi romanzi del Balzac, il quale tutti sanno come troppe volte siasi tuffato nel romanzesco, e in un romanzesco di pessima lega. Sul finire del maggio 1822, il Manzoni scriveva, parlando del suo libro al Fauriel: «Quant à la marche des événements, et à l'intrigue, je crois que le meilleur moyen de ne pas faire comme les autres, est de s'attacher à considérer dans la réalité la manière d'agir des hommes, et de la considérer surtout dans ce qu'elle a d'opposé à l'esprit romanesque»[35]. Non so davvero quanto quel modo di non far come gli altri potesse piacere ai romantici.

Il Manzoni detesta il romanzesco, detesta cioè una cosa di cui i romantici erano divenuti molto teneri. Sino dal 1804, il Senancour, che fu uno dei primi romantici francesi, avvertiva, in un luogo del suo *Obermann*, che *romantico* e *romanzesco*, non solo non vogliono dire lo stesso, ma anzi vogliono dire il contrario; e aveva ragione, o, per lo meno, avrebbe dovuto aver

---

[33] *Ibid.*

[34] Parmi curioso e non inutile recar qui a riscontro alcune opinioni dello ZOLA, le quali certamente avrebbero ottenuto il plauso del Manzoni: «Le plus bel éloge que l'on pouvait faire autrefois d'un romancier était de dire: Il a de l'imagination. Aujourd'hui cet éloge serait presque regardé comme une critique. C'est que toutes les conditions du roman ont changé. L'imagination n'est plus la qualité maîtresse du romancier» (*Du roman. Le sens du réel*). Flaubert «est sobre, qualité rare; il donne le trait saillant, la grande ligne, la particularité qui peint, et cela suffit pour que le tableau soit inoubliable» (*Du roman. De la description*). «Et je finirai par une déclaration: dans un roman, dans une étude humaine, je blâme absolument toute description qui n'est pas, selon la définition donnée plus haut, un état du milieu qui détermine et complète l'homme. J'ai assez péché pour avoir le droit de reconnaître la vérité» (*Ibid.*).

[35] *Epistolario*, vol. I, p. 242.

ragione. Se non che i romantici fecero poi quanto bisognava, e più di quanto bisognava, per giustificare il detto del Pagani Cesa, il quale sentenziò che romantico e romanzesco sono in sostanza tutt'uno[36]. I romantici furono, generalmente parlando, grandi ammiratori del Tasso, e cooperarono la parte loro a raffermare ed esagerare la leggenda di lui: il Manzoni, per contro, ne faceva poca stima, e si meravigliava che il Goethe avesse potuto sceglierlo a protagonista di un dramma. Le ragioni di quella grande ammirazione e di quel quasi disprezzo furono senza dubbio parecchie; ma il carattere romanzesco e del poema e del poeta ebbe ad essere, credo, una delle principali.

Il Manzoni ha vivo ed acuto il senso del reale perchè ha sana la mente, e non soggiace a quelle perturbazioni affettive che non lasciano vedere nè uomini nè cose quali son veramente. La consueta sua calma gli permette di considerare attentamente gli uni e le altre quanto è necessario per vederli sotto ogni aspetto e conoscerli bene: la consueta sua rettitudine lo pone in grado di giudicarli con equità; e il gusto che gli procurano la chiara visione e la sicura conoscenza della realtà non lascia ch'egli s'invaghisca di chimere e di sogni. Senza quella calma, senza quella rettitudine, senza quel gusto, non vi può essere vero realismo.

Nei *Promessi Sposi* è realistica quella che chiameremo la favola; sono realistici i personaggi, o perchè presi in quella mezzanità che per essere più comune sembra anche essere più reale, o perchè, se pure escono da quella mezzanità, nulla mostrano di più o di meno che umano; sono realistiche, e meravigliosamente realistiche, le narrazioni e le descrizioni della carestia, della sommossa, del passaggio delle soldatesche, della

---

[36] *Sovra il teatro tragico italiano*, Venezia, 1826, p. 91. È tuttavia da notare che sin dai primi anni del secolo XVIII in Inghilterra, gli scrittori che dicono della scuola augustea usarono dar nome di romantica ad ogni narrazione o poesia che paresse loro o troppo stravagante, o troppo sentimentale (LYON PHELPS, *Op. cit.*, pp. 18-9). L'Addison, ne' suoi ricordi di viaggio, chiamava romantica una scena di paese che aveva del selvaggio e dello strano (FRIEDLAENDER, *Ueber die Entstehung und Entwicklung des Gefühls für das Romantische in der Natur*, Lipsia, 1873, p. 43).

pestilenza, della casa di don Abbondio, della casa e della vigna di Renzo, e tante e tant'altre. Di un po' romanzesco, nel vero senso della parola, parmi nei *Promessi Sposi* non ci sia altro, o quasi altro, che la misteriosa e criminosa tresca della monaca e di Egidio.

Se poi si viene a discorrere di quello che dicesi *ambiente*, ed è uno degli elementi della realtà sulla importanza del quale ha più battuto la scuola realistica, non fa quasi bisogno di ricordare quanto nei *Promessi Sposi* ne sia accurato lo studio e fedele la riproduzione, almeno per quanto spetta all'ambiente morale e sociale. Che vuol dire tener conto dell'ambiente? Non altro, se non riconoscere e porre in rilievo la connessione che i fatti particolari hanno coi generali, i fuggevoli coi duraturi o costanti, la dipendenza dei primi dai secondi, la ragione e il modo di prodursi di quelli. Ora, io non so se in nessuno dei romanzi realistici più decantati si vegga con tanta consequenza e tanta costanza quanta nei *Promessi Sposi* il fatto particolare provocato, condizionato, generato in certo modo dal fatto generale; la storia di pochi uomini offerta come un caso della storia di tutto un popolo. «Les mémoires qui nous restent de cette époque présentent, et font supposer une situation de la société fort extraordinaire. Le gouvernement le plus arbitraire, combiné avec l'anarchie féodale et l'anarchie populaire; une législation étonnante par ce qu'elle présente et par ce qu'elle fait deviner, ou qu'elle raconte; une ignorance profonde, féroce et prétentieuse; des classes ayant des intérêts et des maximes opposées; quelques anecdotes peu connues, mais consignées dans des récits très dignes de foi, et qui montrent un grand développement de tout cela; enfin une peste, qui a donné de l'exercice à la scélératesse la plus consommée et la plus déhontée, aux préjugés les plus absurdes, et aux vertus les plus touchantes, etc. etc... voilà de quoi remplir un canevas; ou plutôt voilà des matériaux qui ne feront peut-être pas déceler la malhabileté de celui qui va les mettre en œuvre... A cet effet, je fais ce que je puis pour me pénétrer de l'esprit du temps que j'ai à décrire, pour y vivre; il était si original que ce sera bien ma faute, si cette qualité ne se communique pas à la description». Così scriveva il Manzoni al Fauriel nella importantissima lettera testè citata; ma quando pure non ci fosse stata questa dichiarazione dell'autore, e il Cantù non avesse scritto quel suo noto commento storico al romanzo, ogni colto lettore potrebbe riconoscere agevolmente da sè nel romanzo stesso, non solo lo studio perseverante, coscienzioso, minuto di una età che non è certo tra le più conosciute, ma ancora la evocazione meravigliosa e potente; e non so davvero se altro ve n'abbia in cui la storia riviva con pari illusione di realtà e di presenza, e in cui, a dispetto pure di qualche sproporzione od eccesso, realtà e finzione sieno più intimamente, più organicamente fuse. Parve anzi a taluno che di storia ce ne sia persin troppa, non solamente in quelle parti del racconto, ov'essa appare, dirò così, in forma propria ed esplicita, come nelle descrizioni, dal Goethe giudicate troppo lunghe, della sommossa e della peste; ma in quelle ancora ov'essa è implicita, e fittamente intessuta con la propria azione del romanzo; e che questa propria azione del romanzo sia governata un po' troppo insistentemente da quella che chiameremo azione generale della storia. Ma, di grazia, può essere questo veramente un difetto? e se difetto, può essere difetto da rimproverare a un romanzo storico? e a un romanzo storico di carattere così spiccatamente realistico?

Intendo come a più d'uno la qualificazione di realista data al Manzoni possa sembrare inopportuna, data con un po' d'arbitrio, e quasi per un impegno. Come? diranno: realista il Manzoni, che ogni po' si caccia tra' suoi personaggi e interrompe il racconto con le osservazioni e con l'ironia? realista il Manzoni, inventore di Lucia e di Federigo Borromeo? Eh sì, realista: non mica, intendiamoci, nel pieno, o comune significato della parola, ma pure realista, e in molte cose più realista di molti realisti. Del resto, vediamo un po'. Questo dovere imposto allo scrittore di non frammischiarsi ai proprii personaggi, di non lasciarsi scorgere nell'opera propria, da quale principio d'arte supremo, perpetuo, incontrovertibile, si fa scaturire? L'avete proprio questa opinione che l'opera d'arte possa essere, o almeno parere, un'opera della natura, fatta non si sa come, non si sa da chi, anzi nata e non fatta, e contraddistinta, tutto il più, da un nome vano senza soggetto? E quando l'autore di un libro, il voglia egli o nol voglia, sel creda o non sel creda, si svela e si dà a conoscere in tante altre maniere: e quando in ogni carattere che dipinge, in ogni avvenimento che narra, in ogni frase che scrive, vi grida, come Emilio Zola vi grida: io son io, in carne e in ispirito, con queste facoltà, con queste tendenze, con questo concetto della vita e questo sentimento delle cose; e si mescola in mille modi con quella realtà ch'egli pretende rappresentarvi nell'inafferrabile vero e proprio suo essere, e in mille modi la altera (*il mondo veduto attraverso a un temperamento*), non v'accorgete voi che ha del pedantesco, che ha dell'ingenuo, che ha del puerile il dirgli: tu non t'hai da far vedere qui dentro; tu non userai mai in prima persona il pronome ed il verbo? Voi affermate che quando l'autore si lascia vedere a quel modo e parla a quel modo, nasce spontaneamente in chi legge il sospetto ch'egli non sia in tutto sereno ed imparziale, ma acconci, muti, travisi variamente il vero per amore a un qualche suo preconcetto, per indulgenza a una qualche sua passione, o per altra ragion così fatta. E sta bene: ma se l'autore non si fa vedere, sarà poi tolto a quel sospetto ogni modo di nascere? e non ci sono cento altre maniere di sincerarsi quando il sospetto sia nato? Il parlare in prima persona non trae mica con sè la necessità di mentire; e il parlare in terza non è mica guarentigia di verità. Non vi accorgete anzi che per isballarle grosse, senza che altri vi possa dare sulla voce, il modo più sicuro, il più comodo è appunto quella ostentazione di oggettività assoluta ed invariabile? Del resto, come un romanzo non diventa realistico per ciò solo che l'autore si tien nascosto dietro a' suoi personaggi, così un romanzo non cessa di essere realistico per ciò solo che l'autore si lascia a quando a quando vedere tra essi. Provatevi a leggere un romanzo del Balzac, e vedete se vi riesce di scorrerne dieci pagine senza dar di petto nel Balzac. E si tratta di un pontefice massimo del realismo!

Che il Manzoni non s'indugia molto a ritrarre gli aspetti delle cose esteriori; che parlando di quei paesi del lago non si cura di attenersi strettamente e minutamente al vero; che non approfitta della sommossa, e della peste per descriverci dieci volte Milano, di giorno, di notte, e quando fa sole e quando piove; che non ispende molte parole per informarci del caldo e del freddo, del secco e dell'umido, della calma e del vento, tutto ciò è verissimo; ma resta a sapersi se sia questo un difetto, e quanto abbia guadagnato la letteratura realistica dalla bella qualità opposta a questo difetto. Può darsi che il Manzoni si mostri in tutto ciò un po' troppo scarso, un po' troppo restio, e dico *può darsi* perchè non ne sono propriamente sicuro; ma gli è per altro certo ch'egli fa benissimo, e opera da realista sensato, a non lasciarsi sopraffare e soffocare dalle cose, come la più parte dei romanzieri russi, e parecchi non russi, e che da questo suo modo di operare viene al romanzo e ai lettori di esso vantaggio non piccolo.

Il Manzoni inventò Lucia e Federigo Borromeo; anzi inventò quella e non inventò questo; perchè se il Federigo da lui ritratto non è tutto il Federigo storico, è parte rilevante e vera di quello. Chi ha qualche pratica con la storia dei santi vede che Federigo è un santo, come, grazie al cielo, ce ne furon degli altri, e parecchi, se non moltissimi. Chi è incapace di virtù nega la santità, come chi è incapace di coraggio nega l'eroismo. Lucia è un po' raggentilita, un poco stinta, se così posso esprimermi, ma molto più vera che non si creda, e, ad ogni modo, tirata in su non più di quanto infiniti personaggi di romanzi realistici sieno tirati in giù. Oltre di che è da dire che il Manzoni, nel formare i caratteri, riesce alquanto più realista (nientemeno!) del Balzac, il quale, di solito, forma i personaggi suoi tutti di un pezzo, e rimettendo in opera il vieto procedimento classico, segno di tante censure, li accende di una passione unica, che è il principio unico e la ragione unica di tutto quanto essi dicono e fanno; mentre il Manzoni forma complicatamente i suoi, e li mostra, il più delle volte, quali sogliono essere in natura, composti di elementi discordi, combattuti da contrarie tendenze. Fra Cristoforo e l'Innominato manifestano questa lor condizione nel fatto stesso della conversione, così com'è motivata, predisposta, condotta. Federigo è un santo che ha molte parti, molti aspetti, e che il povero don Abbondio non riuscirà mai nè a indovinare, nè a intendere. L'Agnese è di certa natura tutt'altro che semplice. Renzo avrebbe molte buone ragioni per essere preso tutto di una passione unica e fisso in un solo pensiero, e per non volere pensare ad altro; e pure, sebbene l'amore, anzi l'amore contrastato, sia sempre (e dev'essere) presente in tutto ciò ch'egli pensa, dice ed opera; sebbene si vegga ch'esso è come la molla secreta che lo fa muovere, e lo spinge, senza ch'egli possa darsene conto, a farsi predicatore di riforme e seguitator di sommosse; pure, dico, egli conserva, da povero contadino, la facoltà di prendere parte a una quantità di cose che non sono il suo amore, e non hanno troppa attinenza col suo amore. Don Abbondio pare che sia nato al mondo per aver paura, e non conosce altra consigliera che la paura, e c'è da stupire che la paura non l'abbia ammazzato in qualche incontro, un bel pezzo prima dell'incontro coi bravi. La paura si può dire che sia la sua coscienza. Ciò nondimeno se voi riuscite a togliergli un tratto quella paura di dosso, anzi di dentro, come, per una volta tanto, ci riescono gli avvenimenti, voi vedete fiorir d'improvviso un don Abbondio non più veduto, ma non impreveduto, e che, sebbene tanto diverso dal solito, non contraddice a quello, anzi è un nuovo aspetto di quello. Ora aggiungete a tutto ciò che i personaggi dei *Promessi Sposi* mostrano d'avere fra loro quel collegamento, e gli uni sugli altri quel reciproco influsso, che lasciano pur vedere i personaggi del Balzac, nei migliori suoi romanzi.

Con questo non voglio già dire che l'arte del Manzoni non discordi assai volte da quella dei realisti ordinarii, ma credo che dovrebbe rincrescere se non discordasse. I realisti ordinarii, quelli sopratutto dell'ultima maniera, si sa che hanno soppressa nell'opere loro la composizione, sotto pretesto che la natura non ce la dà. Ci sono dell'altre cose parecchie che la natura non ci dà, e che noi, appunto per questo, andiam procacciando con istudio, con fatica, con pericolo. Veramente la natura s'è sempre ostinata a non volerci dare nè fabbriche, nè statue, nè quadri, nè spartiti, nè romanzi. A taluno potrebbe forse venire il sospetto che a decretare quella soppressione i realisti sieno stati ajutati, non diremo spinti, da quel naturale desiderio ch'è il desiderio di scampar fatica; ma poichè tale sospetto potrebb'essere temerario ed ingiusto, basterà notare che in nessuno degl'intenti loro, qual che si fosse la ragione che li moveva, i realisti riuscirono così bene come riuscirono in questo. Molti dei loro romanzi pajono un effetto del caso, e si potrebbero applicar ad essi le parole con cui certo personaggio di una commedia francese senza scioglimento accomiatava gli spettatori: *il n'y a pas de raison pour que cela finisse....*; e ci si potrebbero aggiungere queste altre: *il n'y avait pas de raison pour que cela commençât*. Non così il romanzo del Manzoni. La composizione di esso potrà esser guasta in certe parti da digressioni un po' troppo lunghe; l'equilibrio ne potrà rimanere turbato; ma, tirate le somme, bisogna pur riconoscere che il romanzo, com'è fortemente immaginato, così è anche fortemente composto; che esso è dotato, a dispetto delle digressioni, di coerenza e di compattezza mirabili; che è un'opera, non del caso, ma dell'arte, nel più alto e schietto significato della parola. Parve a taluno che nei *Promessi Sposi* non ci sia altra unità che la unità morale: io credo ci sia pure la unità logica, e anche (ma qui bisognerebbe discutere) la unità estetica.

Per questi, e per alcuni altri rispetti, il Manzoni è romantico e non realista. Di fronte alla realtà, il romanticismo fu più attivo che non il realismo. Esso concedeva all'arte molto che il realismo le nega: esso voleva la composizione, la concentrazione, la scelta, e quella che il Taine chiamò convergenza delle impressioni. Mi sembra che molti comincino ora ad avvedersi che il realismo fece male a disvoler tutto questo.

VII.

Non abbiamo ancora finito di discorrere degli effetti che vengono all'arte manzoniana dall'avere il Manzoni tolto a fondamento di quella il vero.

Va da sè ch'essa aborrirà quasi istintivamente tutte quelle forme del fantastico, del lugubre, del mostruoso, del terribile, che gl'Inglesi designarono con la denominazione espressiva di *german horrors*, e che non sono poi cosa talmente germanica che non si trovi anche, in qualche misura, fuor di Germania, o natavi spontaneamente, o trattavi dalla curiosità o dalla moda[37]. In Italia se n'ebbe un andazzo, a dispetto del clima, delle consuetudini, degli umori; venutovi primamente (se non vogliamo tener conto di alcune più remote e più comuni origini medievali e cristiane) coi poemi di Ossian, con le *Notti* del Young, con la poesia sepolcrale. Nei *Sepolcri* del Foscolo se ne vede qualche traccia, e anche nelle *Ultime lettere di Jacopo Ortis*; e sino dal 1805, Luigi Cerretti, vecchio ormai, si scagliava contro il depravato gusto di coloro che esultavano «in dipingere gli abbracciamenti del delitto colla morte, e il fragor con cui piombano nel baratro tenebroso»[38]. Non so se queste parole alludano, come parrebbero, a una qualche traduzione o imitazione, che già corresse l'Italia, della famosa *Leonora* del Bürger; ma so che il Cerretti avrebbe potuto ripeterle, e allungarle, e inasprirle qualche anno più tardi, quando saltò su

---

[37] Forse il primo esempio di tali orrori lo diede il *Castle of Otranto*, romanzo del celebre ORAZIO WALPOLE, pubblicato nel 1764. Ebbe grandissima voga, e fu tradotto in italiano, dalla qual lingua l'autore fingeva d'averlo tradotto egli stesso. I primi racconti fantastici di Teodoro Hoffmann sono posteriori ad esso di mezzo secolo, come son posteriori di una ventina d'anni ai più celebri romanzi di Anna Radcliffe.

[38] *Delle vicende del buon gusto in Italia*, orazione recitata nella grande aula dell'Università di Pavia il giorno 3 maggio 1805.

il Berchet, nella *Lettera semiseria di Grisostomo*, a proporre alla imitazione degl'Italiani appunto quella *Leonora* e, di giunta, il *Cacciator feroce* dello stesso poeta. A dir vero, lo stesso Berchet, in quella che faceva la proposta, esprimeva pure il dubbio che le due poesie, fondate, come sono, sul meraviglioso e sul terribile, non avessero a incontrare gran fatto il gusto degl'Italiani; e già il Londonio aveva sentenziato disdegnosamente che le *romantiche melanconie* del settentrione non potevano allignare in Italia, e ne dava grazie al cielo, alla ridente natura, all'indole del popolo[39]. Ma che non possono, anche contro il cielo e la natura e l'indole, la sazietà del consueto, il desiderio del nuovo, la voga? I germanici, e, per amor di giustizia, soggiungeremo, gli anglici orrori trovarono favore anche in Italia, e persino quelli di cui Anna Radcliffe rimpolpettava romanzi vi ebbero cure di traduttori e plauso di lettori e più di lettrici. Onde il povero Monti, già presentendo la fine di ogni cosa, piangeva le Grazie fugate dai lemuri e dalle streghe, e le ombre d'Ettore e di Patroclo soppiantate dai romantici spettri, e che il solo tetro si chiamasse bello: e alzando il dito verso quella malaugurata e scelerata Leonora, gridava:

> Di fe' quindi più degna
> Cosa vi torna il comparir d'orrendo
> Spettro sul dorso di corsier morello
> Venuto a via portar nel pianto eterno
> Disperata d'amor cieca donzella,
> Che, abbracciar si credendo il suo diletto,
> Stringe uno scheletro spaventoso, armato
> D'un oriuolo a polve e d'una ronca:
> Mentre a raggio di luna oscene larve
> Danzano a tondo, e orribilmente urlando
> Gridano: *pazïenza, pazïenza*[40].

---

[39] *Cenni critici sulla poesia romantica*, Milano, 1817, pp. 45-47.
[40] *Sermone sulla mitologia.*

Scrivendo al D'Azeglio nel 1823, il Manzoni diceva che per romanticismo in Italia s'intendeva comunemente «un non so qual guazzabuglio di streghe, di spettri, un disordine sistematico, una ricerca dello stravagante, una abiura in termini del senso comune»; e soggiungeva: «un romanticismo insomma, che si è avuto molta ragione di rifiutare, e di dimenticare, se è stato proposto da alcuno; il che io non so»[41]. Quell'*io non so* è di troppo, e per caso noi cogliamo il nostro Don Alessandro in una delle sue non rarissime bugiole o dissimulazioni innocenti. Don Alessandro sapeva benissimo che, in una certa misura, quel romanticismo era stato proposto, e che, in misura alquanto maggiore, era anche stato attuato; ma sapeva pure, e voleva si sapesse, che da lui quel romanticismo non doveva aspettarsi nè ajuto, nè incoraggiamento, nè indulgenza[42]. Avviso ai *compagni di patimenti letterarii* e a quanti altri potessero averci interesse. Quelle particolari mostruosità poi che furono le *mostruosità della scuola satanica*, il Manzoni detestò da quanto il Niccolini, che le detestò con tutta l'anima.

Badate che nelle parole riferite pur ora il Manzoni accenna anche al *disordine sistematico* e alla *ricerca dello stravagante*, due cose ancor esse molto contrarie alla conoscenza e alla rappresentazione del vero; l'una, perchè mette tutto sossopra, l'altra, perchè tutto travisa. Nella Lettera sulle unità drammatiche il Manzoni scrisse: «Il est hors de doute que la sagesse vaut mieux que l'extravagance; et même que celle-ci ne vaut rien du tout»[43]. Avrebbe potuto dir meglio il Boileau? E non vi pare anzi che tra il Boileau ed il Manzoni ci sia alle volte sin troppo accordo? Non so perchè mi ricorra nella mente la sentenza di Edgardo Poe: non esservi bellezza senza stranezza.

---

[41] *Epistolario*, vol. I, p. 312.

[42] Ma vedi forza dell'esempio e dell'andazzo! Lo STAMPA, figliastro del Manzoni, afferma che l'autore dei *Promessi Sposi* fu tentato una volta di scrivere un romanzo fantastico, del quale, per altro, non sa dir nulla (*Alessandro Manzoni, la sua famiglia, i suoi amici*, Milano, 1885-9, vol. II, p. 183).

[43] *Opere varie*, p. 410.

Per essere giusti bisogna dire che quei due malanni, se c'erano (e c'erano) anche in Italia, non però vi mostravano quel carattere maligno che altrove, nè come altrove ci si eran diffusi. Le stravaganze del romanticismo tedesco, derise dal Goethe, l'Italia, o non le conobbe, o se ne liberò molto presto. Ciò che nel 1829 il Thiers diceva del romanticismo francese: «Ses goûts fantasques et puérils font le ridicule de notre temps», non si sarebbe potuto dire del romanticismo italiano, forzato a stare in cervello e a rigar dritto (e fu ventura nella disgrazia) dai molti guai a cui bisognava pensare e, possibilmente, rimediare. L'aver dovuto in Italia far arme delle lettere nocque in più modi all'arte, ma all'arte stessa anche in più modi giovò, poichè non le lasciò nè agio nè possibilità di buttarsi al singolare e all'inaudito, e di ammattire dietro all'esempio del romanticismo francese, del quale ebbe a dire il Gautier, narratore e giudice benevolo: «Développer librement tous les caprices de la pensée, dussent-ils choquer le goût, les convenances et les règles; haïr et repousser autant que possible ce qu'Horace appelait le profane vulgaire, et ce que les rapins moustachus et chevelus nomment épiciers, philistins ou bourgeois; célébrer l'amour avec une ardeur à brûler le papier, le poser comme seul but et seul moyen de bonheur; sanctifier et déifier l'Art regardé comme second créateur: telles sont les données du programme que chacun essaye de réaliser selon ses forces, l'idéal et les postulations secrètes de la jeunesse romantique»[44]. Cogliamo anche questa occasione di notare che il romanticismo italiano, se fu molto meno rigoglioso, fu anche molto più savio del forestiero; che perciò in Italia la reazione realistica non irruppe con l'odio, col furore, con la violenza onde fu accompagnata altrove; e che il Manzoni poteva dissentire dal romanticismo italiano assai meno di quello dovesse dissentire dal romanticismo forestiero, pur dissentendo parecchio anche da quello.

---

[44] *Histoire du romantisme*, nuova edizione, s. a., Parigi, Charpentier, p. 64.

Chi ama da senno il vero, aborre da tutto quanto possa, in uno o in un altro modo, o poco o molto, alterarne la schiettezza, falsarne la espressione. L'arte che voglia proprio esser vera dev'esser sincera e dev'esser semplice; deve cioè ricusare tutti quegli artifizii e lenocinii del linguaggio, dello stile, della trattazione, che se anche non alterano, dirò così, sostanzialmente il vero, lo alterano formalmente; se non nel principio suo, nei suoi effetti. *Veritatis simplex est oratio*, lasciò scritto Seneca. Essa diffida in sommo grado di quelli che diconsi ornamenti, e fra' suoi precetti, anzi fra' principali, scrive anche questo: *il puro necessario: tutto ciò che non è necessario è nocivo. Quod ultra est, a malo est.* Ecco perchè il Manzoni è così schietto e così semplice e così naturale, pur riuscendo così fine e così efficace. Il Manzoni non abusa mai del pittoresco, tanto abusato da' romantici d'ogni risma; anzi nel colore, come nel disegno, è tanto sobrio da potere, alle volte, parer troppo. Il Manzoni, l'abbiam già notato, gusta poco la prosa poetica. Il Manzoni gusta anche poco la lingua poetica, che non è da confondere col linguaggio poetico, e il Sainte-Beuve gliene fa rimprovero; ma qui è da notare ch'egli l'avversò meno di quanto si creda, come provano certe sue lettere al Borghi. In una, scritta nel giugno del 1828, egli osserva che *orde* è forse *voce troppo nuova per la poesia*; in un'altra, del febbrajo dell'anno seguente, che *trionfata* è triviale; in una terza, dell'aprile dell'anno medesimo, che *banchettare* non fa *buon suono*.

Ma checchè il Manzoni pensasse della prosa poetica e della lingua poetica, gli è certo ch'egli preferiva la prosa alla poesia, e che la ragione principale del suo preferir quella a questa era, a un dipresso, la seguente: la prosa è, in tesi generale, il linguaggio del vero; la poesia è, in tesi generale, il linguaggio della finzione. I romantici, per contro, mostrano sempre una spiccata tendenza a mettere la poesia sopra la prosa.

Questo punto è degno di attenzione particolare.

VIII.

Qualcuno che non conoscesse nè le tragedie, nè gli inni, nè le poesie giovanili del Manzoni, potrebbe dire: il Manzoni preferiva la prosa alla poesia perchè non si sentiva, e non era poeta: chi si sente ed è veramente poeta, preferisce la poesia alla prosa. Chi conosca quelle composizioni, o ne conosca almeno una parte, non dirà più così di sicuro.

Riconosciamo pure (e dopo quanto s'è detto innanzi non ci costerà troppa fatica) che le potenze dello spirito più particolarmente richieste al poetico officio non sono quelle che primeggiano nel Manzoni; riconosciamo ch'esse sono in qualche modo soggiogate da altre; ma riconosciamo, in pari tempo, che quelle potenze ci sono, e han molto vigore, ed operano molto speditamente. L'anima del Manzoni fu certo più aperta alla luce del vero che alla luce del bello, sebbene anche a questa sia stata aperta assai bene; e la condizione di poeta pare che voglia piuttosto il contrario, o almeno, che l'anima le riceva entrambe egualmente: e dico entrambe, perchè le son due propriamente, e non una, come s'è voluto far credere.

Da giovane il Manzoni sentì ancor egli la vocazione poetica (dico vocazione e non fregola) e rifuggendo dalle tetre scuole mortificatrici dell'ingegno e corruttrici del gusto, e da maestri che più tardi sarebbesi vergognato d'avere a discepoli, s'addusse franco al *sorso de l'Ascrea fontana*, e cercò dei *prischi sommi*, e ne fu preso di tanto amore che gli pareva di vederli e conversare con loro. Lo rodeva il dubbio che Carlo Imbonati, la cui memoria egli onorava allora di quasi religioso ossequio, come un esempio impareggiabile di umanità virtuosa e gentile, avesse curata poco da vivo la *divina de le Muse armonia*, e da lui si faceva rispondere in sogno:

> Qualunque
> Di chiaro esemplo, o di veraci carte

> Giovasse altrui, fu da me sempre avuto
> In onor sommo;

e nella sua bocca poneva le lodi dell'Alfieri e del Parini, e di quel sovrano

> D'occhi cieco, e divin raggio di mente,
> Che per la Grecia mendicò cantando[45].

Dell'anno 1809 è l'*Urania*, ch'è tutto un inno alla poesia, e dove il poeta si consacra tutto alle muse, le quali, *fuggitive dai laureti achei*, presero stanza in Italia:

> A queste alme d'Italia abitatrici
> Di lodi un serto in pria non colte or tesso;
> Chè vil fra 'l volgo odo vagar parola
> Che le Dive sorelle osa insultando
> Interrogar che valga a l'infelice
> Mortal del canto il dono. Onde una brama
> In cor mi sorge di cantar gli antichi
> Beneficj che prodighe a l'ingrato
> Recâr le Muse[46].

Allora il suo desiderio più vivo e la più cara speranza erano di vedersi aggiunto un giorno *al drappel sacro* dei poeti d'Italia[47], al quale fu poi aggiunto veramente, ma senza che il suo desiderio ci entrasse per molto; anzi un pochino contro sua voglia, s'è vero che a farvelo aggiungere ajutarono per la parte loro anche quelle poesie giovanili ch'egli rifiutò più per le cose che dicevano che pel modo, meno perfetto, con cui le dicevano.

Quand'è che l'animo di questo innamorato cominciò a raffreddarsi? Sarebbe difficile il dirlo. Da giovanissimo, e poi per

---

[45] *Versi in morte di Carlo Imbonati*, vv. 147 e segg.

[46] Versi 36-44.

[47] *Urania*, vv. 9-14.

certo tempo più tardi, egli vagheggiò una specie di poesia realistica, molto diversa da quella di cui il Cerretti seguitava a predicare essere il furore la suprema ragione. Nel sermone a Giovanni Battista Pagani, ch'è del 1804, il poeta così si confessa all'amico:

> Or ti dirò perchè piuttosto io scelga,
> Notar la plebe con sermon pedestre,
> Che far soggetto ai numeri sonanti
> Opre antiche d'eroi. Fatti e costumi
> Altri da quei ch'io veggio a me ritrosa
> Nega esprimer Talia[48].

Queste ultime parole in ispecie son degne di qualsiasi più risoluto e più rigoroso realista. Diciasette anni più tardi, nel gennajo del 1821, e in una lettera al Fauriel, il Manzoni esprime la opinione che la poesia debba dire ciò che si pensa e ciò che si sente nella vita reale[49]; e in altra lettera, senza data, al medesimo amico, parla ironicamente del *bel principio* «que tout ce qui est vague, fabuleux, confus est poétique de sa nature, et que lorsqu'on ne sait rien sur un sujet, il faut en parler en vers»[50]. O prima o poi egli dovette vagheggiare una poesia ragionevole, come la voleva il Johnson. Leggasi questa sua riflessione: «A chi dicesse che la poesia è fondata sulla immaginazione e sul sentimento e che la riflessione la raffredda, si può rispondere, che più si va addentro a scoprire il vero nel cuore dell'uomo, più si trova poesia vera»[51]. Se non che, molto per tempo egli dovette cominciare a negar credenza a quel detto dello Shelley, che i poeti possono significare il vero al pari e meglio di coloro che scrivono in prosa; e al giudizio di Aristotele, quando sentenziò essere la poesia più

---

[48] *Opere inedite o rare*, vol. I, p. 95.
[49] *Epistolario*, vol. I, p. 201.
[50] *Ibid.*, pp. 206, 207.
[51] *Opere inedite o rare*, vol. III, p. 197.

filosofica e, in un certo senso ideale, più vera della storia[52]. Onde, sino dal 1829, nella *Storia della Colonna Infame*, si burlava del privilegio arrogatosi dai signori poeti di dire ogni cosa che loro salti in capo, o vera o falsa che sia[53]; e nel giugno del 1832 scriveva ad un Coen, il quale s'era fissato di lasciare i negozii per darsi alle lettere: «E, come le storture trovan meglio da appigliarsi e da spiegarsi in un linguaggio straordinario, fantastico e di convenzione, così i poeti hanno in questa miseria (*del fare d'una passione una virtù*) la maggior parte e il più cospicuo luogo»[54]. Vero è che poi, nel 1845, dirà la poesia usare un linguaggio insolito perchè ha cose insolite da dire[55].

Come intendesse il Manzoni la unione, o l'alleanza della poesia con la storia, abbiamo già in parte veduto. Quella deve conformarsi e obbedire a questa. Se nel Michelet il poeta nuoce allo storico, nel Manzoni lo storico nuoce al poeta.

A poco a poco l'antico amore, non solo s'intepidiva, ma diventava, prima indifferenza, poi avversione. Ecco il Manzoni trovar gusto in notare i difetti, i peccati, gli svantaggi della poesia, e l'irreparabile e non lacrimabile suo decadimento. «La poesia ha anche questo bel vantaggio, d'essere come forzata a prendersi delle licenze», dirà egli in una delle citate lettere al Borghi[56]. E in quella lettera al Coen: «Badi che i poeti vanno scemando d'autorità come di numero (*di numero poi!*); e l'essere con tutto ciò cresciuto quello de' lettori fa sì chc alla venerazione sottentri il giudizio; e son giudicati ogni dì più con questa ragione, che, se le cose dette da loro fanno per loro soli e non importano all'umanità, son cose da non curarsene; se importano, bisogna veder come sien vere»[57]. Altro che la *divina armonia* del carme

---

[52] Aristotele non dice propriamente così; ma tale credo fosse, in sostanza, il suo concetto. Anche lo Schopenhauer giudica la poesia più vera della storia.

[53] *Opere varie*, p. 835.

[54] *Epistolario*, vol. I, p. 448.

[55] *Discorso intorno al romanzo storico. Opere varie*, p. 481.

[56] *Epistolario*, vol. I, p. 393.

[57] *Epistolario*, vol. I, pp. 448, 449.

in morte dell'Imbonati, e gli entusiasmi e gli ardori dell'*Urania*! Altro che la *divina concitazione del genio* e la *sapienza ispirata* decantata dal Foscolo! Ed era il tempo felice e memorabile in cui i romantici francesi andavano in gloria perchè dicevano di aver ritrovate le fonti vive della poesia, e sgombratene le scaturigini dagli sterpi e dai sassi, ne lasciavano correre in copia, fra le turbe assetate, le onde vivificatrici e sonore. Nel novembre del 1845 il Manzoni, in una lettera al Giusti, del quale pure ammirava l'arte e l'ingegno, par che si spassi a fare il novero di tutti gli scapiti a cui la poesia, la *signorona vecchia*, andò soggetta nel corso dei tempi, e fattolo, soggiunge, burlandosi: «Dunque lavora, *chè fai sul tuo*; e accresci l'entrata della padrona, agl'interessi della quale prendo una gran parte, anche per il gran bene che le ho voluto in gioventù»[58]. In gioventù, avete inteso?

Quando, nei *Promessi Sposi*. detto che cosa s'intenda per poeta dal volgo di Milano e del contado (e, si poteva aggiungere, d'altri siti: *populus sanos negat esse poetas*, scriveva melanconicamente Ovidio dal Ponto): quando, dico, il Manzoni butta lì quella sua interrogazione biricchina: «Perchè, vi domando io, cosa ci ha che fare poeta con cervello balzano?»[59] ognuno capisce che nella opinione del Manzoni ci ha che fare non poco; e più lo capisce, quando in un altro luogo del romanzo legge, in coda a un ricordo del famoso sonetto dell'Achillini: *Sudate o fuochi*, ecc., queste parole: «Ma è un destino che i pareri dei poeti non siano ascoltati: e se nella storia trovate de' fatti conformi a qualche loro suggerimento, dite pur francamente ch'eran cose risolute prima»[60]. Altro che i veggenti, e i precursori, e gli apostoli! Altro che i convertitori delle folle in popolo! Altro che il *drappel sacro*!

Ma, quando scriveva il romanzo, il Manzoni era ancora in vena di scherzo: più tardi non credo che in sì fatto argomento avrebbe scherzato a quel modo. Più tardi egli nutrì per la poesia un po'

---

[58] *Epistolario*, vol. II, p. 144.
[59] Cap. XIV. p. 273.
[60] Cap. XXVIII, p. 520.

(non saprei dir quanta) di quell'avversione sospetta e stizzosa che brontola nelle parole del Bossuet e del Pascal, e la nutrì, in parte almeno, per le ragioni medesime. Orazio disse la poesia *amabilis insania*: venne tempo in cui quell'*amabilis* dovette parer di troppo all'autore della *Morale cattolica*. Perciò io penso che sieno del Manzoni assai giovane questi pensieri, tolti di tra i suoi *Pensieri varii*: «La poesia, stromento di criterio della bontà delle azioni. Alcuni fatti giustificati in prosa, non potrebbero mai divenir soggetto di encomio poetico. Fate un po' dei versi in lode della tratta dei negri, della St-Barthélemy, degli *auto da fé*, del tribunal rivoluzionario del '93, ecc., cose in favor delle quali si è pur ragionato in prosa. La poesia sembra allontanarsi dalla vita reale più della prosa, e all'opposto, rigettando le formule generali, convenute di quella, essa sovente si move, e si addirizza insieme alle più intime, primitive sensazioni, ai particolari in cui quelle si risolvono, che quelle non rappresentano. E appunto nei casi del genere suddetto, la prosa giustificatrice si serve di quelle formole, ecc.»[61]. La *prosa giustificatrice*! quale attributo! dunque la poesia direbbe il vero meglio della prosa?

Se al detto sin qui voi aggiungete che il Manzoni, non solo ebbe in uggia il romanzesco, lo stravagante, il mostruoso, ma ancora ogni meraviglioso soprannaturale, da quello della fede in fuori; ch'egli non sentì punto il bisogno, tanto sentito dai romantici, di sostituire all'antica una nuova mitologia; che si mostrò sempre molto severo per tutte le credenze superstiziose, poetiche o non poetiche; se osservate ch'egli non si diletta punto di portenti e di miracoli; che nei *Promessi Sposi* non v'è altro meraviglioso, se non quello di un ordine divino che si lascia scorgere dietro al disordine umano; che il miracolo vi è sempre interno, occulto, immanente, e si compie nelle anime o pervade la storia; che però quello delle noci narrato da fra Galdino si risolve in ironia manifesta; voi avete sott'occhio tutti gli elementi, le movenze e i caratteri dell'arte manzoniana, quali sono prodotti,

---

[61] *Opere inedite o rare*, vol. II, p. 480.

determinati, condizionati da quel vero che il Manzoni aveva preso a fondamento dell'arte sua, e che fedele al monito dell'Imbonati:

Il santo vero
Mai non tradir,

egli osservò sempre nei pensieri, nelle parole, nelle opere.

IX.

Nella dottrina romantica il Manzoni distinse molto opportunamente due parti, l'una negativa, positiva l'altra; quella assai più larga, più consistente e più precisa; questa assai più ristretta, più sconnessa e più indeterminata[62]. Per la parte negativa, si può dire ch'egli s'accordi in tutto con la scuola; per la parte positiva, si accorda molto meno, e qualche volta non si accorda punto. Del resto, in questa seconda parte, anche gli altri romantici discordavano spesso fra loro. Avveniva della dottrina romantica ciò che di tutte le dottrine, dove la parte critica è sempre più valida e più coerente della dogmatica.

Come ogni altro romantico vero, il Manzoni detesta, ricusa e schernisce tutte quelle regole d'arte che non sono «fondate sulla natura, necessarie, immutabili, indipendenti dalla volontà de' critici, trovate, non fatte»[63]. Con l'acume suo consueto egli scopriva nelle regole arbitrarie un trovato della pigrizia e della inettitudine: «C'est une singulière disposition que celle que nous avons à nous forger des règles abstraites applicables à tous les cas, pour nous dispenser de chercher dans chaque cas particulier sa raison propre, sa convenance particulière»[64]. «Il n'y a ni règles, ni modèles», dirà più tardi l'Hugo, «ou plutôt il n'y a d'autres règles

---

[62] Lettera a Cesare D'Azeglio. *Epistolario*, vol. I, pp. 280 segg.
[63] Prefazione al *Conte di Carmagnola. Opere varie*, p. 278.
[64] *Lettre sur l'unité de temps, ecc. Opere varie*, p. 405.

que les lois générales qui planent sur l'art tout entier, et les lois spéciales qui pour chaque composition résultent des conditions d'existence propres à chaque sujet». Il Manzoni aggiungeva: «in fatto d'arte, un precetto non può essere altro che l'indicazione d'un mezzo»[65]; e con tutti i romantici credeva che le regole non fondate in natura (alle fondate in natura chi ha fior di senno non sogna di ribellarsi) fossero state «un inciampo a quelli che tutto il mondo chiama scrittori di genio; e un'arme in mano di quelli che tutto il mondo chiama pedanti»[66]. Documento insigne dell'avversione sua a quelle, e, in pari tempo, dell'acutezza e potenza della sua critica estetica, rimane la lettera sulle famose unità drammatiche[67].

Il Manzoni è ancora schiettamente e deliberatamente romantico nella dottrina drammatica, e specialmente quando sostiene che tutta la struttura del dramma, e il moversi de' personaggi in esso, e la vicenda degli avvenimenti, devono dipendere dalla natura dell'azione; e quando ammira ed esalta lo Shakespeare sopra tutti i drammaturghi antichi e moderni. La sua dottrina drammatica, in sostanza, non è diversa, o è poco diversa da quella di Guglielmo Schlegel, del De Vigny, dell'Hugo.

Il Manzoni è inoltre romantico risoluto quando vuole si sostituisca il concreto all'astratto, il particolare al generale, l'uomo vero al fittizio, ecc.; ma non è più romantico, o è un romantico irresoluto, e che fa molte riserve, rispetto ad altri postulati, ad altre tendenze dell'arte nuova.

Così rispetto a quella mescolanza del tragico e del comico, dello scherzevole e del serio, che preconizzata nel secolo XVII da Lope de Vega, nel secolo XVIII dal Diderot, dal Voltaire e dal Lessing, de' quali tre, il secondo la biasimò dopo averla lodata e il terzo la lodò dopo averla biasimata; effettuata nel dramma

---

[65] *Discorso intorno al romanzo storico. Opere varie*, p. 494.

[66] Lettera al D'Azeglio, *Epistolario*, vol. I, p. 294.

[67] Anche lo SCOTT, nell'*Essay on the Drama*, combattè le unità, ma quanto più timidamente e quanto meno acutamente del Manzoni!

lacrimoso, o commedia patetica, o tragedia borghese che voglia dirsi, era divenuta un canone principale dell'estetica romantica, un pezzo prima che l'Hugo scoprisse nel cristianesimo la fusione armonica del grottesco e del sublime. Il Manzoni, prudente sempre, non la condanna; ma esprime un dubbio: «je pense», scrive egli nella già tante volte citata lettera sulle unità, «comme un bon et loyal partisan du classique, que le mélange de deux effets contraires détruit l'unité d'impression nécessaire pour produire l'émotion et la sympathie; ou, pour parler plus raisonnablement, il me semble que ce mélange, tel qu'il a été employé par Shakespeare, a tout-à-fait cet inconvénient. Car qu'il soit réellement et à jamais impossible de produire une impression harmonique et agréable par le rapprochement de ces deux moyens, c'est ce que je n'ai ni le courage d'affirmer, ni la docilité de répéter... Mais, pour rester plus strictement dans la question, le mélange du plaisant et du sérieux pourra-t-il être transporté heureusement dans le genre dramatique d'une manière stable, et dans des ouvrages qui ne soient pas une exception? C'est, encore une fois, ce que je n'ose pas savoir»[68]. Nei *Promessi Sposi*, per altro, la mescolanza c'è, ed è anzi carattere notabile di quel libro, che ne ha tanti altri notabili; e se ne potrebbe discorrere a lungo, se il tempo lo concedesse.

Si sa che i romantici furono più che mediocremente presi da quella dolce mania descrittiva che il Mérimée pose così argutamente in canzone, e che i realisti ebbero dai romantici in fedecommesso. Al Manzoni quella mania non s'attaccò. Si sa pure che i romantici, stanchi di quello che chiamavano vaniloquio classico, formarono il proposito di dire, non più parole, ma cose, e fermi in esso cominciarono alcuni, anzi molti, a curar le parole un po' meno di quanto si richieda alla giusta ed efficace significazion delle cose. Il Manzoni, che anche in ciò la sa lunga, cura moltissimo le cose, e per curarle a dovere, cura anche moltissimo le parole.

---

[68] *Opere varie*, pp. 413-14.

Chi legge le opere del Manzoni con l'attenzione dovuta, ogni po' incontra pensieri che un romantico dei soliti non vorrebbe far suoi, parole che un romantico dei soliti non direbbe. E così dev'essere; perchè, come s'è veduto, il Manzoni ha una costituzione di mente molto diversa da quella dei romantici presi in generale e il Manzoni si tiene stretto e fedele ai soli principii fondamentali del romanticismo; e il Manzoni riman fuori affatto dei traviamenti della dottrina romantica e dell'arte romantica. Perciò s'indovina che moltissimi romantici, dei maggiori e dei minori, non gli dovevano andar troppo a sangue[69]. Riservato e benevolo come egli è, non lo dice; ma si capisce che avrebbe avuto da dir per un pezzo, se avesse voluto incominciare e non fermarsi. Solo una volta, scrivendo al Cantù, che nel 1833 aveva dato fuori il saggio intorno a *Victor Hugo e il romanticismo in Francia*, uscì sul conto del grande poeta francese in queste moderate parole: «I giudizii vostri sono benevoli, ma non adulatorii, come troppi altri. È un ingegno forte, ma disordinato. Le situazioni, le sa trovare; e, trovate, le sa usare (come dite voi *exploiter*?), ma non guarda se siano ragionevoli.... Voi dite all'autore delle parole savie: facciano almeno frutto su certi giovani di qui, e principalmente di oltre Enza»[70]. Queste sono parole piene di temperanza e modestia mirabile, perchè non si può immaginare diversità, anzi contrarietà di natura maggior di quella che passa tra colui che le pronunziava e colui per cui erano pronunziate; e si sa che i diversi, e più i contrarii sono da natura pochissimo disposti a giudicarsi vicendevolmente con temperanza e con modestia, anzi pur con giustizia. L'Hugo è capo incontestato del romanticismo francese; il Manzoni è considerato capo del romanticismo italiano: ora, chi leggesse le opere dell'uno e dell'altro, e non sapesse più là, non immaginerebbe mai e poi

---

[69] Ond'è che Paride Zajotti poteva, senza contraddizione, lodare profusamente nella *Biblioteca italiana* il Manzoni e biasimare i romantici.

[70] *Epistolario*, vol. I, p. 477.

mai che le due scuole che li acclamano capi possano denominarsi col medesimo nome.

Per definire vie meglio l'indole del Manzoni e dell'arte sua, non sarà male che ci soffermiamo alcuni istanti a fare tra l'Italiano e il Francese un po' di raffronto.

X.

Ma prima di tutto una dichiarazione e una protesta, come usavano farne que' buoni autori del tempo andato che, non dalle parole dei censori soltanto, ma anche dalle lor proprie, volevano assicurati i leggenti non esservi nelle opere loro nulla *contro la santa fede cattolica, nè contro prencipi, nè contro buoni costumi.*

Io ammiro profondamente il Manzoni, e ammiro, non meno profondamente, l'Hugo; e fo così poco conto dei detrattori morti del primo come dei detrattori vivi del secondo. Entrambi mi pajono grandi; e se talvolta l'uno mi par più grande dell'altro, ciò avviene solo perchè fissando io un po' troppo intentamente lo sguardo nell'uno dei due, l'altro lo perdo un pochino di vista. Facciamo una supposizione. Supponiamo che per decreto di un nuovo fato il Manzoni e l'Hugo non fossero più entrambi concessi alla gloria di questa povera umanità, ma l'uno di essi soltanto, e che quest'uno dovess'essere da noi prescelto: io, per la mia parte, come cittadino di questa patria italiana, non potrei non dire: *Ebbene, ci sia lasciato il Manzoni*; ma, come cittadino del mondo, non saprei che risolvere. E dopo ciò, veniamo al proposito nostro.

L'Hugo è di temperamento sanguigno; il Manzoni è di temperamento nervoso. Quegli serba e mostra in tutto il poderoso suo essere come un resto di esuberanza e d'impetuosità primitiva, certe come vestigia di una umanità non ancora attenuata e ammansita dal lento lavoro dei secoli; questi dà a conoscere in tutto il delicato suo essere l'ostinato lavoro della disciplina, gli effetti dell'adattamento e dell'assuefazione; e si può quasi dire che ogni antico istinto è perduto in lui. L'Hugo fu rassomigliato a un titano, e non infelicemente; se non che, qualche volta par che si sformi e degradi nel ciclope: il Manzoni par quasi un santo, ma un santo che, qualche volta, pende verso l'asceta.

L'Hugo ebbe uno spirito audace, turbolento e superbo; il Manzoni, come fu osservato argutamente dal Tenca, «un'intelligenza che si schermisce quasi paurosa di sè medesima». Quegli fu sempre sicuro di sè, ed ebbe per incontrastabile e per sacra ogni sua opinione, ogni parola; questi sempre dubbioso, e sempre restio a profferir giudizii e sentenze; *di maniera che, in molti casi, e singolarmente ne' più importanti*, il costrutto del suo ragionare era questo: nego tutto, e non propongo nulla[71]. Quegli fu (chi nol sa?) vanissimo, e nella ostentazion di sè stesso attinse almeno i primi gradi del ridicolo: pensò d'essere, e così si denominò, una fiaccola accesa dinanzi alla umanità brancolante nel bujo, un preparatore di nuovi destini, un redentore di mondi; ed accettò, anzi chiese l'adorazione: questi spinse la modestia inaudita e favolosa sino a dirsi inetto a cosa alla quale tutti si stimano idonei, a fare, cioè, il deputato, e da sè si chiamò *uomo inconcludente*, e ricusò gli omaggi, e fu, nel ricusarli, più d'una volta sgarbato. L'uno fu l'uomo di tutte le pubblicità, di tutti gli ardimenti, e mescolò la fragorosa voce tra di profeta e di tribuno a tutte le voci e a tutte le bufere del secolo, e più d'una volta le dominò tutte dall'alto; e apparve bello e splendente d'antico eroismo quando dalla sommità di uno scoglio, di mezzo al tumulto di un oceano perpetuamente sconvolto, osò sfidare, maledire, deridere l'avversario coronato e onnipotente; l'altro fu uomo di solitudine e di silenzio, e solo con mano circospetta e parco gesto sparse negli animi alcuni semi che poi germogliarono. Ebbero entrambi alto senso di pietà per tutte le umane miserie; ma la pietà del poeta che gridava ai quattro venti:

Je hais l'oppression d'une haine profonde,

---

[71] Lettera a Giorgio Briano del 7 ottobre 1848. *Epistolario*, vol. II, p. 177.

e che scrisse questo mirabile verso:

Fais en priant le tour des misères du monde,

fu più operosa: quella dell'altro fu forse più caritatevole, perchè abbracciava oppressi ed oppressori ad un tempo.

L'Hugo fu così cattivo ragionatore come fu buon poeta, e volle far del filosofo a dispetto della natura, che avevagli dato il pensar vasto e magnifico, non il pensar chiaro e preciso; e però la sua metafisica rimase sempre, come fu detto, *une métaphysique rudimentaire*. Come il Manzoni avesse per questo rispetto, e mirabili, le qualità che mancarono all'Hugo, abbiam veduto a suo luogo. Ciò nondimeno bisogna pur riconoscere che l'Hugo, non solo comprese molte cose, ma molte ancora ne presentì; che egli riuscì a tradurre meravigliosamente in fantasmi parecchi concetti filosofici; e che il suo pensiero si muove attraverso la intera creazione con una forza e un'agilità di cui sono pochissimi esempii. Chi vuol vedere la differenza che passa tra la virtù critica dell'Hugo e la virtù critica del Manzoni, confronti il Saggio del primo sopra Shakespeare con la Lettera del secondo sopra le unità drammatiche, o col Discorso intorno al romanzo storico.

In arte l'Hugo tende al romanzesco, al paradossale, al mostruoso; trionfa nell'antitesi; dice che la vera poesia consiste nell'armonia dei contrarii; fa cominciare dall'apparizion del grottesco una nuova èra del mondo; detesta la sobrietà, che gli pare virtù da servitore e non da poeta; produce, fin che vive, con abbondanza miracolosa, e lascia, morendo, tanto d'inedito quanto potrebbe bastare a più d'un vivo; il Manzoni detesta il romanzesco, il paradossale, il mostruoso; fugge l'antitesi; dice che la poesia dev'essere tratta dal cuore, deve esprimersi non solo con sincerità, ma, ancora, con semplicità, e che una delle più belle facoltà sue si esercita nell'attirar l'attenzione sopra fatti morali che non si potrebbero osservare senza ripugnanza[72]; non s'impaccia col grottesco, bastandogli il brutto; ha la sobrietà, anche letteraria, in conto di assai buona virtù; produce poco, e cessa quasi di produrre essendo ancor giovane, e quando molt'altro si aspettava ancora da lui.

I *Promessi Sposi* vincono, a mio parere, e di molto, *Notre Dame de Paris*, i *Misérables*, i *Travailleurs de la mer* e tutti gli altri romanzi dell'Hugo; ma l'Hugo è, sempre a parer mio, e sebbene ci sia in lui non poco del Cavalier Marino, assai maggior poeta del Manzoni; ed è tale perchè la sua coscienza è una coscienza essenzialmente poetica, perchè egli pensa consuetamente per via d'immagini e di fantasmi, perchè sente e giudica poeticamente la vita ed il mondo. L'anima del poeta, quale egli l'ha e la vuole, partecipa della natura del dio panteistico, penetra e si spande in tutte le cose, attraverso ai tempi e agli spazii.

> O poëtes sacrés, échevelés, sublimes,
> Allez et répandez vos âmes sur les cimes,
> Sur les sommets de neige en butte aux aquilons,
> Sur les déserts pieux où l'esprit se recueille,
> Sur les bois que l'automne emporte feuille à feuille,
> Sur les lacs endormis dans l'ombre des vallons!
> . . . .
> Si vous avez en vous, vivantes et pressées,
> Un monde intérieur d'images, et de pensées.
> De sentiments, d'amour, d'ardente passion,
> Pour féconder ce monde échangez-le sans cesse
> Avec l'autre univers visible qui vous presse!
> Mêlez toute votre âme à la création.

Perciò egli non ha nè ripugnanze nè ritrosie che gli facciano escludere cosa alcuna dagli sterminati dominii della poesia. Adora

---

[72] Lettera al Fauriel del 20 aprile 1812. *Epistolario*, vol. I, p. 124; *Lettre sur l'unité de temps*, ecc. *Opere varie*, p. 425.

la natura con quello stesso fervor religioso con cui adora l'umanità, e spazia attraverso a tutti i secoli, a tutti i climi, a tutte le storie, raccogliendo con egual reverenza e con egual compiacimento, nello instancabile verso, le voci e gli echi della Giudea e dell'ultimo Oriente, di Grecia e di Roma, dei castelli e delle corti medievali, della odierna piazza tumultuante, accoppiando miti classici a leggende cristiane, spingendo dietro ai passi degli antichi Re e degli antichi profeti i cavalieri erranti e le lacere plebi.

E quanto al romanticismo più propriamente, l'Hugo voleva che l'arte romantica fosse una specie di foresta vergine, quanto più si possa dire diversa da quel bene spartito e ben pettinato giardino di Versailles, a cui paragonava l'arte classica: il Manzoni non voleva foresta vergine e non voleva nemmeno il giardino di Versailles; voleva, direi, un giardino inglese.

Giunti a questo punto possiam fare, in due parole, un po' d'epilogo, e dire, o piuttosto ripetere, che il romanticismo del Manzoni non è quello che d'ordinario si crede; che esso è più e meno del comune, secondo che si guardi ai principii o alle deviazioni; che far del Manzoni il capo del romanticismo italiano è, per molti rispetti, giusto, ma non così giusto come lasciarlo solo nel luogo ov'egli stesso s'è posto, e dove, pur troppo, sembra che abbia a rimaner solo un bel pezzo.

XI.

Questo *pur troppo*, che m'è sdrucciolato dalla penna, si trascina dietro un po' di coda.

Col vento che tira non ci sarebbe da meravigliare se qualcheduno saltasse su un dì o l'altro a gridare di punto in bianco: Già che si torna a tante cose, torniamo anche al Manzoni, cioè al suo modo d'intender l'arte e di praticarla. Un tal grido potrebbe trovare molte orecchie aperte, ed echeggiare in molti spiriti, per più ragioni, e tra l'altre per questa, che in fatto di letteratura, e non di letteratura soltanto, noi (dico noi, così di qua come di là dall'Alpi) siamo finalmente riusciti alla confusione babelica. Il realismo, con le sue due varietà del verismo e del naturalismo, dopo aver tutto occupato il traffico nazionale ed internazionale, s'è ammazzato da sè, a furia d'intemperanza e d'insensatezza. Il plasticismo dei Parnassiani fu rovinato il giorno in cui si fece, o, per dir meglio, si rifece la non difficile scoperta che le arti di cui esso aveva voluto appropriarsi il magistero e l'officio, fanno molto meglio ciò ch'esso fa molto peggio. Lo psicologismo dei così detti anatomisti d'anime è venuto terribilmente a noja a furia di analisi infinitesimali, di rilievi micrometrici, di arzigogoli e di sofismi. I decadenti sono forse decaduti un po' troppo. Gl'impressionisti non impressionano abbastanza. Il preraffaellismo pittorico e letterario è, più che altro, un capriccio e un giuoco di artisti a spasso. Il simbolismo, fra tanti simboli, non lascia bene intendere che si voglia. Si sente picchiare agli usci un idealismo nuovo; ma non ci ha detto ancora quale sia il suo ideale.

Così che confusione grandissima, d'onde stanchezza, malumore, inquietezza, e, se non volontà, voglia di un qualche avviamento ragionevole e di un qualche rinnovamento: condizione di spiriti e di cose molto favorevole a chi con avvedutezza, con coraggio, con forza si mettesse alla testa delle turbe esitanti, e, senza voltarsi indietro, gridasse con aria inspirata: Seguitemi; o a chi, voltandosi indietro, con aria compunta suggerisse: Torniamo al Manzoni.

Ora, che cosa significherebbe un ritorno sì fatto? Sarebb'esso un bene? sarebb'esso un male? e come s'avrebbe a fare?

Il ritorno al Manzoni dovrebbe significare primamente detestazione e rifiuto di tutte quelle forme e tendenze d'arte che il Nordau, nel suo notabile libro sulla degenerazione presente, ha con esagerazione manifesta, ma non senza giusto motivo, considerate e condannate come immorali, insensate e perniciose;

corrompitrici, nonchè delle anime, dell'arte stessa; nate esse stesse dalla degenerazione, e sollecitanti e aggravanti la degenerazione. Dovrebbe poi significare ritorno alla ragione, alla sincerità, all'onestà; restaurato il senso della realtà, della convenienza, della misura; l'arte rimessa in armonia coi grandi interessi umani; la semplicità, la naturalezza, sostituite alla *preziosità* e alla stravaganza; un linguaggio piano, terso, dritto, efficace, sostituito agli avviluppamenti, agl'imbellettamenti, agli sdilinquimenti della locuzione e dello stile.

Ciò posto, qual è quel uomo di sano intelletto che, per tutti questi rispetti, non giudicasse un bene, e un gran bene, il ritorno al Manzoni? Ma qual è, d'altra banda, quell'uomo di sano intelletto, il quale non volesse avvertire, in pari tempo, che il ritorno pieno, cieco, incondizionato, sarebbe sicurissimamente un male, e un gran male?

Abbiam veduto che il Manzoni si accosta in più occasioni, e in più modi, alle scuole fiorite dopo il romanticismo. Egli è realista quanto si può, ragionevolmente, desiderare che sia. Egli è molto migliore psicologo di molti psicologisti che forse lo sdegnano. Egli usa nel descrivere quella proprietà e precision di linguaggio che mostran la via al plasticismo. Egli da molte bande rompe i confini del romanticismo comune. Perciò facilmente, e da molte bande, si può tornare a lui, e ci si può trovar d'accordo con lui; ma questa stessa facilità può riuscire pericolosa, se altri dimentichi che il Manzoni non risponde, non può rispondere, in fatto d'arte, a tutti i nostri giusti desiderii, a tutti i nostri legittimi bisogni.

Certo, il Manzoni è un artista vero, un artista grande; e sono ben poco accorti coloro che, sotto quegli andamenti suoi, così semplici e bonarii, non iscorgono l'arte meravigliosa e squisita, che sempre illuse e sempre disperò gl'imitatori; ma bisogna pur dirlo, la sua natural timidezza gli nocque, gli nocquero i troppi rispetti, e i troppi scrupoli, e le troppe esitazioni. Non tutta l'arte fu in lui; e quella che fu, egli intese a restringere entro confini un po' troppo angusti, a farla men padrona di sè e de' suoi movimenti di quanto possa piacere a chi ha dell'arte il culto libero e vivo. Quella tendenza si fece in lui sempre più imperiosa e più forte con gli anni; e forse, insieme con la cresciuta incontentabilità, fu tutto un nodo di renitenze e di ripugnanze religiose e morali quello che gli strinse l'animo, e lo ridusse, tanto innanzi tempo, alla inoperosità ed al silenzio. L'arte ha bisogno di libertà; il che non vuol già dire, come pur giova credere a tanti, che le si debbano concedere tutte le licenze. La sobrietà le giova; ma non l'astinenza; e il cilizio la uccide. Non è necessario che l'arte sia presuntuosa, impertinente, sfacciata; ma non è bene che sia tutta e sempre troppo modesta, docile, casalinga. Può impersonarsi in Beatrice; non deve impersonarsi in Lucia; e Lucia non deve vietare a Saffo di lasciarsi vedere e di parlare. Tutto ciò che nell'anima umana, e nella vita umana, è passione impetuosa, disordinata e traboccante energia, ribellione santa e superba, splendore e pompa di bellezza e di fortuna, sogno, stranezza, mistero, l'arte del Manzoni non l'espresse, e, veramente, non lo poteva esprimere; ma non c'è ragione perchè l'arte non lo esprima; anzi lo deve esprimere. Se si va dietro al Manzoni di dopo i *Promessi Sposi*, si rischia molto di riuscire alla negazione dell'arte.

Il Manzoni mise fuori dell'arte, e volle quasi sbandita dalla coscienza, tutta una parte di umanità, tutta una età della storia, il mondo antico e pagano: ma l'arte si muove liberamente nel tempo e nello spazio, e una delle virtù sue più mirabili consiste nel potere rifar vivo ciò ch'è morto, presente ciò ch'è remoto, e deve sdegnare ripugnanze che, comunque nate e cresciute, offendono lei e offendono l'umanità tutta quanta. Invano romanticismo e realismo, concordi in questo, ci contendono l'antico. Noi ripenseremo e ravviveremo nell'arte anche l'antico, e la stessa mitologia; non più al modo puerile dei classicisti, fingendo presente un passato irrevocabile; ma facendo scaturire una vena di alta e d'inesauribile poesia dallo scontro di un passato che l'anima sente passato con un presente che l'anima sente presente.

Nulla v'è più poetico delle memorie: nulla più poetico di un mito ellenico ripensato da una coscienza del secolo XIX, e più, credo, del XX.

Torniamo al Manzoni per la lingua; ma non lo seguitiamo in ogni suo passo, e non ci fermiamo ad ogni sua fermata. Facciamo pur getto della *langue marbrée* dei decadenti; invochiamo un nuovo Molière che volga in burla il nuovo *langage précieux* e ne faccia perdere il gusto; accettiamo di buon grado la lingua piana, schietta, comunemente intesa, che il Manzoni adopera e raccomanda; ma non assoggettiamo troppo duramente l'artista letterario al giogo pesante dell'uso; ma non dimentichiamo che la lingua atta ad esprimere il pensiero e il sentimento di tutti può non essere interamente atta ad esprimere il pensiero e il sentimento di alcuni; ma lasciamo che lo scrittore possa talvolta forzar l'uso della lingua, come il pensatore forza l'uso del pensiero; e lasciamo ch'egli cerchi, disotterri ed inventi per produr nuove impressioni, per ispianar la via a nuove idee.

Torniamo alla prosa del Manzoni, e imitiamola, se siamo da tanto; ma non crediamo però che sia tutta perfetta, e conveniente a tutte le materie. Prosa mirabile, senza dubbio, e rara troppo nella nostra letteratura, anzi unica, ma un pochino povera di colore e di suono, e che si risente un po' troppo della riservatezza e della timidità del suo autore.

Torniamo al concetto che il Manzoni ebbe di una letteratura popolare, che tragga vivezza, forza, fecondità dall'essere in istretta comunione col sentimento e con la vita del popolo: sarà questo il modo migliore di combattere il nuovo bizantinismo; ma riconosciamo che, come non tutta la musica può essere popolare, così non tutta la letteratura può essere popolare; e che quando vengano a mancare certe forme dell'arte più squisite e più peregrine, tutta l'arte pericola, tutta l'arte decade.

Torniamo ai *Promessi Sposi*, perchè la sazietà e il disgusto di tanta letteratura pazza, sconcia, brutale, quanta ne dilagò per l'Europa in questi ultimi anni, ci rende forse più che mai disposti a gustarne le immortali bellezze. Torniamo ai *Promessi Sposi*, e ridiventiamo magari manzoniani, ma con discernimento e con misura, senza preoccupazioni estranee e dannose all'arte, senza ricadere in quella cieca e stupida idolatria contro cui, sono più che vent'anni, si levò giustamente il Carducci. Torniamo ai *Promessi Sposi*; ma badiamo che se essi sono, com'ebbe a dire il De Sanctis, una «pietra miliare della nostra nuova storia», la nostra storia ha pure altre pietre miliari, e che questa non deve esser l'ultima, non deve segnar fine alla via. Torniamo ad essa, non per fermarci, ma per ritrovare la strada smarrita.

PERCHÈ SI RAVVEDE L'INNOMINATO?[73]

I.

Lessi già in più di un libro, e udii dire da molte persone, fra le quali non mancavano critici patentati, che il carattere dell'Innominato pecca d'inverisimiglianza e d'inconsistenza; che il Manzoni, nel colorirlo e nell'atteggiarlo, non addimostrò quel conoscimento sottile e profondo della umana natura, del quale porgono così larga testimonianza molti altri caratteri del suo immortale romanzo; che in ispazio di una notte, o poco più, un uomo non può rinnegare tutto sè stesso, non muta essere, non si trasforma di scelerato in santo; che il ravvedimento dell'Innominato somiglia troppo ad uno di quegli espedienti sbrigativi di scena mercè dei quali si spinge al fine desiderato un'azione che di per sè non potrebbe arrivarci[74].

Tali, o poco dissimili affermazioni, specie se accompagnate da quel tono di saccenteria imperativa con cui, molte volte, la critica supplisce alla ragion che non ha, possono far colpo sull'animo di chi si lascia impressionare facilmente, o non è preparato abbastanza a discuterle; ma non credo, davvero, che sieno responsi d'oracoli, e non vi si possa contrastare. E poichè esse s'appuntano contro un libro il quale (checchè siasi detto e fatto) non è men vivo oggi di quello fosse mezzo secolo fa, e domani potrebbe essere anche più vivo di oggi; contro un romanzo il quale, dileguata oramai, o stando per dileguare, l'affannosa

---

[73] Questo saggio fu pubblicato la prima volta nella *Nuova Antologia*, Serie III, voi. LI (1894). Lo ripubblico qui con poche e brevi giunte.

[74] Tra gli altri il Tommaseo, il quale fu pur quell'ammiratore del Manzoni che tutti sanno, scorse difetto di gradazione nel *passaggio dell'animo* dell'Innominato *dall'un grado all'altro*, e pure scusandosi dell'ardimento grande, non si tenne dal suggerire quello che a parer suo andava fatto (*Ispirazione e arte*, Firenze, 1858, pp. 12-13).

tregenda di tanti romanzi veristici, realistici, naturalistici, nati, intristiti, morti nel corso di pochi mesi, o di qualche anno, appare agli occhi degli spassionati, comunque credenti o miscredenti, più vero, più reale, più naturale di tutti essi; io non credo possa parere fatica sprecata quella di discuterle un tantino, e di cercare quale sia la loro sostanza e quanta la ragionevolezza.

Un primo dubbio da chiarire è questo: possono o non possono accader nell'uomo mutamenti interiori e repentini tali, che il pensare, il volere e l'operare di lui prendano, a muover da certo punto, in modo risoluto e durevole, un indirizzo in tutto diverso da quello seguito prima, e, talora, a quello di prima contrario? I fatti rispondono anticipando le dottrine, e rispondon che sì. Innumerevoli sono, a cominciar da San Paolo, i casi di subitanea conversione e di subitaneo ravvedimento; e se di molti si può dubitare che seguissero proprio così come la tradizione li narra, non è possibile dubitare di tutti. Chi prima avversava una fede, se ne fa, inaspettatamente, seguace; chi si ravvoltolava nelle sozzurre, si leva ed è mondo: i persecutori si trasformano in patroni; i carnefici invocano il martirio. Quanti furono che, come l'apologista Arnobio nel III secolo, e Santa Chiara da Rimini nel XIII, si convertirono per aver creduto d'udire una voce dal cielo che li ammoniva! Quanti che da un umile atto, da un'unica parola di carità, furono richiamati indietro, tolti da quella via di perdizione su cui stavano per muovere gli ultimi passi! Giovanni Colombini, che prima fu tristo uomo e mondano, e poi istitutore dei gesuati e santo, si ravvide un giorno leggendo per caso, mentre gli allestivano il desinare, la Vita di Santa Maria Egiziaca, gran peccatrice e grandissima penitente. Jacopone da Todi, veduto il cilicio che, sotto le ricche vesti, copriva il corpo della moglie morta, nauseò le vanità tutte ond'erasi compiaciuto, disse addio al mondo, diventò il *giullare di Dio*. Di Corrado, fratello del duca Lodovico d'Assia, e cognato di Santa Elisabetta d'Ungheria, si narra che fosse uomo oltre ogni dire superbo e violento. Nel 1232 poco mancò che non ammazzasse di propria mano, in pieno capitolo, l'arcivescovo di Magonza. Un giorno, trovandosi egli nel suo castello di Tenneberg, in compagnia di molti seguaci, i quali tutti, dal più al meno, eran con lui di un animo e di un procedere, una donna di mala vita osò chiedergli l'elemosina; e avendola egli trattata assai duramente, con rinfacciarle la sozzura ond'era lorda, quella non rispose se non dipingendo la miseria e l'orrore della propria vita. Scosso dalle parole della peccatrice, il superbo riprenditore passò la notte in angosciosa vigilia, fatto subitamente conscio di sè, ripensando il passato e l'avvenire, considerando quant'egli fosse più malvagio e più vile di lei, e più di lei immeritevole di perdono. La mattina di poi seppe che molti de' suoi seguaci e ajutatori avevano pur passata la notte a quel modo; e allora, fatto proponimento di mutar vita, si recarono da prima, tutti insieme, al santuario di Gladenbach, poi a Roma, a ottenervi la remissione dei loro peccati. Ho riferito un po' per disteso questo esempio, perchè si può notare in esso qualche conformità col caso dell'Innominato; ma tralascio di recarne altri, parendomi che non bisognino[75].

Del suo personaggio dice il Manzoni, che un nuovo *lui*, cresciuto a un tratto terribilmente, era sorto a giudicare l'antico. Come poteva sorgere questo nuovo *lui*? Come può dentro ad un uomo nascerne, per così dire, un altro, che si sovrappone e talvolta si sostituisce al primo? Così al cardinal Federigo, come alla buona donna che va a tôrre Lucia in castello, il Manzoni fa dire che Dio ha toccato il cuore all'Innominato; e fa dire al popolo che la conversione dell'Innominato è un miracolo. E questa a dir vero è la spiegazione più ovvia e più semplice che ne possa dar quella fede che immagina un intervento della Provvidenza divina in tutti i fatti, sien essi naturali o umani, di cui non si scorga palese a primo aspetto la cagione, il principio, lo svolgimento. Ed è questa

---

[75] Con procedimento egualmente repentino l'uomo può perdere la fede in cui nacque e crebbe e perdurò lungamente. Nel breve spazio di una notte il filosofo francese Jouffroy *s'avvide* d'aver perduto ogni credenza. Vedi pel fenomeno in genere RIBOT, *La psychologie des sentiments*, Parigi, 1896, pp. 400-3.

la spiegazione che meglio appaga la mente degli uomini dal Manzoni rappresentati nel suo romanzo, e, con certe modalità, la mente ancora dello stesso Manzoni; ma non è, di certo, la sola che se ne possa dare; e non è a creder che, rifiutata questa, il fatto della subita conversione appaja, o inaccettabile, o inesplicabile, mentre può escogitarsene un'altra, che il Manzoni stesso deve avere, per lo meno, intravveduta, e che forse avrebbe potuto parergli, esaminandola alquanto, non dirò sufficiente, ma quasi sufficiente. Il mio assunto è questo: che il Manzoni delineò e colorì il carattere, narrò la storia del suo personaggio per modo, che il fatto del costui ravvedimento si può intendere come l'esito naturale di tutto un processo psichico naturale; come una peripezia che non contraddice, ma si conforma alle leggi psicologiche, ed in ispecie a quelle che governano la formazione, la consistenza, le variazioni del carattere; come un fenomeno insomma che può avere del mirabile, ma che ad esser chiarito non abbisogna punto della ipotesi del miracolo[76].

---

[76] Il presente scritto porse occasione a un articolo intitolato *Due parole sull'Innominato*, che FRANCESCO D'OVIDIO pubblicò nella *Illustrazione Italiana* del 27 maggio 1894. In esso il D'Ovidio fa parecchie ottime osservazioni, che per la più parte corroborano le mie; ma su di un punto formalmente mi contraddice, e cioè su questo punto del miracolo. Egli nega che il Manzoni supponesse miracolo alcuno nella conversione dell'Innominato, e reca in prova alcune parole del Manzoni stesso nel romanzo, che pajono escluderlo affatto. Dopo averci pensato su a lungo io credo di poter rimanere nell'antica opinione. Tutto sta intendersi sulla qualità del miracolo. Sono più che persuaso che il Manzoni non poteva pensare a un miracolo quale doveva immaginarselo il sarto, o l'altra buona gente del contado; ma considero da altra banda che un cristiano non può credere che il peccatore si rialzi senza l'ajuto divino; che la dottrina cattolica della predestinazione e della grazia non concede all'uomo abbandonato a sè medesimo altra libertà che la libertà di fare il male; che ogni cristiano schietto riconosce direttamente da Dio ogni suo atto buono; che se è vero il racconto del Carcano, la conversione stessa del Manzoni fu un miracolo; che il Manzoni si diceva richiamato da Dio alla fede, e di quel richiamo rendeva ancor grazie dopo quarant'anni passati (Lettera al Trechi, 29 luglio 1850); che il Manzoni poteva farsi beffe del miracolo grossolano e ridicolo delle noci narrato da Fra Galdino, e negar fede alle apparizioni di Caterina Labourè; ma poteva anche credere a un miracolo che salvasse il Grossi (CANTÙ, *Alessandro Manzoni, reminiscenze*, Milano, 1885, vol. I, pp. 330-1). Perciò non posso accordarmi in tutto nemmeno col DE SANCTIS, il quale scrisse, (*I Promessi Sposi, studio critico*): «Si vegga con quanta industria il poeta, un fatto così straordinario che il volgo

Studii oramai non più nuovi hanno dissipati molti errori e molte illusioni circa la presunta identità e la presunta immutabilità della persona morale umana. L'*Io*, quell'*Io* che fu creduto un tempo indivisibile e invulnerabile, fisso in mezzo al perpetuo rigirarsi delle immagini, delle idee, degli affetti, come il punto matematico nel centro della ruota, fu veduto spostarsi e scorrere, e sdoppiarsi, e sfaldarsi in mille guise. Furon vedute nella stessa persona fisica, più persone morali, quando solo diverse, quando affatto contrarie, incalzarsi a vicenda, e l'una sopraffare e soppiantar l'altra con certa regola di ritorno e d'alternazione, e l'una non serbar ricordo dell'altra, e un uomo stesso esser più uomini in uno. Fu veduto sotto l'influenza della suggestione, o sotto quella del magnete, l'uomo trasmutarsi d'indole; perdere in certa qual maniera sè stesso; detestare quanto aveva prediletto, prediligere quanto aveva detestato; pensare, volere, operare ciò che in condizione propria e normale non avrebbe mai pensato, voluto, operato. L'anima apparve, come il corpo, un organismo delicato e complesso e mobile, perpetuamente in corso di farsi, disfarsi, rifarsi; e il carattere non sembrò più quella congegnatura rigida e stabile ch'era stato tenuto in passato.

Che una di quelle che si dicono, e non a torto, crisi morali possa, se profonda e gagliarda abbastanza, mutare intimamente un carattere, è cosa riconosciuta dai più, e non difficile da spiegare, quando si pensi che così fatte crisi turbano, più o meno,

---

attribuisce a miracolo della Madonna, riconduce nelle proporzioni di un fenomeno psicologico»; e soggiunse poi che il miracolo è *affatto estraneo* allo spirito del Manzoni. Il Manzoni descrisse, sì, accuratamente il fenomeno psicologico; ma non ricusò di certo l'idea che Dio avesse tocco il cuore all'uomo malvagio. Egli fece un po' come quei capitani di guerra, che preparavano con ogni cura la vittoria, ma poi aspettavano da Dio di ottenerla, e, ottenutala, cantavano un *Te Deum*. Del resto il miracolo è riconosciuto anche dal cardinal Federigo: «Ma Dio sa fare Egli solo le meraviglie, e supplisce alla debolezza, alla lentezza de' suoi poveri servi». «Dio v'ha toccato il cuore, e vuol farvi suo». «Non ve lo sentite in cuore che v'opprime, che v'agita, che non vi lascia stare, e nello stesso tempo v'attira.....?». Dio, dice il cardinale, vuol fare dell'Innominato un segno della sua potenza e della sua bontà, uno strumento della sua gloria, ecc. Poteva il Manzoni pensare diversamente? E questa intervenzione di Dio non è essa appunto il miracolo?

l'equilibrio delle forze interiori, ne alterano l'aggiustamento e la coordinazione, sprigionano occulte energie, dànno moto e vigore a tendenze rimaste insino allora sequestrate e dormenti. Ma può anche darsi che la crisi produca un mutamento grande nel modo di pensare, di volere e di operare di un uomo senza troppo mutarne il carattere; senza provocarvi, cioè, una vera sostituzione di elementi fondamentali nuovi a elementi fondamentali vecchi; senza scomporre quell'assodata compagine di facoltà maestre, di passioni maestre, di tendenze maestre entro cui, per così dire, la vita dello spirito si scomparte e s'inquadra. L'uomo si torrà dalla via insino allora battuta, e, risolutamente, prenderà a batterne un'altra, o divergente da quella, o anche opposita a quella; ma procederà per la via nuova mosso in somma, nel fondo, da quelle stesse energie che già lo fecero camminar nell'antica, e serbando fors'anche l'andatura di prima. Si vedrà, poniamo, il soldato impaziente e impetuoso, mutato in santo, portare la tonaca, a un dipresso, come un tempo la cotta d'armi; serbare sotto il cappuccio un cipiglio non molto dissimile da quello ch'era solito lasciar vedere sotto la celata, e muovere alla conquista del cielo con, in parte almeno, i procedimenti usati nella espugnazione delle città. Fanfulla frate e Fanfulla guerriero sono sempre in sostanza lo stesso Fanfulla[77].

Non tutti i tempi sono egualmente favorevoli al prodursi delle grandi crisi morali, sia della prima, sia della seconda maniera che ho ricordata; ma favorevolissimi tra tutti son quelli ne' quali segua alcun generale e profondo rivolgimento delle cose umane e degli umani pensieri, con sostituzione di nuovi ad antichi ordini, instaurazione di nuove credenze o restaurazione d'antiche, innovamento grande d'arti o di scienze. Onde il vero, se bene inteso, delle parole di Origene, quando afferma che Dio nella

---

[77] RIBOT, *Op. cit.*, p. 401: «Tout cela, pour le moraliste, est un changement complet, il y a deux hommes; pour le psychologue c'est un changement d'orientation, il n'y a qu'un homme. Il est facile de voir que sous les deux contraires, existe un fond commun, une unité latente; c'est la même quantité ou la même qualité d'énergie employée à deux fins contraires; mais, sans effort, on peut retrouver la chrysalide dans le papillon».

prima età della Chiesa soleva, con segni e con visioni, produrre negli animi umani súbite commozioni e repentini travolgimenti.

A chi tanto conosca di storia quanto si richiede a mezzana cultura io non ho bisogno di dire come e per qual cagione i tempi dell'Innominato fossero favorevoli a sì fatte crisi, specie se d'indole religiosa. Ch'egli passi per una crisi per cui molti altri passarono, e prima e dopo di lui, non è da meravigliare; ma bisogna vedere com'ei ci passi, e notare, innanzi tutto, che la crisi sua è, non della prima, ma della seconda maniera. In fatto, dopo il ravvedimento, egli appare sì un uomo nuovo, ma non già così nuovo come sembra a primo aspetto; anzi, nel nocciolo, rimane, direi, l'uom di prima; e non può non rimanere, perchè il ravvedimento suo (così mi sforzerò di provare) nasce, per molta parte, da quelle stesse qualità e forme del suo carattere che in passato fecero di lui un superbo, un prepotente, un malvagio.

II.

Vediamo, in prima, quale sia il carattere del nostro personaggio.

«Fare», narra il Manzoni, «ciò ch'era vietato dalle leggi, o impedito da una forza qualunque; esser arbitro, padrone negli affari altrui, senz'altro interesse che il gusto di comandare; esser temuto da tutti, aver la mano da coloro ch'eran soliti averla da altri; tali erano state in ogni tempo le passioni principali di costui. Fino dall'adolescenza, allo spettacolo ed al rumore di tante prepotenze, di tante gare, alla vista di tanti tiranni, provava un misto sentimento di sdegno e d'invidia impaziente. Giovine, e vivendo in città, non tralasciava occasione, anzi n'andava in cerca, d'aver che dire co' più famosi di quella professione, d'attraversarli, per provarsi con loro, e farli stare a dovere, o tirarli alla sua amicizia. Superiore di ricchezze e di seguito alla più parte, e forse a tutti d'ardire e di costanza, ne ridusse molti a ritirarsi da ogni rivalità, molti ne conciò male, molti n'ebbe amici; non già amici del pari, ma, come soltanto potevan piacere a lui, amici subordinati, che si riconoscessero suoi inferiori, che gli stessero alla sinistra».

Già da queste parole si possono rilevare gli elementi essenziali e le fattezze più spiccate del carattere dell'Innominato. La facoltà maestra di quest'uomo è la volontà, una volontà potentemente organata e indomabile, che coordina, disciplina, unifica tutta la vita interiore; una volontà secondata dall'*ardire* e dalla *costanza*. Egli è uno di quei forti perseveranti il cui esempio acquistò fede al detto *volere è potere*, e certo non uno dei minori. Egli è uno di quegli atleti pugnaci che soggiogano e foggiano a lor talento gli uomini e le cose in mezzo a cui vivono, ma che sono anche atti, a un buon bisogno, a soggiogare e rifar sè medesimi. Quest'uomo nutre in sè due passioni principali che fanno muovere la sua volontà, e dànno indirizzo e norma alle azioni: un orgoglio irrepugnabile e uno sfrenato amore d'indipendenza.

Certo, prima del ravvedimento, egli è un malvagio; ma la malvagità di lui non è, direi, originaria, costituzionale, immediata. È piuttosto una malvagità avventizia, accidentale, secondaria; promossa bensì dalla tracotanza e dall'orgoglio; ma nata, più che da altro, da un senso di disagio e di disgusto, dallo spettacolo di quelle tante prepotenze, di quelle tante gare, di que' tanti tiranni, che gli aveva acceso dentro un sentimento misto di sdegno e d'invidia. Ora lo sdegno, quello sdegno, in altra condizione di tempi e di luoghi, e quando non gli fosse mancato alcun ajuto opportuno, avrebbe potuto divenir principio di tutt'altro volere e di tutt'altra vita.

Egli fece il male; ma non si vede propriamente in lui quella dilettazione istintiva e continuata e coerente del male che suole esser propria de' veri e grandi scelerati. La forza sua, di solito, «era stata ed era ministra di voleri iniqui, di soddisfazioni atroci, di capricci superbi»; ma non sempre era od era stata tale. «Accadde qualche volta che un debole oppresso, vessato da un prepotente, si rivolse a lui; e lui, prendendo le parti del debole, forzò il prepotente a finirla, a riparare il mal fatto, a chiedere scusa; o, se stava duro, gli mosse tal guerra, da costringerlo a sfrattar dai luoghi che aveva tiranneggiati, o gli fece anche pagare un più pronto e terribile fio. E in quei casi, quel nome tanto temuto e aborrito era stato benedetto un momento: perchè, non dirò quella giustizia, ma quel rimedio, quel compenso qualunque, non si sarebbe potuto, in que' tempi, aspettarlo da nessun'altra forza, nè privata, nè pubblica». Quando una società non dia luogo se non a due condizioni d'uomini, soverchiatori in alto, soverchiati in basso, gli è quasi impossibile che gli orgogliosi, i forti, i violenti non si sforzino di essere piuttosto tra' primi che tra' secondi, e non riescano, anche se non isprovveduti di qualche virtù, malvagi affatto. L'Innominato diventò tiranno; un pochino, e forse molto, per gusto proprio; ma più per non essere tiranneggiato da altri: e seguì a lui ciò che di solito segue a chi si pone sullo sdrucciolo del mal fare, dove un passo ne tira un altro, e bisogna andar sino in fondo[78]. Il male è un terribile *consequenziario*, e le colpe hanno come una tendenza a innanellarsi l'una nell'altra e formare una strana catena, che più s'allunga e più si fa tenace. La sterminata catena delle colpe sue l'Innominato può scorrere con lo sguardo tutta intera, anello per anello, «indietro indietro, d'anno in anno, d'impegno in impegno, di sangue in sangue, di scelleratezza in scelleratezza»: la peccaminosa sua vita si svolge come un sorite

---

[78] Giova qui recare a riscontro il Pensiero XVI di Giacomo Leopardi: «Se al colpevole e all'innocente, dice Ottone imperatore appresso Tacito, è apparecchiata una stessa fine, è più da uomo il perire meritamente. Poco diversi pensieri credo che sieno quelli di alcuni, che avendo animo grande e nato alla virtù, entrati nel mondo, e provata l'ingratitudine, l'ingiustizia, e l'infame accanimento degli uomini contro i loro simili, e più contro i virtuosi, abbracciano la malvagità; non per corruttela nè tirati dall'esempio, come i deboli; nè anche per interesse, nè per desiderio dei vili e frivoli beni umani; nè finalmente per isperanza di salvarsi incontro alla malvagità generale; ma per un'elezione libera, e vendicarsi degli uomini, e rendere loro il cambio, impugnando contro di essi le loro armi. La malvagità delle quali persone è tanto più profonda, quando nasce da esperienza della virtù; e tanto più formidabile, quanto è congiunta, cosa non ordinaria, a grandezza e fortezza d'animo, ed è una sorta d'eroismo». Raccosta a questo i Pensieri LXXV, C, CI, CIX.

insino al giorno in cui egli s'avvede che le premesse son false. In quel giorno il ravvedimento si compie.

III.

Questo ravvedimento ha una occasione immediata e una preparazione remota.

L'occasione immediata la porge la vista di Lucia, *rannicchiata in terra... raggomitolata nel cantuccio, col viso nascosto tra le mani, e non movendosi, se non che tremava tutta*; la porgono quel suo rizzarsi inginocchioni, e quel giunger le mani, e quelle semplici parole: *son qui: m'ammazzi*; lo spettacolo doloroso della debolezza innocente, che, sopraffatta ed offesa dalla violenza, non insorge, non impreca, ma si umilia, e chiedendo misericordia, perdona. A quella vista, a quelle parole, il fiero uomo non può non avvedersi di una come sproporzione mostruosa, ch'è tra la forza adoperata da lui, e la condizione di colei contro cui l'ha adoperata. E quella sproporzione deve apparirgli come una viltà, tanto più spiacente al suo orgoglio, quanto il suo orgoglio è più rigido e il suo coraggio più schietto; quel coraggio, che per addimostrarsi nella forma sua più risoluta e più piena aveva bisogno del *pericolo vicino* e del *nemico a fronte*. Forse per la prima volta in sua vita egli sente in confuso che la violenza rimpicciolisce l'uomo, sebbene, a primo sguardo, paja ingrandirlo; sente che la generosità è ancor essa una forma della forza, anzi è la forma più magnifica; sente come una mal definita vergogna, naturale in uomo nobile e d'alti spiriti, d'inferocire contro chi non è in grado nè di offendere, nè di difendersi, simile a quella da cui avrebbe potuto esser colto un cavaliere antico in sull'atto d'assaltare con l'armi un inerme. E di quella vergogna nasce una certa esitazione, come un leggiero smarrimento, che gli traspare dal volto, che gli stempera il suono della voce, e di cui Lucia ben s'avvede. In cospetto di un nemico forte e superbo egli sarebbe rimasto l'uomo di prima e di sempre; al che accenna egli stesso, quando di Lucia va dicendo tra sè: «Oh perchè non è figlia d'uno di que' cani che m'hanno bandito! d'uno di que' vili che mi vorrebbero morto! che ora godrei di questo suo strillare; e in vece...» In vece, in cospetto di quella povera creatura che mai non l'offese, e contro cui non ha, egli, nè può avere, ragione d'odio o di sdegno alcuna, l'uomo violento si sente disarmato, perplesso, e come involto in un viluppo mal cognito di pensieri e di sentimenti, nel quale più non sa rinvenirsi. E più debbono crescere la irresolutezza e la vergogna di lui l'angosciosa instanza e la sommessa fiducia con cui la poveretta gli si raccomanda, ricordandogli ch'e' può ordinar ciò che vuole e dispor come vuole, e che tutto dipende da un suo cenno; scongiurandolo di non soffocare una buona ispirazione; mostrandosi persuasa ch'egli ha buon cuore, che sentirà compassione di lei, che non vorrà farla morire. Qui segue un fatto psichico delicatissimo, ma pressochè necessario, data la natura dell'uomo, nobile intimamente, e non intimamente ribalda. Egli è uso a concedere ajuto a chi ne lo chiede. Un segno della sua potenza, di quella potenza ch'è manifestazione ed esplicazione della volontà sua e del suo orgoglio, fu sempre la prontezza con cui concesse altrui la protezione invocata. Ne soccorse tanti, a ragione o a torto, in sua vita! perchè proprio a Lucia dovrebbe ora ricusar la sua grazia? Forse per rispetto all'impegno preso con Don Rodrigo? Ma, dirà egli stesso, chi è Don Rodrigo? E l'uomo forte e superbo si sentirà naturalmente inclinato ad imporre la volontà propria piuttosto al potente che al debole. Fare stare a segno i potenti e i prepotenti era una sua passione antica.

Lucia ha prodotto nell'animo dell'Innominato una impressione profonda e nuova. L'immagine di lei lo persegue, non lo lascia prender sonno: a un certo punto egli grida: «Non son più uomo, non son più uomo!» Ma s'inganna così pensando e dicendo. Egli è uomo ancora, e, nella sostanza, è lo stesso uomo di prima. Lucia non ha fatto se non isconnettere e dissestare alquanto la compagine dello spirito di lui, in guisa che vi si possa inserire alcun che di nuovo, e gli elementi del carattere possano stringersi in nuova coordinazione[79].

Ma il ravvedimento, cui porge immediata occasione Lucia, ha pure una qualche preparazione remota. Per essere esatti, bisogna dire che da Lucia la compagine psichica dell'Innominato riceve un colpo sodo e repentino; ma che, già da più tempo, quella compagine aveva cominciato ad allentarsi leggermente, in virtù di un lavorio sordo e profondo, non avvertito per altro segno che per un po' di stanchezza e un po' d'inquietudine. Se ne ha la prova nella precipitazione con cui egli aveva accettato di far rapire Lucia per conto di Don Rodrigo, e in quel porsi subito nella condizione di non potere più dare addietro, di dover mantenere a ogni costo l'impegno, come usa far l'uomo che cominci a dubitare di sè, e a sè stesso non voglia mancare. Già aveva cominciato «a provare, se non rimorso, una cert'uggia delle sue scelleratezze»; già queste opprimevano d'un peso incomodo, se non la sua coscienza, almeno la sua memoria. Data a Don Rodrigo la parola che lo legava, aveva provato, non pentimento, chè ancora questo non gli poteva entrare nell'animo, ma dispetto. «Una certa ripugnanza provata ne' primi delitti, e vinta poi, e scomparsa quasi affatto, tornava ora a farsi sentire. Ma in que' primi tempi, l'immagine d'un avvenire lungo, indeterminato, il sentimento d'una vitalità vigorosa, riempivano l'animo d'una fiducia spensierata: ora all'opposto, i pensieri dell'avvenire erano quelli che rendevano più noioso il passato. - Invecchiare! morire! e poi?» - Cominciava ad avere *certi momenti d'abbattimento senza motivo, di terrore senza pericolo*, nei quali quel Dio che egli non s'era mai curato nè di riconoscere nè di negare, gli gridava dentro: *Io sono.* Cominciava a sentirsi come perduto in una gran solitudine muta ed oscura, senza famiglia, senza amici veri, senz'alcuna dolcezza, con troppo passato dietro di sè, con troppo poco avvenire dinanzi. La fibra corporea è salda ancora e

---

[79] Nell'articolo già citato il D'Ovidio nota, credo giustamente, che Lucia opera nell'animo dell'Innominato anche in virtù della giovinezza, bellezza e gentilezza sua.

vigorosa; ma la fibra morale è spossata un tantino; ed egli se ne potrebbe avvedere dallo sforzo che gli costa il volersi in tutto serbar quel di prima e dal non potervi riuscire.

Questa poca spossatezza (chè molta ancora non è) ci lascia intendere come quell'animo, già così saldo e quadrato, possa aprirsi a impressioni e ad influssi che appena appena, in altri tempi, l'avrebbero tocco e sfiorato. Le nature forti, ch'è quanto dire le nature autonome, non cedono alla suggestione, la quale, considerata sotto certo aspetto, è, come fu notato acconciamente, una trasmutazione, mercè la quale un organismo meno attivo tende ad armonizzarsi con un organismo più attivo. Or ecco che noi vediamo l'animo dell'Innominato lasciarsi penetrare alquanto dalla suggestione, a far manifesto che la sostanza sua non è più così intera e compatta come fu innanzi. Quel duro metallo è come serpeggiato di screpolature sottili. Il Nibbio ha confessato al padrone d'aver sentita pietà di Lucia, quella pietà che, *se uno la lascia prender possesso, non è più uomo*. E la pietà di quel *bestione* del Nibbio divien suggestiva pel padrone, che vi ripensa vegliando, e ripensandovi, ripete le parole di quello: *uno non è più uomo; è vero, non è più uomo!* Così quelle parole della povera Lucia: *Dio perdona tante cose per un'opera di misericordia!* tornano, nel silenzio della notte, a sonargli all'orecchio, non *con quell'accento d'umile preghiera, con cui erano state proferite, ma con un suono pieno d'autorità, e che insieme induceva una lontana speranza.*

Sciocchezze come quelle che allora gli tolgono il sonno, già altre volte, egli dice, gli erano passate pel capo, e s'erano poi dileguate, senza lasciar segno del loro passaggio; ma quelle di ora non si dileguano, perchè Lucia ha dato loro occasione di ficcarsi più addentro nell'anima turbata, e di far quasi un nodo da non potersi più sciogliere. Una nuova coscienza era già spuntata in quell'anima, e già due volte aveva fatto udir la sua voce, quando, alla risoluzione che l'Innominato stava per prendere, di porre senz'altro Lucia nelle mani di Don Rodrigo, aveva opposto un no preciso e imperioso. Con rapido, irresistibile processo, quella coscienza si slarga, si rafforza, s'illumina; nello spazio di una notte essa appare organata e compiuta, perchè gli elementi tutti onde doveva formarsi preesistevano già, sebbene oppressi e dispersi, nello spirito entro a cui si produce. Allora essa si fa incalzante e leva alta e paurosa la voce. Che ne può, che ne deve seguire?

IV.

Da prima un formidabile combattimento interiore, un cozzo di pensieri e di sentimenti contrarii, uno spingersi innanzi e un subito dare addietro, un volere e un disvolere, uno sperare e un disperare, un essere e un non essere. L'Innominato non è già più quel di prima; ma non è, nè può essere ancora, quello di poi. «Tutto gli appariva cambiato: ciò che altre volte stimolava più fortemente i suoi desideri, ora non aveva più nulla di desiderabile: la passione, come un cavallo divenuto tutt'a un tratto restio per un'ombra, non voleva più andare avanti. Pensando alle imprese avviate e non finite, in vece d'animarsi al compimento, in vece d'irritarsi degli ostacoli (chè l'ira in quel momento gli sarebbe parsa soave), sentiva una tristezza, quasi uno spavento dei passi già fatti. Il tempo gli s'affacciò davanti vôto d'ogni intento, d'ogni occupazione, d'ogni volere, pieno soltanto di memorie intollerabili; tutte l'ore somiglianti a quella che gli passava così lenta, così pesante sul capo». E l'ossessione cresce, cresce l'angoscia: tutto l'irreparabile e mostruoso passato gli si risolleva dinanzi, lo preme, lo avvolge, lo affoga. Finalmente il rimorso addenta con zanne di belva quel cuore che fu sì gran tempo invulnerato e invulnerabile. Vinto dalla disperazione, l'uomo che non temè mai di nessuno e di nulla ha terror della vita, terror di sè stesso, impugna un'arme, cerca, rimedio estremo, la morte; ma in quella appunto un nuovo pensiero, un nuovo e più orribile dubbio, il gran dubbio di ciò che possa esser di là, gli guizza nell'anima, gli ferma la mano, gli mostra chiuso fors'anche quell'unico scampo, lo piomba in un'angoscia più disperata e più nera. «Lasciò cader l'arme, e stava con le mani ne' capelli, battendo i denti, tremando».

Crisi violenta in uomo violento, ma che appunto perchè violenta, non può troppo durare; e non può troppo durare contro una volontà che se ha mutato, per dir così, di quadrante, è rimasta tuttavia diritta e inflessibile come prima.

Fu detto la volontà essere il germe della morale, e fu detto il vero. Non si dà forte morale senza forte volere; nè il rimorso e il pentimento possono essere molto gagliardi in animo non gagliardo. Le nature salde ed intere, gli uomini che si dicono tutti d'un pezzo non s'adattano ai lunghi tergiversamenti, non s'appagano de' ripieghi, detestano l'indeterminato e l'ambiguo. L'Innominato non è di razza di simulatori; non armeggia di sofismi, non cerca scuse e accomodamenti, non inganna sè stesso. A sè stesso egli fu consentaneo sempre: non può patire di sentirsi scisso interiormente, fatto miserabil teatro di una oscura anarchia che pare una sfida al suo talento di dominazione, alla sua forza, al suo orgoglio. Egli soffre; ma non è di tal tempra che possa e voglia aspettare a lungo, passivamente, la cessazione della sofferenza. Di quello stato vergognoso, non men che crudele, gli bisogna uscire risolutamente e presto; e se ad uscirne non gli offre via sicura la morte, bisognerà che gli offra via sicura la vita. Trovata la via, egli ci si metterà con la risolutezza ordinaria, col consueto ardimento, senza più fermarsi, senza più voltarsi indietro.

Accade spesso ai violenti, in cui sia pari all'orgoglio il bisogno e il sentimento della indipendenza, di ribellarsi a quegli stessi principii a cui conformarono lungamente la vita, quasi riconoscendo in quelli una forza tirannica che li soggioghi. Ripensando alla sua vita passata, alla lunga sequela di colpe che s'intreccia ai suoi giorni, l'Innominato può pensare a una quasi necessità e fatalità di delitto, natagli dentro senza che egli stesso ne possa intendere la ragione; ma un sì fatto pensiero deve, di per sè solo, bastare a ferire il suo orgoglio, a sferzare la sua volontà. Come? egli che tutto potè ciò che volle, non potrà dare alla propria vita un nuovo indirizzo, una regola nuova? non potrà trionfare di sè stesso dopo aver trionfato di tutti e di tutto? non potrà riscattarsi da quella malvagia potenza che già sì gran tempo lo tenne soggetto, e che minaccia di farlo suo schiavo in eterno? Come? egli che si ribellò a Dio per impazienza di servitù e per impeto di tracotanza, dovrà servire al diavolo senza fine? dovrà, egli insofferente d'ogni ritegno, patire un perpetuo castigo in un carcere disperato? E di tutto il suo volere e operare dovrà esser questo il fine ed il frutto, durar ne' secoli de' secoli suddito vinto e impotente di vinto e impotente signore?

Oh, no! La fede, che appena rinasce, può essere ancora nell'Innominato assai fievole e incerta; può essere ancora in lui poco acceso lo zelo del bene, poco vivo e risoluto il desiderio della espiazione; ma già tutta la sua persona morale, sollecitata dalle antiche energie, dagli stimoli antichi, insorge contro quella oscura e maligna tirannide, si accampa in un atteggiamento di sforzo supremo e magnifico; non ancor preparata alla preghiera e all'umiliazione, pronta già, come sempre, alla sfida e al combattimento. In questo nuovo Capaneo la superbia non è per anche ammorzata; ma, dopo essersi volta a sfidare i numi, si volge ora a sfidare gli avversarii dei numi. Questo nuovo Farinata *ha lo inferno in gran dispitto* già prima d'entrarvi.

L'indole dell'Innominato non è di quelle che diconsi impulsive, la cui nota più spiccata sembra essere la instabilità; e l'anima di lui non può durare a lungo in una condizione d'atonia morale. Egli non è uomo in cui possa il capriccio, che presto vanisce senza lasciar segno di sè: in lui non si vedono se non impulsioni durevoli, coerenti, coordinate; volizioni che muovono da uno stabile principio, e tutte vanno diritte e spedite al segno. Egli sente per maniera d'istinto ciò che Plutarco espresse con belle parole: potere la volontà fare un eroe o un dio d'un uomo simile ad una belva. Avvertita la necessità del ravvedimento, l'Innominato senz'altro si ravvede; e comincia il ravvedersi come si conviene alla natura sua passionata, focosa e violenta. I desiderii di lui sono intensi e indomabili, e vogliono essere appagati presto e per intero. Presa la risoluzione di liberar Lucia, egli par che frema dell'indugio, e che voglia acchetar sè stesso col dire: «La libererò sì; appena spunta il giorno, correrò da lei, e le dirò: andate, andate». La sua diventa *una rabbia di pentimento*: l'impulsione degenera in ossessione, sforza alle opere, non soffre ritardo.

V.

Col sorgere del nuovo giorno, l'anima già in parte mutata s'apre a nuovo mutamento, e ciò in grazia di una seconda occasione, diversa molto dalla prima, che ho accennata, ma non meno acconcia e propizia di quella.

Che l'uomo antico perduri, per molta parte, nel nuovo, anche dopo la battaglia di quella notte, ci è mostrato da un fatto. Uno scampanio festoso risuona e si propaga nell'aria. L'Innominato salta fuori del letto, corre a una finestra, guarda giù nella valle, e vede di molta gente che s'accoglie e s'avvia, «tutti dalla stessa parte, verso lo sbocco, a destra del castello, tutti col vestito delle feste, e con un'alacrità straordinaria». E le sue prime parole son degne del bandito superbo: «Che diavolo hanno costoro? che c'è d'allegro in questo maledetto paese? dove va tutta quella canaglia?» Ma saputo che cagione di quello scampanare e di quello andare, e di tutta quella festa è il cardinale Federigo Borromeo, altre ne pronunzia, delle quali, parte esprime un senso di dispetto nato dal contrasto fra l'allegrezza di *quella canaglia* e il rodimento proprio, e, più confusamente, dal contrasto fra la condizion di *quell'uomo*, verso cui tutti corrono, e la condizion di lui Innominato, da cui tutti rifuggono; parte esprime la speranza che *quell'uomo* possa dire anche a lui una di quelle parole che

93

consolano, dànno la pace e l'allegrezza. L'angosciosa notte che ha passata vegliando deve avergli cresciuto nell'anima il terror della solitudine, deve averlo fatto più accessibile a quell'influsso di suggestione che sempre muove potente dall'operare delle moltitudini. Vanno tutti a vedere il cardinal Federigo; ebbene, ancor egli ci andrà, dopo aver lasciate per Lucia parole amorevoli che la rassicureranno. Il proposito di liberare Lucia, e il proposito di visitare il cardinale s'integran l'un l'altro.

E a visitare il cardinale egli va com'uno che sia *portato per forza da una smania inesplicabile, piuttosto che condotto da un determinato disegno*. Al primo incontrarsi con quello, egli non potrà reprimere in cuor suo un sentimento di stizza e di vergogna superba; ma sarà come l'ultimo ribollimento delle antiche passioni, come l'ultima ribellione dell'uomo antico al nuovo. L'uomo nuovo ha ereditata la volontà dell'antico, e se ne giova per combattere questa suprema battaglia, riportare questa suprema vittoria. Il cardinal Borromeo, il quale mostra di sapere assai bene che le testimonianze di stima sono tra le forme più efficaci di suggestione, quando si tratti di educare o di convertire, il cardinal Borromeo di quel fatto s'avvede, e parla della *sicurezza d'animo*, della *volontà impetuosa*, della *imperturbata costanza* dell'Innominato come di qualità e d'energie, da cui può venir tanto bene in avvenire quanto male già venne in passato, e fa vedere Dio glorificato da un nuovo uso di quelle, e l'Innominato stesso più grande assai nella virtù di quanto sia stato mai nella colpa. Il cardinal Borromeo non tenta di spezzare quella volontà che già da sè stessa si volge al bene, e non tenta nemmen di deprimere quell'orgoglio, cui le grandi imprese debbon piacere naturalmente. La conversione dell'Innominato s'ha da compiere in grazia di quella volontà e di quell'orgoglio: il pianto dirotto che manifesta la conversione compiuta, scioglie in lui ogni avanzo di malvagia passione; non iscioglie quella volontà rettificata, quell'orgoglio purificato.

L'Innominato può farsi *cortese ed umile* con Don Abbondio, prima quando gli cede il passo, poi quando gli tiene la staffa; può chinare la fronte fin sulla criniera della mula quando passa davanti alla porta spalancata della chiesa; può con lo sguardo atterrato e confuso chieder perdono a Lucia, e ajutarla, *con una gentilezza quasi timida*, a entrare in lettiga; ma non si creda che quell'animo sia svigorito, che il leone sia diventato un agnello. Già nello andar su al castello, egli aveva, solo con le occhiate, fatto intendere a' suoi bravi di non muoversi; il che vuol dire che quelle occhiate serbavano l'espressione e la forza di prima. Ajutato Don Abbondio a rimontar sulla mula, risalito egli stesso a cavallo per accompagnare i suoi protetti e tornare a Federigo, egli riappare quello di un tempo: il suo sguardo ha ripreso *la solita espressione d'impero*, e Don Abbondio avverte tra sè che a tenere a segno i bravi non ci vuol meno di quella faccia lì. Al cardinale e ai commensali egli si mostra *ammansato senza debolezza, umiliato senza abbassamento.*

Il discorsetto che la sera stessa fa ai bravi, e il tono con cui lo fa, mostrano quanta parte dell'uomo antico persista nel nuovo. Ai bravi non doveva parere ammansato e umiliato gran che. «Per quanto vari e tumultuosi fossero i pensieri che ribollivano in que' cervellacci, non ne apparve di fuori nessun segno. Erano avvezzi a prender la voce del loro signore come la manifestazione d'una volontà con la quale non c'era da ripetere: e quella voce, annunziando che la volontà era mutata, non dava punto indizio che fosse indebolita. A nessuno di loro passò neppur per la mente, che per esser lui convertito si potesse prendergli il sopravvento, rispondergli come a un altr'uomo. Vedevano in lui un santo, ma un di que' santi che si dipingono con la testa alta e con la spada in pugno». E che della spada avrebbe ancora, a un buon bisogno, saputo servirsi, e' lo mostra al calar delle bande alemanne, quando s'appressa pericolo di invasione e di guerra.

Se si potesse fare, senza andar troppo per le lunghe, sarebbe forse opportuno ora mostrare come la conversione di fra

Cristoforo, mentre somiglia per certi rispetti alla conversione dell'Innominato, sia, per altri, molto diversa da quella[80]; e perchè Don Abbondio, ch'è, per così dire, il rovescio dell'Innominato, rimanga, anche dopo la solenne predica del cardinal Federigo, quello di prima, quello di sempre.

Per concludere: l'Innominato diventa un santo in virtù di quelle stesse energie che già fecero di lui un demonio. Dopo la conversione gli elementi essenziali del suo carattere non si può dire che sieno mutati: la forza non è più violenza, ma rimane pur sempre forza. Volendo parlare per metafora, e sorpassando alquanto il giusto segno del vero, si potrebbe dire che l'antico tempio rimane, quanto a struttura e a proporzioni, immutato; che solo vi si adora un nuovo Iddio. In altri casi, profondamente diversi da quello che abbiamo sin qui esaminato, com'è nuovo il Dio, così è nuovo il tempio.

---

[80] GIOVANNI VIDARI, in un saggio intitolato *Suor Gertrude, l'Innominato e Fra Cristoforo* (nella *Rassegna nazionale*, 1° e 16 dicembre 1895), avvertì che io non notava la somiglianza che per più rispetti è tra l'Innominato e Fra Cristoforo; ma poi concluse dicendo che essi *son diversi nel processo della conversione*. Di questa diversità appunto, e non d'altro, io intesi far cenno.

DON ABBONDIO

Il Manzoni fu, tra l'altro, un grande umorista; il più grande ch'abbia prodotto l'Italia; uno dei più grandi che sien nati al mondo. Tutto in lui cooperava a renderlo tale: la bontà dell'animo e l'acume della mente; la vivezza del sentimento e la mancanza di sentimentalismo; la chiara visione delle cose del mondo e la inoperosità; lo scetticismo che non esclude la fede e la fede che non diventa credulità. Il Manzoni è un grande umorista perchè è un realista e un idealista al tempo stesso; ha, cioè, vivo il senso del reale e chiara la nozione dell'ideale. L'umore scaturisce appunto dal cozzo del reale e dell'ideale, quando avvenga in una mente equilibrata e serena: perciò, nè il realista puro, nè il puro idealista lo possono avere. Fu detto da taluno che l'umorismo è inconciliabile col sentimento cristiano; ma se l'umorismo nasce da contrasto fra l'ideale e il reale, e se richiede certo sentimento della necessaria imperfezione della umana natura, e ancora della universa vanità delle cose finite, non si vede dove possa stare la ragione della inconciliabilità; e se si considera che l'umorismo suppone la simpatia e la pietà, sembra che il sentimento cristiano debba piuttosto favorirlo che contrariarlo. E di vero, l'umore è assai più dei moderni che degli antichi; e il Cervantes, il Swift e lo Sterne furono buoni cristiani (anzi parroci gli ultimi due); e Gian Paolo, il quale espressamente definì l'umore un *comico romantico*, disse non potersi dare umore senza l'idea dell'infinito. L'umore è affatto opposto all'ironia, alla parodia, al sarcasmo, come già ebbe a notare lo Schopenhauer: perciò il Swift non è sempre umorista; il Voltaire è di rado; e bisogna andar cauti nel dire che Arrigo Heine sia. L'umore non esclude punto in chi l'accoglie il sentimento della superiorità propria, anzi lo richiede; ma questo sentimento dev'essere senza burbanza e senza asprezza, quale si conviene a uno spirito che, tutto intendendo, tutto perdona. Pardon's the word to all, dice un personaggio dello Shakespeare, e perdonare sempre, sempre, tutto, tutto, sono le ultime parole di Fra Cristoforo. Il Manzoni non pretende di dominare i proprii personaggi con lo scherno e col disprezzo, come usa il Flaubert. Egli si studia di tenersi allo stesso loro livello, si contempla in essi, e sempre, quando ride di quelli, ride anche un pochino di sè. L'umore non nasce se non negli spiriti più possenti, più aperti, più generosi; esso è forse la forma più alta di cui si possano velare l'umana sensitività e l'umano giudizio.

Dei personaggi dei Promessi Sposi parecchi sono abitualmente e sostanzialmente umoristici; altri diventano in certe occasioni[81]. Renzo riesce umoristico durante quel suo primo soggiorno a Milano. Così gli uni come gli altri, mentre dànno esempio di debolezze più propriamente e più strettamente individuali, dànno anche esempio di umana debolezza in genere; onde il lettore che li guarda e gli ascolta e tien loro dietro, nel punto stesso che si abbandona lietamente al riso, non può tenersi dall'esclamare o dal sospirare, con un leggiero spunto di melanconia: umana fragilità! umana miseria!

Ma di tutti que' personaggi il più umoristico è sicuramente Don Abbondio. Anzi, dopo l'inarrivabile ed unico Don Chisciotte, divenuto oramai una specie di entità morale necessaria allo spirito umano e all'umano discorso, credo sia Don Abbondio il personaggio più profondamente umoristico della universa letteratura. E questo, perchè?

Cominciamo dal dire che noi, a ragione o a torto, vogliamo bene a Don Abbondio. Non si dà forse lettore dell'immortale romanzo che al primo accenno che il povero curato sta per rientrare in iscena non si senta tutto esilarare di dentro e non affretti con benevola e giuliva impazienza il momento di

---

[81] In un opuscolo nuziale intitolato L'umorismo nei Promessi Sposi (Firenze, 1895) il Barbi passa in rassegna que' personaggi, nota situazioni e riflessioni umoristiche. Questo breve saggio è, a mia saputa, quanto di meglio siasi scritto sull'argomento; ma ciò che vi si dice di Don Abbondio non mi sembra interamente giusto. Il così detto Commento estetico del Ferranti (Firenze, 1877) è scrittura prolissa e di poco valore.

rivederne l'aspetto e di riudirne la voce. Gli vogliam bene istintivamente, perchè ci diverte e ci rallegra; ma non gli vogliamo bene per questa ragione soltanto. Le sue disgrazie, che sono in parte immaginarie, non ci rattristano, perchè prevediamo che non gli faranno gran male, e che un uomo come quello non può essere serbato a nulla di tragico e nemmeno di epico; ma ci rincrescerebbe se lo dovessimo vedere in un pericolo grande davvero, maltrattato sul serio, schernito più del ragionevole: e quando pure siam forzati a dirgli che ha torto, che si conduce male, sentiamo di doverglielo dire con moderazione, con bonarietà, senza contristar troppo quella sua canizie, e facendoci forza perchè il rimprovero non vada a finire in una risata. Noi vogliamo anche bene a Don Abbondio per sè stesso, quale la natura e i casi l'han fatto: e com'è, a parer mio, di tutta evidenza che gli voleva bene il Manzoni, il quale sembra che non si sapesse risolvere a lasciarlo in disparte; e come (questo conta ancor più) gli volevano bene coloro stessi a cui aveva con la sua condotta procurato tanti dispiaceri. Renzo e Lucia non son contenti se non sono maritati da lui.

E perchè siamo in tanti a volergli bene? Perchè sentiamo che Don Abbondio non è cattivo, e che a riuscire a dirittura un bravo uomo forse non altro gli manca che un po' di coraggio, e che il coraggio, chi nol sa? *uno non se lo può dare*. Gli è chiaro che se dipendesse da lui solo Don Abbondio non farebbe male a una mosca. Se dipendesse da lui, e se bastasse il desiderio, Don Abbondio vorrebbe tutti tranquilli, tutti contenti, ed essere l'amico di tutto il genere umano, e che la terra non fosse una valle di lacrime, ma come un'anticipazione del paradiso; dove si potrebbe poi andare con comodo, il più tardi possibile. A desiderar tutto questo ci vuol poco, ma a volerlo e a procacciarlo gli è un altro pajo di maniche. Ad ogni modo, un tal desiderio è già per sè stesso una bella cosa; e il povero Don Abbondio che l'ha, e vede intorno a sè tanti che non l'hanno; tanti che, senza necessità, mettono il mondo a soqquadro; che hanno a noja il *bene stare*; che potrebbero *andare in paradiso in carrozza* e preferiscono *andare a casa del diavolo a pie' zoppo*, Don Abbondio può, con qualche ragione, stimarsi migliore di molti altri, vantarsi del suo buon cuore, e credere sinceramente con Perpetua (le illusioni sono facili in queste materie, e le esagerazioni ancor più) credere che *se pecca è per troppa bontà*. Gli è certo che Don Abbondio odia tutti i birboni, non solo perchè son diavoli, che non lasciano in pace nessuno, capaci di mandare di quelle imbasciate ai poveri curati, ma perchè sono birboni, nemici di Dio, e andranno tutti all'inferno. Il cardinale gli rinfaccia di avere ubbidito all'iniquità, ed è vero, pur troppo. Ma intendete bene, *ubbidito*. Dall'ubbidire al far di suo ci corre. Allorchè, avendo ancora nelle orecchie le minacce dei bravi, gli balena l'idea che avrebbe potuto suggerire a quei signori di portare ad altri la loro imbasciata, e cioè a Renzo, o ad Agnese, o a Lucia, che fa Don Abbondio? caccia via quell'idea, perchè s'accorge *che il pentirsi di non essere stato consigliere e cooperatore dell'iniquità è cosa troppo iniqua*. E quando pensa che ad altri potrebbe parere ch'egli volesse tenere dalla parte dell'iniquità, che dice il malcapitato? *Oh santo cielo! Dalla parte dell'iniquità io! Per gli spassi che la mi dà!*

Di gran bugie dice Don Abbondio a quel povero Renzo; ma perchè le dice? forse per gusto? le dice per salvar la pelle; e se gli uomini si contentassero di mentire solo quando corrono pericolo della vita, la verità non avrebbe bisogno di star di casa in un pozzo. Del resto, tenete per certo ch'egli sarebbe contentissimo se potesse veder contenti Renzo e Lucia. Di Lucia, quando sa del tiro che le han fatto, e va (sia pure di mala voglia, *a cavallo*) a torla di prigione, egli sente pietà, e pensa a tutto ciò che *quella povera creatura* deve aver patito, e le viene innanzi *con un viso, anche lui, tutto compassionevole*, sebbene sia *nata per la sua rovina*. Di Renzo dà buone informazioni al cardinale, e, più tardi, si raccomanda, a chi può, perchè gli sia tolta anche quella cattura di dosso. Morto Don Rodrigo, cessato ogni pericolo, ecco saltar fuori, non un Don Abbondio nuovo, ma un Don Abbondio che prima non si poteva vedere, nascosto come era nel vecchio; un Don Abbondio garbato, bonario, amorevole, di una piacevolezza e di una festività da non credere; che vuole a ogni costo maritar lui i due giovani, a cui, *in fondo, aveva sempre voluto bene*, e ne cura paternamente gl'interessi, sebbene gliene avessero fatti dei tiri... Pur troppo! pur troppo! *son que' benedetti affari che imbroglian gli affetti.* Ma, direte, si rallegra che Don Rodrigo sia morto. Eh, chi non se ne rallegrerebbe? Se ne rallegra, ma, certamente, gli perdona, e loda Renzo d'avergli perdonato. Loda anche la peste e dice che *quasi quasi ce ne vorrebbe una ogni generazione*; e perchè? perchè è quella che spazza via tanti birboni. Spazza via anche molti galantuomini; ma s'intende che Don Abbondio non parla per loro. Don Abbondio celebra con tutta sincerità le glorie dei galantuomini, e il successore di Don Rodrigo, tanto diverso da questo, gli sembra, non più soltanto un galantuomo, ma a dirittura un grand'uomo. Don Abbondio non è un malvagio, e se *un po' di fiele in corpo* lo ha anche lui, quel *po'* esclude l'assai, e chi non ne ha punto getti la prima pietra. Se lo conoscesse malvagio davvero, il cardinale non gli parlerebbe come gli parla; non si contenterebbe, sembra, di accennar solamente a una possibile remozione da quell'ufficio di cui Don Abbondio ha tradito i doveri.

Ma Don Abbondio è un egoista. Sicuro, ch'è un egoista; ma bisogna distinguere. L'egoismo è di molte maniere: da quello umile e accidioso di chi lascia sistematicamente andare l'acqua alla china, a quello tronfio e furioso di chi mette il mondo sossopra. Da Taddeo e Veneranda si va su su, per gradi, sino a Marozia e a Napoleone. L'egoismo di Don Abbondio è un egoismo povero, timido, mingherlino, casalingo, pedestre. Considerate, di grazia, il concetto ch'egli s'è formato della felicità, i suoi bisogni, i suoi desiderii. Si può essere più modesto e più discreto? Don Abbondio non vuol ricchezze, non sogna onori, non si cura di vantaggi. Curato di campagna è, curato di campagna morrà; contento dell'oscuro suo stato, sebbene i curati sieno servitori del comune, condannati *a tirar la carretta*. Che ai cardinali si dia della signoria illustrissima o dell'eminenza, a lui che può importare? Che può importare a lui che vescovi, abati, proposti, canonici s'arrabattino e s'azzuffino per un titolo, e che il papa li contenti o non li contenti? *Gli uomini son fatti così; sempre voglion salire, sempre salire....* Ma Don Abbondio non vuole nè salire nè scendere; Don Abbondio vuol rimanere dov'è, senza cercar nessuno, senza chiedere *altro che d'esser lasciato vivere*, felice di sgattajolare, di rimpiattarsi, d'essere piccolo, oscuro, negletto, di non essere veduto e neanche saputo. *Oh se fossi a casa mia!* ecco il grido che gli prorompe dal fondo dell'anima e che veramente compendia tutte le sue aspirazioni.

I grandi egoisti vorrebbero tutto per loro, e, o con l'astuzia, o con la forza, pigliano dell'altrui quanto più possono, e giungono persino a dolersi che non ci sia che un mondo solo da conquistare. Don Abbondio non vuole conquistar nulla; nemmeno il paradiso, perchè spera che il buon Dio glielo darà senza farlo troppo stentare. Don Abbondio non solo non prende e non desidera la roba altrui, ma a chi la tiene ingiustamente non domanda nemmeno la roba propria; e perda il fiato Perpetua a dargli del baggeo. Che questa non sia generosità pura, d'accordo; ma che non abbia altra ragione se non il desiderio di scansare le brighe e le dispute, non pare. Se Don Abbondio ci tenesse tanto alla roba, se ci tenesse come ci tengono gli avidi, qualche sfogo con Perpetua lo dovrebbe pur fare (e già ben altri ne aveva fatti!), e non contentarsi di dire che que' ch'è andato è andato. Lo vogliono avaro, e tirano fuori la storia delle venticinque lire dovute da Tonio, e della collana d'oro data in pegno, e quelle sollecitazioni e quegli ammonimenti: *Tonio, ricordatevi: Tonio, quando ci vediamo per quel negozio?* e quel modo di contar le berlinghe nuove, voltandole e rivoltandole, e quella maniera di aprir l'armadio, riempiendo l'apertura con la persona. Ma tutto ciò prova che questa volta almeno Don Abbondio vuol avere il suo, e che Don Abbondio è sospettoso: che sia poi anche avaro, quel che si dice avaro, non prova. Le venticinque lire Tonio le doveva per fitto di un campo, diciamo meglio, del campo, probabilmente unico, di Don Abbondio, e pare le dovesse da un po' di tempo. Ora, notate che Don Abbondio non si fa dare un soldo d'interesse: è così che fanno gli avari? E vi pare che se fosse uno di quegli avari bollati ed autentici, Don Abbondio potrebbe consegnare tutto il suo *tesoretto* a Perpetua, e lasciare che la lo vada a sotterrar da sola (perchè gli è chiaro che ci va sola) appiè del fico? Non dunque avarizia propriamente, ma apprensione parsimoniosa e gretta d'uomo che non sa procacciare, non sa ajutarsi, e perciò tien di conto quel poco che ha, e quando la soldatesca gli ha disfatta la casa, pena un pezzo a rifar usci, mobili, utensili con denari presi in prestito.

Quali sono per Don Abbondio i piaceri della vita? un desinaretto gustoso, ma senza pretese; un fiaschetto di vino sincero (più di una botticina già non ne aveva); una passeggiata per quei viottoli, da' quali si vede il lago; un po' di lettura, quando le *circostanze* non sieno tali da lasciargli *appena testa d'occuparsi di quel ch'è di precetto*; un buon chilo, un buon sonno; e basta. Questi piaceri non si possono godere senza quiete, e perciò la quiete è per Don Abbondio la condizione prima e *sine qua non* della felicità, quella che dev'esser mantenuta e tutelata con ogni studio contro i nemici così interni come esterni. Nemici interni Don Abbondio non ne dovrebbe avere, e non ne avrebbe, se dipendesse dalla sua sola natura. Egli è nato per essere l'amico di sè medesimo, sempre in pace con sè stesso; ambizioni, gelosie, dubbii tormentatori, rimpianti amari, rodimenti secreti, son tutte diavolerie ch'egli non conosce, o non dovrebbe conoscere, nemmeno di nome. Se ne ha, gli son venute di fuori. Il mondo, ecco il grande nemico; anzi ecco l'accolta e la confederazione di tutti i nemici. Come si fa a conservare la propria quiete in un mondo pien di furore e di trambusto, che di quiete non ne vuol sapere? Si ha un bel tirarsene fuori, mettersi da banda, lasciare che ci pensi chi ci ha da pensare, dire che gli ecclesiastici non devono *mischiarsi nelle cose profane*, sentenziare che *la patria è dove si sta bene*. Trovarla, quella patria! Il mondo non vi lascia tranquilli; se voi lo fuggite, ecco che vi viene a cercare e vi tira in ballo. Per quanto s'ingegni, Don Abbondio non può fare che, per un verso o per un altro, qualcuna di quelle innumerevoli punte di cui il mondo è armato come un istrice, non lo frughi e non lo punzecchi. Ed ecco perchè Don Abbondio *si rode*, e ha, di solito, quella faccia *tra l'attonito e il disgustato*. Ma quella faccia non l'ha sempre, e anzi non è la faccia sua naturale. Come appena la burrasca è passata, Don Abbondio si rasserena, prende un'aria gioviale, ride, scherza, dice che s'ha a stare allegri il più che si può; e a questo fine si capisce che una delle sue grandi regole dev'essere di non *rimestare* le cose vecchie, che non han rimedio. Perpetua è morta di peste. Povera Perpetua! Credete voi che Don Abbondio n'abbia a fare il panegirico, intenerirsi, amareggiarsi? Se viveva, questa è la volta che si maritava. È morta. Non ci pensiamo più. Dio l'abbia in gloria.

La più gran virtù che secondo Don Abbondio gli uomini possano avere è, in comune con le mule, d'essere quieti. E per questo, se i birboni gli danno molto travaglio, i santi gliene dan poco meno, e si vede che Don Abbondio non vorrebbe avere da fare nè con gli uni, nè con gli altri. La santità è rinunziamento di sè medesimo, zelo operoso del bene, spirito di sacrifizio; in una parola, eroismo. I santi come Fra Cristoforo e Federigo Borromeo meritano d'essere chiamati campioni e atleti di Dio. Ma appunto questi atleti e campioni hanno coi facinorosi una somiglianza molto sgradevole. Non possono star tranquilli essi, e non vogliono lasciar tranquilli gli altri. Sempre sono in orgasmo e in faccenda, tira di qua, premi di là, vogliono rifare il mondo; *e lascian poi alle volte le cose più imbrogliate di prima*. E il bello, anzi il brutto, si è che non fanno nessun conto della propria vita, e pochissimo dell'altrui, quando si tratta di far trionfare il bene. Sono un gran tormento! Ma poi sono anche curiosi: purchè frughino, rimestino, critichino, inquisiscano; anche sopra di sè. E come si scaldano la fantasia! Un malandrinaccio viene a dire che s'è convertito, e loro gli buttano le braccia al collo: quella, a casa degli uomini di giudizio, *si chiama precipitazione*. E le conversioni? Sono una gran bella cosa. Nessun dubbio: Don Abbondio vorrebbe che tutto il mondo si convertisse (nè per questo è poi necessario di diventar santi); ma uno non si può convertire quietamente? senza far tanto chiasso? senza scomodar tanta gente?

Agnese, stizzita, pensa che Don Abbondio ha *sempre sacrificati gli altri*; questo è un po' troppo. Bisognerebbe dire che sempre, quando s'è trattato di *scegliere* tra il sacrificio proprio e l'altrui, Don Abbondio ha scelto l'altrui. Brutto egoismo, ma non del più brutto. E a renderlo men brutto sta il fatto ch'egli non se ne conosce colpevole; e non conoscendosene colpevole, può con tutta sincerità, se non con buona ragione, meravigliarsi della durezza degli altri, e che ognuno pensi solamente a sè, e che tutti abbiano così poco cuore; e stimarsi in credito verso Renzo e Lucia; e dire con un'aria compunta di tribolato ch'è il suo pianeta che tutti gli abbiano a dare addosso. L'egoismo di Don Abbondio è assai più un egoismo passivo che un egoismo attivo. Considerate che quasi tutti i suoi peccati sono peccati di omissione.

Ed ora veniamo a quella che non è la sola, ma certamente è la cagione massima e incessante d'ogni suo procedere.

Don Abbondio è egoista per paura. Don Abbondio nacque (su di questo non può cader dubbio) con la paura in corpo, e la paura gli s'accrebbe via via, per lo spettacolo delle cose del mondo, per la praticaccia (non oso dire esperienza) della vita, pel sentimento acuto, insistente, angoscioso, d'essere *come un vaso di terra cotta, costretto a viaggiare in compagnia di molti vasi di ferro*; ed egli (anche su di questo non può cader dubbio) non fece mai il menomo sforzo per vincerla, o, almeno, per non lasciarla crescere. La paura è la parte meglio organata, più viva e più stabile della sua coscienza; tanto che, quand'egli non abbia proprio altro da fare, come durante quei giorni passati nel castello dell'Innominato, essa, insiem col breviario, gli tiene *compagnia* e gl'impedisce di annojarsi.

La paura riesce sempre comica quando si lasci scorgere dove non è pericolo, o quando al pericolo non paja proporzionata, o comechessia si comporti in modo disdicevole al tempo, al luogo, alle persone, all'occasione. La paura di Don Abbondio è comica perchè è esagerata, permanente, intrattabile, spesso spesso allucinata e chimerica. Direi ch'è la paura integra e totale, perchè non si vede come Don Abbondio possa essere mai affatto sgombro di paura, e qual cosa al mondo sia così piccola e innocua che non possa in un qualche momento far paura a Don Abbondio. Perpetua trova le parole giuste quando scappa a dire: *Se ha poi paura anche d'esser difeso e aiutato...* L'esempio di Don Abbondio conferma in parte l'opinione del filosofo scozzese Dugald Stewart, il quale disse la paura un male della fantasia. La fantasia di Don Abbondio non s'impressiona dei soli pericoli presenti e reali, ma ne immagina molti di possibili e di remoti, e in ogni cosa fiuta il malanno, sospetta l'insidia. Ricevuto quel terribile avvertimento dei bravi, Don Abbondio, dopo lungo travaglio e laceramento di spirito, riesce a prender sonno; *ma che sonno! che sogni! Bravi, Don Rodrigo, Renzo, viottole, rupi, fughe, inseguimenti, grida, schioppettate.* Sin qui nulla di strano. In questo caso quella povera fantasia edifica, per così dire, sul sodo; ma molte altre volte, anzi il più delle volte, fabbrica in aria. L'Innominato s'è convertito: ha fatto benissimo; ma sarà poi convertito davvero? e, dico, si mantiene? L'Innominato si mette la carabina ad armacollo: *Ohi! ohi! ohi! cosa vuol farne di quell'ordigno costui?* L'Innominato ha dato le prove della sua conversione: sia ringraziato il cielo! ma se quella marmaglia di bravacci venisse a sapere?..... se s'immaginassero che fosse stato lui, Don Abbondio, a convertirlo?... se presi da un furore bestiale, per vendicarsi, lo martirizzassero?...[82] E Don Rodrigo? che dirà

---

[82] L'idea di un Don Abbondio missionario e martire è una delle idee più comiche che mai cadessero in mente umana.

mai di tutta quella faccenda Don Rodrigo?... E se monsignore venisse a sapere tutto l'imbroglio del matrimonio?... *Ah! vedo che i miei ultimi anni ho da passarli male!* Risoluto, prima di tutti e più di tutti, di fuggire davanti all'esercito invasore, vede, *in ogni strada da prendere, in ogni luogo da ricoverarsi, ostacoli insuperabili e pericoli spaventosi.* E gli si riaffaccia l'idea del martirio. E gli rispunta dentro il dubbio circa la conversione dell'Innominato. E gli viene il sospetto che l'Innominato voglia fare il re e scendere in campo a far la guerra anche lui, col duca di Savoja, col duca di Mantova, con la Spagna e con l'imperatore. E sogna assalti e battaglie, per quanto giuri a sè stesso che in una battaglia non ce lo coglieranno; e si vede preso tra due fuochi. In mezzo alla desolazione e al lutto della peste gli dà ancor noja la cattura di Renzo, e pensa che questi potrebbe fare qualche sproposito da rovinar lui e sè stesso insieme.

La paura di Don Abbondio è sempre composta di più paure diverse, le quali, quando non sieno manifestate, son sottintese, appunto come possono essere sottintese molte idee *in un periodo steso da un uomo di garbo.* Queste molte paure non riescono mai a comporsi in una maniera stabile di equilibrio o di dipendenza. Sono in un rimescolamento continuo, si rincorrono, si urtano, si dànno il gambetto. Quella che un momento fa era la prima, adesso è l'ultima; quella ch'era in coda appare in testa. Talvolta entrano l'una nell'altra, come le favole indiane e le scatole giapponesi. Mentre ha indosso quella paura così grande per dover andare in compagnia dell'Innominato, ecco che dentro a quella paura grande se ne caccia una piccola (dato che di piccole per Don Abbondio ce ne possano essere), la paura che la mula abbia dei vizii.

La paura di Don Abbondio diventa anche più comica quando si vede che quelle tante cautele e quelle tante furberiole ch'essa gli vien persuadendo, non solo non bastano a preservarlo da' guai, ma anzi lo fanno incappare in qualche guajo più grosso di quelli che avrebbe voluto fuggire. Facendo di tutto per non avere impicci, egli è sempre negl'impicci. Don Abbondio non s'era fatto prete per vocazione; s'era fatto prete con la speranza di *vivere con qualche agio* e quietamente, mettendosi *in una classe riverita e forte*, e non gli era mai passato per il capo che a fare quel mestiere pacifico ci fosse bisogno di coraggio. Quando, udita quell'umile confessione: «Torno a dire, monsignore, che avrò torto io... Il coraggio, uno non se lo può dare», il cardinale chiede a Don Abbondio: «E perchè dunque, potrei dirvi, vi siete voi impegnato in un ministero che v'impone di stare in guerra con le passioni del secolo?», Don Abbondio non può non pensare tra sè che, appunto, quel ministero egli lo aveva scelto per non avere a far guerra a nessuno, e con la speranza che nessuno volesse farla a lui. E quando il cardinale, insistendo, gli domanda: Perchè questo coraggio, che vi mancava, non l'avete chiesto a Dio, che certamente ve l'avrebbe dato?, Don Abbondio potrebbe rispondere con tutta sincerità che non pensò a chiedere a Dio una cosa di cui credeva di non avere affatto bisogno. Ora, Don Abbondio, fattosi prete per amor della pace e per evitare i pericoli, viene a trovarsi, appunto perchè è prete, nel più gran travaglio, e nel più gran pericolo di tutta la sua vita. Per fuggire a questo pericolo, Don Abbondio tradisce il proprio officio, inventa pretesti per non maritare i due giovani, si rassicura alquanto sentendosi più esperto delle cose del mondo, *più accorto* che non un ragazzone che pensa alla morosa; ma poi tanto male gli viene del suo stesso rimedio, ch'egli si pente d'averlo adoperato, ed esclama: *gli avessi maritati! non mi poteva accader di peggio.* Quando coloro ch'eran fuggiti all'appressarsi dei lanzichenecchi tornano alle loro case, Don Abbondio è l'ultimo a seguirli, l'ultimo ad abbandonare l'asilo che così liberalmente a tutti aveva offerto l'Innominato, e questo per la speranza di assicurarsi meglio da' mali incontri: la conseguenza si è che i primi tornati in paese gli portan via anche quel poco che i lanzichenecchi gli avevan lasciato. Ha dunque ragione Perpetua di dire che s'egli avesse un po' di coraggio avrebbe assai meno guai; ma che ci fan le parole? il coraggio uno non se lo può dare.

La paura di Don Abbondio non è solamente comica, com'è quella di Sancio Panza; è anche umoristica, e in grado superlativo. Don Abbondio e Sancio son tutt'e due paurosi, ma la paura si atteggia in ciascun di essi diversamente e in diverso modo si appalesa. Sancio non pensa a nascondere la propria, ad accattarle scuse, ad ammantarla di decoro. Egli la lascia vedere qual è, indipendente affatto dalla ragione, subitanea ne' suoi investimenti, vile troppo nelle dimostrazioni e negli effetti. Sancio parla molto e volentieri, e con certa sensatezza grossolana, di solito; ma non gli viene in fantasia di fare il chiosatore e l'interprete della propria paura e di raziocinarvi attorno. Egli se la lascia venire addosso come un accesso di terzana, e quando gli è passata, dà una scrollatina e non ci pensa più. Don Abbondio che, o poco o molto, sa di latino, e deve, se non altro per l'uso della confessione, avere qualche famigliarità con le sottigliezze della casistica, e vorrebbe pur sapere chi fu Carneade, Don Abbondio tiene un altro procedere. Egli converte la paura in prudenza, anzi in sapienza; riesce a farsi di una debolezza una virtù, di una vergogna un onore. *Initium sapientiae timor Domini:* non si può, slargando un poco il concetto, pensare che la sapienza consiste appunto nella paura? Altri l'ha fatta ben consistere nell'inerzia, e altri ancora nell'ignoranza. Gran giudizio bisogna avere, e gran pazienza, chi vuol vivere in questo mondo e tirare innanzi! Credere di potergli tener testa, di vincerlo, di mutarlo, è idea da matti. Non sapete quanto il mondo è più forte di voi? Non sapete che ha il diavolo dalla sua? Dunque? Dunque per non uscire con l'ossa rotte bisogna tenersi in una specie di *neutralità disarmata*, tergiversare, dissimulare, scansare, inchinarsi, cedere, nascondersi, e, in caso di necessità estrema, mettersi col più forte[83]. Ricordate che tornando bel bello dalla passeggiata, per

---

[83] Coloro che sempre ricantano che il Manzoni aperse scuola di rassegnazione, di pusillanimità e di fiacchezza, non han mai pensato, sembra, alla formidabile ironia di

quella stradicciuola di montagna, Don Abbondio, prima d'incontrarsi coi bravi, buttava con un piede verso il muro i ciottoli che gli facevano inciampo al cammino? si può credere che sieno stati quelli i soli ostacoli che in sessant'anni di vita egli abbia rimosso da sè con animo deliberato, con fare risoluto.

Don Abbondio finisce che forse non sa più nemmeno d'essere quel pauroso che tutti vedono in lui. Oltre di ciò, dato alla paura il titolo di prudenza e di sapienza, egli non ha più nessuna ragion di nasconderla; anzi ne ha parecchie di lasciarla vedere, come una virtù da farsene bello, e acquista il diritto di censurare chi non si regola come lui, chi manca di giudizio, chi compera *gl'impicci a contanti*. La propria paura, o prudenza che s'abbia a dire, Don Abbondio l'ha in conto di cosa, non solo ragionevole e confacente, ma legittima e giusta; e perciò strasecola quando il cardinale gli dice sul viso che anche a costo della vita avrebbe dovuto fare il proprio dovere: «Monsignore illustrissimo, avrò torto. Quando la vita non si deve contare, non so cosa mi dire». Quanto questa paura è diversa da quella che così poveramente (bisogna proprio dir così) fu descritta da Teofrasto! quanto è diversa da quella che porse inesauribile materia di riso sulle scene antiche e moderne!

Ma la paura di Don Abbondio tocca il più alto grado dell'umore quando noi consideriamo com'essa contrasta con quel carattere sacerdotale che dovrebbe essere il proprio carattere di lui, con quell'officio che egli tiene assai più che non l'eserciti. Qui abbiam risoluto, anzi violento, il contrasto fra il reale e l'ideale; e per questo rispetto il colloquio fra Don Abbondio e il cardinale, colloquio che parve alquanto lunghetto, alquanto fuor di proposito, a più d'uno, è di capitale importanza, e serve mirabilmente a dare spicco ai due personaggi, a compierne l'immagine morale. Meno ancora che al soldato, è lecito al prete d'aver paura. Il prete parla (o dovrebbe parlare) in nome di una

---

quella *neutralità disarmata*, non capiscono tutto il significato di Don Abbondio, e non sanno che cosa scrivesse dei *Promessi Sposi* il Mazzini.

potestà talmente superiore ad ogni potestà terrena; ha (o dovrebbe avere) un'idea così sicura e così efficace della santità del dovere; stima (o dovrebbe stimare) così poco ogni bene e vantaggio mondano e la vita medesima; spera (o dovrebbe sperare) un premio talmente superiore a tutto quanto può perder quaggiù; che qualsiasi atto o pensiero di viltà in lui appare una contraddizione irriducibile, un controsenso, un assurdo. Ora, Don Abbondio è la negazione vivente, parlante, operante dello spirito sacerdotale, quale appunto il cardinale l'intende, e quale dev'essere inteso. Don Abbondio dovrebbe somigliare in qualche modo, sia pur lontano, al cardinale; e non solo non gli somiglia, ma ne dissomiglia tanto che non arriva mai nè a capirlo, nè a indovinarlo.

Così stando le cose, com'è che Don Abbondio non ci diventa odioso? Com'è che quelle stesse mancanze che, commesse da un altro, provocherebbero il nostro biasimo, e non altro che il nostro biasimo, commesse da lui provocano il nostro riso, e quasi non altro che il nostro riso? Perchè saremmo così poco indulgenti con altri e siamo così indulgenti con lui? La ragione è facile a dire. Don Abbondio è uno di coloro a cui si perdona volentieri perchè veramente non sanno quello che fanno. Se egli mancasse al proprio dovere avendo di quel dovere un'idea chiara e precisa; se facesse il male sapendo con certezza di fare il male; noi non avremmo più qui nè un personaggio umoristico, nè un personaggio comico, avremmo un personaggio tragico, o semitragico. Don Abbondio rimane comico ed umoristico a dispetto di tutto, perchè se ha degli scrupoli, se ha qualche piccolo rimorso, crede in bonissima fede di farli tacere con quel suo argomento che *quando si tratta della vita...*; argomento che a suo modo di vedere (e presumibilmente anche di altri) non ammette replica. Don Abbondio riman comico ed umoristico perchè voi vedete ch'egli è un fanciullon tanto fatto, a cui qualcuno, non si sa chi, insegnò a dir messa, e che a sessant'anni sonati, nonostante i suoi vanti di accortezza, egli è quasi quel medesimo fanciullone che potev'essere a venti. Come vorreste fare a prendervela con uno cui Perpetua fa lezione tutto il santo giorno, ammonendo e rimbeccando, rinfacciandogli d'essersi ridotto *a segno che tutti vengono, con licenza, a...*, risolvendo, nell'ora del pericolo, *di prenderlo per un braccio, come un ragazzo, e di trascinarlo su per una montagna?* con uno che s'accorge, tra meravigliato e stizzito, che le ragioni del cardinale sono le ragioni stesse di Perpetua? con uno che, starei per dire, ha fatto il prete senza saperlo? *Le parole che sentiva, eran conseguenze inaspettate, applicazioni nuove, ma d'una dottrina antica però nella sua mente, e non contrastata.*

Don Abbondio è in qualche modo il rovescio di Don Chisciotte. Don Chisciotte è sempre pronto ad adempiere i proprii doveri chimerici, checchè gliene avvenga: Don Abbondio cessa di adempiere i proprii doveri reali alla prima minaccia di un pericolo. Don Chisciotte, per troppo animo, passa oltre il segno: Don Abbondio, per manco d'animo, non ci arriva. Don Chisciotte si trincera nell'ideale e non vede più il reale: Don Abbondio si trincera nel reale e non vede più l'ideale. Ma Don Chisciotte e Don Abbondio hanno anche una parte in comune. Entrambi vivono in un mondo pel quale non son fatti e che si burla di loro. Ad entrambi le cose riescono al contrario dell'intenzione.

A finire di rendere umoristica la figura di Don Abbondio abbiamo il fatto che colui che la formò e le diè vita v'infuse dentro qualche parte di sè. Non paja questa una proposizione temeraria, e tanto meno irriverente. Gli umoristi non sarebbero più umoristi se volessero esclusi sè stessi da quel riso ch'e' suscitano e comunicano altrui. Il Manzoni mise di sè più e meno in parecchi de' suoi personaggi: in Don Abbondio mise della propria inoperosità, della propria esitazione, del proprio amor della quiete, del proprio orror degl'impicci; e basta. Ci mise delle sue debolezze; non ci mise nessuna delle sue virtù[84].

---

[84] Sarebbe curioso indagare quanta parte di quelle debolezze e di quelle virtù possa avere ereditato il Manzoni dal proprio avo materno, del quale fu, nonostante qualche dissentimento, ammiratore caldissimo. Ma se della mente di Cesare Beccaria possiamo

Quello di Don Abbondio è uno dei caratteri più meravigliosi che l'arte abbia mai creati; di una coerenza e consistenza rara; di una vivezza, di una sincerità, di un'evidenza impareggiabile; senza rabberciature, senza rinfianchi posticci. L'animo del lettore vi penetra e vi si assesta come una mano in un guanto. Ognuno sente che Don Abbondio dev'essere stato sempre lo stesso; ognuno è persuaso che egli rimarrà sempre lo stesso. «No signore, no signore», dice quella furbacchiona dell'Agnese al cardinale,

---

formarci un concetto abbastanza adeguato leggendo i non molti suoi scritti, dell'animo non possiamo, tanto sono scarse, incerte, contraddittorie le notizie che ce ne son pervenute. I fratelli Verri, che ne tramandaron le più, prima furono amici svisceratissimi di lui, poi nemici arrabbiati, così che noi non riusciamo a veder chiaro tra le lodi sperticate di prima e i biasimi, sicuramente eccessivi, di poi (Vedi uno scritto di A. VENTURI, *Cesare Beccaria e le lettere di Pietro e Alessandro Verri*, nel *Preludio*, anno VI, 1882, nn. 3-4). Le lettere stesse del Beccaria, comprese le poche pubblicate in questi ultimi anni, non ci ajutano gran fatto. Ciò nondimeno, quel tanto che riusciamo a mettere insieme e ad intendere ci permette di notare tra avo e nipote alcune conformità che di certo non sono casuali. Si può discutere della maggiore o minore originalità delle idee contenute nell'opuscolo *Dei delitti e delle pene*; ma, se a questo opuscolo si aggiunge il saggio sulle monete, e, meglio ancora, il saggio sullo stile, bisogna riconoscere che il Beccaria ebbe mente di novatore, e, come disse Pietro Verri, *testa fatta per tentare strade nuove*; una testa dunque come l'ebbe il Manzoni, che di strade nuove ne tentò e ne corse parecchie. Il Beccaria fu *profondo algebrista*, ed ebbe fantasia vivacissima e prepotente, e fu poeta (*buon poeta*, assicura l'amico): intendi dunque che, come poi il Manzoni, egli seppe conciliare il rigore e la saldezza della ragione con la libertà e la fluidità dell'immaginativa e del sentimento. Scopriamo nell'avo una vena satirica che ingrossa poi nel nipote. Tutt'e due sono d'indole timida e casalinga, involta in una onesta pigrizia (vedi un opuscoletto nuziale di PAOLO BELLEZZA, *La pigrizia di Alessandro Manzoni*, Milano, 1897); fuggono il chiasso; non cercano popolarità, sebbene amino il popolo; curano i proprii comodi; lascian vedere *un'aria di bonomia* (bugiarda in Cesare, secondo afferma Alessandro Verri; ma gli s'ha da credere?); sono inettissimi alle faccende (*inattività in agibilibus*, troviam detto di Cesare; *inetto rebus agendis*, disse di sè stesso il Manzoni); scrivono di malissima voglia lettere e ogni altra cosa. «Filosofo senza strepito», scrisse del Beccaria il Cantù, «appena l'Europa s'accorse ch'era un grand'uomo, egli si tacque»: e il Manzoni? Le apprensioni manifestate dall'avo durante quel suo famoso viaggio a Parigi hanno riscontro in altre consimili del nipote. Entrambi non potevano reggere a star soli, ed entrambi stavano mal volentieri in luoghi dove fosse adunata molta gente. Entrambi ebbero amore alla villa. Rimasti vedovi, entrambi si riammogliarono. L'avo disegnò di fare un confronto fra romanzi e storie, e il nipote compose il discorso sopra il romanzo storico. L'avo si meravigliava che la Colonna Infame fosse lasciata sussistere nel bel mezzo di Milano: il nipote scrisse la *Storia della Colonna Infame*.

«non lo gridi, perchè già quel ch'è stato è stato; e poi non serve a nulla; è un uomo fatto così: tornando il caso, farebbe lo stesso». E noi ne siam più che sicuri, nonostante la compunzione di cui lo vediamo penetrato dopo la predica del cardinale, e nonostante quella sua promessa, fatta proprio con animo sincero in quel momento: «Non mancherò, monsignore, non mancherò, davvero».

I casi, gl'incontri e le situazioni in cui viene a trovarsi Don Abbondio sono i più felici che si possano immaginare, non per lui poveraccio, ma per mettere in mostra e sviscerare il suo carattere. I bravi, Renzo, Perpetua, l'Innominato, il cardinale, Agnese, lo forzano a scoprirsi da tutte le parti, a diventar trasparente come un vetro; e non v'è godimento che superi questo di poter guardare un'anima per di fuori e per di dentro, senza che pure una menoma particella ne rimanga occulta od oscura. La struttura della persona morale è in Don Abbondio così perfetta che finisce a suggerire la struttura della persona fisica e a mettervela davanti agli occhi. La figura di Don Abbondio non è descritta, e nemmeno, a dir proprio, abbozzata: appena un cenno qua e là come per caso: due folte ciocche di capelli, due folti sopraccigli, due folti baffi, un folto pizzo, tutti canuti, sparsi su una faccia bruna e rugosa. Riavutosi dalla peste, Don Abbondio appare come *una cosa nera*, pallido e smunto, con due povere braccia che ballan nelle maniche, *dove altre volte stavano appena per l'appunto*. E questo è il tutto. Quanti altri romanzieri avrebbero impiegate le due e le tre pagine per ritrarcelo intero quel prete, dalla testa ai piedi, senza lasciarne una sola fattezza! Ma col Manzoni non c'è bisogno. Qui l'anima crea il suo corpo; e noi vediamo, proprio vediamo, un Don Abbondio tozzo e corpulento, che suda e sbuffa a montare sopra una mula, con una facciola tonda, con una espressione bonaria, quando non gliela rannuvoli la stizza o la paura, con un portamento sommesso, con un'andatura stracca e impacciata: così come, dal più al meno, lo videro tutti coloro che lo ritrassero col pennello o col bulino[85].

Don Abbondio è riuscito uno di quei tipi estetici di cui si dice con ragione che hanno in sè molta più verità che non l'essere vivo e reale, fatto d'ossa e di polpe. E Don Abbondio è diventato uno di quei simboli di cui noi ci gioviamo, parlando, per significare una condizione di umanità che non si potrebbe significare altrimenti senza molte parole. Perciò Don Abbondio è immortale.

---

[85] E il nome di Don Abbondio? Si potrebbe frugare di cima in fondo tutti gli onomastici antichi e moderni senza riuscire a trovarne uno più adatto, più proprio, più raffigurativo. *Nomina numina.* Il Balzac fu studiosissimo dei nomi dei suoi personaggi, e dicono che il Flaubert andò in gloria il giorno in cui trovò quelli di Bouvard e Pécuchet. Gran brava fregatina di mani dev'essersi data Don Alessandro il giorno in cui gli cadde in mente, o gli capitò sotto, Dio sa come, quello del suo curato. Il Bojardo avrebbe fatto sonare a distesa tutte le campane delle sue terre.

ALESSANDRO MANZONI

SUL ROMANTICISMO
LETTERA
AL MARCHESE CESARE D'AZEGLIO

AVVERTIMENTO

Questa lettera non fu scritta con l'intenzione di darla alle stampe, come appare anche da qualche luogo del contesto. Ma trovandola pubblicata da altri, l'autore, dopo averla o ritoccata o rinnovata in varie parti, ha creduto che potesse, malgrado le imperfezioni che ci sono rimaste, aver luogo in questa raccolta, come un ricordo d'un momento della letteratura italiana, momento finito oramai da un pezzo, ma che, di certo, non ha lasciate le cose come le aveva trovate, e non fu senza un qualche effetto, anche fuori d'Italia.

Le note sono state aggiunte nella presente edizione.

SUL ROMANTICISMO

LETTERA

AL MARCHESE CESARE D'AZEGLIO

Pregiatissimo Signore

. . . .

Ma in quel troppo indulgente giudizio de' miei pochi e piccoli lavori drammatici, Ella ha anche lasciato trasparire un'opinione poco favorevole, o almeno un presagio di poca durata, al sistema di poesia, secondo il quale quei lavori sono concepiti. Cos'ha mai fatto? Con due righe di modesta dubitazione se n'è tirate addosso Dio sa quante, Dio sa quante pagine, di cicalamento affermativo. Nella sua gentilissima lettera Ella ha parlato d'una *causa*, per la quale io tengo, d'una parte, che seguo; e questa parte è quel sistema letterario, a cui fu dato il nome di *romantico*. Ma questa parola è applicata a così vari sensi, ch'io provo un vero bisogno d'esporle, o d'accennarle almeno quello ch'io c'intendo, perché troppo m'importa il di Lei giudizio. Oltre la condizione comune a tutti i vocaboli destinati a rappresentare un complesso d'idee e di giudizi, quella, cioè, d'essere intesi più o meno diversamente dalle diverse persone, questo povero romanticismo ha anche de' significati espressamente distinti, in Francia, in Germania, in Inghilterra. Una simile diversità, o una maggior confusione, regna, se non m'inganno, in quelle parti d'Italia dove se n'è parlato, giacché credo che, in alcune, il nome stesso non sia stato proferito, se non qualche volta per caso, come un termine di magia. In Milano, dove se n'è parlato più e più a lungo che altrove, la parola romanticismo, è stata, se anche qui non m'inganno, adoprata a rappresentare un complesso d'idee più ragionevole, più ordinato, più generale, che in nessun altro luogo. Potrei rimettermi a qualche scritto, dove quelle idee sono esposte e difese molto meglio di quello ch'io sappia fare; ma, oltre lo scopo di rappresentarne un concetto complessivo, Le confesso che l'onore ch'Ella m'ha fatto di toccarmi questo tasto, m'ha data la tentazione di sottoporle un qualche mio modo particolare di considerar la questione. M'ingegnerò di ridurre e una cosa e l'altra nei termini più ristretti che mi sarà possibile, e di fare almeno un abuso moderato della sua pazienza.

Ciò che si presenta alla prima a chi si proponga di formarsi il concetto, che ho accennato di quel sistema, è la necessità di distinguere in esso due parti principali: la negativa e la positiva.

La prima tende principalmente a escludere – l'uso della mitologia – l'imitazione servile dei classici – le regole fondate su fatti speciali, e non su princìpi generali, sull'autorità de' retori, e non sul ragionamento, e specialmente quella delle così dette unità drammatiche, di tempo e di luogo apposte ad Aristotele.

Quanto alla mitologia, i Romantici hanno detto, che era cosa assurda parlare del falso riconosciuto, come si parla del vero, per la sola ragione, che altri, altre volte, l'hanno tenuto per vero; cosa fredda l'introdurre nella poesia ciò che non richiama alcuna memoria, alcun sentimento della vita reale; cosa noiosa il ricantare sempre questo freddo e questo falso; cosa ridicola ricantarli con serietà, con un'aria reverenziale, con delle invocazioni, si direbbe quasi ascetiche[86].

I Classicisti hanno opposto che, levando la mitologia, si

---

[86] Fu una vera disgrazia (letteraria, s'intende) che nessuno di loro, o sapesse o si rammentasse che lo stesso giudizio era stato espresso, quasi con gli stessi termini, da un uomo la di cui autorità avrebbe sbalorditi, per un momento, gli avversari. È il Tasso che parla, nel primo Discorso dell'*Arte Poetica*: "E quanto quel maraviglioso (se pur merita tal nome) che portan seco i Giovi e gli altri numi de' Gentili, sia non solo lontano da ogni verisimile, ma freddo ed insipido, e di nessuna virtù, ciascuno di mediocre giudicio se ne potrà facilmente avvedere, leggendo que' poemi che sono fondati sopra la falsità dell'antica religione". Ci vollero però due secoli e mezzo circa, perché la maggior parte de' poeti e de' lettori di poeti se ne avvedessero [*N. d. A.*].

spogliava la poesia d'immagini, le si levava la vita. I Romantici risposero che le invenzioni mitologiche traevano, al loro tempo, dalla conformità con una credenza comune, una spontaneità, una naturalezza, che non può rivivere nelle composizioni moderne, dove stanno a pigione. E per provare che queste possono vivere (e di che vita!) senza quel mezzo, ne citavano le più lodate, nelle quali, la mitologia fa bensì capolino, ora qua, ora là, ma come di contrabbando e di fuga, e ne potrebbe esser levata, senza che ne fosse, né sconnessa la compagine, né scemata la bellezza del lavoro. Citavano, dico, specialmente la *Divina Commedia* e la *Gerusalemme*, nelle quali tiene una parte importante, anzi fondamentale, un maraviglioso soprannaturale, tutt'altro che il pagano; e le rime spirituali del Petrarca, e le politiche, e le rime stesse d'amore; e l'*Orlando* dell'Ariosto, dove invece di dei e di dee, vengono in scena maghi e fate, per non parlar d'altro. E citavano insieme varie opere straniere, che godono un'alta fama, non solo ne' paesi dove nacquero, ma presso le persone colte di tutta l'Europa.

Un altro argomento de' Classicisti era, che nella mitologia si trova involto un complesso di sapientissime allegorie. I Romantici rispondevano che, se, sotto quelle fandonie, c'era realmente un senso importante e ragionevole, bisognava esprimer questo immediatamente; che, se altri, in tempi lontani, avevano creduto bene di dire una cosa per farne intendere un'altra, avranno forse avute delle ragioni che non si vedono nel caso nostro, come non si vede perché questo scambio d'idee immaginato una volta deva divenire e rimanere una dottrina, una convenzione perpetua.

Per provar poi, con de' fatti anche loro, che la mitologia poteva benissimo piacere, anche nella poesia moderna, i Classicisti adducevano che l'uso non se n'era mai smesso fino allora. A questo i Romantici rispondevano che la mitologia, diffusa perpetuamente nelle opere degli scrittori greci e latini, compenetrata con esse, veniva naturalmente a partecipare della bellezza, della coltura, e della novità di quelle per gl'ingegni che, al risorgimento delle lettere, cercavano quelle opere con curiosità, con entusiasmo, e anche con una riverenza superstiziosa, come era troppo naturale; e che, come non era punto strano che tali attrattive avessero invogliati, fino dal principio, i poeti moderni a dare alle invenzioni mitologiche quel po' di posto; così era non meno facile a intendersi che quella pratica, trasmessa di generazione in generazione coi primi studi, e trasformata in dottrina, non solo si sia potuta mantenere, ma, come accade delle pratiche abusive, sia andata crescendo, fino a invadere quasi tutta la poesia, e diventarne il fondamento e l'anima apparente. Ma, concludevano, certe assurdità possono bensì tirare avanti, per più o meno tempo, ma farsi eterne non mai: il momento della caduta viene una volta; e per la mitologia è venuto.

Infatti, quello stesso vigore straordinario e apparente, che aveva acquistato presso di noi, ne poteva esser riguardato come un indizio, giacché non era l'espansione d'una forza innata della poesia, l'esercizio più vasto e più potente d'un suo mezzo naturale, ma l'applicazione sempre più esagerata d'un'aggiunta estrinseca e accidentale. E a chi volesse riflettere, doveva parere ugualmente difficile, e il supporre che quell'uso delle invenzioni mitologiche, sia prese per soggetto di componimenti poetici, sia, e molto più spesso, anzi a sazietà, introdotte in quelli, come agenti, come cause di avvenimenti, e pubblici e privati, potesse diventare una forma permanente della poesia; e l'immaginarsi quale parte più ristretta gliene potesse rimanere; in quale misura, con quale distinzione, un tale uso potesse venir mantenuto; dove si potesse trovare una ragione speciale, per la parte d'un tutto riconosciuto come irragionevole.

Tali, se mal non mi ricordo, giacché scrivo di memoria, e senza aver sott'occhio alcun documento della discussione, erano le principali ragioni allegate pro e contro la mitologia.

Le confesso che quelle dei Romantici mi parevano allora, e mi paiono più che mai concludentissime. La mitologia non è morta certamente, ma la credo ferita mortalmente; tengo per fermo che

Giove, Marte e Venere faranno la fine, che hanno fatta Arlecchino, Brighella e Pantalone, che pure avevano molti e feroci, e taluni ingegnosi sostenitori: anche allora si disse, che con l'escludere quei rispettabili personaggi si toglieva la vita alla commedia: che si perdeva una gloria particolare all'Italia (dove va qualche volta a ficcarsi la gloria!); anche allora si sentirono lamentazioni patetiche, che ora ci fanno maravigliare, non senza un po' di riso, quando le troviamo negli scritti di quel tempo. Allo stesso modo, io tengo per fermo, che si parlerà generalmente tra non molto della mitologia, e della sua fine.

Intendo per fine, come l'intendevano i Romantici, e appariva da tutte le loro parole, il cessar d'essere una parte attiva della poesia; e questo mi fa venire in mente un'altra difficoltà che si opponeva loro, e che è un esempio curioso del vezzo tanto comune, d'allargare, cioè di trasformare delle opinioni, per combatterle più comodamente. – Stando alle vostre proposte, si diceva loro da alcuni, s'avrà a mutare una parte, non solo della poesia, ma del linguaggio comune. Non si potrà più dire: *una forza erculea, un aspetto marziale, degli augùri sinceri*, e una bella quantità d'altre locuzioni prettamente mitologiche. – A questo era facile il rispondere che l'istituzioni, l'usanze, l'opinioni che hanno regnato lungo tempo in una o più società, lasciano ordinariamente nelle lingue, delle tracce della loro esistenza passata, e ci sopravvivono con un senso acquistato per mezzo dell'uso, e reso indipendentc dalla loro origine: la stessa risposta che si darebbe a chi venisse a dire: o rimettete in onore l'astrologia, o bandite dal linguaggio i vocaboli: *influsso, ascendente, disastro*, e altri derivati dalla stessa fonte.

Ma la ragione, per la quale io ritengo detestabile l'uso della mitologia, e utile quel sistema che tende ad escluderla, non la direi certamente a chiunque, per non provocare delle risa, che precederebbero, e impedirebbero ogni spiegazione; ma non lascerò di sottoporla a Lei, che, se la trovasse insussistente, saprebbe addirizzarmi, senza ridere. Tale ragione per me è, che l'uso della favola è idolatria. Ella sa molto meglio di me, che questa non consisteva soltanto nella credenza di alcuni fatti naturali e soprannaturali: questi non erano che la parte storica; ma la parte morale era fondata nell'amore, nel rispetto, nel desiderio delle cose terrene, delle passioni, de' piaceri portato fino all'adorazione, nella fede in quelle cose come se fossero il fine, come se potessero dare la felicità, salvare. L'idolatria in questo senso può sussistere anche senza la credenza alla parte storica, senza il culto; può sussistere purtroppo anche negli intelletti persuasi della vera Fede: dico l'idolatria, e non temo di abusare del vocabolo, quando San Paolo l'ha applicato espressamente all'avarizia, come ha anche chiamato Dio de' golosi il ventre.

Ora cos'è la mitologia conservata nella poesia, se non questa idolatria? E qual prova più espressa se ne potrebbe desiderare, di quella che ne danno gli argomenti sempre adoprati a raccomandarla? La mitologia, si è sempre detto, serve a rappresentare al vivo, e rendere interessanti le passioni, le qualità morali, anzi le virtù. E come fa questo la mitologia? Entrando, per quanto è possibile, nelle idee degli uomini, che vedevano un dio in ognuna di quelle cose; usando del loro linguaggio, tentando di fingere una credenza a ciò, che quelli credevano; ritenendo in somma dell'idolatria tutto ciò che è compatibile con la falsità riconosciuta di essa. Così l'effetto generale della mitologia non può essere, che di trasportarci alle idee di que' tempi in cui il Maestro non era venuto, di quegli uomini che non ne avevano né la previsione, né il desiderio; di farci parlare anche oggi, come se Egli non avesse insegnato, di mantenere i simboli, l'espressioni, le formule dei sentimenti ch'Egli ha inteso distruggere; di farci lasciar da una parte i giudizi ch'Egli ci ha dati delle cose, il linguaggio che è la vera espressione di quei giudizi, per ritenere le idee e i giudizi del mondo pagano. E non si può dire che il linguaggio mitologico, adoperato com'è nella poesia, sia indifferente alle idee, e non si trasfonda in quelle che l'intelletto tiene risolutamente e avvertitamente. E perché dunque si farebbe uso di quel linguaggio, se non fosse per affezione a ciò che esprime? se non fosse per produrre un assentimento, una simpatia? A che altro fine si scrive e si parla? Sia dunque benedetta la guerra che gli si è fatta, e che gli si fa; e possa diventare testo di prescrizione generale quel verso:

Vate, scorda gli Achei, scorda le fole

dettato in una particolare occasione da una illustre di Lei amica, la quale fu de' pochissimi, che col fatto antivennero le teorie, cercando e trovando spesso così splendidamente il bello poetico, non in quelle triste apparenze, né in quelle formole convenute, che la ragione non intende o smentisce, e delle quali la prosa si vergognerebbe; ma nell'ultimo vero, in cui l'intelletto riposa.

Insieme con la mitologia vollero i Romantici escludere l'imitazione dei classici; non già lo studio, come volle intendere la parte avversaria. Se ho bene intesi gli scritti, e i discorsi di alcuni di loro, nessuno di essi non sognò mai una cosa simile. Sapevano troppo bene (e chi l'ignora?), che l'osservare in noi l'impressione prodotta dalla parola altrui c'insegna, o per dir meglio, ci rende più abili a produrre negli altri delle impressioni consimili; che l'osservare l'andamento, i trovati, gli svolgimenti dell'ingegno altrui è un lume al nostro; che questo, ancor quando non metta direttamente un tale studio nella lettura, ne resta, senza avvedersene, nutrito e raffinato; che molte idee, molte immagini, che approva e gusta, gli sono scala per arrivare ad altre talvolta lontanissime in apparenza; che insomma per imparare a scrivere giova il leggere, e che questa scola è allora più utile, quando si fa sugli scritti d'uomini di molto ingegno e di molto studio, quali appunto erano, tra gli, scrittori che ci rimangono dell'antichità, quelli che specialmente sono denominati classici.

Non cessarono quindi di protestare contro il carico che si dava loro, con quella falsissima interpretazione, di vilipendere i classici, e di riguardare gli scritti che ce ne rimangono, come anticaglie da mettersi da parte. Anzi non trascurarono l'occasioni, non solo di lodarli in genere, ma di notare in essi dei pregi, che non erano stati indicati dai loro più fervidi ammiratori. Taluno perfino lodò quelle bellezze in molto bei versi; ne riprodusse alcune traducendole, e con una tale riuscita, che, chi pretendesse d'avere pei classici un'ammirazione più sentita della sua, mostrerebbe una grande stima non solo di questi, ma di sé medesimo[87].

Quello che i Romantici combattevano, è il sistema d'imitazione, che consiste nell'adottare e nel tentare di riprodurre il concetto generale, il punto di vista dei classici, il sistema, che consiste nel ritenere in ciascun genere d'invenzione il modulo, ch'essi hanno adoprato, i caratteri che ci hanno impressi, la disposizione, e la relazione delle diverse parti; l'ordine e il progresso de' fatti, ecc. Questo sistema d'imitazione, del quale ho appena toccati alcuni punti; questo sistema fondato sulla supposizione *a priori*, che i classici abbiano trovati tutti i generi

---

[87] *Sulla poesia, Sermone di Giovanni Torti.* – Trascrivo qui, e credo di poter aggiungere anche qui: in prova, la versione del discorso d'Ettore e Andromaca, nel sesto dell'*Iliade*. "Ahi che il sacro Ilio (esclama), e l'alta rocca, / E la casa di Priamo un dì cadranno! / Ma null'altra, ti giuro, il cor mi tocca / Sì acerba cura, non de' Teucri il danno. / E non il padre, non la madre o i forti / Fratei, che molti allor sotterra andranno; / Come, o donna, il tuo pianto e l'aspre sorti / Che t'aspettan, se alcun Greco ti prenda. / E prigioniera in Argo il mar ti porti. / Tacita allora converrà che penda / Dal cenno insultator d'una straniera, / E a portar acqua o a tesser tele intenda. / E mentre indarno repugnante e fiera, / Pregno inclinando di lagrime il ciglio, / Alla fontana obbedirai l'altera; / Alcun dirà: D'Ettore a Priamo figlio / La consorte è colei, di quel che sempre / Era fra i teucri eroi primo al periglio. / Allor verrà che di più crude tempre / Dolor ti cruci, e che del tuo diletto / Più intenso desiderio il cor ti stempre." / Disse, e le mani stese al pargoletto, / Che l'armi paventando e le criniere / Terribili, ondeggianti in sull'elmetto, / Fe' d'un grido risposta al cavaliere, / E rifuggì della nutrice al seno / Dalle sembianze inusitate e fiere. / Parve sul volto allor quasi un baleno / Ai duo parenti il riso; Ettor si sciolse / L'elmo, e raggiante il pose in sul terreno; / Poi nelle braccia il bambinel si tolse, / Baciollo, e a Giove e agli altri Numi in questi / Detti, alzandolo al cielo, il prego volse: / "O Giove sommo, e voi tutti, o celesti, / Deh vogliate che forte, e di me degno, / Dopo di me questo mio figlio resti: / Che un dì possente abbia de' Teucri il regno, / Che apportator di fuga e di terrore / Sia fra' nemici, a' suoi gloria e sostegno; / Deh fate che tornando ei vincitore, / V'abbia chi dica: Più che il padre ei vale; / E ne gioisca della madre il core." / [*N. d. A.*].

d'invenzione, e il tipo di ciascheduno, esiste dal risorgimento delle lettere; forse non è stato mai ridotto in teoria perfetta, ma è stato ed è tuttavia applicato in mille casi, sottinteso in mille decisioni, e diffuso in tutta la letteratura. Basta osservare un solo genere di scritti, le apologie letterarie: quasi tutti coloro, che hanno perduto il tempo a difendere i loro componimenti contro coloro, che avevano perduto il tempo a censurarli, hanno allegati gli esempi e l'autorità dei classici, come la giustificazione più evidente, e più definitiva. Non è stato ridotto in teoria; e questa appunto è forse la fatica più gravosa e la meno osservata di quelli, che vogliono combattere idee false comunemente ricevute, il dover pigliarle qua e là, comporle, ridurle come in un corpo, metterci l'ordine, di cui hanno bisogno per combatterle ordinatamente. Non è stato questo sistema né ragionato, né provato, né discusso seriamente; anzi, a dir vero, si sono sempre messe in campo e ripetute proposizioni, che gli sono opposte; sempre si è gettata qualche parola di disprezzo contro l'imitazione servile, sempre si è lodata e raccomandata l'originalità; ma insieme si è sempre proposta l'imitazione. Si è insomma sempre predicato il pro e il contro, come meglio tornava al momento, senza raffrontarli mai, né stabilire un principio generale. Questo volevano i Romantici che si facesse una volta; volevano che, da litiganti di buona fede, si definisse una volta il punto della questione, e si cercasse un principio ragionevole in quella materia; chiedevano, che si riconoscesse espressamente, che, quantunque i classici abbiano scritte cose bellissime, pure né essi né verun altro non ha dato, né darà mai un tipo universale, immutabile, esclusivo di perfezione poetica. E non solo mostrarono in astratto l'arbitrario e l'assurdo di quel sistema d'imitazione, ma cominciarono anche a indicare in concreto molte cose evidentemente irragionevoli introdotte nella letteratura moderna per mezzo dell'imitazione de' classici. E per esempio, sarebbe egli mai, senza un tal mezzo, venuto in mente a de' poeti moderni di rappresentar de' pastori, in quelle condizioni e con que' costumi che si trovano nelle egloghe, o nei componimenti di simil genere, dal Sannazaro al Manara, se, prima di quello, o dopo questo, non ci furono altri poeti bucolici, o ignorati o dimenticati da me? E perché dall'imitazione cieca e, per dir così materiale, si sdrucciola facilmente nella caricatura, avvenne, una mattina, che tutti i poeti italiani, voglio dire quelli che avevano composti, o molti, o pochi versi italiani, si trasformarono, loro medesimi (idealmente s'intende) in tanti pastori, abitanti in una regione del Peloponneso, con de' nomi, né antichi, né moderni, né pastorali, né altro; e in quasi tutti i loro componimenti, di qualunque genere, e su qualunque soggetto, parlavano, o ficcavano qualche cenno delle loro gregge e delle loro zampogne, de' loro pascoli e delle loro capanne. E una tale usanza poté, non solo vivere tranquillamente per una generazione, ma tener duro contro le così frizzanti e così sensate canzonature del Baretti, e sopravvivere anche a lui.

Profittando poi, com'era facile in ogni cosa, delle contradizioni de' loro avversari, dicevano i Romantici: Non siete voi quelli che, ne' classici, lodate tanto l'originalità, quell'avere ognuno di loro, un carattere proprio, spiccato e, per dir così, personale? E non è dunque in questo, cioè nel non essere imitatori, che, anche secondo voi altri, è ragionevole l'imitarli?

Le ragioni del sistema romantico, per escludere la mitologia e l'imitazione, sono, com'Ella ha certamente veduto, molto consentanee tra di loro. E consentanee ugualmente all'une, e all'altre sono le ragioni per sbandire le regole arbitrarie, e specialmente quella delle due unità drammatiche. Di queste non Le parlerò: forse ne ho anche troppo ciarlato in stampa; e non so s'io deva o dolermi o rallegrarmi di non avere una copia da offrirle d'una mia lettera pubblicata in Parigi su questo argomento[88]; lettera, alla lunghezza della quale spero che non arriverà questa, della quale, per dir la verità, principio a vergognarmi. Ma la bontà ch'Ella m'ha dimostrata, mi fa animo, e tiro avanti.

---

[88] *Lettre a. M. C*** sur l'unité de temps et de lieu dans la tragédie* [*N. d. A.*].

Intorno alle regole generali, ecco quali furono, se la memoria non m'inganna, le principali proposizioni romantiche. Ogni regola, per esser ricevuta da uomini, debbe avere la sua ragione nella natura della mente umana. Dal fatto speciale, che un tale scrittor classico, in un tal genere, abbia ottenuto l'intento, toccata la perfezione, se si vuole, con tali mezzi, non se ne può dedurre, che quei mezzi devano pigliarsi per norma universale, se non quando si dimostri, che siano applicabili, anzi necessari in tutti i casi d'ugual genere; e ciò per legge dell'intelletto umano. Ora, molti di quei mezzi, di quei ritrovati messi in opera dai classici, furono suggeriti ad essi dalla natura particolare del loro soggetto, erano appropriati a quello, individuali per così dire; e l'averli trovati in quella occorrenza, è un merito dello scrittore, ma non una ragione per farne una legge; anzi è una ragione per non farnela. Di più, anche nella scelta dei mezzi, i classici possono avere errato; perché no? e in questi casi, invece di cercare nel fatto loro una regola da seguire, bisogna osservare un fallo da evitarsi. A voler dunque profittare con ragione dell'esperienza, e prendere dal fatto un lume per il da farsi, si sarebbe dovuto distinguere nei classici ciò, che è di ragione perpetua, ciò, che è di opportunità speciale. Se questo discernimento fosse stato tentato e eseguito da de' filosofi, converrebbe tener molto conto delle loro fatiche, senza però ricevere ciecamente le loro decisioni. Ma invece questa provincia è stata invasa, corsa, signoreggiata quasi sempre da retori estranei affatto agli studi sull'intelletto umano; e questi hanno dedotte dal fatto, inteso come essi potevano, le leggi che hanno volute, hanno ignorate, o repudiate le poche ricerche de' filosofi in quella materia, o se ne sono impadroniti, le hanno commentate a loro modo, traviate, o anche qualche volta hanno messo sotto il nome e l'autorità di quelli le loro povere e strane prevenzioni. Ricevere senza esame, senza richiami, leggi di tali, e così create, è cosa troppo fuori di ragione. E quale in fatti, aggiungevano i Romantici, è l'effetto più naturale del dominio di queste regole? Di distrarre l'ingegno inventore dalla contemplazione del soggetto, dalla ricerca dei caratteri propri e organici di quello, per rivolgerlo e legarlo alla ricerca e all'adempimento di alcune condizioni affatto estranee al soggetto, e quindi d'impedimento a ben trattarlo. E un tale effetto non è forse troppo manifesto? Queste regole non sono forse state per lo più un inciampo a quelli, che tutto il mondo chiama scrittori di genio, e un'arme in mano di quelli, che tutto il mondo chiama pedanti? E ogni volta che i primi vollero francarsi di quell'inciampo, ogni volta che, meditando sul loro soggetto, e trovandosi a certi punti, dove per non istorpiarlo era forza di violare le regole, essi le hanno violate, che n'è avvenuto? I secondi gli attendevano al varco; e senza esaminare, né voler intendere il perché di quelle che chiamavano violazioni, senza provare, né saper nemmeno, che ad essi incombeva di provare, che l'attenersi alla regola sarebbe stato un mezzo per trattar meglio quel soggetto, gridarono ogni volta contro la licenza, contro l'arbitrio, contro l'ignoranza dello scrittore. Ora, poiché ciò che ha data sempre tanta forza ai pedanti contro gli scrittori d'ingegno, è per l'appunto questo rispetto implicito per le regole, perché, dicevano i Romantici, lasceremo noi sussistere una tale confusione, un tal mezzo per tormentare gli uomini d'ingegno? Non sono stati sempre tormentati più del bisogno?

Dall'altra parte, proseguivano, non è egli vero che, passato un certo tempo, quella stessa violazione delle regole, ch'era stata un capo d'accusa per molti scrittori, divenne per la loro memoria un soggetto di lode? che ciò che s'era chiamata sregolatezza, ebbe poi nome d'originalità? E, come nella questione della mitologia, allegavano anche qui la lode che noi italiani diamo a più d'uno de' nostri poeti prediletti, e quella che altre colte nazioni danno ad alcuni de' loro, d'avere abbandonate le norme comuni; d'essersi resi superiori a quelle: d'avere scelta una, o un'altra strada non tracciata, non preveduta. nella quale la critica non aveva ancora posti i suoi termini, perché non la conosceva, e il genio solo doveva scoprirla? Se per questi, dicevano, il trasgredir le regole è stato un mezzo di far meglio. perché s'avrà sempre a ripetere che le regole sono la condizione essenziale per far bene?

Alla conseguenza che i Romantici cavavano da questo fatto, mi ricordo, che si dava generalmente una risposta non nova, ma molto singolare: cioè che molte cose sono lecite ai grandi scrittori, ma ad essi soli; e che in ciò la loro pratica non è un esempio per gli altri. Le confesso, che non ho mai potuto comprendere la forza dell'argomento, che pare essere incluso in questa sentenza. Cercando la ragione per cui quei grandi scrittori hanno ottenuto l'effetto con la violazione delle regole, m'è sempre parso che la cagione fosse questa: che essi, vedendo nel soggetto una forma sua propria che non sarebbe potuta entrare nella stampa delle regole, hanno gettata via la stampa, hanno svolta la forma naturale del soggetto, e così ne hanno cavato il più e il meglio, che esso poteva dare al loro ingegno. Il lecito, l'illecito, la dispensa non veggo cosa ci abbiano a fare; mi paiono metafore che, in questo caso, non hanno un senso al mondo. Ora quella ragione non è per nulla particolare ai grandi ingegni, è universalissima, viene dalla natura stessa della cosa, indica il mezzo, con cui, e grandi e piccoli, ognuno secondo la sua misura, può fare il meglio possibile.

– Oh! i mediocri non arriveranno mai a scoprire in un argomento quella forma splendida, originale, grandiosa, che appare ai grandi ingegni. – Sia, col nome del cielo; non ci arriveranno; ma di che aiuto saranno ad essi le regole? O le sono ragionevoli, e in questo caso i grandi scrittori non se ne devono dispensare, perché sarebbe privarsi d'un aiuto a trovare e a esprimere più potentemente quella forma: o le sono irragionevoli, e se ne devono dispensare anche i mediocri, perché esse non potranno fare altro che impicciarli di più, allontanarli di più dalla verità del concetto, e mettere la storpiatura, dove senza di esse non sarebbe stato, che minor perfezione. Onde, quanto più penso a questa doppia misura di regole, obbligatorie per molti, e per alcuni no, tanto più mi pare fuor di proposito. Ed è, se non m'inganno, stata trovata per uscire d'impiccio: quando ci si fa vedere una contradizione tra due proposizioni, che affermiamo ugualmente; e quando non vogliamo né confrontarle tra di loro, né abbandonarne nessuna, né sappiamo farle andar d'accordo, ne inventiamo una terza, la quale mette la pace tra le parole, se non tra le idee, non serve al ragionamento, ma serve a dare una risposta, che in fine è quello, che più preme. Ma se anche una tale strana distinzione si volesse ammettere, cosa farne poi in pratica? come applicarla nel fatto? L'uomo che, nell'atto del comporre si trova combattuto tra la regola, e il suo sentimento, dovrà egli proporsi questo curioso problema: Son io, o non sono un grand'uomo? E come scioglierlo poi? – Oh! si fidi al suo genio, se ne ha; e lasci dire. – Si fidi! Veramente l'esperienza può inspirar molta fiducia; e come possono dire, si fidi, quelli per l'appunto, che vogliono tenere in vigore tutti quei mezzi, che sono sempre stati adoprati a levare la fiducia ai più forti ingegni, e l'hanno realmente levata a più d'uno di loro? Lasci dire! Mi pare, che invece di consigliare que' pochi infelici, che portano la croce del genio, a non curare le nostre parole, sarebbe tempo, che cominciassimo noi a pesarle un po' più.

Ma io, dimenticando che parlo con un giudice, mi son lasciato andare un momento a garrire con degli avversari. Scusi di grazia questa scappata, e mi scusi anche del rimettermi nella strada d'infastidirla ancora qualche tempo.

Alle altre proposizioni messe in campo dai Romantici contro le regole arbitrarie, non mi ricordo veramente, se qualche cosa si rispondesse, né veggo che cosa si possa rispondere. Si diceva bene da molti, che il fine di quelle proposizioni era di sbandire ogni regola dalle cose letterarie, d'autorizzare, di promuovere tutte le stravaganze, di riporre il bello nel disordinato. Che vuol Ella? A questo mondo è sempre stata usanza d'intendere e di rispondere a questo modo.

Prima d'abbandonare il discorso delle regole, mi permetta che Le sottoponga un'osservazione che non mi sovviene d'aver trovata proposta da altri: ed è, che il soggetto d'una questione, che dura da tanto tempo, non è stato mai definito con precisione. La parola: "regole", intorno alla quale si aggira la disputa, non ha mai avuto un senso determinato. Un uomo, che sentisse per la prima volta parlare di questa discussione intorno alle regole, dovrebbe certamente supporre, che fossero determinate in formule precise, descritte in un bel codice conosciuto e riconosciuto da tutti quelli, che le ammettono; tante né più né meno, tali e non altrimenti: perché la prima condizione per far ricevere altrui una legge, è di fargliela conoscere. Ora Ella sa, se la cosa sia così. E se uno di quelli che ricusano questo dominio indefinito delle regole, dicesse a uno di quelli, che lo propugnano: sono convinto; questa parola regole, ha un non so che, che mi soggioga l'intelletto: mi rendo; e per darvi una prova della mia docilità, vi fo una proposizione la più larga, che in nessuna disputa sia stata fatta mai. Pronunziate a una a una le formule di queste regole adottate, come dite, da tutti i savi; e ad ognuna io risponderò: amen; certo, costui, con tanta sommissione apparente, farebbe all'altro una brutta burla, lo metterebbe in uno strano impiccio.

Sono ben lontano dal credere d'avere espressa una idea compita della parte negativa del sistema romantico. Molte cose saranno sfuggite alla mia osservazione, quando la questione si dibatteva: molte dopo, dalla memoria; e dell'altre ne ho omesse apposta, o perché non potevano così naturalmente venire sotto quei pochi capi, che ho presi qui per tema, o anche, se non ad effetto, almeno ad intento di brevità. Pure oso credere, che anche il poco, che ho qui affoltato di quel sistema, basti a farne sentire il nesso, e l'importanza, a farci scorgere una vasta e coerente applicabilità d'un principio a molti fatti della letteratura, e una forse ancor più vasta e feconda applicabilità a tutti i fatti della letteratura stessa. Dovrei ora passare alla parte positiva, e spicciarmi; ma non mi posso ritener di parlare d'una obiezione, o, per dir meglio, di una critica, che si faceva al complesso delle idee, che ho toccate fin qui.

Si diceva che tutte quelle idee, quei richiami, tutte quelle proposte di riforma letteraria, erano cose vecchie, ricantate, sparse in cento libri. Che questa fosse una critica fatta alle persone, non una obiezione al sistema, è una cosa manifesta. La questione era, se certe idee fossero vere o false; cosa c'entrava, che fossero nove o vecchie? Riconosciuta la verità, o dimostrata la falsità delle idee, anche l'altra ricerca poteva esser utile alla storia delle cognizioni umane; ma anteporre questa ricerca, farne il soggetto principale della questione, era un cambiarla per dispensarsi dal risolverla. Di più questa taccia di plagiari che si dava ai Romantici, faceva a' cozzi con quella di novatori temerari che si dava loro ugualmente. E a ogni modo, non esito a dirla ingiusta. Non parlerò dell'idee nove messe in campo da quelli; le opposizioni stesse ne provocarono assai. Ma il nesso delle antiche; ma la relazione scoperta e indicata tra di esse; ma la luce e la forza reciproca, che venivano a tutte dal solo fatto di classificarle sotto ad un principio, il sistema insomma, da chi era stato immaginato, da chi proposto, da chi ragionato mai? Dalle ricchezze intellettuali sparse, dal deposito confuso delle cognizioni umane, raccogliere pensieri staccati e accidentali, verità piuttosto sentite che comprese, accennate piuttosto che dimostrate; subordinarle a una verità più generale, che riveli tra di esse un'associazione non avvertita in prima; cambiare i presentimenti di molti uomini d'ingegno in dimostrazioni, levare a molte idee l'incertezza, e l'esagerazione; sceverare quel misto di vero e di falso, che le faceva rigettare in tutto da molti, e ricevere in tutto da altri con un entusiasmo irragionevole; collocarle con altre, che servono ad esse di limite e di prova a un tempo, non è questa la lode d'un buon sistema? e è forse una lode tanto facile a meritarsi? E chi ha mai desiderato, o immaginato un sistema, che non contenesse, fuorché idee tutte nove?

Del resto, non c'è qui da vedere un'ingiustizia particolare: l'accusa di plagio è stata fatta sempre agli scrittori, che hanno detto il più di cose nove; sempre s'è andato a frugare ne' libri antecedenti, per trovare che il tal principio era stato già immaginato, insegnato, ecc.; sempre si è detto ch'era la centesima volta, che quelle idee venivano proposte. E che avrebbero potuto rispondere quegli scrittori? Tal sia di voi, che siete stati sordi le novantanove; tal sia di voi, che, avendo in tanti libri tutte queste idee, non ne tenevate conto, e continuavate a ragionare come se non fossero mai state proposte. Ora noi v'abbiamo costretti ad avvertirle; quando non si fosse fatto altro, questo almeno è qualcosa di novo.

Se alcuno volesse provare che il merito da me accennato poco sopra, e altri simili, non si trovano nel sistema romantico, credo che ascolterei le sue prove con molta curiosità, e con una docilità spassionata; ma finora ciò non è, ch'io sappia, stato né fatto né tentato. Intanto non posso a meno di non ravvisarci quel merito; e m'accade spesso, leggendo opere letterarie, precettive, o polemiche, anteriori al sistema romantico, d'abbattermi in idee molto ragionevoli, ma independenti dalla dottrina generale del libro, idee volanti, per dir così, le quali, in quel sistema, sono collocate razionalmente, e ci sono divenute stabili e feconde. Similmente, ne' libri di scrittori ingegnosi, ma paradossali di professione, m'accade spesso di trovare di quelle opinioni speciose e vacillanti, che da una parte hanno l'aria d'una verità triviale, e dall'altra d'un errore strano; e di riflettere con piacere, che quelle opinioni trasportate nel sistema romantico, ci sono legate e temperate in modo, che il vero ne è conservato e appare più manifesto e importante, e il falso, lo strano ne sono naturalmente recisi e esclusi. Con tutto ciò la parte negativa è, senza dubbio, la più notabile del sistema romantico, almeno del trovato e esposto fino ad ora.

Il positivo non è a un bon pezzo, né così preciso, né così diretto, né sopra tutto così esteso. Oltre quella condizione generale dell'intelletto umano, che lo fa essere più attivo nel distruggere, che nell'edificare, la natura particolare del sistema romantico doveva produrre questo effetto. Proponendosi quel sistema d'escludere tutte le norme, che non siano veramente generali, perpetue, ragionevoli per ogni lato, viene a renderne più scarso il numero, o almeno più difficile e più lenta la scelta. Un'altra cagione fu la breve durata della discussione, e il carattere, che prese fino dal principio. Come il negativo era naturalmente il primo soggetto da trattarsi, così occupò quasi interamente quel poco tempo. La discussione poi prese purtroppo un certo colore di scherno, come per lo più accade; ora in tutte le questioni trattate schernevolmente c'è più vantaggio nell'attaccare, che nel difendere: quindi i Romantici furono naturalmente portati a diffondersi, e a insistere più nella parte negativa, nella quale, per dir la verità, trovavano da sguazzare; e quanto al positivo furono portati a tenersi a de' princìpi generalissimi, che danno meno presa a cavillazioni e a parodie. Non poté per questo il sistema romantico evitare, neppur esso la derisione; ma almeno quelli, che vollero deriderlo, furono costretti a esagerarlo, o piuttosto a inventarne uno, loro, e ad apporlo a chi non lo aveva mai né proposto, né sognato; metodo tanto screditato, ma d'una riuscita quasi infallibile, e che probabilmente si smetterà alla fine del mondo.

Se la disputa fosse continuata, o, per dir meglio, se, invece d'una disputa si fosse fatta una investigazione comune, dall'escludere si sarebbe passati al proporre, anzi in questo si sarebbe fissata la maggiore intenzione degli ingegni. E allora, si potrebbe credere che le opinioni sarebbero state tanto più varie quanto più abbondanti; e che molti ingegni, movendo da un centro comune, si sarebbero però avviati per tanti raggi diversi, allontanandosi anche talvolta l'uno dall'altro a misura che si sarebbero avanzati: tale è la condizione delle ricerche intellettuali intraprese da molti. Ma il sistema romantico non poté arrivare, o piuttosto, non arrivò a questo periodo. E ciò nonostante, un gran rimprovero, che veniva fatto ai suoi sostenitori, era, che non s'intendevano nemmeno fra di loro: cominciassero, si diceva, ad accordarsi perfettamente nelle idee, prima di proporle agli altri come verità. Rimprovero, al quale non posso tuttavia pensare senza maraviglia. In regola generale, quelli, che così parlavano, chiedevano una cosa che l'ingegno non ha data, né può dar mai. Mai questa concordia perfetta di più persone in tutti i punti d'un sistema morale non ha avuto luogo: bisognerebbe, a ottenerla, tutti questi punti si adottassero da ciascheduno altrettanti giudizi, altrettante formule uniche e invariabili; ai tanti uomini diventassero uno solo, per potere a ogni novo caso fare una identica applicazione di quei giudizi generici. C'è bene un ordine di cose, nel quale esiste una essenziale e immutabile concordia; ma quest'ordine è unico; i suoi caratteri, le sue circostanze sono incomunicabili. Quest'ordine è la religione: essa dà una scienza, che l'intelletto non potrebbe scoprire da sé, una scienza, che l'uomo non può ricevere, che per rivelazione, e per testimonianza; ora una sola rivelazione include una sola dottrina, e quindi produce una sola credenza. E anche in quest'ordine, la concordia delle menti non è comandata, se non dove è sommamente ragionevole; cioè in quei punti, nei quali la verità non si può sapere, che per la testimonianza di chi ne ha ricevuta la rivelazione, cioè della Chiesa; e non è comandata questa concordia, se non dal momento, che l'unico testimonio ha parlato. Ma, nelle cose umane, questo testimonio non esiste, non è stata né fatta, né promessa ad alcuno una comunicazione di scienza, un'assistenza nelle decisioni; quindi i giudizi variano secondo la varietà degl'ingegni, e riescono generalmente così dissimili, che a chiamar uno un sistema, non si ricerca mai il fatto impossibile, che esso riunisca tutti i giudizi in una materia qualunque, ma il fatto difficile e raro, che ne riunisca molti, nei punti principali di essa.

Nel caso particolare poi del sistema romantico il rimprovero mi pareva molto stranamente applicato. Se quelli, che lo facevano, avessero voluto riandare la storia de' sistemi umani, avrebbero trovato, io credo, che pochi furono quelli, che presentassero meno dissentimenti dal romantico. Se avessero fatto solamente un po' d'esame sul sistema chiamato classico, al quale volevano, che si dasse la preferenza, avrebbero potuto veder subito quanto più gravi e più numerosi siano in quello i dispareri, le incertezze, le varie applicazioni; avrebbero veduto, quanto sarebbe più difficile il ridurlo a formule generali, il comporne una, per dir così, confessione che fosse comunemente ricevuta da coloro che ricevono la parola classico. E se avessero voluto voltarsi indietro a ricercar le cagioni d'una tale differenza tra le due dottrine, o opinioni, avrebbero dovuto, da una parte, riconoscere che questo non poter la loro esser ridotta in una forma sintetica, nemmeno apparente, veniva dall'essere, non una applicazione di principi a un complesso di casi speciali, ma un miscuglio di fatti accidentali, convertiti in princìpi; e per una certa quale consolazione (*solatia victis*), avrebbero potuto osservare che una cagione dei vantaggio che avevano in questo i Romantici, era il fatto già accennato anche qui, cioè il non essere andati molto avanti nell'applicazioni speciali e distinte al da farsi, dove sarebbero potute, o dovute nascer le discordanze, come tra degli alleati, uniti nel combattere un nemico comune, le cose s'imbrogliano quando, dopo la vittoria, si viene a trattare della distribuzione de' territori conquistati.

Dove poi l'opinioni de' Romantici erano unanimi, m'è parso, e mi pare, che fosse in questo: che la poesia deva proporsi per oggetto il vero come l'unica sorgente d'un diletto nobile e durevole; giacché il falso può bensì trastullar la mente, ma non arricchirla, né elevarla; e questo trastullo medesimo è, di sua natura instabile e temporario, potendo essere, come è desiderabile che sia, distrutto, anzi cambiato in fastidio, o da una cognizione sopravvegnente del vero, o da un amore cresciuto del vero medesimo. Come il mezzo più naturale di render più facili e più estesi tali effetti della poesia, volevano che essa deva scegliere de' soggetti che, avendo quanto è necessario per interessare le persone più dotte, siano insieme di quelli per i quali un maggior numero di lettori abbia una disposizione di curiosità e d'interessamento, nata dalle memorie e dalle impressioni giornaliere della vita; e chiedevano, per conseguenza, che si dasse finalmente il riposo a quegli altri soggetti, per i quali la classe sola de' letterati, e non tutta, aveva un'affezione venuta da abitudini scolastiche, e un'altra parte del pubblico, non letterata né illetterata, una reverenza, non sentita, ma cecamente ricevuta.

Non voglio dissimulare né a Lei (che sarebbe un povero e vano artifizio) né a me stesso, perché non desidero d'ingannarmi, quanto indeterminato, incerto, e vacillante nell'applicazione sia il senso della parola "vero" riguardo ai lavori d'immaginazione. Il senso ovvio e generico non può essere applicato a questi, ne' quali ognuno è d'accordo che ci deva essere dell'inventato, che è quanto dire, del falso, il vero, che deve trovarsi in tutte le loro specie, *et méme dans la fable*, è dunque qualche cosa di diverso da ciò, che si vuole esprimere ordinariamente con quella parola, e, per dir meglio, è qualche cosa di non definito; né il definirlo mi pare impresa molto agevole, quando pure sia possibile. Comunque sia, una tale incertezza non è particolare al principio che ho tentato d'esporle: è comune a tutti gli altri, è antica; il sistema romantico ne ritiene meno di qualunque altro sistema letterario, perché la parte negativa, specificando il falso, l'inutile, e il dannoso, che vuole escludere, indica, e circoscrive nelle idee contrarie qualcosa di più preciso, un senso più lucido di quello, che abbiamo avuto finora. Del resto, in un sistema recente, non si vuol tanto guardare agli svolgimenti, che possa aver già ricevuti, quanto a quelli, di cui è capace. La formula che ne esprime il principio, è così generale; le parole di essa hanno, se non altro un suono, un presentimento così bello e così savio; il materiale dei fatti, che devono servire agli esperimenti, è così abbondante, che è da credersi, che un tale principio sia per ricevere, di mano in mano, svolgimenti, spiegazioni e conferme, di cui ora non è possibile prevedere in concreto, né il numero, né l'importanza. Tale almeno è l'opinione, che ho fitta nella mente, e che m'arride anche perché in questo sistema, mi par di vedere una tendenza cristiana.

Era questa tendenza nelle intenzioni di quelli, che l'hanno proposto, e di quelli, che l'hanno approvato? Sarebbe leggerezza l'affermarlo di tutti, poiché in molti scritti di teorie romantiche, anzi nella maggior parte, le idee letterarie non sono espressamente subordinate al cristianesimo, sarebbe temerità il negarlo, anche d'uno solo, perché in nessuno di quegli scritti, almeno dei letti da me, il cristianesimo è escluso. Non abbiamo, né i dati, né il diritto, né il bisogno di fare un tal giudizio: quella intenzione, certo desiderabile, certo non indifferente, non è però necessaria per farci dare la preferenza a quel sistema. Basta che quella tendenza ci sia. Ora, il sistema romantico, emancipando la letteratura dalle tradizioni pagane, disobbligandola, per dir così, da una morale voluttuosa, superba, feroce, circoscritta al tempo, e improvida anche in questa sfera; antisociale, dov'è patriotica, e egoista, anche quando non è ostile, tende certamente a render meno difficile l'introdurre nella letteratura le idee, e i sentimenti, che dovrebbero informare ogni discorso. E dall'altra parte, proponendo anche in termini generalissimi il vero, l'utile, il bono, il ragionevole concorre, se non altro, con le parole, allo scopo del cristianesimo; non lo contraddice almeno nei termini. Per quanto una tale efficacia d'un sistema letterario possa essere indiretta, oso pur tenermi sicuro, ch'Ella non la giudicherà indifferente, Ella che, senza dubbio, avrà più volte osservato, quanto influiscano sui sentimenti religiosi i diversi modi di trattare le scienze morali, che tutte alla fine hanno un vincolo con la religione, quantunque distinzioni e classificazioni arbitrarie possano separarle da essa in apparenza, e in parole; Ella che avrà più volte osservato, come, senza parere di toccare la religione, senza neppure nominarla, una scienza morale prenda una direzione opposta ad essa, e arrivi a conclusioni che sono inconciliabili logicamente con gl'insegnamenti di essa; e come poi, qualche volta, avanzandosi e dirigendosi meglio nelle scoperte, rigetti quelle conclusioni e venga così a conciliarsi con la religione e, di novo, senza neppur nominarla, e senza avvedersene. Non so s'io m'inganni, ma mi pare, che più d'una scienza faccia ora questo corso felicemente retrogrado. L'economia politica, per esempio, nel secolo scorso, aveva, in molti punti, adottati quasi generalmente, de' canoni opposti affatto al Vangelo; e li proponeva con una tale asseveranza, con un tale impero, con tali minacce di compassione sprezzante per chi esitasse nell'ammetterli, che molti deboli, ricevendo quei canoni, furono persuasi che la scienza del Vangelo fosse corta e meschina; che i suoi precetti non avessero potuto comprendere tutto il possibile svolgimento delle relazioni sociali; e molti altri, credendo di adottare verità puramente filosofiche, adottavano, con una docilità non ragionevole, delle dottrine opposte al Vangelo. Ed ecco, che, per un progresso naturale delle scienze economiche, per un più attento e esteso esame dei fatti, per un ragionato cambiamento di princìpi, altri scrittori, in questo secolo, hanno scoperta la falsità, e il fanatismo di quei canoni, e sul celibato, sul lusso, sulla prosperità fondata nella rovina altrui, sopra altri punti ugualmente importanti, hanno stabilite dottrine conformi ai precetti, e allo spirito del Vangelo; e, s'io non m'inganno, quanto più quella scienza, diventa ponderata e filosofica, tanto più diventa cristiana. E quanto più considero, tanto più mi pare, che il sistema romantico tenda a produrre, e abbia cominciato a produrre nelle idee letterarie un cambiamento dello stesso genere.

Se dovessi scrivere questi pensieri per la stampa, mi troverci costretto a soggiungere qui subito molte restrizioni, perché altri non credesse, o non volesse credere, ch'io intenda, che il sistema romantico renderà spirituale tutta la letteratura, farà dei poeti tanti missionari, ecc. Ma scrivendo a Lei, se diffido delle mie idee, ho almeno la sodisfazione d'esser certo, che saranno prese secondo la loro misura; e in tante lungaggini, posso almeno risparmiarle quelle, che sarebbero destinate a prevenire le false interpretazioni, e quell'affettato frantendere che molti trovano più comodo e più furbo dell'intendere.

Dopo d'averle, a diritto e a rovescio, e forse con più fiducia che discrezione, sottomesso il mio parere sopra una materia toccata appena indirettamente nella gentilissima di Lei lettera, non so, se mi rimanga ancora qualche diritto di parlare del punto ch'Ella ha accennato più espressamente, voglio dire il trionfo, o la caduta probabile del sistema romantico. Ma, giacché in più luoghi di questa cicalata, mi sono preso la libertà di proferire, con molta confidenza, de' pronostici lieti per quel sistema, i quali a prima vista, possono parere in opposizione col fatto, non posso a meno di non sottometterle anche le ragioni di quei pronostici, quali mi par di vederle nello stato reale delle cose, rimosse le prime apparenze.

Certo, se uno straniero, il quale avesse sentito parlare dei dibattimenti, ch'ebbero luogo qui intorno al romanticismo, venisse ora a domandare a che punto sia una tale questione, si può scommettere mille contr'uno, che si sentirebbe rispondere a un dipresso così: – Il romanticismo? Se n'è parlato qualche tempo, ma ora non se ne parla più; la parola stessa è dimenticata, se non che di tempo in tempo vi capiterà forse di sentire pronunziar l'epiteto *romantico* per qualificare una proposizione strana, un cervello bislacco, una causa spallata; che so io? una pretesa esorbitante, un mobile mal connesso. Ma non vi consiglierei di parlarne sul serio: sarebbe come se veniste a chiedere, se la gente si diverte ancora col Kaleidoscopio. – Se l'uomo, che avesse avuta questa risposta, fosse di quelli che sanno ricordarsi all'opportunità, che una parola si adopera per molti significati, e insistesse per sapere, che cosa intenda per romanticismo il suo interlocutore, vedrebbe, che intende non so qual guazzabuglio di streghe, di spettri, un disordine sistematico, una ricerca stravagante, una abiura in termini del senso comune; un romanticismo insomma, che si sarebbe avuta molta ragione di rifiutare, e di dimenticare, se fosse stato proposto da alcuno.

Ma, se per romanticismo si vuole intendere la somma delle idee, delle quali Le ho male esposta una parte, questo, non che esser caduto, vive, prospera, si diffonde di giorno in giorno, invade a poco a poco tutte le teorie dell'estetica; i suoi risultati sono più frequentemente riprodotti, applicati, posti per fondamento dei diversi giudizi in fatto di poesia. Nella pratica poi non si può non vedere una tendenza della poesia stessa a raggiunger lo scopo indicato dal romanticismo, a cogliere e a ritrarre quel genere di bello, di cui le teorie romantiche hanno dato un'idea astratta, fugace, ma che basta già a disgustare dell'idea che le è opposta. Un altro giudizio manifesto della vita, e del vigore di quel sistema sono gli applausi dati universalmente a de' lavori, che ne sono l'applicazione felice. Ne citerò un esempio, per il piacere, che provo nel rammentare la giustizia resa al lavoro d'un uomo, a cui mi lega un'amicizia fraterna. Quando comparve l'*Ildegonda*, bollivano le questioni sul romanticismo, e non sarebbe stata gran maraviglia, se l'avversione di molti alla teoria avesse prevenuto il loro giudizio contro un componimento, che l'autore non dissimulava d'aver concepito secondo quella. Eppure la cosa andò ben altrimenti; le opinioni divise sulla teoria furono conformi (moralmente parlando) in una specie d'amore pel componimento. E ora, passato già più tempo di quello che sia generalmente concesso alle riuscite effimere, quel favore, mi pare di poter dire, quell'entusiasmo, è divenuto una stima, che sembra dover esser perpetua. In tutta la guerra del romanticismo, non è dunque perita che la parola. Non è da desiderarsi che venga in mente ad alcuno, di risuscitarla: sarebbe un rinnovare la guerra, e forse un far danno all'idea che, senza nome, vive e cresce con bastante tranquillità.

Eccomi una volta al termine. Il rimorso continuo di tanta prolissità mi ha forzato tante volte a chiederlene scusa, che le scuse stesse sono divenute allungamenti; e non oso più ripeterle. Si degni Ella di gradire invece l'espressione del sincero ossequio, e della viva gratitudine, che Le professo, e d'accogliere il desiderio che nutro, di poter, quando che sia, esprimerle a voce quei sentimenti, coi quali ho l'onore di rassegnarmele.

Brusuglio, 22 settembre 1823

Devotissimo e obbligatissimo servitore
ALESSANDRO MANZONI

P.S. Per non ritardare davvantaggio la risposta alla gentilissima di Lei lettera, lascio partir questa, quale è, sparsa di sgorbi, e di cancellature. Ella me ne scuserà, ricordandosi che non si può mostrare altrui benevolenza, com'Ella ha fatto con me, senza ispirargli un poco di famigliarità.

ALESSANDRO MANZONI

STUDIO BIOGRAFICO

DI

ANGELO DE GUBERNATIS.

Letture fatte alla *Taylorian Institution* di Oxford
nel maggio dell'anno 1878

NOTEVOLMENTE AMPLIATE.

A FEDERICO MAX MÜLLER

Professore nella Università di Oxford
e Curatore della *Taylorian Institution*

Illustre Amico,

Nessuno meglio di Voi potrebbe dire in qual modo sia nato inaspettatamente questo mio nuovo tenue volume. Chè, se mia fu la scelta del tèma, Vostro fu il merito, posto che il libro non accresca i miei torti verso le lettere, se mi venne fornita l'occasione di scriverlo. E quale occasione! La più solenne che amor proprio di autore potesse ambire. Nè contento di avermi coi vostri insigni colleghi, i Curatori di codesta illustre Tayloriana Istituzione *intesa a promuovere fra gli Inglesi lo studio delle lingue e delle letterature moderne, messo in condizione di ragionare per tre volte, innanzi ad un pubblico veramente eletto, intorno al sommo fra i nostri scrittori contemporanei, la vostra bontà e cortesia volle non pure che, tra le agiatezze della vostra casa ospitale, io dimenticassi in Inghilterra la mia condizione di straniero, ma ancora che, nelle vostre domestiche contentezze, se pure visibilmente contristate da un amaro ricordo, io vedessi, in alcune parte, l'immagine di quelle vivissime che mi attendevano al mio ritorno in patria. A Voi, illustre concittadino ed ammiratore di quel Goethe che diede al Manzoni nostro il vero battesimo della gloria, a Voi avvezzo, dal cielo olimpico e luminoso in cui spaziate, a contemplar le cime più ardue di quell'*açvattha *infinito, ch'è l'albero della scienza, non increscerà, io spero, dopo avere, con la vostra costante benevolenza accresciuto coraggio al vostro amico lettore, se io sono in qualche modo riuscito a presentarvi del Manzoni un ritratto abbastanza fedele, ritrovacelo nuovamente innanzi come figura degna di Voi; questo ritratto, in ogni maniera, nel mio desiderio Vi appartiene, se non altro come ricordo di quegli obblighi di* *sentita gratitudine, per i quali sono lieto io medesimo di non esservi più interamente straniero.*

Con questi sentimenti, gradite, illustre amico, il libro che Vi invio con la fiducia, non vorrei dire solamente speranza, che ne durasse lungamente in Voi la memoria, se non per alcun merito particolare del biografo, almeno sicuramente per la nobiltà della vita intellettuale che impresi a descrivere, dalla quale, fin che le nuove generazioni deriveranno luce ed esempio, le lettere continueranno sempre a sostenere il loro desiderabile e necessario ufficio d'instauratrici amabili e generose di ogni civile sapienza.

Il vostro

ANGELO DE GUBERNATIS.

PROEMIO DEL LIBRO

Il Discorso che segue, col quale tentai di studiare la vita del primo fra i nostri moderni scrittori, fu letto in tre giorni consecutivi dello scorso maggio in una sala della *Taylorian Institution* di Oxford, innanzi ad eletto uditorio che mi è venuto intorno, fino all'ultimo, crescendo per numero e benevolenza.

Dovendo ogni lettura restringersi al breve giro di un'ora, dovetti pure, per non abusare della pazienta de' miei cortesi uditori, sopprimere parecchie parti del Discorso che io avea preparato per la importante & splendida occasione, e che un'ora non avrebbe bastato a svolgere. Desidero ora dunque ricolmare nella stampa le inevitabili lacune di que' discorsi, lieto d'offrire, per intiero, ai dotti e gentili Curatori dell'Istituto Oxoniano e a' miei proprii concittadini il frutto di que' pochi studii da me fatti sopra lo scrittore italiano, che ho più ammirato nell'età nostra e dal nome del quale tolse pure il proprio il carissimo fanciullo nel quale io ho riposto le mie migliori speranze. Mi sia ora indulgente la critica, com'io sono sicuro che furono onesti tutti gl'intendimenti che mi hanno mosso a scrivere; e chi ha poi qualche cosa di meglio e di più da dire intorno al Manzoni lo dica, che non troverà, per un tèma così simpatico, alcun lettore più attento di me e più desideroso d'imparare. Io non sono, e lo dichiaro subito, idolatra d'alcun nome; ma è pure tanto in me il sentimento della grandezza dell'uomo che ha chiuso in Italia tutto un secolo di storia letteraria, che spero di non essere accusato per falsa modestia, s'io confesso ingenuamente che il tèma altissimo mi sgomenta, e ch'io lo riconosco, pur troppo, superiore ad ogni mia virtù.

S'io dovessi qui solamente discorrere degli scritti di Alessandro Manzoni, mi farei animo a ragionarne, reso forte ed illuminato dal consenso ammirativo dell'universo che legge; ma quando un uomo s'inalza alla grandezza del Manzoni, quando, dopo avere contemplato questo mirabile gigante dell'arte nostra, è necessità persuadersi che la sua originalità è specialmente riposta nel suo modo particolare di sentire, e questo modo di sentire non si può bene comprendere e non si ha quindi il diritto di giudicarlo, se non fa germogliare insieme il proponimento virtuoso di conformare la propria vita a que' sentimenti medesimi, io mi domando con piena sincerità: «Sono io degno di parlare di Alessandro Manzoni?» Io non voglio inalzarmi qui come critico sopra di esso; voglio anch'io guardare in su, e con tanto maggior obbligo di Giuseppe Giusti che pure avrebbe avuto per la qualità dell'ingegno il diritto di guardare il Manzoni in faccia; ma le parole verrebbero a morirmi sopra le labbra, se io non sapessi ammirare il Manzoni altrimenti che come un altro uomo che sia stato più grande di noi tutti, per sè stesso soltanto, e non ancora per lasciarci alcun memorabile esempio.

Ora io che ho sempre desiderato richiamare molta gioventù della mia terra a ristudiarlo con me, io che lo propongo sicuramente ad esempio[89] non lo potrei, non dovrei poterlo fare,

---

[89] Che la mia venerazione pel Manzoni sia óramai antica, ne recherò qui un breve documento. Ero studente nella Università di Torino; nella Facoltà di lettere si era disegnata la fondazione di un giornale letterario; io doveva esserne il direttore e proporne il titolo. Posi innanzi il nome di *Alessandro Manzoni*. Ma, temendo pure che al Manzoni potesse non piacere che da lui s'intitolasse un giornale di studenti, il quale avrebbe potuto riuscir battagliero, gli scrissi, in nome de' miei compagni, per domandare un permesso che alla nostra fiera, ma pur delicata, baldanza giovanile pareva necessario. Il venerando uomo si turbò all'idea che il suo nome potesse diventar simbolo di una battaglia di giovani, e c'indirizzò la lettera seguente, finqui inedita, l'autografo della quale trovasi ora nelle mani dell'egregio Antonio Ghislanzoni a Lecco: «Pregiatissimi Signori, Non ho mai avuto nell'animo un conflitto d'opposti sentimenti, come quello d'una profonda riconoscenza e d'un vivo dispiacere che m'ha fatto nascere la troppo cortese lettera, di cui m'hanno voluto onorare. Ma la benevolenza che attesta in ogni sua parte, mi da la certezza che di que' sentimenti non mi rimarrà che il primo. Per codesta così spontanea e per me preziosa benevolenza, Vi prego dunque, o Signori, di non dare al giornale, l'annunzio del quale mi rallegra, il titolo che v'eravate proposto. Sarebbe una cagione di vero e continuo turbamento alla mia vecchiezza, che, per quaggiù, non aspira ad altro che alla quiete. L'indulgentissimo vostro giudizio è già una gran ricompensa per de' lavori che non hanno altro merito, che d'esser fatti in coscienza. Confido, anzi mi tengo sicuro che non me la vorrete cambiare in un castigo, e che potrò goder subito in pace la speranza de' frutti che mi promette il saggio del vostro ingegno

se prima non avessi fatto promessa a me medesimo di seguire docilmente i principii di quella filosofia letteraria che ammiro sovra ogni altra. E, pur troppo, per quanto sia grande in me il desiderio, sento povere le forze ed insufficienti all'uopo; e ripeto, pieno di confusione e di sincerità, il *domine, non sum dignus.*

Ma io prevedo, pur troppo, a questo punto il moto impaziente di alcuni lettori, i quali prima di proseguire avranno già sentenziato presso a poco così: «Abbiamo capito, l'Autore ci promette un panegirico, invece d'uno studio critico; invece d'un Manzoni diminuito e fatto minutamente, come ora si deve, in pezzi, avremo un Manzoni altissimo, iperbolico, messo sugli altari ed idealeggiato, per edificazione de' buoni.» Chi ha di tali impazienze non legga più oltre. Io voglio sì, io spero provare come il Manzoni fu grande, com'egli è stato, e sarà forse ancora per molto tempo, il massimo de' nostri scrittori; ma chi teme una tale dimostrazione, chi non la permette, chiuda il libro; che, in verità, io non lo scrivo con la speranza di convertire alcun profano, ma nel desiderio, il quale può ingannarmi, ma è onesto, di delineare il Manzoni quale mi apparve, dopo averlo ricercato attentamente ne' suoi scritti e nelle memorie del nostro tempo; e, poichè ne verrà fuori, come io spero, non solo la figura di un grande scrittore, ma ancora quella di un grand'uomo, sì mi tenta anche la speranza che alcuno già ben disposto, innamorandosi più forte della sua figura, si giovi dell'esempio che sotto di essa si

---

e del vostro cuore. Chiudo in fretta la lettera, perchè arrivi a tempo, come desidero ardentemente, e mi rassegno

Milano, 1 novembre 1859.

Dev.mo obbl.mo
ALESSANDRO MANZONI.»

Ricevuta questa lettera stimammo debito nostro, per rispetto alla volontà del Manzoni, rinunciare tosto al primo titolo desiderato di *Alessandro Manzoni*, e lo sostituimmo perciò un altro che, nel nostro pensiero, doveva riuscire equivalente. Il nuovo giornale s'intitolò per tanto: *La Letteratura civile*; ebbe, tuttavia, la vita solita de' giornali compilati da studenti.

cela, come tento io stesso di cavarne come posso alcun profitto non solo per l'arte dello scrivere, ma per quella assai più difficile del vivere. Da queste stesse parole si deve, parmi, capire che io non mi propongo di scrivere la vita d'un Santo; se il Manzoni fosse stato un uomo perfetto in ogni cosa, non ci rimarrebbe altro che adorarlo. Ma poich'egli era mortale come noi e soggetto ad errare ed alcuna volta può avere anch'esso umanamente errato, sarà utile a noi l'apprendere in qual modo egli vincesse le sue battaglie ideali, e quale ostinazione virtuosa egli abbia messo per vincere. «Ma noi non vogliamo più la noia di libri siffatti, che ci diano la biografia d'uno scrittore, con l'intendimento dichiarato di offrirci un modello virtuoso. Dateci l'uomo come l'avete visto. Penseremo noi alla conclusione, se ce ne sarà da farne alcuna, o non ne faremo, che sarà il meglio. Risparmiateci dunque i vostri fervorini.» Sento già correre in aria queste parole più di minaccia che di consiglio; e, mettendomene in pensiero, prometto, fin d'ora, che risparmierò i fervorini, quanto mi sarà possibile, ma non prometto poi nulla di più: perchè, se, nello scrivere, mi accadrà, in qualche momento, che il cuore mi batta un poco più rapido, e mi esca per avventura una parola più calda, io non sacrificherà quel po' di fuoco che m'accende ancora, ad alcun domma della nuova critica; poichè io non ammetto, e lo dichiaro subito, in alcuna opera d'arte, principii, i quali escludano il principale, anzi il solo creatore d'ogni arte grande, che è il sentimento.

I.

Prologo.

Se bene a molti rechi oramai gran tedio che si parli ancora nel mondo del Manzoni, e tra i molti i più siano persuasi che sopra un tale argomento, da essi chiamato giustamente *eterno*, non ci sia più nulla di nuovo da dire, dovendo io tener discorso intorno ad un nostro moderno scrittore, innanzi ad un'eletta d'Inglesi, presso i quali da Giuseppe Baretti ad Ugo Foscolo, da Ugo Foscolo a Gabriele Rossetti, da Gabriele Rossetti a Giuseppe Mazzini, per tacere degli onorati viventi che hanno insegnato od insegnano tuttora la letteratura italiana in Inghilterra, le nostre lettere da un secolo in qua furono sempre coltivate con amore, io non ho saputo trovare alcun tèma non solo più nobile, ma più *nuovo* del Manzoni. Non sorridete, o Signori. Io so bene che gli stranieri, i quali hanno fatto i loro primi, in verità, non molto divertenti esercizii d'italiano sopra i *Promessi Sposi* e sopra le *Mie Prigioni*, riguardano come stranamente idolatrico il nostro culto manzoniano. Lo so, e se credessi che la loro opinione avesse buon fondamento, me ne turberei; poichè, in verità, se il Manzoni fosse per noi un idolo, innanzi ad un idolo lo vedrei solamente possibile una di queste due altitudini: adorare tacendo con gli occhi chiusi, che non è il miglior modo per veder bene; o passargli accanto sdegnosi, sprezzanti, correndo via, che non è, di certo, un modo di veder meglio. Io ammiro grandemente il Manzoni, ma non l'adoro, e però, quantunque pieno di riverenza a tanta umana grandezza, oserò accostarmele e studiarla, anco perchè stimo che giovi il vedere come un uomo non solo sia nato, ch'è merito di natura, ma come abbia saputo egli stesso divenire e mantenersi grande. Ogni vanto di priorità in lavori simili al presente mi parrebbe, o Signori, intieramente oziosa e puerile; e però, prima d'accennare ad un fatto singolare che mi riguarda, debbo dichiararvi candidamente che non solo io non me ne faccio merito alcuno, ma che mi vergognerei se alcuno attribuisse a me un merito ch'è stato del caso. Ora sono più di sei anni, quando il Manzoni era pur sempre vivo, avendo io la debolezza di credere che la letteratura abbia alcuna virtù educatrice, tentai, come potei meglio, rinfrescare nella mente de' giovani il ricordo, e nel cuore di essi la riconoscenza per gli scrittori italiani, i quali avevano, a parer mio, più efficacemente cooperato non solo a mantenere vivo il decoro delle nostre lettere, ma a farle operative di virtù domestica e civile. Io m'era detto e persuaso che la loro modestia avrebbe loro vietato di parlare prima di scendere nel sepolcro; intanto i giovani che vengono su, poichè, ad uno ad uno, i nostri buoni vecchi se ne vanno, poco o nulla ne potranno sapere, onde mancheranno ad essi quei nobili esempi ed eccitamenti che in parte servirono, in parte avrebbero dovuto servire a noi per animarci nel sentimento del nostro dovere e per educarci alla virtù del sacrificio. Era dunque, o almeno parevami, che fosse debito nostro servire d'anello ideale fra la generazione che passa e quella che viene, portare virilmente ai giovani la parola de' vecchi; e, non credendo di potere far meglio, incominciai da Alessandro Manzoni. Ma quale non fu il mio stupore, quando, messomi intorno a cercare se esistessero biografie italiane del nostro primo scrittore vivente, in un secolo pur così prodigo di biografie, dovetti, con molta confusione, rinunciare alla speranza di trovarne alcuna e provarmi a tentar da me solo con le notizie del Fauriel e del Loménie, con gli sparsi articoli di critica letteraria, con le onorevoli disperse testimonianze degli amici a ammiratori del Manzoni, e con una nuova lettura delle sue opere, la prima biografia del grande Poeta milanese! La cosa parrebbe incredibile, se non fosse vera.

Morto il Manzoni, il 22 maggio dell'anno 1873, in età di ottantotto anni, quel primo saggio biografico ebbe naturalmente la buona fortuna di servire come addentellato ad altri, che lo resero presto insufficiente; seguirono! pertanto nuove spigolature e nuove biografie, tra le quali convien ricordare quelle di Vittorio

Bersezio, Giulio Carcano, B. Prina, F. Galanti, Antonio Stoppani, A. Buccellati, Cario Magenta, Carlo Romussi, Giovanni Sforza, Salvatore De Benedetti, Felice Venosta, Nunzio Rocca, Antonio Vismara; Carlo Morbio e Cesare Cantù tutte diversamente pregevoli per la nuova luce che recarono alla biografia manzoniana. Ma è cosa singolare che non sia ancora comparso fin qui alcun discorso critico un po' largo sopra tanta novità di materia biografica. Non ci si è pensato, pur troppo; onde è ancora veramente un caso per me felice, ma non lieto per l'Italia, che, dopo oltre sei anni dal mio primo saggio biografico, io abbia ancora, senza alcun merito e senz'alcuna pretesa, ad essere per ordine cronologico, il primo che tenti una biografia ragionata di Alessandro Manzoni. Chè, se io mi sono, ora volge il sest'anno, messo nell'impegno difficile di lodare il Manzoni vivo, senza tradire la maestà di quel *santo vero* che fu la sua prima e vorrebb'essere la mia religione, ognuno intenderà facilmente come una parte delle indagini, le quali son divenute possibili, sarebbero state sconvenienti, quando il grand'uomo era vivo e potea provarne pena; ognuno si persuaderà dunque come un nuovo studio biografico intrapreso in così diversa, e, per rispetto alla critica, migliorata condizione, deve necessariamente riuscire alquanto più ricco e più dimostrativo del primo.

Queste dichiarazioni scuseranno pure il tono alquanto dimesso del mio presente Discorso. Non si tratta qui, invero, di giudicare dall'alto, che sarebbe sempre una impertinenza, nè da lontano, che non si potrebbe senza molta imprudenza, un Manzoni già ben cognito, o supposto tale, per farne, con pochi vivaci tratti di penna, un nuovo e splendido ritratto ideale. Il mio ufficio vuol essere, almeno per questa volta, assai più modesto. Si tratta, cioè, semplicemente di ristudiare da capo il nostro Poeta, di seguirne passo passo la vita, i pensieri, i sentimenti, prendendo per guida principalissima i suoi proprii scritti. Questo esercizio minuto richiede naturalmente un po' di pazienza, tanto in chi lo intraprende, quanto in chi conviene ad osservarlo; ma, s'io non erro, poichè avremo, voi ed io, fatto prova insieme di questa necessaria virtù, ci troveremo finalmente innanzi, quasi senz'accorgercene, vivo ed in piedi, un nuovo Manzoni, che nè voi nè io ci eravamo, prima di ristudiarlo, immaginato fosse per riescire così grande, per quanto lo ingrandisse già la nostra ammirazione, nè così importante, per quanto fosse già molto viva la nostra curiosità di conoscere tutto ciò che lo riguardava.

II.

La nobiltà del Manzoni.

In una delle sue lettere alla propria moglie, Massimo d'Azeglio le narrava una visita fatta al paese originario di casa Manzoni: «Ci hanno detto (egli scrive) che i vecchi della famiglia, ai tempi feudali, avevano un certo cane grosso, che quando andava per il paese i contadini erano obbligati a levargli il cappello, e dirgli: *Reverissi, sur can* (La riverisco, signor cane).»

Un proverbio della Valsássina, ove i Manzoni una volta spadroneggiavano come signori del luogo insieme con la famiglia de' Cuzzi, suona ancora così:

> Cuzzi, Pioverna e Manzòn
> Minga intenden de resòn.

Cioè, le famiglie Cuzzi e Manzoni ed il torrente Pioverna, quando straripa, non intendono punto la ragione. Dalla Valsássina la famiglia Manzoni passò ad abitare in quel di Lecco, dove il signor Pietro Manzoni, padre del nostro Poeta, possedeva molte terre ed una bella palazzina detta *Il Caleotto*, che nell'anno 1818 Alessandro Manzoni fu costretto a vendere, insieme con gli altri beni per la mala amministrazione di chi aveva tenuto, per oltre un decennio, la procura ed il governo di quelle terre, una parte delle quali si trovava nel Comune di Lecco, altre in Castello, altre in Acquate, il villaggio per l'appunto de' *Promessi Sposi*. Come Renzo si trova obbligato a lasciare il proprio villaggio ed a vendere la propria vigna per recarsi ad abitare nel Bergamasco; così il nostro Poeta dovette, per salvar la villa di Brusuglio, abbandonar luoghi che gli erano cari, dove aveva passata una parte della sua infanzia, dov'era tornato a villeggiare tra gli anni 1815 e 1818, onde non è meraviglia l'intendere dallo Stoppani che in quegli anni, per l'appunto, Alessandro Manzoni si trovasse pure a capo dell'amministrazione del Comune di Lecco; meno ancora ci meraviglieremo, dopo di ciò, che la scena de' *Promessi Sposi* sia stata posta dall'Autore nel villaggio di Acquate, nel territorio di Lecco, nei luoghi ove lo riportavano le prime e le più care sue reminiscenze e dai quali egli s'era dovuto staccare per sempre con un vivo dolore, tre anni e mezzo soltanto innanzi ch'egli incominciasse a scrivere il proprio romanzo.

I Manzoni erano dunque nobili, ma nobili decaduti dai loro titoli di nobiltà e dalla loro antica potenza. Avevano dominato una volta con la forza. La fortuna d'Italia volle che col sangue del Manzoni, che la tradizione ci rappresenta quali uomini violenti, si mescolasse un giorno un sangue più gentile, e che, per gli ufficii dell'economista Pietro Verri e, come vuolsi, del poeta Giuseppe Parini, l'illustre marchese Cesare Beccaria sposasse un giorno la non ricca, ma bella, giovine ed intelligente sua figlia Giulia al proprietario del *Caleotto*, a Don Pietro Manzoni, uomo intorno alla cinquantina; e che da quelle nozze fra una nobile fanciulla milanese ed un grosso signorotto di provincia, il 7 marzo dell'anno 1785, nella città di Milano, nascesse un figlio.

Se mi si domandasse ora qual conto il nostro Poeta facesse della sua origine nobilesca, mi troverei alquanto imbarazzato a rispondere. Nel suo discorso, nel suo contegno, tutto pareva in lui signorile; ma, nel tempo stesso, egli si adoprava a riuscir uomo semplice ed alla mano[90]. Forse in gioventù aveano desiderato dargli una educazione più aristocratica che la sua vera condizione di nobile decaduto non comportasse; Don Pietro Manzoni, uomo alquanto materiale, venuto dalla provincia a stabilirsi in

---

[90] Quanto alla fisionomia del Manzoni, non si potrebbe tuttavia dire che essa avesse un carattere diverso da quello de' popolani di Lecco, ove, come me ne assicura il prof. Stoppani, s'incontrano spesso contadini, alla vista de' quali vien voglia di gridare: - Ecco il Manzoni. - Cade quindi l'indiscreta ciarla nata in Milano, per cui si suppose possibile che il Manzoni fosse figlio dell'Imbonati, ciarla, alla quale alludeva forse il verso del noto Carme giovanile, *In morte dell'Imbonati: Contro il mio nome armaro L'operosa calunnia.*

Milano[91], dovea, fra i nobili milanesi, trovarsi alquanto spostato e l'arguta intelligenza del figlio potè sentire, per tempo, ciò che v'era di falso in quella condizione della propria famiglia fra l'alto patriziato lombardo. Se è vero che, nella educazione del giovane Ludovico, divenuto poi Fra Cristoforo, il Manzoni abbia inteso, in qualche modo, rappresentare la propria gioventù, convien dire ch'egli non avesse della propria nobiltà gentilizia, per la stima che se ne faceva a Milano, una opinione superlativa; ma, come discendente dagli antichi signori di Barzio nella Valsássina, come antico proprietario del *Caleotto* egli dovea pure ricordare che i suoi padri erano stati una volta il terrore delle terre da loro dominate e persuadersi che, se la sua nobiltà contava poco a Milano, avea contato troppo dalle parti di Lecco. Questa speciale contradizione nella stima ch'egli potea fare della propria nobiltà, lo tirava ora a farsi piccino con Renzo, ora a immaginarsi grande con l'Innominato, ora a collocarsi ragionevolmente fra i due con la figura di Fra Cristoforo. Ma quali fossero i panni, di cui gli piacesse vestirsi, o rivestirsi, egli doveva sentir sempre l'altezza del proprio ingegno sovrano, la quale poi si dimostrava altrui molto più nella modestia che ne' vanti volgari. Poichè uno de'

---

[91] Don Pietro Manzoni abitava allora nella Via San Damiano, nella casa che porta ora il numero venti, e il battesimo venne celebrato nella chiesa di Santo Babila dal prete Alessio Nava; al fanciullo furono imposti i nomi di Alessandro, Francesco, Tommaso, Antonio. Il primo nome era quello del padre di Don Pietro, ossia del nonno del Manzoni, allora già morto; il secondo il nome del padrino Don Francesco Arrigoni. Il nome di Tommaso gli fu imposto, senza dubbio, perchè la Chiesa il dì 7 marzo festeggia San Tommaso. Antonio era il nome di un cugino canonico in San Nazaro; ma potrebbe pure esser venuto al Manzoni da una madrina Antonietta, intorno alla quale tuttavia, per ora, non sappiamo proprio nulla. Poichè si è qui ricordata la prima abitazione del Manzoni (l'ultima in Via del Morone, ove egli morì, è ben nota), ricorderò ancora col Morbio le altre case abitate dal Manzoni in Milano: «Altra casa, già abitata precedentemente da Manzoni, col padre, oltre l'accennata a San Damiano, fu quella segnata col N, 134, in Via Santa Prassede, ora Via Fontana, N. 44. Manzoni fu molto instabile nelle sue dimore. Nel 1808 abitava in Via Cavenaghi al N. 2528, ora N. 5. Sul declinare dell'anno 1810 scelse un'altra dimora; e colla madre, la sposa e la figlia Giulia, recossi ad abitare in Via San Vito al Carrobbio, al vecchio N. 3883, ora N. 27. Ponete un'iscrizione su quella casa. Ivi cominciò ad ideare gli *Inni Sacri*; ma essi furono ultimati e perfezionati nella sua Villa di Brusuglio, e precisamente in una capannuccia del giardino.»

privilegi degli uomini grandi (un privilegio che talora può anche divenire una loro debolezza) è quello di trovar compiacenza nel farsi piccini. Crediamo, dice, con molto garbo, il conte Carlo Belgioioso, che una squisita modestia convivesse coi Manzoni con una ben misurata stima di sè. Egli riconobbe di certo i privilegi della propria intelligenza, e ne ringraziò Dio; ma li scordò davanti agli uomini. Della nobiltà del Manzoni altri si occuparono, non lui; quando il signor Samuele Cattaneo di Primaluna[92] pensò fargli cosa grata, inviandogli l'antico stemma de' Manzoni ch'egli avea ritrovato nella casa di Barzio, il Poeta ringraziò tosto del pensiero amorevole, ma non aggiunse altro. Gli pareva sul serio di offender qualcheduno, quando avesse lasciato capire ch'egli sapesse o sentisse, e, peggio ancora, si compiacesse d'appartenere ad una casta privilegiata. Ma tanto fa, egli era un signore; e, quando s'accostava al popolo per fargli del bene, mosso da un sentimento di umanità, di giustizia, di carità cristiana e da una gentilezza squisita, quando, nella vendita del *Caleotto* e delle sue terre ereditate dal padre in quel di Lecco, egli tirava un frego sopra i debiti de' suoi contadini e affittaioli e li perdonava tutti, si mostrava generoso ed umile al modo di quell'ottimo suo marchese erede di Don Rodrigo de' *Promessi Sposi*: quel marchese, se vi ricordate, volendo far del bene a Renzo ed a Lucia e riparare verso di essi i gravi torti del suo predecessore, compra la vigna di Renzo pagandola il doppio del prezzo richiesto; poi invita i due fidanzati al suo palazzotto, fa loro imbandire un buon desinare ed ordina che venga servito bene, anzi lo serve, in parte, da sè, ma non si mette addirittura a tavola coi villani. A questo punto il Manzoni entra direttamente in iscena, ed osserva: «A nessuno verrà, spero, in testa di dire che sarebbe stata cosa più semplice fare addirittura una tavola sola. Ve l'ho dato per un brav'uomo, ma non per un originale, come si direbbe ora; vi ha detto ch'era umile, non già che fosse un portento di umiltà. N'aveva quanta ne bisognava per mettersi al di sotto di quella

---

[92] Cfr. il volume delle *Lettere* pubblicato da Giovanni Sforza.

buona gente, ma non per istar loro in pari.» Questo brano mi pare abbastanza eloquente per sè, nè mi obbliga ad aggiugnere altro intorno al modo con cui il Manzoni sentiva la propria signoria[93],

---

[93] Intorno alla nobiltà della famiglia Manzoni, ecco quanto scrisse l'erudito Carlo Morbio nella Rivista Europea dell'anno 1874 «Fu creduto da quasi tutti i biografi di Manzoni che Egli fosse stretto in parentela colla Francesca, celebre poetessa e letterata, della quale lungamente scrisse l'Argelati, che morì nel 1743 alla Cerreda sua villetta presso Lecco, nella ancor fresca età di 33 anni. Ma io già provai con lettera, direttami dallo stesso grande Poeta, nel 25 gennaio 1844, che Egli colla Francesca non aveva di comune che il cognome, comunissimo del resto, com'Egli m'osserva, nei territorio di Lecco e della Valsássina. Il grande Poeta fu egli di nobile casato? I Manzoni ebbero, è vero, feudi e onoranze in quei paesi, ma la loro nobiltà non venne mai ufficialmente riconosciuta. Don Pietro, padre di Alessandro, ed i suoi fratelli, presentarono bensì nel 1794 un'istanza documentata al Consiglio Generale della città di Milano, onde essere ammessi agli onori del Patriziato Milanese; ma prima che il Consiglio si pronunciasse in proposito, i supplicanti in causa d'urgenti affari di famiglia chiesero ed ottennero la restituzione de' loro documenti, obbligandosi però a riprodurli a tempo opportuno. Ma non mi consta che la famiglia Manzoni riproducesse più tardi la sua istanza. È poi assolutamente erroneo che la sua nobiltà venisse riconosciuta dal Tribunale Araldico, con sentenza del 10 luglio dell'anno 1771, perchè i Manzoni non si trovano accennati in nessuno degli elenchi dei nobili cittadini, proclamati come tali dal Tribunale Araldico e dal Consiglio Generale della città di Milano. - Manzoni non ha mai fatto uso di stemma gentilizio, neppure nelle lettere; il suo sigillo porta semplicemente le sue iniziali, entro un cerchietto a linee concentriche.

III.

Il Manzoni a scuola.

Io non mi fermerò ora a darvi notizie della culla del Manzoni, che fu ritrovata e si conserva in una villa del signor Rosinelli a Mozzana sopra Galbiate; nè della cascina detta *La Costa*, ove il grand'uomo fu allattato da Caterina Zanzeri, nè di questa nutrice, la quale vogliono che fosse svelta, vivace e piacevolona[94]. Ma non è senza importanza il fatto che a soli sei anni il fanciullo Manzoni fu allontanato da casa sua e chiuso nel Collegio de' Frati Somaschi di Merate, ove rimase dall'anno 1791 all'anno 1796[95]. La mamma ve l'accompagnò, ma scomparve

---

[94] Cfr. *I primi anni di Alessandro Manzoni*, spigolature di Antonio Stoppani.

[95] La poca armonia che dovea regnare in casa di Don Pietro Manzoni fra moglie e marito, onde sappiamo che, alcuni anni dopo, la signora Giulia Beccaria si trasferiva con l'Imbonati a Parigi, dovette essere una delle principali cagioni, per le quali il Manzoni, in così tenera età, fu rinchiuso in collegio. Il Manzoni concepì poi per la vita di collegio una tale avversione, che, al dire del Loménie, egli non volle mandare in collegio alcuno de' suoi figli, ch'egli educò, invece, presso di sè. «On dit (aggiunge il Laménie) que, par suite de son excessive tendresse de père, l'expérience de l'éducation domestique ne lui a pas parfaitement réussi.» Ed è vero, pur troppo, per quello che riguarda i maschi, i quali, ad eccezione forse del primogenito Pietro, che gli fece almeno buona compagnia negli ultimi anni della vita, non risparmiarono al grand'uomo noie e dolori. Francesco Soave era nato in Lugano nel giugno dell'anno 1743; avea fatto i suoi primi studii a Milano, quindi a Pavia, finalmente a Roma nel Collegio Clementino. Soppressa la Compagnia di Gesù, della quale faceva parte, andò nel 1767 ad insegnare poesia a Parma; fu allora che pubblicò la sua *Grammatica ragionata* della lingua italiana. Non è inutile avvertire che il primo impulso agli studii di lingua, che poi l'occuparono tanto, può esser venuto al Manzoni dai primi insegnamenti del Soave. Avendo, dice un biografo del Soave, la Reale Accademia di Berlino proposto il quesito: «Se gli uomini abbandonati alle loro facoltà naturali sieno in grado per sè medesimi d'istituire un linguaggio, e in qual modo potrebbero pervenirvi,» il Soave vi mandò una dissertazione latina che ottenne il primo *Accessit*. Lo stesso Padre Soave la tradusse poi in italiano e la pubblicò in Milano nel 1772; quantunque Gesuita, il Padre Soave vi sosteneva arditamente il concetto poco ortodosso, che l'uomo può da sè stesso istituire il proprio linguaggio. Nello stesso anno 1772, il conte Firmian elesse il Padre Soave a leggere nel Collegio di Brera la filosofia morale, quindi la logica e la metafisica; nel tempo stesso egli coltivava le scienze fisiche e adopravasi a divulgare le nuove scoperte scientifiche; alcune delle sue osservazioni parvero anzi vere invenzioni. Per

intanto che il fanciullo era tenuto a bada da un frate maestro. Si possono facilmente immaginare gli strilli del povero fanciullo non appena egli s'accorse che la mamma sua l'aveva lasciato; ma,

<hr>

eccitamento del conte Carlo Bettoni di Brescia, il Padre Soave scrisse pure le *Novelle morali per la Gioventù*, e ne ottenne un premio di cento zecchini. Un altro riscontro curioso si può notare fra la vita del maestro Soave e quella del discepolo Manzoni. Il primo, inorridito nell'anno 1789 e ne' successivi per i rivolgimenti di Francia, imprese a scrivere un libro storico, sotto l'anagramma grecizzato di *Glice Coresiano* (Soave Luganese), col titolo: *La vera idea della rivoluzione di Francia*; il secondo termina la sua vita scrivendo per l'appunto un libro sopra la rivoluzione di Francia, per disapprovarla (sebbene in modo e per motivi assai diversi) come il suo primo vero maestro. Quando il Soave riparò nel 1796 in Lugano e vi ammaestrò il nostro piccolo Manzoni, era fuggiasco da Milano, ove spadroneggiavano vittoriosi i Sanculotti. Si capisce pertanto qual animo fosse allora il suo contro i repubblicani e come li dovesse rappresentare a' suoi piccoli alunni del Collegio di Lugano. Da Lugano lo richiamava poi in Napoli il principe d'Angri per affidargli l'educazione del proprio figliuolo. Il Manzoni dovette rivedere il Soave nel 1803 a Pavia, ove il buon Padre insegnava l'analisi delle idee; chi sa che il Manzoni non abbia pure frequentate le sue nuove lezioni di logica. Accennerò finalmente come, a promuovere le idee del giovine stoico Manzoni, può avere pure conferito alcun poco l'esempio del Soave che ci è rappresentato come uomo «d'ingenui e sinceri costumi, dal parlare lento e grave, dal viso alquanto austero, dal far contegnoso, non ostante il quale, la bontà sua lo rendea caro e venerato.» «I locali del *sozzo ovile* (scrive Carlo Morbio, che fu egli pure alunno nel Collegio de' Nobili) non avevano subìto cambiamento importante dall'epoca in cui fuvvi Manzoni; così almeno assicuravano i vecchi del Collegio, che si ricordavano benissimo del vispo e caro Don Alessandro o Lisandrino. Verso la seconda corte ed i giardini, il Collegio spiegava un aspetto grandioso, ma melanconico e severo. Nell'interno, ampi eranvi i corridoi e le camerate. Era, per dir così, la fronte d'un vasto caseggiato, che non venne poi condotto a compimento. Verso il Naviglio poi l'Imperiale Collegio presentava una fronte ignobile e bassa. Gli alti pioppi di quella seconda corte già avevano ombreggiato il capo del giovane Poeta, il cui ritratto ad olio, grande al vero, stava appeso fra quelli dei più distinti allievi (Principi) del Collegio. È quindi troppo assoluta la sentenza della signora Dupin che i ritratti di Manzoni giovane sarebbero apocrifi. Questo all'incontro è bene autentico e genuino. È anche fama che a vent'anni Manzoni si facesse ritrarre a Parigi, a guisa d'inspirato, colle chiome sciolte e collo sguardo volto al cielo. (Con gli occhi rivolti in su lo rappresentava pure nella virilità il pittore Molteni in un quadro ad olio, che si conserva presso la marchesa Alessandrina Ricci D'Azeglio.) Fu scritto da quasi tutti i biografi di Manzoni, che egli da giovinetto fosse di tardo ingegno, e punto non istudiasse. Non ignoro che il grande Poeta, forse burlando, lasciò creder ciò; ma io combatto Manzoni colle stesse sue anni, coi bellissimi suoi *Versi giovanili* alla mano; ma io cito l'onoranza del ritratto, certamente non sospetta, che egli ottenne nello stesso Collegio Longone, ove fu alunno dal 1796 all'anno 1800.»

poichè ad uno de' prefetti parve pure che il pianto durasse troppo, il fanciullo ricevette un colpo sulla guancia accompagnato da queste parole: «E quando la finirete di piangere?» Quello fu il primo dolore provato dal grand'uomo, che se ne rammentava anche negli ultimi anni della sua vita. «Buona gente (del resto egli concludeva, parlando di que' suoi primi istitutori), quantunque, come educatori, lasciassero troppo a desiderare che fossero prima un po' più educati loro stessi.» I frati di Merate lo avvezzarono dunque ai primi castighi. Ad undici anni, Alessandro Manzoni passò nel Collegio di Lugano, ove gli toccò la buona fortuna di avere tra i suoi maestri il buon padre Francesco Soave, onesto letterato e, per quei tempi, educatore assai liberale, sebbene s'indispettisse contro il nostro piccolo scolaro, che s'ostinava a scrivere le parole *Re, Imperatore e Papa* con la prima lettera minuscola. Il Manzoni parlando un giorno del Soave a Cesare Cantù gli disse, tra l'altre cose: «Teneva nella manica della tonaca una sottile bacchetta, presso a poco come quella che fa i miracoli dei giocolieri; e quando alcuno di noi gli facesse scappare la pazienza, egli la impugnava, e la vibrava *terque quaterque* verso la testa o le spalle del monello, senza toccarlo; poi la riponeva e tornava in calma.» Al Manzoni rincresceva d'avere talvolta inquietato quel Padre, che tanto fece, sebbene non sempre il meglio, per l'istruzione della gioventù. Narrava pure il Manzoni come una volta gli scappasse detto in iscuola «ne faremo anche a meno,» quando il Padre Soave annunziò che fra poco ci sarebbe stata la lezione d'aritmetica. Il Padre maestro si levò allora dalla cattedra, e si mosse gravemente verso il piccolo ribelle, che si sentiva già agghiacciare per lo sgomento il sangue nelle vene; gli si accostò, gli pose sulla guancia legermente due dita, come per carezzarlo, ma dicendogli con voce grossa: "E di queste ne farete a meno?" come se lo avesse percosso ferocemente. Il Manzoni, come assicura lo Stoppani e come si può ben credere, rimase «profondamente colpito da tanta mitezza, e ne parlava ancora con vera compiacenza quasi 70 anni più tardi.»]

Ma la *via crucis* de' collegi non era ancora finita pel nostro piccolo proscritto. Verso il suo tredicesimo anno, lasciati i Somaschi di Lugano, egli veniva raccomandato ai Barnabiti del Collegio di Castellazzo, poscia a quelli del Collegio de' Nobili di Milano; e qui sebbene egli n'abbia poi detto un gran male nei noti versi *In morte di Carlo Imbonati*, nacque e si rivelò fra il tredicesimo e il quindicesimo anno il suo genio poetico, o per lo meno, la sua felice attitudine al poetare.

IV.

Primi versi.

Invero, ch'egli amasse molto i versi e ne scrivesse fin dal tempo, nel quale sedeva ancora sui banchi della scuola, ce lo dice egli medesimo in un sermone giovanile diretto al suo compagno Giambattista Pagani di Brescia[96], onde rileviamo ch'egli prediligeva già, fra tutti i metri, il verso sciolto, e che non gli toccarono mai, per cagione di poeti, quali Orazio, Virgilio e il Petrarca, quelle battiture che non gli saranno certamente mancate per altre ragioni. Ma, ingegno precocemente riflessivo, egli dovette accorgersi assai presto della vanità degli esercizii rettorici, ne' quali i frati maestri del Collegio de' Nobili in Milano costringevano allora, e così non li costringessero più ora, frati e non frati, nelle scuole d'Italia, i giovinetti ingegni. Nel suo sermone al Pagani egli si burla delle gonfie orazioni che, giovinetto, gli toccava comporre nella scuola, travestito, com'ei dice satiricamente, da moglie di Coriolano, e dell'arte rettorica, per la quale si chiude «in parole molte, poco senso,» precisamente l'opposto di quello ch'egli fece dipoi, dicendo sempre molto in poco:

> Pensier null'altro io m'ebbi infin dal tempo
> Che a me tremante il precettor severo
> Segnava l'arte, onde in parole molte
> Poco senso si chiuda; ed io, vestita

---

[96] Anche nell'*Urania*, il Manzoni dice ch'egli ambì la fama di poeta italiano fin *dai passi primi nel terrestre viaggio*:

Da' passi primi
Nel terrestre viaggio, ove il desio
Crudel compagno è della via, profondo
Mi sollecita amor che Italia un giorno
Me de' suoi vati al drappel sacro aggiunga.

La gonna di Volunnia, al figlio irato
Persüadea, coi gonfii sillogismi,
Ch'umil tornasse disarmato in Roma,
Allor sol degno del materno amplesso.
Me dalla palla spesso e dalle noci
Chiamava Euterpe al pollice percosso
Undici volte, nè giammai di verga
Mi rosseggiò la man, perchè di Flacco
Recitar non sapessi i vaghi scherzi,
O le gare di Mopso o quel dolente
«Voi che ascoltate in rime sparse il suono.»

Ma vi ha di più: io sono lieto di potervi oggi recare una nuova prova meravigliosa della precoce potenza, con la quale Alessandro Manzoni sentì sè stesso. Uno de' più geniali amici della sua vecchiaia, il professor Giovanni Rizzi, poeta gentile e sapiente educatore, conservava inedito presso di sè un mirabile Sonetto, composto dal Manzoni nell'anno 1801, il che vuol dire sul fine del suo quindicesimo o sul principio del sedicesimo anno della sua vita. Egli mi permise, per tratto di grande amorevolezza, in questa occasione a me tanto solenne, di levarlo dall'oblio immeritato, in cui rimaneva da settantasette anni. È, come vedrete, un ritratto fisico e morale che lo stupendo giovinetto faceva di sè stesso; vi è qualche cosa d'ingenuo nell'espressione, ma nel tempo stesso vi si ammira, insieme con una grande e preziosa sincerità, il felice presentimento di una vita lunga e gloriosa.

Capel bruno, alta fronte, occhio loquace,
  Naso non grande e non soverchio umìle,
  Tonda la gota e di color vivace,
  Stretto labbro e vermiglio, e bocca esìle.
Lingua or spedita or tarda, e non mai vile,
  Che il ver favella apertamente o tace;

Giovin d'anni e di senno, non audace,
Duro di modi, ma di cor gentile.
La gloria amo e le selve e il biondo Iddio[97].
Spregio, non odio mai; m'attristo spesso,
Buono al buon, buono al tristo, a me sol rio.
All'ira presto, e più presto al perdono,
Poco noto ad altrui, poco a me stesso,
Gli uomini e gli anni mi diran chi sono.

Quest'ultimo verso profetico mi scioglie dall'obbligo di qualsiasi commento. Vi è qui tutto l'afflato del genio potente, che doveva rivelare al suo secolo ed alla sua terra una nuova poesia.

---

[97] Variante: «Di riposo e di gloria insiem desìo.»

V.

Il Manzoni ed il Parini.

Nella sua prima maniera satirica il Manzoni parineggia; il Parini, egli non avea conosciuto di persona, se bene lo potesse per le relazioni che il poeta di Bosisio avea avute con la famiglia Beccarla. Quando il Parini morì, il Manzoni, quattordicenne, incominciava già a sentire la poesia e ad ammirare veramente i poeti; si narra anzi ch'egli leggesse per l'appunto la celebre Ode *La caduta*, quando gli venne annunciato che il Parini era morto[98]. Il Manzoni vecchio dolevasi con Giovanni Rizzi di non averlo cercato, e scusavasi malamente col dire che allora egli era «un ragazzaccio che non sapeva nulla di nulla.» Il vero è che non ci avrà pensato, che non avrà, come accade, creduto il Parini già così vicino a morire, e che la vita di collegio gli avrà pure diminuite le occasioni d'incontrarlo. Che se, al dire di Giulio Carcano, quando, nel Collegio de' Nobili, il giovinetto Manzoni fu, la prima volta,

----

[98] Tutti ricordano il principio commovente dell'Ode pariniana:

Quando Orïon dal cielo
Declinando imperversa,
E pioggia e nevi e gelo
Sopra la terra ottenebrata versa,
Me, spinto nella iniqua
Stagione, infermo il piede,
Tra il fango e tra l'obliqua
Furia de' carri la città gir vede;
E per avverso sasso
Mal fra gli altri sorgente
O per lubrico passo
Lungo il cammino stramazzar sovente, ec.

Il Manzoni vecchio che, per timore di cadere, soleva sempre, quando usciva, farsi accompagnare, dovette spesso pensare al suo Parini. «Una volta (mi scrive il Rizzi), quando egli andava a passeggio, una carrozza signorile passò così accosto a una povera donna che quasi la schiacciava. Avessi veduto che occhi fece, in quel momento! E pazienza gli occhi! Gli scappò nientemeno che questa frase: *porchi de sciori!* (porci signori!). E tutti intorno la sentirono.»

presentato al Monti come nipote di Cesare Beccarla, il Monti gli parve un Dio, è probabile che il vecchio Parini, quantunque non bello, gli avrebbe lasciata nell'animo una impressione più soave e più durevole. Ricordano gli amici del Manzoni che egli sapeva a memoria tutto il *Giorno* e che, sul fine della propria vita, quando sentiva affievolirsi la memoria, per assicurarsi di non averla perduta tutta, soleva trascrivere a mente qualche verso del suo Parini[99].

Quando, nel settembre dell'anno 1803, il diciottenne Manzoni mandava al suo maestro Monti un Idillio allegorico intitolato: *L'Adda*, egli lo accompagnava con una lettera, di cui, perchè si vegga quanta destrezza e causticità d'ingegno era già nel giovine Poeta, riporterò qui le prime parole: «Voi mi avete più volte ripreso di poltrone, e lodato di buon poeta. Per farvi vedere che non sono nè l'uno nè l'altro, vi mando questi versi.»[100] Il discepolo domanda al maestro un parere sopra i suoi nuovi versi, per limarli, ed, intanto, invita il Monti alla propria villa. Nell'Idillio, il fiume Adda personificato in una Dea si volge così al Monti:

> Te, come piacque al ciel, nato a le grandi
> De l'Eridano sponde, a questi ameni
> Cheti recessi e a tacit'ombra invito.

L'Adda sa bene di non poter contendere col Po, presso il quale il Monti è nato, e prima di lui Lodovico Ariosto ed il Guarini, ma pur si gloria che presso le sue rive abbia cantato un giorno Giuseppe Parini, l'Orazio lombardo. L'Adda dice:

> Quivi sovente il buon cantor vid'io
> Venir trattando con la man secura

---

[99] Le ultime parole trascritte dal Manzoni, per quanto me ne assicura il professor Giovanni Rizzi, furono versi del *Giorno*.

[100] Cfr. il libro del signor Romussi, *Il Trionfo della libertà*.

Il plettro di Venosa e il suo flagello,
O traendo l'inerte fianco a stento,
Invocar la salute e la ritrosa
Erato bella, che di lui temea
L'irato ciglio e il satiresco ghigno;
Ma alfin seguïalo e su le tempie antiche
Fêa di sua mano rinverdire il mirto.
Qui spesso udillo rammentar piangendo,
Come si fa di cosa amata e tolta,
Il dolce tempo della prima etade,
O de' potenti maledir l'orgoglio,
Come il genio natìo movealo al canto
E l'indomata gioventù dell'alma.
Or tace il plettro arguto e ne' miei boschi
È silenzio ed orror. Te dunque invito,
Canoro spirto, a risvegliar col canto
Novo rumor Cirreo. A te concesse
Euterpe il cinto, ove gli eletti sensi
E le imagini e l'estro e il furor sacro
E l'estasi soavi e l'auree voci
Già di sua man rinchiuse. A te venturo
Fiorisce il dorso brïanteo; le poma
Mostra Vertunno e con la man ti chiama,
Ed io, più ch'altri di tuo canto vaga,
Già mi preparo a salutar da lunge
L'alto Eridano tuo, che, al nuovo suono,
Trarrà meravigliando il capo algoso,
E tra gl'invidi plausi de le Ninfe,
Bella d'un inno tuo corrergli in seno.

Nonostante la grazia di questo voluttuoso invito, il Monti non può muoversi, e se ne scusa con una lettera, la quale incomincia cerimoniosamente col *voi* e prosegue affettuosamente col *tu*. Loda moltissimo i versi, e conchiude: «Dopo tutto, sempre più mi confermo che in breve, seguitando di questo passo, tu sarai grande in questa carriera; e se al bello e vigoroso colorito che già possiedi, mischierai un po' più di virgiliana mollezza, parmi che il tuo stile acquisterà tutti i caratteri originali.»

Nell'amore del Parini fu ancora confermato il Manzoni dall'affetto che lo legò poco dopo alla memoria del più caro discepolo dell'Autore del *Giorno*, l'Imbonati, dall'ombra del quale, nel noto Carme, ei si fa dire:

.......Quei che sul plettro immacolato
Cantò per me: *torna a fiorir la rosa*,[101]

---

[101] Allude all'Ode *La educazione*, che il Parini scrisse pel giorno natalizio del suo allievo undicenne Carlo Imbonati all'uscire da una malattia, e che incomincia:

Torna a fiorir la rosa
Che pur dianzi languia
E molle si riposa
Sopra i gigli di pria.
Brillano le pupille
Di vivaci scintille.

Questi versi sentenziosi del Parini dovettero far pensar molto il Manzoni, e persuaderlo; il Carme *In morte dell'Imbonati* ha perfetto riscontro di pensieri ed anche di parole con essi:

Dall'alma origin solo
Han le lodevol opre.
Mal giova illustre sangue
Ad animo che langue.
- Chi della gloria è vago
Sol di virtù sia pago.
- Giustizia entro il tuo seno
Sieda e sul labbro il vero. -
- Perchè sì pronti affetti
Nel core il ciel ti pose?
Questi a Ragion commetti,
E tu vedrai gran cose.
- Sì bei doni del cielo,
No, non celar, garzone,
Con ipocrito velo,
Che alla virtù si oppone.
Il marchio, ond'è il cor scolto,

Lascia apparir nel volto.
Dalla lor mèta han lode,
Figlio, gli affetti umani.

Si può, si deve combattere per la patria, ma chi vince

Pietà non nieghi
Al debole che cade.

Soccorriamo il povero, e l'uomo si mostri *fido amante* e *indomabile amico.*
Il Giusti, nell'*Elogio* del Parini, scriveva: «La Lombardia perdè il suo poeta e non poteva cadere in mente ai cittadini, che lo piangevano, di consolarsene nel caro aspetto di un fanciullo di tredici anni ch'era allora in Milano e che di lì a poco fu quell'uomo che tutti sanno.»
Il Manzoni avrebbe pure potuto far propria la famosa strofa dell'Ode pariniana, *La vita rustica*:

Me non nato a percotere
Le dure illustri porte,
Nudo accorrà, ma libero,
Il regno della morte.
No, ricchezza nè onore
Con frode o con viltà
Il secol venditore
Mercar non mi vedrà.

Il Manzoni vide pure, come il Parini, nell'educazione un mezzo per rialzare non solo i costumi, ma la patria infelice ed oppressa. Nella Canzone: *Per l'innesto del vaiuolo*, il Parini intese anco a preparar fanciulli sani, perchè potessero un giorno dar prova

D'industria in pace o di coraggio in guerra.

Nell'Ode: *L'educazione*, facendo apostrofare da Chirone il giovinetto Achille

Nato al soccorso
Di Grecia,

il Parini rammenta al giovine Conte lombardo che può intraprendere ogni più ardua impresa per la patria

Un'alma ardita,
Se in forti membra ha vita.

Cui, di maestro a me poi fatto amico,
Con reverente affetto ammirai sempre,
Scola e palestra di virtù.

E i consigli dell'Imbonati non sono altro, in somma, se non quelli che si trovano già espressi nei versi sentenziosi del Parini. Il Manzoni sentì che erano veri, e li fece suoi proprii, per seguirne i precetti. Scegliere il vero per farne argomento e fondamento di alta poesia è virtù di pochi ingegni potenti. Il Manzoni non solamente sceglie bene, ma quello ch'egli ha scelto, perfeziona e migliora. Spoglia, a poco a poco, di una parte del loro apparato classico e mitologico i nobili pensieri del Parini e li rifeconda col proprio sentimento, per esprimerli con un linguaggio più caldo e più semplice.

Così la poesia pariniana non è un vano giuoco, come non saranno mai pel Manzoni le lettore; tutta la sua letteratura è civile, anche dove scopre meno direttamente il suo intento educativo.

VI.

Il *Trionfo della Libertà*.

Il Manzoni, per sua natura, s'accostava, invero, più al fare un po' rigido del Parini che a quello pieno ed ampio, ma un po' reboante del Monti; quindi il Monti, che pur lo lodava tanto, desiderava in lui alcuna maggiore larghezza e rotondità di frase, ossia, come diceva, «un po' più di virgiliana mollezza,» che si sarebbe ancora definita convenientemente «pastosità lombarda.» Nel Sonetto giovanile che vi ho già riferito, il Manzoni si accusa da sè stesso come «duro di modi.» Questa durezza è pure un poco nella sua poesia, quando alcun sentimento specialmente soave e vivace non viene a commuoverlo, obbligando il critico arcigno a tacere innanzi al poeta commosso.

Tuttavia il Manzoni, negli anni de' suoi studii a Pavia, più tosto che un alunno e un ammiratore del discreto, austero e *parco di versi tessitor*, ci si dimostra un seguace dell'impetuoso Monti, verseggiatore facile, ad un tempo, e solenne ed altitonante, dal quale egli dovette pure avere appreso a studiare e ad imitar la *Divina Commedia*[102].

Dall'*Autobiografia* del medico inglese Granville, il quale nell'anno 1802 studiava la Medicina nell'Università di Pavia, rilevo che, in quell'anno medesimo, egli vi conobbe il Manzoni, il quale doveva esservisi recato per frequentare specialmente le lezioni di eloquenza italiana di Vincenzo Monti. Sappiamo ancora che il Monti, dalla sua cattedra di Pavia, fulminava dantescamente il governo temporale de' preti, parlava alto dell'amore di Dante per la patria e per la libertà. Le impressioni ricevute a quella scuola si rivelano chiaramente nel primo componimento manzoniano che si conosca, un poema in terza rima, diviso in quattro canti, intitolato: *Il Trionfo della libertà*, scritto ad imitazione dei *Trionfi* del Petrarca, e con molte reminiscenze della

---

[102] Cfr. il *Trionfo della libertà*, e il Carme: *In morte dell'Imbonati*.

Divina Commedia, della *Bassvilliana* e della *Mascheroniana* del maestro Monti; il Manzoni lo concepì e lo scrisse fra il 1800 e il 1801, il che vuol dire tra il fine del suo quindicesimo e il principio del suo sedicesimo anno. Rileggendo alquanto più tardi il suo lavoro giovanile, il Manzoni, che lo poteva fare, poichè non s'era pubblicato, non lo distrusse; ma si contentò di porvi su la seguente Avvertenza: "Questi versi scriveva io Alessandro Manzoni nell'anno quindicesimo dell'età mia, non senza compiacenza e presunzione di nome di Poeta, i quali ora, con miglior consiglio e forse con più fino occhio rileggendo, rifiuto; ma veggendo non menzogna, non laude vile, non cosa di me indegna esservi alcuna, i sentimenti riconosco per miei; i primi come follia di giovanile ingegno, i secondi come dote di puro e virile animo." L'Avvertenza manca di quella lucidità e naturalezza che divenne, specialmente nella prosa, uno de' privilegi dello stile manzoniano, il che mi fa naturalmente sospettare che risalga essa stessa ad un tempo, nel quale il Manzoni, non più giovinetto, ma pur sempre giovanissimo, non era ancora interamente padrone di sè come prosatore, e probabilmente all'anno, in cui egli scriveva la faticata *Urania*. Il Manzoni parlando di un ritratto che gli aveano fatto in gioventù (forse quello di Parigi), con gli occhi rivolti al cielo, diceva: «Io era in quell'età, nella quale chi si lascia fare un ritratto, si crede in obbligo di prendere l'attitudine di un uomo ispirato.» In quell'età soltanto il Manzoni poteva, dunque, parlando di sè, scrivere «io, Alessandro Manzoni,» e vantarsi del suo «puro e virile animo.» Il Manzoni, divenuto cattolico convinto, avrebbe della propria persona e delle proprie virtù parlato con molto maggiore umiltà. Il Manzoni vecchio poi non solo avrebbe scritta altrimenti quell'Avvertenza, non solo vi avrebbe condannati molti de' sentimenti sdegnosi espressi in quel poema; ma, cosa più probabile, ei non l'avrebbe scritta affatto, che, invece di scriverla, egli avrebbe semplicemente distrutti, con uno spietato *auto-da-fè*, i versi giovanili che rifiutava. Quando, assai più tardi, egli disapprovò pure ed anzi ripudiò, per molte gravi ragioni, i versi

In morte dell'Imbonati, non era più in suo potere il distruggerli, perchè già troppo divulgati. È cosa certa poi, o almeno può tenersi come probabile fino alla certezza, che il Manzoni, dall'anno 1818 in qua, non avrebbe mai scritta in prosa la parola *laude*, invece di *lode*, la sintassi finalmente dell'Avvertenza rivela ancora l'impaccio del periodo classico, dal quale il Manzoni pose dipoi tanto studio a liberarsi. Il prosatore Manzoni, che conosciamo come maestro di mirabile naturalezza ed evidenza, non avrebbe mai detto, per esempio: *non cosa di me indegna esservi alcuna*; ma semplicemente: *non esservi alcuna cosa indegna di me*. Sono minuzie, lo vedo, delle quali parrà forse superfluo che si pigli nota in un breve discorso biografico. Ma, se io ammettessi che il Manzoni non pur vecchio, ma dopo il suo anno ventesimoterzo, avesse potuto scrivere quella singolare Avvertenza, non comprenderei più il Manzoni e sarebbe un cattivo principio per chi ha impreso a parlarne con la pretesa, la quale vedrete voi stessi in qual misura sia legittima, di farlo meglio conoscere agli altri. Il Manzoni tra i venti e i ventidue anni, non ancora risoluto di credere cattolicamente, ma già seguace di Zenone lo Stoico ed avido insieme di gloria poetica, poteva benissimo, nella fiducia di aver fatto qualche progresso nell'arte sua, ripudiare la forma letteraria del suo primo componimento per impedirne la stampa e, in pari tempo, compiacersi nella manifestazione di sentimenti, ai quali non aveva ancora rinunciato, nè poteva facilmente rinunciare fin che si trovava in mezzo ai liberi ragionari degli atei o deisti, dei materialisti o ideologi, dei rivoluzionarii, in ogni modo, e in pari tempo, galantuomini suoi amici, i quali frequentavano la *Maisonnette*. Il Manzoni vecchio sarebbe stato forse alquanto più indulgente, per quella serenità olimpica ch'è la bontà de' vecchi, ai difetti letterarii del suo componimento giovanile; ma egli ne avrebbe, senza dubbio, deplorato i sentimenti che vi si esprimono in modo violento, contro la Madre Chiesa, e contro quella povera Maria Antonietta, la quale, appena che il Manzoni incominciò a studiare criticamente la storia della prima rivoluzione francese, diventò una delle sue più forti simpatie storiche. Io so bene che a molti deve piacere il poter affermare che il Manzoni, riconoscendo come proprii i sentimenti espressi nel suo poema giovanile, si schierò addirittura contro il Papato e coi repubblicani; ma per un tale riconoscimento la questione cronologica è di capitale importanza, quando noi non vogliamo, per seguire le nostre fantasie o le nostre passioni, foggiarci, ad inganno di noi medesimi, in un discorso biografico sopra il Manzoni, un Manzoni diverso dal vero.

Il quindicenne Manzoni, nel suo poemetto intitolato: *Il Trionfo della libertà*, ci dà l'aspetto di un generoso aquilotto che vuol tentare il primo suo volo. Egli sente già le ali che gli battono i fianchi generosi, ma ignora ancora quale via terrà. Si capisce già che egli ambisce volar alto, quando invoca la sua Musa, perchè rinfranchi la cadente poesia italiana, perchè sostenga la virtù che vien meno:

> Tu la cadente poesia rinfranca,
> Tu la rivesti d'armonia beata,
> E tu sostieni la virtù che manca;

mirabili versi per un poeta di quindici anni che esce dalle scuole de' frati e da un secolo cicisbeo educato fra le canzonette del Metastasio e del Frugoni; ma il giovinetto non ha ancora potuto pensare a crearsi una propria forma letteraria. Noi vediamo nel suo *Trionfo* piuttosto la destrezza di un forte ingegno imitatore, nutrito di buoni studii, che gl'indizii del più originale fra i nostri scrittori moderni. Egli ha già studiato molto, e incomincia a sentire gagliardamente, ma gli manca ancora l'abitudine, che fa grande l'artista, di meditare lungamente sopra i suoi sentimenti ed il proposito virile di esprimerli con naturalezza. Si sente già in parecchi versi il fremito di un'anima ardente, ma il paludamento del poeta è ancora tutto classico. Qualche indizio di originalità lo troviamo, appena, in que' passi, ove il poeta abbassa la tonante terzina ad uno stile più umile, vinto dalla propria urgente natura satirica. Egli incomincia allora ad esercitare la più difficile e la più utile di tutte le critiche, quella che uno scrittore intraprende sopra sè stesso, temperando talora l'iperbole di alcune immagini sproporzionate. Dopo avere, per esempio, dantescamente imprecato contro la città di Catania, onde era partito l'ordine regio delle stragi napoletane, dopo aver fatto invito tremendo all'Etna, perchè getti fuoco e cenere sopra tutta la città, il Poeta s'accorge da sè stesso che sarebbe troppo castigo, e che non si può per un solo reo punire tutto un popolo innocente; dominato però da quel sentimento della giusta misura così raro nell'arte, e pel quale appunto egli divenne poi artista così eccellente, modera e corregge l'imprecazione, trasportandola sopra il solo capo della regina Carolina:

> Deh! vomiti l'acceso Etna l'ultrice
> Fiamma, che la città fetente copra
> E la penetri fino a la radice.
> Ma no; sol pèra il delinquente; sopra
> Lei cada il divo sdegno, e sui diademi,
> Autori infami de l'orribil'opra.
> E fin da lunge e nei recessi estremi,
> Ove s'appiatta, e ne' covigli occulti
> L'oda l'empia tiranna, odalo e tremi.

In altri passi del poema pare affacciarsi direttamente il poeta satirico, ossia incominciarsi a rivelare uno de' caratteri più specifici dell'ingegno manzoniano. L'attitudine de' Lombardi innanzi al Francese arrivato come liberatore, e dominante come padrone, non contenta il giovine Poeta, anzi gli muove la bile; rivolto pertanto all'Italia, egli le domanda che cosa facciano i suoi figli, per rispondere tosto:

> ...... I tuoi figli abbietti e ligi

Strisciangli intorno in atto umile e chino;
   E tal, di risse amante e di litigi,
D'invido morso addenta il suo vicino,
   Contra il nemico timido e vigliacco,
   Ma coraggioso incontro al cittadino.
Tal ne' vizii s'avvolge, come Ciacco
   Nel lordo loto fa; soldato esperto
   Ne' conflitti di Venere e di Bacco.
E tal di mirto al vergognoso serto
   Il lauro sanguinoso aggiunger vuole,
   Ricco d'audacia e povero di merto.
Tal pasce il volgo di sonanti fole,
   Vile, di patrio amor par tutto accenso,
   E liberal non è che di parole.

Un giovinetto capace di scrivere tali versi annunzia non solo un ingegno precoce, ma ancora una precoce e formidabile esperienza della vita.

VII.

Il Manzoni poeta satirico.

In questi versi vi è già la forza, ma non ancora la finezza dell'umorismo manzoniano. Egli li apprese troppo di fresco nelle scuole, per poterli già smettere, quell'accento rettorico, quel fare magniloquente che presto sdegnò ed evitò poi sempre negli altri suoi scritti. La rima stessa doveva inceppargli il pensiero; la terzina imporgli quasi l'obbligo d'imitare ora il Dante ora il Monti, quando, non imitando alcuno, egli avrebbe già, fin d'allora, potuto rivelarsi come Manzoni. Negli anni seguenti, sebbene egli ricordasse ancora altri modelli poetici, avendo preferito il verso sciolto e quella forma di sermone pedestre che, nel secolo passato, il veneziano Gaspare Gozzi avea messo in qualche voga, il Manzoni potè sfogar meglio il suo umore satirico. I suoi *Sermoni giovanili* che si conoscono, pubblicati dal professore Antonio Stoppani, risalgono agli anni 1803 e 1804. Il terzo Sermone, diretto all'amico Pagani, fu scritto dalla patria stessa del Gozzi, nel marzo dell'anno 1804.[Veggasi la lettera diretta da Venezia al Pagani, pubblicata dal signor Carlo Romussi] Il Poeta sente d'avere un po' malato il cervello; egli s'era innamorato in quel tempo, egli, diciottenne studente, di una ragazza veneziana sulla trentina, ed era andato tanto in là ne' desiderii e nelle speranze da chiederle la mano. «All'età vostra (gli fu risposto) si pensa ad andare alla scuola, non a fare all'amore.» - «Sotto quella doccia a freddo (scrive lo Stoppani) la guarigione fu istantanea, nè di quell'aneddoto altro rimase al Manzoni che la memoria per riderne piacevolmente coi famigliari negli anni più tardi.»

Egli si consola dunque della disgrazia amorosa nella gioconda vita e nei versi; non ha ardori belligeri, nè smania di divenire un gran filosofo, od un legislatore e uomo di Stato potente; la sua cura solenne sono i versi:

Valido è il corpo in prima, e tal che l'opra
    Non chiegga di Galen; men sano alquanto
    Il frammento di Giove, e non è rado
    Che a purgar quei due morbi, ira ed amore,
    O la febbre d'onor, mi giovin l'erbe
    Dell'orto epicureo. Chè se mi chiedi:
    «A che l'ingegno giovinetto educhi?»
    Non a cercar come si possa in campo
    Mandar più vivi a Dite, o, con la forza
    Del robusto cerèbro, ad un volere
    Ridur le mille volontà del volgo,
    E i feroci domar; ma freno imporre
    Agli indocili versi, e i miei pensieri
    Chiuder con certo piè; questa è la febbre,
    Di cui virtù di farmaco o di voto
    Non ho speranza che sanar mi possa.

A scuola, noi lo abbiamo già detto, i versi gli erano sempre piaciuti; ora che egli, avendo il primo pelo sul mento, potrebbe quasi già venir coscritto fra le milizie del Regno, risolve consacrar tutto il suo tempo alla poesia:

    Ed or di pel già sparso il mento e quasi
    Fra i coscritti censito, in quella mente
    Vivo, e quant'ozio il fato e i tempi iniqui
    A me concederanno, ho stabilito
    Consacrarlo alle Muse. Or come il mio
    Furor difenda, dolce amico, ascolta.

Egli, discepolo ideale del Parini, non cura le ricchezze, nè l'illustre discendenza, nè i palazzi, nè la gran signoria, nè il rumore di eccelsi fatti, perchè ne parlino i tardi nepoti; Giove, a lui più mite, lo obbliga ai versi. Ma quali versi? Oramai gli vennero a noia i sonanti, e però, prendendo nota di ciò che vede intorno a sè, che non è degno di poema, egli prosegue a scrivere umili sermoni, ad occuparsi di quella povera plebe, che sarà pure primissima cura dell'Autore de *Promessi Sposi*:

> Or ti dirò perchè piuttosto io scelga
> *Notar la plebe con sermon pedestre,*
> Che far soggetto ai numeri sonanti
> Detti e gesta d'eroi. Fatti e costumi
> Altri da quei ch'io veggio a me ritrosa
> Nega esprimer Talìa.

Egli avrebbe bisogno, per rappresentar degli eroi, di vederne intorno a sè; ma non ne vede pur troppo; quelli che vorrebbero passare per eroi, invece di destare in lui ammirazione, lo fanno più tosto ridere. Quando la fantasia lo porta fra gli antichi, *al fervido pensiero*, ei dice:

> Mi s'attraversa Ubaldo, il qual pur ieri
> Pitocco, oggi pretor, poco si stima
> Minor di Giove e spaventar mi crede
> Con la novella maestà del guardo.

Se anche il nostro tempo, ei dice, opera cose grandi, lo tentano poco le odierne guerre e le paci, e i nuovi Greci e Quiriti, e la ghigliottina nuovamente inventata per affrettar la morte che finqui pareva venire all'uomo troppo lenta:

> ... quella cieca
> Famosa falce, che trovò l'acuto
> Gallico ingegno, onde accorciar con arte
> La troppo lunga in pria strada di Lete.

Un altro Sermone dello stesso anno 1804 fu diretto ad un autore di cattivi versi per nozze. Il giovine Poeta si sdegna che si mettano a far versi i medici e gli avvocati, come se fosse cosa facile il frenare

> Di questa plebe indocile i tumulti.

Si burla il poeta dell'uso di scrivere versi per ogni matrimonio che si celebra, onde vengono fuori tanti cattivi poeti e tanti versi scellerati; ognuno deve fare l'arte sua; ma ogni arte ha bisogno d'essere appresa; egli non crede che la poesia sia un'arte sacra e necessaria; ride anzi volentieri di chi lo pensa e lo dice; necessaria è l'agricoltura, che insegna all'uomo il modo di alimentarsi, necessaria la scienza della legislazione; ma è un'arte, insomma, anche la poesia e domanda molto studio. I versaiuoli che cantano sopra ogni cantante, e scrivono per ispassarsi, quelli certamente non sudano. Ma sudava invece il divino Parini nel tornire i suoi versi oraziani:

> Quando sull'orme dell'immenso Flacco
>   Con italico piè correr volevi,
>   E dei potenti maledir l'orgoglio,
>   Divo Parin, fama è che spesso a l'ugne,
> Al crin mentito ed a la calva nuca
>   Facessi oltraggio. Indi è che, dopo cento
>   E cento lustri, il postero fanciullo
>   Con balba cantilena al pedagogo
>   Reciterà: *Torna a fiorir la rosa.*

Dopo il Parini, il giovine Poeta rende uno splendido omaggio all'Alfieri morto l'anno innanzi[103], per condannare con esso i

---

[103] Vittorio Alfieri era molto ammirato dal giovine Manzoni; dubito tuttavia assai che il Manzoni abbia conservato sempre la stessa ammirazione per l'illustre Astigiano. Tra i due poeti erano alcune conformità nel comune disdegno della poesia vana e servile, e della mitologia,
{Il Manzoni non doveva ignorare la terzina alfieriana:
Certo in un Dio fatt'uom creder vorrei

A salvar l'uman genere, piuttosto
Che in Giove fatt'un tauro ai furti rei.}
nel sentimento comune dell'ufficio civile delle lettere, nello studio posto da entrambi gli scrittori a scrivere non pure italianamente, ma toscanamente: il Manzoni adorò tuttavia quella Francia che l'Alfieri odiò fino all'oltraggio; il Manzoni pose ogni cura a scrivere con naturalezza, l'Alfieri volle esser duro ed aspro, sperando riuscire più efficace. Nella gioventù accade tuttavia che s'ammira ingenuamente tutto ciò ch'è grande, senza domandarsi troppo se l'ammirazione abbia fondamento in alcuna viva simpatia, il giovane ammira talora con entusiasmo un grande per una sola qualità principale che lo tenta; l'età matura vuole rendersi maggior conto della stima che concede agli uomini; quindi accade che l'uomo ammiri tanto meno, ma ami poi e stimi molto più profondamente del giovane. Il Manzoni giovine aveva ammirato l'Alfieri che il Parini e l'Imbonati ammiravano; l'Imbonati è perciò dal Manzoni fatto parlare, nel modo seguente, intorno all'Alfieri:

Venerando il nome
Fummi di lui, che nelle reggie primo
L'orma stampò dell'italo coturno;
E l'aureo manto lacerato, ai grandi
Mostrò lor piaghe e vendicò gli umìli.

Quando poi l'amico Pagani fece al Manzoni la poco piacevole sorpresa di dedicare a Vincenzo Monti, in nome del poeta, in modo alquanto infelice, il Carme per l'Imbonati, il Manzoni gli scrisse in termini abbastanza vivaci e risentiti. In quella lettera del 18 aprile 1806 che il signor Romussi ci ha fatta conoscere, son notevoli queste parole relative all'Astigiano: «Tu mi parli di Alfieri, la cui vita è una prova del suo pazzo orgoglioso furore per l'indipendenza, secondo il tuo modo di pensare, e secondo il mio un modello di pura, incontaminata, vera virtù di un uomo che sente la sua dignità, e che non fa un passo, di cui debba arrossire. Ebbene, Alfieri dedicò. Ma a chi e perchè dedicò? Dedicò a sua madre, al suo amico del cuore, a Washington, al popolo italiano futuro, ec.» Nella lettera francese al Chauvet sopra l'unità di tempo e di luogo, pubblicata nell'anno 1820, il Manzoni, che combatteva come poeta drammatico le unità alfieriane, poneva pure una parola di biasimo contro l'Autore del *Misogallo*: «Un uomo celebre, cui l'Italia era avvezza ad ascoltare con riverenza, aveva annunziato ch'egli avrebbe lasciato postumo uno scritto, al quale erano confidati i suoi più intimi sentimenti. Vide la luce il *Misogallo*, e la voce d'Alfieri, la sua voce che usciva dalla tomba, non levò alcun rumore in Italia, perchè una voce più potente si levava in ogni cuore contro un risentimento che mirava a fondare il patriottismo sull'odio. L'odio per la Francia! per la Francia illustrata da tanti genii e da tante virtù, donde sono sorte tante verità e tanti esempi! per la Francia che non si può vedere senza provare un'affezione somigliante ad amore di patria, e che non si può lasciare senza che al ricordo d'averla abitata non si mescoli qualche cosa di malinconico e di profondo simile all'impressione di un esiglio.»

poeti Metastasiani; quindi, come pensa Paolo Ferrari, il poeta viene pure a condannare il melodramma grottesco con le maschere, la tragi-commedia, il dramma semi-serio che ottenne favore sulle scene italiane e francesi nel principio di questo secolo:

> Mentre Emon si spolmona e il crudo padre
>   Alto minaccia, e la viril sua fiamma
>   Ad Antigone svela, o con l'armata
>   Destra l'infame reggia e il cielo accenna,
>   Odi sclamar dai palchi: «Oh duri versi!
>   O duro amante! Dal tuo fero labbro
>   Un *ben mio*! non s'ascolta. Oh quanto meglio
>   Megacle ad Aristea, Giulia ad Orazio!»
>   Che ti val l'alto ingegno e l'aspra lima,
>   Primo signor dell'italo coturno?
>   Te ad imparar come si faccia il verso,
>   Degli itali aristarchi il popol manda.
>   Mirabil mostro in su le ausonie scene
>   Or giganteggia. Al destro piè si calza
>   l'alto coturno e l'umil socco al manco;
>   Quindi va zoppicando. Informe al volto
>   Maschera mal s'adatta, ove sul ghigno
>   Grondan lagrime e sangue. Allor che al denso
>   Spettatore ei si mostra, alzarsi ascolti
>   Di voci e palme un suon, che per le cave
>   Vôlte rumoreggiando, i lati fianchi
>   Scote al teatro e fa sostar per via
>   Maravigliato il passeggier notturno.

Qui il verso è già intieramente sicuro; l'artista appare padrone della sua materia e la domina; il fanciullo sembra intieramente scomparso. Il Manzoni a diciannove anni è uomo. I compagni di scuola del Manzoni, Giambattista Pagani, Ignazio

Calderari, Luigi Arese, incominciano a mescolare all'affetto un po' di ammirazione; il Foscolo gli diviene amico[104], il Monti

[104] Il Manzoni dovette conoscere il Foscolo, quando ritornò studente da Pavia. Gliene dovette conciliar la simpatia, oltre l'ingegno fervido, il culto che il Foscolo professava al Parini e il suo amore dell'indipendenza che lo rese forte contro l'adulato Buonaparte. Il Manzoni dovea essere tornato da Pavia meno entusiasta del Monti che non fosse quando vi si era recato: ne' litigi letterarii che il Monti ebbe col Foscolo, il Manzoni non parteggiò forse per alcuno, ma probabilmente ascoltò più volentieri il poeta più indipendente. Il Foscolo venerava l'Alfieri; al Monti, invece, parlando un giorno dell'Alfieri in casa del conte Venéri, scappò detto: «Un'arietta del Metastasio val più di tutte le sue opere insieme.» Nel passo citato del Sermone manzoniano, ove si difende l'Alfieri contro i Metastasiani, è forse un'eco dei battibecchi letterarii fra il Monti ed il Foscolo: il Monti chiamò poi sacrilegio epico la traduzione alfieriana dell'*Eneide*, e non ebbe tutti i torti.

Il Foscolo faceva credere che il Monti lo evitasse per timore di compromettersi, a motivo del suo carattere indipendente; è dunque assai possibile che ne' suoi colloquii degli anni 1804 e 1805 col Foscolo il Manzoni abbia udito più volte giudicare il Monti severamente. Il Foscolo parlando di sè dice: «Il Foscolo, figlio della Repubblica veneta che Buonaparte distrusse, si nutrì nel sentimento dei più, i quali considerano l'indipendenza de' rispettivi Stati d'Italia come la sola causa necessaria che può essere produttrice della intera sua rigenerazione. Coerente dunque a tali principii, egli non volle mai intervenire nelle adunanze dei Collegi elettorali di cui era membro, per non trovarsi nell'obbligo di prestare il solito giuramento di obbedienza.» Per quanto una parte della condotta del Foscolo sotto l'impero non sia stata conforme a queste parole, non è dubbio che l'animo del Foscolo era piuttosto alieno dalla signoria napoleonica in Italia; e il Manzoni che aveva frequentata la contessa Cicognara e appreso da essa a giudicare il Buonaparte, dovette assai naturalmente accostarsi più volentieri al Foscolo dopo avere conosciuto il Monti. Dico più oltre come mi sembri pure scorgere un'allusione contraria al Monti nel Carme *In morte dell'Imbonati*. Se io non mi sono ingannato in tale congettura, si spiega forse meglio come, pubblicando i *Sepolcri* a Brescia nell'anno 1807, il Foscolo provasse una certa maliziosa compiacenza nel citare, per segno d'onore, in una nota i versi del Manzoni, relativi ad Omero libero, che non adulava i potenti, ad Omero, di cui il Monti e il Foscolo rivali traducevano allora l'Iliade, I versi citati sono questi per l'appunto:

Non ombra di possente amico,
nè lodator comprati avea quel sommo
D'occhi cieco e divin raggio di mente
Che per la Grecia mendicò cantando.

Il Foscolo che non avea perdonato al vecchio Cesarotti la *Pronea*, di cui diceva: «Misera concezione, frasi grottesche, verseggiatura di dramma per musica e per giunta gran lezzo d'adulazione, infame ad ogni scrittore, ma più infame ad un ottuagenario che non incomincia a temerne i giudizii. Poco prima, egli aveva sul giovinetto autorità di maestro e quasi di padre.

---

ha bisogno di pane o poco omai può temere dalla fortuna,» non dovea perdonare più tardi al Monti la dedicazione servile della sua *Iliade* al Beauharnais.

È giusto tuttavia avvertire che il Monti divenne aperto nemico dell'Autore dei *Sepolcri*, la *polvere* dei quali minacciava di scuotere, solo tre anni dopo. Ma poichè il motivo primo della guerra fu la rivalità per la versione dell'*Iliade*, il primo saggio pubblico della quale comparve insieme coi *Sepolcri* nel 1807, non mi pare improbabile che, quantunque per tre anni nelle loro esterne relazioni i due poeti siansi mostrati amici, in privato avessero già incominciato a lacerarsi. Checchè ne sia, per altro, dell'intendimento, col quale fu scritta la nota de' *Sepolcri*, essa basta in ogni modo a provare l'amicizia e la stima che il Foscolo nutriva pel giovine Manzoni; come il Parini aveva pronosticata la gloria poetica del Foscolo, così il Foscolo augurò bene di quella nascente del Manzoni. Quando poi questi si convertì al Cattolicismo, e diede motivo a molti commenti maligni, tra i quali non doveano mancare quelli dei mitologisti Montiani, il Foscolo, che aveva potuto pregiare la sincerità de' sentimenti del suo giovane amico, no prese apertamente in Milano le difese, come rileviamo da una nota lettera di Silvio Pellico a Nicomede Bianchi.

VIII.

Il Manzoni e Vincenzo Monti[105].

Il professore Stoppani narra un aneddoto, secondo il quale il giovinetto Manzoni sarebbe stato corretto dal vizio del giuoco, per un solo affettuoso rimprovero che gli fece Vincenzo Monti. «Il così detto *Ridotto* del Teatro alla Scala» era allora precisamente un ridotto di biscaiuoli. L'inesperto Alessandrino si era lasciato prendere all'esca, confessando egli stesso più tardi che si sentiva già fortemente invasato da quella terribile passione, che può in brev'ora trasformare un amoroso padre di famiglia in un parricida, e in suicida un giovine morigerato. Una sera Alessandro Manzoni sedeva al banco dei giuocatori. Tutto a un tratto si sente leggermente battere sopra la spalla. Voltosi indietro, si trovò in faccia lo sguardo affascinante di Vincenzo Monti, il quale gli disse queste semplici, ma gravi parole: «Se andate avanti così, bei versi che faremo in avvenire!» Dopo di quella sera il Manzoni, quantunque, per avvezzarsi a contemplare lo spettacolo del vizio, senza lasciarsene signoreggiare, abbia continuato di proposito, per un altro mese, a frequentare ogni sera il *Ridotto*, non giuocò più. Ma il giovinetto che nel bollore degli anni primi aveva potuto cedere egli stesso all'impeto di qualche passione infelice, non tardò ad acquistare non pure tra' suoi compagni, ma presso il proprio maestro, una singolare e veramente straordinaria autorità come consigliere sapiente. Onde, per esempio, quando il Monti, che apparteneva forse più di ogni altro poeta all'*irritabile genus*, entrò in lunga briga col mediocre letterato e poeta De Coureil e sostenne contro di lui un'acerba polemica letteraria, gravemente ammonito per lettera dal giovine suo discepolo che quello scandalo gli avrebbe fatto gran torto e diminuito quel prestigio che il Monti aveva sperato invece di accrescere rispondendo al De

---

[105] Cfr. il paragrafo VI.

Coureil, il maestro ne rimase così colpito, che ne fece motto in una sua lettera del 6 febbraio 1805, diretta ad Andrea Mustoxidi, dandogli facoltà di pubblicare, se lo credeva utile, la lettera del Manzoni consigliatrice del partito più ragionevole, se pure non era il più piacevole all'amor proprio ferito del poeta-storiografo delle Alfonsine[106].

Ma nel 1805, conviene pur dirlo, il Manzoni era già lontano da quel primo entusiasmo, col quale quindicenne, nel *Trionfo della libertà*, ammirando più che altro la gloria di colui che chiamavano allora il Dante ringentilito, egli aveva glorificato e difeso contro i suoi detrattori il suo maestro Vincenzo Monti. Questo magnifico ed enfatico elogio del Monti fatto dal giovinetto Manzoni merita di venir riscontrato col famoso

---

[106]   La lettera è questa; il Manzoni era ancora in Milano, onde partì soltanto nella primavera, dopo la morte dell'Imbonati:

Ad Andrea Mustoxidi.

«In appendice alla mia del passato ordinario ve ne acchiudo un'altra del nostro amico Manzoni. Egli ha voluto farla passare per le mie mani, perchè mi risguarda direttamente e contiene una sua onesta disapprovazione dell'essermi io avvilito a parlare di De Coureil. Del quale mio errore io non meriterei veramente perdono, se non mi scusasse il fatto di quelli che hanno confuso il reverendo lor nome con quello d'un pazzo, e si sono condotti peggio di me, e non veggo che abbiano ancor redenta questa ignominia, separandosi da così vile e disonesta compagnia.
Vera è pur troppo la riflessione di Manzoni che, prendendo briga col De Coureil, *è forza che i buoni si scordino di quella gentilezza che pure è il primo frutto delle lettere*, vero per conseguenza che in quella mia nota sono corsi dei termini non gentili. Ma se un facchino imbriaco, mentre io vado per la mia strada, mi viene addosso con villanìa, e mi lorda di fango, dovrò io dirgli: - Signore, siate più rispettoso coi galantuomini; signore, maltrattatemi con più discrezione; considerate, vi prego, che mi si deve un poco più di rispetto - e altre simili gentilezze? Chi può dunque incolparmi d'aver dato al mio critico i nomi ch'ei merita? Le creanze si usano con chi le pratica, e il bastone con gli asini mal educati. Ma parlerò con altro linguaggio, se avverrà che io sia forzato a drizzare più alto il mio giusto risentimento. Il contegno che così si usa con me, ha ormai irritata tutta l'Italia, e la sana porzione dei letterati, anche stranieri, ha già manifestato il suo sdegno su queste vili e scandalose ingiustizie. Della lettera di Manzoni fate l'uso che più vi piace, anche pubblico.
Milano, 6 febbraio 1805»

iperbolico epigramma, col quale ei lo piangeva morto, dopo ventott'anni:

> Salve, o Divino, cui largì natura
> Il cor di Dante e del suo Duca il canto;
> Questo fia 'l grido dell'età ventura,
> Ma l'età che fu tua tel dice in pianto.

Piacque al giovine Manzoni la gloria del suo maestro, ed è ben chiaro dal fine del saluto del nostro mirabile giovinetto al Monti, ch'egli sperava già o ardeva, almeno, del desiderio di acquistarne una simile:

> Salve, o Cigno divin, che acuti spiedi
> Fai de' tuoi carmi e trapassando pungi
> La vil ciurmaglia che ti striscia ai piedi.
> Tu il gran cantor di Beatrice aggiungi
> E l'avanzi talor; d'invidia piene
> Ti rimirali le felle alme da lungi,
> Che non bagnâr le labbia in Ippocrene,
> Ma le tuffâr ne le Stinfalie fogne,
> Onde tal puzzo da' lor carmi viene.
> Oh limacciosi vermi! Oh rie vergogne
> De l'arte sacra! Augei palustri e bassi;
> Cigni non già, ma corvi da carogne.
> Ma tu l'invida turba addietro lassi
> E, le robuste penne ergendo, come
> Aquila altera, li compiangi e passi.
> Invano atro velen sovra il tuo nome
> Sparge l'invidia, al proprio danno industre,
> Da le inquiete sibilanti chiome;
> Ed io puranco, ed io, vate trilustre,
> Io ti seguo da lunge, e il tuo gran lume
> A me fo scorta ne l'arringo illustre.

> E te veggendo su l'erto cacume
> Ascender di Parnaso, alma spedita,
> Già sento al volo mio crescer le piume.
> Forse, ah che spero? io la seconda vita
> Vivrò, se alle mie forze inferme e frali
> Le nove suore porgeranno aita.

Notiamo presso quell'ambizioso *io, vate trilustre*, quel prudente, ma non meno ambizioso forse tutto manzoniano, messo innanzi al *vivrò* immortale che ci prenunzia già l'Autore del *Cinque Maggio* predestinato a sciogliere all'urna del primo Napoleone un cantico

> Che *forse* non morrà.

Quando il Manzoni scrive, nell'anno 1803, al Monti, lo fa già in un tuono di una certa famigliare baldanza che rivela la poca soggezione, e gli dà del *voi*. Il Monti invitato a dir la sua opinione sopra l'Idillio del Manzoni, gli risponde lodandolo sinceramente, facendo i migliori augurii al giovinetto e dicendogli finalmente: «Io non sono da tanto da poterti fare il dottore.» Fra maestro e discepolo un tale linguaggio colpisce. Nella risposta del Monti, il maestro dice che egli ha incominciata la stampa del *Persio*. Nel marzo dell'anno 1804, il Manzoni si trovava a Venezia e scriveva di là al suo amico Pagani, studente di giurisprudenza a Pavia; nella sua lettera è una parola impaziente contro il Monti, che può già dimostrare la scaduta riverenza del discepolo. «Se Monti (egli scrive) vuol mandarmi il *Persio*, lo faccia avere, nel nome di Dio, a mio padre, a Milano.» Questi indizii mi bisognava raccogliere per ispiegare non pure la vivacità del battibecco letterario che nacque dipoi fra i Manzoniani e i Montiani sopra l'argomento della mitologia nella poesia moderna, ma ancora per illustrare qualche passo del Carme *In morte dell'Imbonati*.

Il giovine Poeta rammentando l'indegna educazione ed istruzione ch'egli avea ricevuta specialmente nel Collegio de' Nobili, non rattiene, com'è ben noto, il proprio sdegno, e lo sfoga in una forma intemperante che non si trova poi più in alcun altro suo scritto; ed accennando in particolare ad un maestro di poesia che lo disgustò, dice che da lui si rivolse, invece, agli antichi poeti:

Questa

Qual sia favilla, che mia mente alluma,
Custodii com'io valgo e tenni viva
Finor. Nè ti dirò com'io, nodrito
In sozzo ovil di mercenario armento,
Gli aridi bronchi fastidendo, e il pasto
Dell'insipida stoppia, il viso torsi
Dalla fetente mangiatoia, e franco
M'addussi al sorso dell'ascrea fontana;
Come, talor, discepolo di tale,
Cui mi sarìa vergogna esser maestro,
Mi volsi ai prischi sommi, e ne fui preso
Di tanto amor, che mi parea vederli
Veracemente e ragionar con loro.

Qui mi arresta un dubbio assai penoso. Chi fu mai codesto maestro, da cui il Manzoni, sentendo vergogna di lui, si diparte per correre ad inspirarsi direttamente presso i poeti antichi?

Io so bene che, a questo punto, qualche amico discreto mi raccomanderà discrezione, invitandomi a passar oltre, a non arrischiar congetture che potrebbero riuscir vane ed ingiuriose. Ma passar oltre vuol dire o non capire o non voler capire. E se noi contemporanei ci contentiamo di leggere così il primo fra i nostri scrittori viventi, come potranno sperare d'intenderlo meglio quelli che verranno dopo di noi? So bene che il vivente discepolo del vecchio Vincenzo Monti, l'illustre Andrea Maffei, il quale ricorda pur sempre come, dopo l'anno 1820, il Manzoni visitasse spesso il Monti infermo, come nel mandargli la *cantafera* de' suoi *Promessi Sposi* glieli raccomandasse affettuosamente[107], come lo encomiasse morto con lodi iperboliche, non farà buon viso alla nostra congettura; ed essa ripugna pure vivamente a me stesso, come ripugna, per dire il vero, ogni maniera o specie d'ingratitudine. Ma io non posso tacere che corsero parecchi anni, ne' quali il Manzoni ed il Monti apparvero veramente come avversarii; la storia letteraria ha i suoi diritti, e, per quanto c'incresca vedere il Manzoni, che aveva egli stesso fatto grande abuso, ne' primi suoi studii poetici, della mitologia, divenirci aperto derisore del Monti che volea mantenerla in onore, e colpirlo direttamente con l'Ode satirica intitolata: *L'ira d'Apollo*, ove, con nuova malizia, s'imita pure lo stile cancelleresco della Polizia austriaca, quale era adoprato allora da un poeta da strapazzo, Pietro Stoppani di Beroldinghen, e da un giornalista venduto, il Pezzi, grandi lodatori entrambi di Vincenzo Monti divenuto buon servitore dell'Austria, il Manzoni, che giovinetto avea molto ammirato e lodato, come sappiamo, il suo maestro

---

[107] Il Monti non fu, tuttavia, a quanto pare, de' lettori più solleciti de' *Promessi Sposi*, secondo quanto trovo scritto nelle *Memorie autografe di un ribelle*, di Giuseppe Ricciardi (Milano, 1873): «Recatici a visitare l'Osservatorio astronomico posto nel Palazzo di Brera, trovammo quivi l'Oriani e il Carlini. Altri uomini, più o meno illustri, conoscemmo indi a poco, fra cui nominerò primo il Manzoni. Il quale io vidi la prima volta in Milano, nel giugno del 1827. Sedeva in mezzo alla sua bella e numerosa famiglia e ad un nobile crocchio d'amici, in cui tenevano il primo luogo Ermes Visconti, Tommaso Grossi e Giovanni Torti, cioè, quasi tutta la così detta Scuola romantica. Ci fu introduttore in casa Manzoni il Rosmini, giovanissimo allora, ed il quale avevo conosciuto per mezzo di un assai colto e gentil veneziano, per nome Antonio Papadopoli. I *Promessi Sposi* erano usciti in luce pochi dì prima, ed io li avevo divorati con un piacere infinito, tanto più poi in quanto che m'avevo sott'occhio i luoghi, dei quali parla quel mirabile libro. Desiderosi oltremodo di salutare il decano dei poeti allora viventi, Vincenzo Monti, n'andammo a Monza col Papadopoli. Trovammo il povero vecchio adagiato, o, per dir meglio, giacente in un seggiolone. Teneva gli occhiali inforcati sul naso, e leggicchiava non so qual commedia di Goldoni. Scorta sur un tavolino una copia dei *Promessi Sposi*, mio padre chiese al buon vecchio che ne pensasse, e quegli rispose aver provato alquanto fastidio nel leggere il primo capitolo, ma pur voler trapassare al secondo. Ne mostrò poi una bella lettera scrittagli dal Manzoni nell'inviargli in dono il suo libro.»

Monti, divenuto amico di Ugo Foscolo, imparò forse da lui a giudicarne con minore indulgenza la condotta politica; e nella diminuzione di stima per l'uomo è assai probabile che siasi pure diminuito il concetto che il Manzoni si formava del Monti poeta. Recatosi poi a Parigi, in mezzo a una società, per la massima parte repubblicana, anzi che pietà, parve ch'egli concepisse un vero disprezzo pel Monti. Il Manzoni dice che tra i *prischi sommi*, egli cercò prima di Omero, per la traduzione del quale specialmente nacque tra il Foscolo ed il Monti così fiero dissenso, e, nominando Omero, sembra volerne, per antitesi, ferire il traduttore:

> .... Non ombra di possente amico,
> Nè lodator comprati avea quel sommo
> D'occhi cieco e divin raggio di mente
> Che per la Grecia mendicò cantando.

Nè era, io debbo pur ripeterlo, forse intieramente innocente e fuor d'ogni intendimento malizioso Ugo Foscolo, quando in una nota al suo Carme de' *Sepolcri*, volendo nominare il Manzoni, per mostrargli il conto ch'ei ne faceva e com'ei fosse memore di lui lontano, citava precisamente que' versi relativi ad Omero, ove si dice più tosto quello che non era stato Omero e quello ch'era invece qualche altro moderno poeta. L'amico Pagani, che ristampava a Milano il Carme per l'Imbonati, desiderava egli forse distruggere il sospetto che si alludesse con que' versi al Monti, quando, senza averne avuto l'incarico, dedicava, anche a nome dell'Autore, il poemetto a Vincenzo Monti? Lo ignoriamo; ma ci è noto intanto che l'imprudenza e l'arbitrio del Pagani maravigliarono ed irritarono grandemente il giovine Poeta, e furono per guastare l'amicizia di que' due buoni compagni di scuola. Il Manzoni voleva, invero, obbligare il Pagani a pubblicar subito una protesta che disdicesse la dedicatoria. Il Pagani gli opponeva che il dedicare non è un avvilirsi; che anche l'Alfieri avea fatto delle dedicatorie, e nessuno potrebbe negarlo uomo libero ed indipendente. Il Manzoni rispondeva esser vero, ma l'Alfieri essere stato «un modello di pura, incontaminata, vera virtù, di un uomo che sente la sua dignità e che non fa un passo, di cui debba arrossire.» - «Ebbene (soggiungeva ancora da Parigi il nostro giovine Poeta), Alfieri dedicò; ma a chi, e perchè dedicò? Dedicò a sua madre, al suo amico del cuore, a Washington, al popolo italiano futuro.» Ci è noto finalmente come il Manzoni deplorava il Carme per l'Imbonati per altre ragioni più gravi che non fossero le allusioni al Collegio de' Nobili. Una di queste ragioni può essere stato il tacito biasimo del Monti, e l'altra ragione la vedremo in breve.

Fu detto da qualche biografo che, quando nel 1801 il Manzoni pubblicò l'*Urania*, il Monti abbia esclamato: «Questo giovine incomincia dove vorrei finire.» È possibile che un giorno il Monti abbia reso un tale omaggio al suo discepolo; ma a questo detto suppongo che siasi attribuita un'origine troppo recente. Il Manzoni non incominciava più con l'*Urania*; da ben sette anni egli scriveva, ed i primi suoi componimenti il Monti aveva letti e lodati; è assai probabile quindi che il complimento, di cui si tratta, siasi fatto veramente dal Monti, ma nel 1801, poich'egli ebbe conosciuto il *Trionfo della libertà*, poema che il discepolo avea scritto per imitare, forse per emulare il maestro, e che termina in ogni modo, come abbiamo già udito, con la esaltazione del Monti sopra lo stesso Dante.

IX.

I primi amici.

Il libro del signor Romussi ci ha recata in quest'anno una grata sorpresa, ponendoci sott'occhio alcune lettere o frammenti di lettere giovanili del Bianconi, dalle quali ricaviamo il nome de' suoi tre primi amici. Il più intimo tra questi fu Giambattista Pagani di Brescia, col quale il Manzoni avea studiato a Pavia; le lettere del Manzoni ce lo mostrano affettuoso, devoto, pronto a render servigii, alcuna volta anche troppo, come quando volle dedicar di suo capo, in nome del Manzoni, a Vincenzo Monti il Carme *In morte dell'Imbonati*, che si ristampava in Milano dal De Stefanis[108]. Veniva secondo Ignazio Calderari, che il Manzoni

---

[108] Mi giova qui intorno al Pagani riferire per intiero la nota che trovasi nell'importante volume del Romussi; «Giambattista Pagani fu condiscepolo di Manzoni nel Collegio dei Nobili (Longone) di Milano, e gli conservò sempre un'amicizia che molti anni di lontananza non riescirono nè a spegnere, nè ad indebolire. Fino ai loro ultimi giorni si scambiarono con schietta cordialità proteste di affetto; e la ritrosia di Manzoni in questi ultimi anni a scriver lettere non lo fece mai tardo nel rispondere all'antico amico. Il Pagani era nato nel 1784 in Lonato: era quindi maggiore di un anno di Manzoni. Terminati gli studii del Collegio, il Pagani passò a Pavia a studiar giurisprudenza, e colà conobbe Vincenzo Monti, che teneva cattedra d'eloquenza, e che lo accolse fra i suoi famigliari. In quel tempo Manzoni erasi recato a Venezia, e di là mandava all'amico i versi che man mano scriveva, fra cui un Sermone allo stesso Pagani indirizzato, e nel quale parla dapprima della vocazione ch'ebbe fin dall'infanzia di essere poeta e giustifica il genere satirico di poesia, cui intendeva consacrarsi. Questo Sermone rimase ignoto fino al 1874, in cui fu pubblicato dall'abate Antonio Stoppani nel suo bel libro: *I primi anni di Alessandro Manzoni*. Il Pagani aveva ingegno da comprendere l'amico, egli pure scrisse reputati lavori: opere giuridiche, perchè avea per la severa scienza del diritto una vera passione, e opere letterarie, cui si applicava per diletto, ma con molta intelligenza. Fra queste ultime si ricorda un *Discorso intorno all'Adelchi* letto all'Ateneo di Brescia, in difesa dell'opera dell'amico che era allora da molti, con indegna guerra, combattuto. Fra le giuridiche sono lodati il *Repertorio legale pei diritti reali* ed un *Trattato sulle Rendite giuridiche*. Durante il primo Regno d'Italia era stato eletto Conservatore delle Ipoteche in Brescia. Nei dolorosi anni della dominazione straniera conservò, con dignitosa fermezza, la fede e l'affetto per la patria, che ebbe la gioia di vedere risorta. Morì nel 19 febbraio 1874, e fu pianto da tutti i buoni, che perdevano un vivente esempio d'integrità e di modestia.»

stesso chiamava *aureo, amabile* e *rispettabile*; e pure doveva
essere un giovine ardente e pieno di entusiasmo, a giudicarne
dalla lettera, in cui egli descrive il proprio viaggio a Brusuglio, la
nuova villa manzoniana, per conoscere la madre dell'amico e per
vedere se l'amico era sempre il medesimo. Pare che il Manzoni
fin d'allora scrivesse lettere mal volentieri, e preferisse, stando a
Milano, incaricare l'amico Calderari di mandare i suoi saluti al
Pagani, anzi che scrivere egli stesso. «Aggiungi (egli scriveva al
Pagani) che nel mio soggiorno a Milano la facilità di aver tue
nuove per mezzo del nostro Calderari favoriva e scusava la mia
pigrizia, la quale, a dir vero, non era scossa da alcuna tua
sollecitudine a scrivermi.»

Il terzo amico, Luigi Arese, morì tisico nel 1806, intorno
a' suoi vent'anni; gli amici lo chiamavano: «caro e
adorabile.»[109]

---

[109]   Le due lettere del Manzoni al Calderari e la lettera intermedia al Pagani,
pubblicate dal Romossi, volgono intorno alla malattia ed alla morte dell'Arese; le
riproduco, perchè rivelano bene l'animo ed i pensieri del giovine Manzoni, il preteso
ateo che dovea fare il miracolo di convertirsi:

«Parigi, 7 settembre 1806,

«Mio Calderari,

L'amara novella che mi hai data mi ha riempito di dolore e di melanconia. Io era per
iscrivere a te, a Pagani, al povero Arese per annunciarvi il mio ritorno a Parigi, e per
chiedere di voi tutti. Non puoi credere quanto m'abbia colpito l'annuncio della grave
malattia del nostro Arese. La speranza che tu conservi, rianima la mia; ma le circostanze
che tocchi, la indeboliscono pur troppo (*In questo passo si vede già l'amore speciale
del Manzoni per le antitesi, amore che si può pure avvertire nella lettera del 1803 al
Monti già citata.*) L'apparato della morte è quello che la accelera. Chi ha avuto il cuore
di dargli la sentenza finale? Di farlo soffrire nei forse ultimi suoi momenti? Oh piaccia
a Dio che io possa avere da te nuova del suo rivivere! Quando un malato ha presso di
sè dei veri amici che gli nascondono il suo stato, egli muore senza avvedersene; la morte
non è terribile che per quelli che rimangono a piangere. Ma quando gli amici sono
allontanati, quando vi sentite intronare all'orecchio: Tu devi morire! allora la morte
appare nel suo aspetto più deforme. Povero Arese! Ho sempre davanti gli occhi quella
sua camera deserta degli amici, senza te, senza Pagani che potreste sollevarlo. Alcuni
sono morti che sarebbero guariti, pel timore solo cagionato loro dalla sentenza che fu
data al povero nostro Arese. Ti prego di scrivermi presto e senza interruzione; non ho

bisogno di raccomandartelo. Mia madre divide la mia afflizione, e freme parlando della fredda crudeltà che è tanto comune nei nostri paesi. Scrivimi, ti prego, a lungo ogni minuzia che riguarda Arese. Povero Arese! nel fiore dell'età! Ti prego di scrivere a Pagani che io non ho ora testa nè tempo di scrivergli, ma che, al primo ordinario, lo farò sicuramente. Se mai il mio silenzio gli fosse dispiacente, digli che io sono sempre il suo Manzoni; al mio Pagani ciò deve bastare. Tu amami, Calderari, e sii certo che io ti amo e ti riverisco veramente, e scrivimi presto. Addio; dammi nuove di Arese.

Il tuo
MANZONI B.^a»

«Mio Pagani,

M'hai tu dimenticato davvero? Sono tre mesi che non ho tue nuove; e l'ultima mia lettera, nella quale ti annunciava la mia partita da Parigi, è rimasta senza risposta. Non posso dubitare della tua salute, giacchè il nostro aureo Calderari che mi scrive, me ne avrebbe senza dubbio fatto cenno. Io sperava che Zinammi, col quale ci siamo abboccati, avesse qualche tua lettera a consegnarmi; ma, non vedendone ed aspettandone di giorno in giorno, tardai a scriverti fino al mio ritorno. Scrivimi al più presto, dimmi se sei ancora il mio Pagani, com'io sarò sempre il tuo Manzoni; dammi nuove di te, e di tutto quello che ti è a cuore.
Non puoi credere quanta pena mi abbia fatto la nuova della grave malattia del nostro povero Arese; e mia madre, che divide ogni mio affetto, ne fu pure assai triste ed in timore. Calderari mi annunciò qualche miglioramento che mi riempì di gioia e di speranza. Duolmi amaramente che gli amici non abbiano adito al suo letto, e che invece egli debba aver dinanzi agli occhi l'orribile figura di un prete. Nè puoi figurarti quanto dolore ed indignazione abbia in noi eccitato il sentire da Calderari che ad Arese era stata annunciata la fatale sentenza (spero, per Dio! che sarà vana). Crudeli, così se egli schiva la morte, avrà dovuto nullameno assaporare tutte le sue angosce! E quante volte l'annunzio della morte ha ridotto agli estremi dei malati che, ignorando il loro stato, sarebbero guariti? Basta: i mali del caro ed infelice Arese, che ho sempre dinanzi agli occhi, mi allontanano sempre più da un paese, in cui non si può nè vivere nè morire come si vuole. (*Qui vi sono accenti intieramente foscoliani.*) Io preferisco l'indifferenza naturale dei Francesi, che vi lasciano andare pei fatti vostri, allo zelo crudele dei nostri, che s'impadroniscono di voi, che vogliono prendersi cura della vostra anima, che vogliono cacciarvi in corpo la loro maniera di pensare, come se chi ha una testa, un cuore, due gambe e una pancia, e cammina da sè, non potesse disporre di sè e di tutto quello che è in lui a suo piacimento.
Mi accorgo di aver fatto un pasticcio di parole, pazienza! Il mio Pagani è buono. Due parole di me. Io continuo il ben cominciato modo di vivere, senza cangiamento, senza interruzione. Se tu rileggi le mie passate lettere, ti farà ben maraviglia l'udire da me che mia madre, quest'unica madre e donna, ha aumentato il suo amore e le sue premure per me. Eppure la cosa è così. Io sono più felice che mai, e non mi manca che d'esserlo vicino a te e ai pochi scelti nostri amici, che si riducono ad Arese che vorrei risanato, e a Calderari che vorrei felice come egli merita. Ho vergogna di dirti che, dopo i versi

199

stampati, non ne ho fatto più uno: ora però voglio mettermi il capo tra le mani, e lavorare, massime che mia madre non ha mai lasciato di punzecchiarmi, perchè io cacci la mia pigrizia.

A proposito di versi, devo parlarti di un affare che mi è a cuore assai assai, e che in conseguenza premerà anche a te. Io non ho avuto dal libraio un soldo per l'edizione, e mi sono messo in puntiglio di non rilasciargli niente niente, perchè non voglio essere lo zimbello di nessuno e massime d'un libraio. La sua renitenza o noncuranza è veramente stomachevole. Nè ha alcun appiglio per eludere le mie richieste e per evitare di rendermi il mio. Perchè o le copie sono vendute e mi dia il danaro, o sono invendute e me le renda. Arese si era impegnato di parlargli. Rispose che egli aveva ottocento copie non vendute: io scrissi a Zinammi quello che doveva fargli dire da Arese, ma il povero Arese cadde malato. Ecco la mia risposta: rendere al signor Zinammi, procuratore di mia madre, il prezzo delle 200 vendute e le 800 copie invendute. E veramente mi fa maraviglia che il numero di quelle che sono in bottega sia così grande, non già perchè io credessi che dovessero avere grande spaccio (giacchè v'è un ostacolo a ciò, non so se per colpa dell'opera o dei lettori), ma perchè tu mi avevi annunziato che si vendevano a furia.

Come tu facesti il negozio col libraio, così spero che vorrai ora ridurlo a fine, e te ne prego caldamente. Ho veduto su un giornale di Roma un giudizio di quei versi, con una lode tanto esagerata, che non ardisco riportarlo.

«Caro Pagani, scrivimi ed amami, anzi amaci, giacchè tu sai che mia madre non ha mediocre stima di te e desiderio della tua amicizia. Scrivi a lungo e vale.»

Il tuo
MANZONI B.^a»

«Parigi, 30 ottobre 1806.»

«Caro il mio Calderari,

O Arese, giovine buono, amico vero della virtù e degli amici, giovine che in tempi migliori saresti stato perfetto, ma che nella nostra infame corruttela ti conservasti incontaminato, ricevi un vale da quelli che ti amarono caldamente in vita, e che ora amaramente ti desiderano. Povero Calderari, tu lo amasti, tu lo desideri e tu non hai potuto vederlo, consolarlo! Egli è morto nel fiore degli anni, nella stagione delle speranze, e l'ultimo oggetto che i suoi occhi hanno veduto non è stato un amico. Egli che era degno di amici! Povero Calderari! Mia madre ed io piangiamo sopra di Arese e sopra di te. Seppi da Buttura che tu eri assiduo alla sua porta, che le tue lagrime mostravano la forza del tuo affetto, ma invano. Noi rileggiamo le lettere di Arese, quel che ci resta di lui, quello che rimane in questo mondaccio di quell'anima fervida e pura. Odi quello che egli ci scrisse nell'ultima lettera, dove traspira quasi un presentimento della sua separazione. Egli parla con mia madre e con me, e par ch'egli non abbia voluto darmi l'ultimo addio, se non unendomi con Lei che tutto divide con me, e che abbia voluto così render più sacre per me le ultime sue parole. La lettera è del mese di giugno o di luglio al più tardi:

200

Non è raro il caso che le amicizie fatte nella scuola si raffreddino e si dileguino nella lontananza, per tornare a ravvivarsi nella vecchiaia. Il Calderari non accompagnò altrimenti la vita del Manzoni; la loro corrispondenza parve cessare quasi intieramente nell'anno 1808, quando il Manzoni, sposata Enrichetta Blondel, si ritrasse a vivere per alcuni anni isolato In Brusuglio; ed anche l'amicizia col Pagani cessò, dopo quell'anno, dall'essere attiva.

Così non sappiamo altro dell'amicizia che il Manzoni parve avere con Antonio Buttura, letterato amico di sua madre[110], e con Francesco Lomonaco.

«Ho veduto con sommo dolore partire il mio Pagani. Mi rimane Calderari, che è un angelo. È veramente degno di miglior sorte e di.... Le sue disgrazie, che egli soffre con animo veramente forte, mi stringono a lui più fortemente, e mi servono di un grande esempio. Oh Giulia, Giulia! non è così rara in Italia la virtù come tu pensi!»

E finisce con queste parole che mai non rileggiamo senza un fremito di dolore e di speranza: «Giulia, Alessandro, ci rivedremo certamente. Un giorno, superiori all'umano orgoglio, beati e puri ragioneremo sorridendo delle passate nostre debolezze. Addio.»

Oh sì! ci rivedremo. Se questa speranza non raddolcisse il desiderio dei buoni e l'orrore della presenza dei perversi, che sarebbe la vita?

Calderari, noi siamo afflitti di non poter essere con te. Tu sei degno d'aver degli amici, e in noi troveresti del cuore, quello di cui tu hai bisogno.

Non posso scrivere a Pagani. Egli pure deve essere conturbato.

In verità la morte di un amico nel fior degli anni vi lascia, oltre il dolore, un certo risentimento; pare un'orribile ingiustizia. Addio, caro ed infelice Calderari, amami e scrivi. Addio.

Il tuo
MANZONI B.^a»

[110] «Buttura Antonio (scrive il Romussi) buon critico e poeta, nato a Malcesine sul Lago di Garda nel 1771, partigiano della Repubblica francese a Venezia, epperciò favorito da Napoleone, si trasferì, dopo il Trattato di Campoformio, a Parigi, dove morì nel 1832. Fu professore al Pritaneo di San Ciro ed all'Ateneo, dove successe al Ginguené; la traduzione del Boileau, di cui parla il Manzoni (in una sua lettera del 1806), fu pubblicata nel 1816.

X

Carme autobiografico.

Quantunque già pubblicato a Lugano in fronte alle *Vite degli illustri italiani* di Francesco Lomonaco, fino a pochi anni innanzi era pochissimo noto il Sonetto giovanile di Alessandro Manzoni, ove si muove lamento, perchè l'Italia trascuri i suoi migliori ingegni, fin che son vivi, per piangerli morti:

> Tal premii, Italia, i tuoi migliori; e poi,
>> Che pro se piangi e 'l cener freddo adori,
>> E al nome vôto onor divini fai?
> Sì, da' barbari oppressa, opprimi i tuoi,
>> E ognor tuoi danni e tue colpe deplori
>> Pentita sempre, e non cangiata mai.

Nel principio del Sonetto, diretto a Francesco Lomonaco, si compiange la sorte di questo giovine e già illustre esule napoletano, obbligato a condur vita misera e raminga come Dante, l'antico esule gloriosa fiorentino, del quale il Lomonaco aveva narrata la vita. Due anni innanzi, in una nota al terzo canto del *Trionfo*, ove si descrivono le stragi di Napoli, il Manzoni raccomandava già «l'energico e veramente vesuviano rapporto fatto da Francesco Lomonaco patriotta napoletano». Vogliono che il Manzoni vecchio dicesse avere in gioventù concepite del Lomonaco grandi speranze, che non furono poi mantenute; ma chi riferì quelle parole del Manzoni dovette frantendere; il Lomonaco non ebbe tempo d'acquistar maggior gloria, poichè nell'anno 1810 che era, a pena, il trentesimoprimo della sua vita, egli miseramente s'uccise. L'ingratitudine è cosa mostruosa in tutti, ma più nei grandi ingegni. Ora io non posso credere che il Manzoni degli scrittori che lo fecero maggiormente pensare, e quello che importa, pensar giusto. Io ho voluto rileggere la *Vita di*

Dante scritta dal Lomonaco. Ora, udite quali parole si leggono in fine di quella *Vita*: «I benemeriti della repubblica letteraria non sono i pedanti, o i servili imitatori, bensì quei che informati di una qualche potenza vivificativa sanno altamente e profondamente pensare. Un filosofo interrogò una volta l'Oracolo: quai mezzi praticar dovesse per divenir immortale, e l'Oracolo gli rispose: *Segui il tuo genio*.» Ci sono simpatici quegli scrittori che esprimono meglio i nostri proprii sentimenti; il Manzoni deve aver detto leggendo tali parole: esse furono scritte per me; ed averle presenti quando, due o tre anni dopo, scriveva in Parigi il suo programma civile e poetico, ossia il Carme per l'Imbonati[111].

È vera fortuna per l'Italia che, nella primavera dell'anno 1805, Alessandro Manzoni abbia dovuto recarsi in Francia. È possibile, invero che proseguendo a rimanere in Milano, a respirar l'aria delle scuole letterarie d'Italia, a vivere tra le maldicenze puerili e pettegole de' nostri letterati, egli, a malgrado di tutta l'originalità del proprio ingegno, non avrebbe trovato così presto quella forma chiara, schietta, popolare di linguaggio, pel quale veramente col Carme dell'Imbonati per la nostra poesia *incipit vita nova*. A Parigi egli si trovò libero d'ogni impaccio scolastico, ed il suo genio, per la prima volta, potè spaziare per vie proprie e non ancora battute. *Sentir* e *meditar*: ecco la sua gran formola poetica; in Francia egli trovò pure il modo di esprimere naturalmente questi *sedimenti meditati*, per l'esempio che gli offrivano gli scrittori francesi.

Il Carme per l'Imbonati è una prova eloquente che il Manzoni ha sentito, meditato e imparato a scrivere con semplicità e naturalezza.

---

[111] È giusto tuttavia l'avvertire che consigli simili il Manzoni dovea averli talora intesi dallo stesso Monti. Questi, in una sua lettera di risposta al Tedaldi-Fores, ringraziando il giovine Poeta romantico per un *Inno all'Aurora*, gli scriveva come lo potrebbe ora fare un manzoniano: «Perchè in avvenire trionfi ne' vostri versi l'affetto, innamoratevi, fate che le vostre idee prima di andar sulla carta passino per mezzo il fuoco del cuore; in una parola, *sentite*.»

Esaminiamo ora dunque quali forti sentimenti dovessero agitarlo e commuoverlo, quali pensieri governarlo, quando egli scrisse a vent'anni, in Parigi, il bellissimo Carme.

Che cosa sia veramente avvenuto nella famiglia Manzoni, nel principio dell'anno 1805, quando la signora Giulia Beccaria s'indusse a lasciare precipitosamente Milano in compagnia del figlio Alessandro, non si può fino ad ora bene affermare. Che il giovine Alessandro avesse avuto in Milano de' grossi dispiaceri, si può argomentare dai versi stessi del Carme, ov'egli si sfoga contro i vili che armarono contro il suo *nome* l'operosa calunnia. Carlo Imbonati era morto il 15 marzo dell'anno 1805, in Parigi, assistito dalla signora Giulia Beccaria, madre del Manzoni. La Giulia accompagnò le spoglie dell'amico a Brusuglio: villa, di cui egli, sebbene avesse parecchie sorelle,, l'aveva fatta erede. La madre ed il figlio, dopo quella morte, partirono per Parigi, lasciando solo Don Pietro in Milano; l'eredità lasciata alla Giulia Beccaria diede occasione a molte ciarle; ora le ciarle, nelle quali anche gli uomini eletti che vi si abbandonano, diventano volgo, le nove volte su dieci, come sono figlie dell'ozio, sono madri di maldicenza. La signora Giulia Beccaria non dovette essere risparmiata. Che fece allora il figlio? Prima di tutto, egli non l'abbandonò più, e poi si preparò a vendicarne, come potè, la fama oltraggiata. Del padre che morì settantenne in Milano, due anni dopo la morte dell'Imbonati, e a cui il figlio, avvertito troppo tardi in Parigi, non arrivò in tempo a chiudere gli occhi, non troviamo se non un rapido cenno, abbastanza freddo, per annunciarne la morte, in una lettera che il Manzoni diresse nel marzo del 1807 all'amico Pagani da Brusuglio, ov'egli s'era per pochi giorni condotto con la madre a mettervi in ordine i suoi affari più urgenti. Nella stessa lettera, invece, il Manzoni rappresenta all'amico la propria «felicità di avere per madre ed amica una donna, parlando della quale, egli dice, troverò sempre più ogni espressione debole e monca.»[112] Ignazio Calderari, comune amico del Manzoni e del Pagani, avendo poi, allora per l'appunto passato, com'ei diceva: «due mezze giornate in paradiso,» o sia, nella villa dell'amico Manzoni a Brusuglio, scrivendo nel giorno stesso al Pagani, gli fa il ritratto della signora Beccaria: «Che dirotti di sua madre? Mi palpitava il cuore nel viaggio pel desiderio di conoscere una tal donna, che io già amava e venerava come quella che forma la felicità del nostro Manzoni, e da quanto vidi non posso ingannarmi che l'uno formi la contentezza dell'altro, perchè nulla è tra loro di segreto: l'uno a vicenda ambisce di prevenire i desiderii dell'altro, e si protestano l'un dell'altro indivisibili. Tu trovi in lei una donna, cui, non mancando alcuna delle vere grazie che adornano una donna, è dato un senno maschio ed una facile quanto soave ed affettuosa parola; è poi nel discorso tutta sentimento; ma quel che più attrae l'ammirazione, è il vedere queste prerogative d'ingegno e di cuore accompagnate da modestissimo contegno e spoglie affatto d'ogni donnesco, benchè minimo pettegolezzo; mi pare insomma che essa si assomigli perfettamente a quello che ce la rappresentavano le sue lettere a te e al sempre caro e adorabile Arese, quando le leggevamo insieme. Che bella coppia è mai quella! In verità, io credo non si possa pregare miglior cosa ad un uomo che di avere una tal madre o un simile padre!»

Ma è pure unica la fortuna di una donna, la quale abbia avuto per padre un Cesare Beccaria[113] e per figlio un Alessandro

---

[112] In una lettera del marzo 1806 diretta da Parigi al Pagani, il Manzoni si esprime così. «Scrivimi presto, te ne prego per me e per mia madre, che legge le tue lettere coi miei occhi. Ella t'ama quanto io t'amo. Ella è continuamente occupata.... ad amarmi e a fare la mia felicità.»

[113] Quando, nel 1793, il Beccaria morì, il Manzoni si trovava in collegio, e contava appena otto anni. Non pare ch'egli abbia ricevute altre impressioni del nonno, fuori di quelle che gli furono comunicate dalla madre e dalla lettura delle opere, specialmente dei due libretti, *Intorno ai Delitti e alle Pene*, e *Intorno alla Natura dello stile*. In quest'ultima opera, quantunque scritta assai male, trovansi parecchi pensieri, che devono aver servito di base ai primi discorsi che il Manzoni tenne in Parigi col Fauriel intorno allo stile. Io ne accennerò alcuni che mi sembrano particolarmente essere

Manzoni[114]. La madre del Manzoni, quando si recò a Parigi, non si faceva chiamare altrimenti che la signora Giulia Beccaria; il nome del Beccaria servì di passaporto e di commendatizia anche al nostro giovine Alessandro presso la più eletta e la più colta società parigina, ov'egli ebbe pure occasione di conoscere, fra gli altri valentuomini, lo storico piemontese Carlo Botta, il quale, non potendo ancora presagire in lui il futuro caposcuola del romanticismo in Italia, gli divenne amico[115]. Il Manzoni stesso,

divenuti manzoniani: «Un'eccellente poetica sarebbe quella che insegnasse a risvegliare in sè stesso l'indolente ed indeterminata sensibilità, che facesse scorrere lo spirito osservatore su tutte le cagioni che gli produssero piacere o dolore. Sono le osservazioni sopra le interne operazioni dello spirito, non sulle esterne manifestazioni di esso, che formano le vere istituzioni. - Io parlo solamente a quegli animi pronti e penetranti che sanno ripiegarsi in sè medesimi e sentir profondamente, ed a quegl'ingegni arditi e liberi che si formano una scienza de' loro pensieri e non degli scritti altrui.» Il sensismo del Condillac adoperato nella statistica è il fondamento della dottrina del Beccarla, che il Manzoni tradusse in pratica. «Il principal artificio (conchiudeva il Beccaria) di chi vuole riuscire eccellente scrittore sarà quello di ridurre a tutte le idee sensibili, componenti, tutto il corredo delle parole, delle quali egli, conversando e studiando, carica la memoria, il che finalmente si riduce al principio medesimo esposto nella prima parte di queste ricerche; se l'eccellenza dello stile consiste nell'esprimere immediatamente il massimo numero di sensazioni unibili colle idee principali, per mettersi in istato appunto di esprimere questo massimo numero, il miglior mezzo sarà quello di averne ricca l'immaginazione. Ora come mai ciò potrà aversi se tre quarti dell'istituzione nostra si fa per mezzo delle parole, ed è necessario di farlo attesa la complicata coltura de' nostri costumi? non certamente in altra maniera, infuori che in quella di studiosamente e ad ogni occasione portare l'unione delle generali ed indeterminate espressioni alle sensibili, precise e determinate.

[114] Così l'Imbonati che ebbe per discepolo il Manzoni, aveva avuto per maestro il Parini. Il Manzoni stesso dovea avere per maestro un Monti, per amici un Foscolo ed un Fauriel, un Rosmini ed un Grossi, per critico un Goethe, per genero un Azeglio, per discepolo ideale un Giusti! Le visite del Mazzini e del Garibaldi, di Vittorio Emanuele e del Principe Umberto, di Don Pedro d'Alcantara e del Granduca Alessandro di Weimar, erano dimostrazioni particolari di quel consenso universale d'ammirazione, pel quale la gloria letteraria del Manzoni fu insuperata ed insuperabile.

[115] Il Botta dava a leggere al giovine Manzoni il manoscritto della sua *Storia della Indipendenza degli Stati Uniti*, della quale il Manzoni scriveva con entusiasmo all'amico Pagani, dicendogli, tra l'altre cose: «Credi che, dopo i nostri storici vecchi, nulla d'eguale è mai comparso in Italia,» e gli raccomandava di trovargli un editore in Italia. L'editore non si potè trovare. Il Botta stampò il libro a sue spese; poi, avendo la moglie malata, e bisogno urgente di far danaro, vendette tutta l'edizione a peso di carta!

in quel tempo, un poco per farsi meglio conoscere, ma molto più forse per compiacere alla propria madre, firmava le proprie lettere col doppio nome di Manzoni-Beccaria; quando poi l'amico suo Pagani fece ristampare in Milano, per conto dell'Autore[116], il Carme *In morte dell'Imbonati*, egli lo pregò di aggiungere pure sul frontispizio il nome del Beccaria, specialmente dopochè il poeta Lebrun, allora molto in voga, inviandogli un suo nuovo componimento stampato, lo avea, senz'altro, salutato col nome di Beccaria, soggiungendo nella dedicatoria manoscritta queste parole: «C'est un nom trop honorable pour ne pas saisir l'occasion de le porter. Je veux que le nom de Lebrun choque avec celui de Beccaria.»[117] Il Pagani o dimenticò o finse o volle dimenticare il

---

- È noto come, dopo la pubblicazione de' *Promessi Sposi*, il Botta classicheggiante si schierò tra gli avversarii della Scuola manzoniana.

[116] La prima edizione de' soli cento esemplari, uscita nel febbraio del 1806, non fu messa in vendita; l'edizione di Milano fu di 1000 esemplari, ed uscì nel marzo di quello stesso anno.

[117] Fra i poeti che destarono maggior entusiasmo nel giovine Manzoni vuol essere ricordato, per l'appunto, questo Lebrun. {P. D. E., da non confondersi con un altro poeta Lebrun (P. A.) nato nello stesso anno, in cui nacque il Manzoni, morto membro dell'Accademia Francese, di cui il Dumas figlio ebbe a tessere l'elogio insieme col D'Haussonville. Questo Lebrun ebbe pure una gloria precoce, cantò pure le vittorie napoleoniche, e ottenne perciò anch'esso una pensione annua, ma di soli 1200 franchi.} Egli era nato nel 1729, e s'era acquistato fra i suoi contemporanei il nome di *Pindare francais*. A quattordici anni aveva già fatta un'Ode che prometteva un poeta insigne. Nato nella casa del principe di Conti, che lo prese a proteggere e lo adoperò poi per molti anni come suo segretario, vogliono che egli potesse esserne figlio. Il figlio del grande tragico Racine, poeta egli stesso, innamorò il giovane Lebrun della poesia; naufragato il Racine presso Cadice, il Lebrun lo pianse con un'Ode tenerissima. Sopra il suo quinto lustro, il Lebrun noveravasi già fra i primi Lirici francesi. L'indole satirica del poeta gli fece molti nemici; ma vuolsi pure ricordare che la figlia del grande Corneille ebbe dote per un'Ode famosa, nella quale il Lebrun supplicava in favore di lei il Voltaire. E quando il Voltaire morì, il Lebrun lo onorò con questa strofe efficace:

O Parnasse! frémis de douleur et d'effroi!
Pleurez, Muses, brisez vos lyres immortelles
Toi dont il fatigua les cent voix et les ailes,
Dis que Voltaire est mort, pleure et repose-toi.

Ma gli epigrammi pungenti del Lebrun sono molto più numerosi. La morte del prìncipe di Conti, la sua separazione dalla moglie, il fallimento del principe di Guémenée, presso il quale il Lebrun avea collocati i suoi risparmii, ne amareggiarono la vita. Per la intercessione del conte di Vaudreuil e del Calonne, impietosito il re Luigi XVI concesse al povero Lebrun una pensione annua di duemila franchi, il che non impedì, allo scoppiar della rivoluzione, che il Pindaro francese scrivesse le più ardenti odi rivoluzionarie. Ma il regno del Terrore lo spaventò; il Lebrun lamentò allora la libertà perduta e l'umanità oltraggiata. Passata la tempesta rivoluzionaria, creato l'*Institut National*, ei fu de' primi ad esservi accolto. Sotto il Direttorio, gli fu dato quartiere nel Louvre, con una pensione annua di mille scudi; Napoleone, primo console, la portò nel 1804 a seimila franchi. Negli ultimi anni della sua vita, il poeta perdette la vista; ma la ricuperò, in parte, per le cure del dottor Forlenze, onde il Cournand componeva la graziosa strofa seguente:

D'un nuage fatal tes yeux étaient voilés;
Forlenze, par son art, te rendit la lumière.
En des siècles plus reculés
Ce qu'il fit pour Pindare, il l'eût fait pour Homère.

Ma del beneficio della luce il Lebrun godette per poco tempo, poichè morì nel mese di settembre dell'anno 1807. I critici contemporanei del Lebrun non lo stimavano inferiore al lirico Giambattista Rousseau, specialmente per le due Odi al Buffon, per l'Ode sopra il vascello *Le Vengeur*, e per le sue traduzioni e imitazioni delle *Odi* d'Orazio. Ebbi sotto gli occhi un ritratto del poeta Lebrun, una figura nervosa, un profilo sottile, che non doveva inspirar molta simpatia; il Manzoni era tuttavia in quell'età, in cui tutti gli scrittori celebri sembrano degni d'essere amati, quando incontrò il Lebrun; e però il 17 marzo dell'anno 1806 scriveva da Parigi al suo amico Pagani: «Ieri ebbi l'onore di pranzare con un grande uomo, con un poeta sommo, con un lirico trascendente, con Lebrun. Avendomi onorato di un suo componimento stampato, volle assolutamente scrivere sull'esemplare, che conserverò per sempre: *A. M. Beccaria*. Ho avuto l'onore di imprimere due baci sulle sue smunte e scarnate guancie; e sono stati per me più saporiti che se gli avessi colti sulle labbra di Venere. È un grande uomo, per Dio! Spiacemi che le sue *Odi* sieno sparse e non riunite in un volume per potertele far conoscere; il suo nome lo conoscerai certamente. Credimi che noi Italiani siamo alquanto impertinenti, quando diciamo che non vi è poesia francese. Io credo e creder credo il vero, che noi non abbiamo (all'orecchio), che noi non abbiamo un lirico da contrapporre a Lebrun per quello che si chiama forza lirica. E perciò qui lo chiamano comunemente *Pindare Lebrun*, e non dicono forse troppo. Per contentare la loquacità che oggi mi domina, e per giustificare la mia opinione, ti trascriverò qualche verso qua e là delle sue *Odi*. In una imitata dall'*Exegi monumentum* di Orazio, egli dice che il suo monumento è più ardito della piramide e più durevole del bronzo. E poi (ascolta, per Dio!):

Qu'atteste leur masse insensée?
Rien qu'un néant ambitieux:
Mais l'ouvrage de la pensée
Est immortel comme les Dieux.

singolare desiderio espressogli dall'amico, il quale dovette contentarsi di sentirsi chiamare semplicemente: Alessandro Manzoni.

I versi per l'Imbonati non furono dunque scritti, come sembrami siasi creduto fin qui, immediatamente dopo la morte di colui, che, discepolo del Parini, dovea, se avesse vissuto, divenire

-----

Eh? e nella medesima Ode:

Comme l'encens qui s'évapore
Et des Dieux parfume l'autel,
Le feu sacré qui me dévore
Brûle ce que j'ai de mortel.

E nella stessa ancora:

J'échappe à ce globe de fange:
Quel triomphe plus solennel!
C'est la mort même qui me venge;
Je commence un jour éternel.

E, in un'Ode a Bonaparte, due anni fa:

Le peuple souverain qu'un Héros sent défendre
N'obéira qu'aux Lois;
Et l'heureux Bonaparte est trop grand pour descendre
Jusqu'au trône des Rois.

In un'Ode per la famosa notte del 10 agosto, - attento bene:

O Nuit, dont le voile imposteur
Servit un roi conspirateur,
Je te dénonce à la mémoire!
ors de ta lâche obscurité,
Parais dans ton affreuse gloire,
Subis ton immortalité!

Se questi non sono versi, quelli d'Orazio e di Pindaro sono cavoli! - E parlando di Dio in un poema;

Au-delà du soleil, au-delà de l'espace,
Il n'est rien qu'il ne voie, il n'est rien qu'il n'embrasse,
Et la création respire dans son sein.

la guida spirituale del Manzoni; ma parecchi mesi dopo, nel febbraio dell'anno 1806, quando s'appressava l'anniversario della sua morte, ed assai probabilmente per dare, in quel giorno funebre, una consolazione alla nobile amica derelitta dell'Imbonati. Noi sappiamo ora intanto dal signor Romussi che, per quell'anniversario funebre, il Manzoni faceva ristampare i suoi versi in Milano, per mezzo del suo amico Pagani, al quale soggiungeva il seguente poscritto:

«Il 15 corrente è il fatale giorno anniversario della morte del virtuoso Imbonati. Mia madre dice che un tuo sospiro per lui sarà a lui un omaggio, una consolazione a lei, e che in quel momento le nostre anime saranno unite.»[118] Nel Carme commemorativo, ove si esalta la virtù dell'Imbonati, ove si confessa pubblicamente l'amicizia che lo legava a Giulia Beccaria, ove si promette dal poeta all'ombra dell'Imbonati ch'egli avrebbe seguito i sapienti consigli dell'amico di sua madre, si esalta insieme e si consola la virtù e il dolore della madre. Sotto questo aspetto speciale, parmi che il Carme, sebbene già notissimo, *In morte dell'Imbonati*, possa ora venir riletto dagli ammiratori del Manzoni, con più viva, se pure non nuova, curiosità, poichè insieme col genio nascente del poeta ci mostra il coraggioso ed eloquente affetto del figlio vendicatore dell'onore materno[119].

Incomincia il Poeta accortamente col rivolgersi alla madre, rammentando com'egli fosse solito a scusarsi presso di lei, per avere fino a quel di coltivata solamente la poesia satirica, poichè non gli era apparso sopra la terra un solo raggio di virtù, al quale potesse consacrare l'ingegno poetico. Ma, dopo avere inteso come la madre rimpiangesse la rara virtù dell'amico che le

---

[118] Una lettera del maggio 1806 diretta in poscritto dalla Giulia Beccaria al Pagani lo pregava di visitare in Milano la tomba dell'Imbonati: «Un vostro puro *vale* (scriveva essa), sarà aggradito da Lui, sarà accetto dal mio povero cuore.»

[119] L'Autore della *Biografia* del Manzoni che si legge ora nel *Supplemento all'Enciclopedia popolare* del Pomba, preferisce invece far credere che il Manzoni abbia scritto il Carme per l'Imbonati, per riconoscenza della pingue eredità ricevuta!

era stato tolto, gli parve almeno che il ricordo di quelle virtù potesse destare in alcuno il proposito di farle rivivere in sè. Il giovine Poeta vede veramente o immagina d'avere veduto in sogno il conte Carlo Imbonati, ma in figura di malato già consunto dal proprio male. Egli serba tuttavia sempre molta calma nell'aperto volto e nell'aspetto, i quali inspirano pronta fiducia anche agl'ignoti. Pensosa è la fronte di lui, mite e sereno lo sguardo, il labbro sorridente. Il Poeta ventenne fa prontamente atto di volerlo abbracciare e di favellargli:

>   ma irrigidita
> Da timor, da stupor, da reverenza
> Stette la lingua.

Allora l'Imbonati stesso prende a parlare, e dice come un affetto imperioso lo muova a ritornar presso di lui, che, nel fine di sua vita, era stato oggetto dei suoi più vivi desiderii:

>   E sai se, quando
> Il mio cor nelle membra ancor battea,
> Di te fu pieno, e quanta parte avesti
> Degli estremi suoi moti. - Or, poi che dato
> Non m'è, com'io bramava, a passo a passo,
> Per man guidarti su la via scoscesa,
> Che, anelando, ho fornita, e tu cominci,
> Volli almeno una volta confortarti
> Di mia presenza.

L'Imbonati, non credendo forse ancora imminente l'ultimo suo giorno, avea diretta al giovine Manzoni che, in quel tempo, dovea condurre fra la gioventù milanese una vita alquanto dissipata, una prima ed ultima lettera eloquente, dove gli dava alcuni suoi consigli amorosi, fiducioso certamente di deporre il buon seme in ottimo terreno. Il Manzoni, alla sua volta, rispose con una lettera caldissima; ma la risposta arrivò all'Imbonati, quand'egli avea già chiusi gli occhi alla luce.

Mi si domanderà: Come sapete voi questo? In quale biografia l'avete voi letto? Avreste, per avventura, vedute quelle preziose lettere? No: Io non le ho vedute; ma ho semplicemente letto, con intento biografico, i versi stessi del Manzoni. Gli abbiamo letti anche noi, e sono chiari abbastanza da non abbisognare di commenti. Io ne convengo perfettamente, e vi prego dunque soltanto di rileggerli ancora una volta:

.... Allor ch'io l'amorose e vere
Note leggea, che a me dettasti prime,
E novissime fôro, e la dolcezza
Dell'esser teco presentìa, chi detto
M'avrìa che tolto m'eri! E quando in caldo
Scritto gli affetti del mio cor t'apersi,
Che non sarìa dagli occhi tuoi veduto,
Chiusi per sempre! Or quanto e come acerbo
Di te nutrissi desiderio, il pensa.

Il Manzoni non pare dunque aver conosciuto l'Imbonati, ma essersene solamente innamorato per la fama delle sue molte virtù e per l'affetto sincero e profondo che egli aveva inspirato alla signora Beccaria; il che è intieramente regolare, poichè sappiamo dal Fauriel che la Beccaria s'era recata a Parigi con l'Imbonati fin dai primi anni del Consolato. Si spiega quindi pure come, per un certo periodo della vita giovanile di Alessandro Manzoni, appaia educatrice di lui non già la madre, ma una zia uscita da uno de' conventi soppressi, nel tempo in cui i Manzoni abitavano nella Via di Santa Prassede[120]. Essa aveva l'incarico di accompagnare

____

[120] «Il Manzoni (scrive lo Stoppani) si ricordava fin negli ultimi suoi anni della buona zia, la quale gli aveva lasciato delle impressioni vivissime, che egli ricordava agli amici, come fossero ancora quei giorni. Ritornata ai patrii lari, l'ex-monaca si era assunta lei una parte dell'educazione di Lisandrino, a cui aveva preso a volere un gran bene, e questa parte era di farne un giovinotto... se vi par troppo il dire galante, diremo brillante,

in chiesa il giovinetto, e di fargli dare lezioni di musica e di danza, forse pure di scherma. Come spiegarsi altrimenti che l'Imbonati fosse così poco noto al figlio di colei, per la quale egli era tutto, e che, invece di parlare al Manzoni, egli si risolvesse a scrivergli?

Un giorno qualche altra lettera inedita ci darà forse la chiave di questo enigma biografico; intanto proseguiamo la nostra lettura:

> Io sentìa le tue lodi; e qual tu fosti
>   Di retto, acuto senno, d'incolpato
>   Costume e d'alte voglie, ugual, sincero,
>   Non vantator di probità, ma probo,
>   Com'oggi, al mondo, al par di te nessuno
>   Gusti il sapor del beneficio, e senta
>   Dolor dell'altrui danno. Egli ascoltava
>   Con volto nè superbo, nè modesto.
>   Io, rincorato, proseguia: se cura,
>   Se pensier di qua giù vince l'avello,

chè non daremo così occasione di pensar male a nessuno. Non pare che per una coltivazione di questo genere il terreno fosse così facile, come avrebbe desiderato la coltivatrice. Anche il Manzoni dovette subire il supplizio inevitabile delle lezioni di musica e di danza.... Non vi cadesse mai in mente che l'ex-monaca fosse una donna meno che ammodo, anzi meno che pia; ella non mancava mai di condur seco Lisandrino alla benedizione nella chiesa detta *alla Pace*. Vuol dire che lungo la via c'era tempo di discorrere d'altre cose. - Vede lei, - diceva un giorno il Manzoni, in uno degli ultimi anni della sua vita, ad un amico, mentre passavano per la Via di Santa Prassede, - vede lei quella finestra? Un giorno ero là colla zia che m'insegnava il viver del mondo. D'un tratto eccoci alle spalle lo zio monsignore; e la zia svelta a regalargli, come si dice, una buona cavatina, cambiando discorso con tale disinvoltura, da fare invidia al comico più provetto. - Dove mai aveva la zia appreso una tattica così sorprendente? Ma!... La cosa aveva fatto un gran senso al giovinetto, e gli avrà dato certamente da pensare. Talvolta certamente nella conversazione il discorso cadeva sulla soppressione, con tutti quei pro e contro che udiamo anche noi a' nostri giorni. La zia a questo proposito non si lasciava mai cogliere nelle spire di un ragionamento qualsiasi. Con quel suo fare spigliato e disinvolto saltava a piè pari alla conclusione. - Io per me - diceva - sono del parere di Giuseppe II. Aria: Aria! - soggiungeva, trinciando nell'aria di gran cerchi colla mano destra, quasi avesse voluto farsi largo, e sgombrarsi dattorno quel non so che, da cui aveva impedito per tant'anni il respiro.»

Certo so ben che il duol t'aggiugne e il pianto
Di lei che amasti ed ami ancor, che tutto,
Te perdendo, ha perduto.

L'Imbonati sorride mestamente, e risponde:

Se non fosse
Ch'io l'amo tanto, io pregherei che ratto
Quell'anima gentil fuor delle membra
Prendesse il vol, per chiuder l'ali in grembo
Di Quei ch'eterna ciò che a Lui somiglia.
Che, fin ch'io non la veggo, e ch'io son certo
Di mai più non lasciarla, esser felice
Pienamente non posso. A questi accenti
Chinammo il volto, e taciti ristemmo;
Ma, per gli occhi d'entrambi, il cor parlava.

Dopo questo omaggio che il giovine Poeta, preteso ateo, rende per le parole dell'Imbonati alla credenza in Dio e nella immortalità dell'anima umana, egli domanda all'ombra dell'Imbonati quale impressione essa abbia provato nel punto della morte[121]. Essa risponde evasivamente che non provò alcun dolore, che le parve liberarsi da un breve sonno; ma poi, ridesta alla vita eterna, le increbbe non ritrovarsi più vicina la cara donna che vegliava, con amorosa pietà, al fianco di lui infermo. Altro l'Imbonati non può rimpiangere di questa vita mortale, nè il tristo mondo ch'egli abbandonò. Anima virtuosamente stoica e scettica ad un tempo, comunica il proprio scetticismo all'amica diletta ed al carissimo alunno:

---

[121] Questa pareva una preoccupazione forte nel Manzoni: noi abbiamo veduto nelle lettere che scrive intorno all'Arese moribondo com'egli si sdegni contro il sacerdote che viene a crescere il terrore della morte; è noto poi come l'estrema agonia del Manzoni sia stata dolorosa, pel terrore che lo invase nell'ultimo momento.

Che dolermi dovea? forse il partirmi
    Da questa terra, ov'è il ben far portento,
    E somma lode il non aver peccato?
    Dove il pensier dalla parola è sempre
    Altro, è virtù per ogni labbro ad alta
    Voce lodata, ma ne' cor derisa;
    Dov'è spento il pudor, dove sagace
    Usura è fatto il beneficio, e frutta
    Lussuria amor; dove sol reo si stima
    Chi non compie il delitto; ove il delitto
    Turpe non è, se fortunato; dove
    Sempre in alto i ribaldi e i buoni in fondo.
    Dura è pel giusto solitario, il credi,
    Dura e, pur troppo, disugual la guerra
    Contro i perversi affratellati e molti.
    Tu, cui non piacque su la via più trita
    La folla urtar che dietro al piacer corre
    E all'onor vano e al lucro, e delle sale
    Al gracchiar vôto, e del censito volgo
    Al petulante cinguettìo, d'amici
    Ceto preponi intemerati e pochi,
    E la pacata compagnia di quelli
    Che, spenti, al mondo anco son pregio e norma,
    Segui tua strada; e dal viril proposto
    Noti ti partir, se sai.

Qui, dove torna pure ad affacciarsi in parte il poeta de'
Sermoni che si mostra alieno dai pubblici affidi, appaiono chiare
le ragioni, per le quali il Manzoni, disgustato della società
milanese, si recò in Francia con la madre. Segue il già citato
ricordo dell'educazione ricevuta in collegio, quindi l'allusione allo
innominato maestro ch'egli disprezza; viene infine l'alunno
sdegnoso alle calunnie dei vili che assalirono il *nome* del giovine
poeta in Italia, alle quali egli non diede risposta, unico modo savio

per farle cadere; e caddero infatti così bene, che non si potrebbe oggi più argomentare con qualche fondamenta di qual natura veramente esse fossero e onde partissero. È possibile tuttavia, se è vero che il Manzoni abbia, in qualche modo, nella gioventù di Lodovico, voluto raffigurar la propria ch'egli, non ignaro, per averle particolarmente studiate, delle leggi cavalleresche, invece di sfidare il suo avversario calunniatore l'abbia disprezzato, per mostrare poi in età più matura, con tutta la forza stringente della sua logica poderosa, e per l'esempio del duello di Lodovico, come un tal partito, tragico insieme e ridicolo, non risolva mai alcuna questione d'onore. I versi giovanili del Manzoni ci dicono, in somma, in modo indiretto, che egli nè entrò in polemica letteraria, nè chiese a' suoi calunniatori alcuna riparazione di sangue:

> Nè l'orecchio tuo santo io vo' del nome
> Macchiar de' vili che, ozïosi sempre,
> Fuor che in mal far, contra il mio nome armâro
> L'operosa calunnia. Alle lor grida
> Silenzio opposi, e all'odio lor disprezzo;
> Qual merti l'ira mia fra lor non veggio;
> Ond'io lieve men vado a mia salita
> Non li curando:

non curanza che, ricordando il disdegnoso verso dantesco,

> Non ti curar di lor, ma guarda e passa,

conferma pure il verso del Manzoni giovinetto:

> Spregio, non odio mai.

Per quale intima associazione d'idee non si potrebbe ora ben dire, il giovine Manzoni domanda quindi all'Imbonati, se sia vero quello che di lui si va dicendo, ch'egli abbia, cioè, disprezzato i poeti e le Muse. Ma l'Imbonati è pronto a soggiungere che gli furono venerandi e cari Vittorio Alfieri e Giuseppe Parini, ma ch'egli disprezza, invece, i poeti triviali, arroganti, viziosi, di perduta fama, i quali fanno un vergognoso mercato di lodi e di strapazzi, e dai quali si attende una vecchiaia oscura e ignominiosa; e qui forse il Manzoni mirava ancora al cavaliere storiografo Vincenzo Monti od all'improvvisatore Francesco Gianni che viveva a Parigi, e metteva in verso i bollettini delle vittorie napoleoniche. La vecchiaia dell'Autore della *Bassvilliana* e della *Mascheroniana* fu, pur troppo, quale il Manzoni la pronosticava ai venali poeti, dai quali egli abborriva; al Gianni fu invece, dopo la caduta di Napoleone, conservata la sua lauta pensione. Udite, pertanto, le generose parole dell'Imbonati, il Manzoni prorompe egli stesso e conchiude stupendamente il Canto:

> Gioia il suo dir mi prese, e *non ignota*[122]
> Bile destommi; e replicai: deh! vogli
> La via segnarmi, onde toccar la cima
> Io possa, o far che, s'io cadrò su l'erta,
> Dicasi almen: su l'orma propria ei giace.
> *Sentir, riprese, e meditar; di poco*
> *Esser contento; dalla mèta mai*
> *Non torcer gli occhi; conservar la mano*
> *Pura e la mente; delle umane cose*
> *Tanto sperimentar, quanto ti basti*
> *Per non curarle; non ti far mai servo;*
> *Non far tregua coi vili; il santo vero*
> *Mai non tradir; nè proferir mai verbo,*
> *Che plauda al vizio, o la virtù derida.*
> O maestro, o, gridai, scorta amorosa,
> Non mi lasciar; del tuo consiglio il raggio

---

[122] Egli ricordava senza dubbio, in quel punto, il proprio già citato Sermone contro i cattivi poeti.

Non mi sia spento, a governar rimani
Me, cui natura e gioventù fa cieco
L'ingegno e serva la ragion del core.
Così parlava e lagrimava; al mio
Pianto ei compianse, E, non è questa, disse,
Quella città, dove sarem compagni
Eternamente. Ora colei, cui figlio
Se' per natura e, per eletta, amico,
Ama ed ascolta, e di figlial dolcezza
L'intensa amaritudine le molci;
Dille ch'io so ch'ella sol cerca il piede
Metter su l'orme mie; dille che i fiori
Che sul mio cener spande, io li raccolgo,
E li rendo immortali; e tal ne tesso
Serto che sol non temerà nè bruma,
Ch'io stesso in fronte riporrolle, ancora
Delle sue belle lagrime irrorato.
Dolce tristezza, amor, d'affetti mille
Turba m'assalse; e, da seder levato,
Ambo le braccia con voler tendea
Alla cara cervice. A quella scossa,
Quasi al partir di sonno, io mi rimasi;
E con l'acume del veder tentando
E con la man, solo mi vidi; e calda
Mi ritrovai la lagrima sul ciglio.

Qui tutto è vero e caldo come fiamma viva; qui spira l'alito di una poesia originale e potente. L'ombra dell'Imbonati, in conformità delle idee svolte nell'Ode pariniana *Sull'Educazione* e di quelle del Fauriel (il prediletto tra *i pochi ed intemerati* amici del Manzoni in Parigi), il quale, intorno a quel tempo, stava, per l'appunto, meditando una storia dello Stoicismo, traccia al discepolo e, per mezzo di esso, a noi, un intiero bellissimo programma di Filosofia stoica. Con un tale espediente, non saprei dire se più ingegnoso o affettuoso, avendo l'Imbonati parlato per mezzo del figlio all'amico, la signora Giulia Beccaria dovette persuadersi come, per la virtù dell'amor figliale, divenuta poesia sovrana, la madre non solamente potea consolarsi, ma avesse ogni ragione di inorgoglirsi, nella lieta certezza di aver fatto all'Italia il dono celeste di un nuovo grande poeta[123].

---

[123] L'indole intieramente soggettiva del Carme, le lodi date all'Imbonati amico di sua madre, quando il padre ancora viveva, e la possibilità che alcuno venisse un giorno, come venne pur troppo, a sospettare ch'egli cantasse l'Imbonati per riconoscenza venale, dopo che il Conte aveva diseredato i proprii parenti per lasciare le proprie sostanze alla bella ed intelligente amica, furono, senza dubbio, i motivi gravissimi, per i quali il Canzoni ebbe più tardi a dolersi d'avere scritto quel Carme giovanile.

Il Manzoni a Parigi.

Il nome che portava la madre del Manzoni l'avea fatta accogliere in tutte le conversazioni più eleganti e più dotte del Consolato e del Primo Impero. Ad Auteuil, presso Parigi, viveva la vedova dell'Helvetius, in una casa già frequentata dai famosi Holbach, Franklin, Jefferson, Condillac, Diderot, D'Alembert, Condorcet, Laplace, Volney, Garat, Chenier, Ginguenè, Daunou, Thurot, Tracy l'ideologo e Cabanis. Ma il Cabanis frequentava specialmente la Maisonnette ove viveva la vedova del Condorcet, sorella del maresciallo Grouchy e della moglie di Giorgio Cabanis. Fu alla Maisonnette, ove la signora Beccarla si recava con particolare frequenza, che il Manzoni dovette conoscere il grande medico filosofo di Auteuil.

Dal Sainte-Beuve apprendiamo che il Manzoni, parlandone col Fauriel, lo chiamava *cet angélique Cabanis*. Il Cabanis era nato nel 1757 a Cosnac e morì nel 1808 presso Meulan. Il Manzoni lo conobbe dunque negli ultimi tre anni della sua vita, e al colmo della sua gloria. Nell'anno 1806 il Cabanis aveva indirizzata al Fauriel una bella lettera sopra le cause prime, che fu pubblicata solo parecchi anni dopo la sua morte; probabilmente il Manzoni la lesse manoscritta presso il Fauriel. Il Sainte-Beuve riportò un passo eloquente della lettera del Cabanis; io ne riferirò qui, invece, la conclusione, nella quale il medico filosofo si rivolgeva allo storico sperato dello Stoicismo: «C'est a vous, mon ami, qu'il appartient de nous offrir les images des grandes âmes formées par ces maximes, de retracer dignement des souvenirs si touchants et si majestueux. Sans doute il est toujours utile de proposer aux hommes de semblables modèles; mais, aux époques des révolutions politiques, le bon sens et la vertu n'ont de garantie que dans la constance des principes, dans l'inébranlable fermeté des habitudes. Le débordement de toutes les folies, de toutes les fureurs, les excès de tous genres, inséparables de ces grands bouleversements, troublent les tètes faibles, leur rendent problématique ce qu'elles ont regardé comme le plus certain; les exemples corrupteurs, les succès momentanés du crime, les malheurs, les persécutions qui s'attachent si souvent aux gens de bien, ébranlent la morale des âmes flottantes; le ressort des plus énergiques s'affaiblit lui-même quelquefois, et toutes celles qui ne sont affermies dans la pratique des actions honnêtes que par le respect de l'opinion publique, voyant cette opinion toujours équitable à la longue dans les temps calmes, alors incertaine, égarée et souvent criminelle dans ses jugements, s'habituent à mépriser une voix qui leur tenait lieu de conscience; et si elles ne finissent bientôt par traiter de vaines illusions les devoirs les plus sacrés, il ne leur reste plus du moins assez de courage pour les faire triompher, dans le secret de leurs pensées, des impressions de terreur dont elles sont environnées de toutes parts. Poursuivez donc, mon ami, cet utile et noble travail: si la plus grande partie des temps historiques vers lesquels il vous ramène doivent remettre sous vos yeux les plus horribles et les plus hideux tableaux, vous y trouverez aussi celui des plus admirables et des plus touchantes vertus; leur aspect reposera votre cœur, révolté et fatigué de tant de scènes d'horreur et de bassesse. Jouissez, en le retraçant avec complaissance, des encouragements qu'il peut donner à tous les hommes en qui vit quelque étincelle du feu sacré, surtout *à cette bonne jeunesse, qui entre toujours dans la carrière de la vie avec tous les sentiments élevés et généreux;* et ne craignez pas d'embrasser une ombre vaine, en jouissant d'avance encore de la reconnaissance des vrais amis de l'humanité.» A me pare tra le cose probabili che il Cabanis, quando scriveva queste parole, scritte, prima del Manzoni, un poco *alla manzoniana*, per le quali insieme col Fauriel si confortava nella speranza che la nuova gioventù avrebbe raccolto l'esempio delle virtù stoiche, di cui il Fauriel dovea scrivere la storia, sebbene fosse avvezzo a terminare i suoi scritti con una generosa perorazione ai giovani, pensasse questa volta, particolarmente, al giovine amico del Fauriel, al Manzoni, che, nel suo Carme *in morte di Carlo Imbonati*, fin dal mese di febbraio dello stesso anno 1806 si era fatto un vero programma poetico di Filosofia stoica. In parecchi scritti poi del Cabanis trovo traccie di quello stile modestamente arguto, un po' vago d'antitesi e di paralleli, che piaceva pur tanto al Manzoni e che gli divenne proprio, ma ch'egli potè forse sentirsi capace di rinnovare leggendo alcuno degli scrittori francesi. Non vorrei ingannarmi, innanzi ai professori di stilistica, dicendo che riconosco, per esempio, anticipato in parte il fare manzoniano in queste parole, con le quali si termina la prefazione del *Coup-d'œil sur les révolutions et sur la réforme de la Médecine*, del Cabanis: «Cette introduction est la seule partie que j'aie pu terminer. Je m'étais refusé jusqu'à ce moment à la rendre publique, dans l'espoir de compléter un jour l'ouvrage entier tel que je l'avais conçu. Mais le dépérissement total de ma santé ne me permet plus de nourrir cet espoir, qui fut toujours peut-être beaucoup trop ambitieux pour moi. Je finis donc par céder aux vœux de quelques amis, et par livrer au public cette faible esquisse. J'aurais voulu la rendre plus digne de lui et d'eux, mais la même raison qui m'engage à la tirer de mon portefeuille, m'ôte le courage et les moyens de la perfectionner. Telle qu'elle est, elle renferme, je crois, des idées utiles, c'est assez pour écarter les conseils de mon amour-propre, qui peut-être la condamneraient a l'oubli; et si nos jeunes élèves, auxquels elle est particulièrement destinée, retirent quelque fruit de cette lecture, l'avantage de les avoir aidés dans leurs travaux sera pour mon cœur bien au-dessus de tous les succes les plus glorieux.» Io non dico che qui dentro ci sia il Manzoni; ma mi pare di ritrovarci, fino ad un certo segno, il suo modo di dire, e però non ho creduto di doverlo tacere. Nel Cabanis, oltre al medico filosofo, vi era l'apostolo, un bisogno continuo di comunicarsi vivamente ed utilmente agli altri; questo bisogno il

Manzoni non l'ha sentito in pari grado, anzi, per dire il vero, egli mi pare averlo sentito pochissimo. Il Cabanis non si contentava che il medico fosse dotto; lo voleva principalmente buono; e tutti i suoi migliori scritti riescono ad una tale conclusione. Ma, se il Manzoni non provava la stessa impazienza nel manifestare i proprii sentimenti e nel farli attivi leggendo gli scritti e ascoltando i discorsi di colui che gli parve *angelico*, dovette provare più volte una viva simpatia, e, approvando in cuor suo i pensieri del sapiente di Auteuil, trarne qualche profitto per la regola della propria vita, ed in parte, anche, in quanto il Cabanis gli parve scrittore efficace, giovarsene per dare, ad un tempo, rilievo singolare e disinvoltura alla propria prosa.

Il Manzoni entrò nella vita con un programma etico ben determinato. Così il Cabanis, quando, nel 1783, ottenne il dottorato, avea proferito innanzi a' suoi giudici un generoso giuramento in versi non molto eleganti, ma, in compenso, molto sinceri, onde rilevo questi brani:

> Je jure qu'à mon art obstinément livrée
>> Ma vie aux passions n'offrirà nulle entrée;
>> Qu'il remplira mes jours; que, pour l'approfondir,
>> L'embrasser tout entier, peut-être l'agrandir,
>> Mon âme à cet objet sans repos attachée,
>> Poursuivant sans repos la vérité cachée,
>> Formera, nourrira, par des efforts constants,
>> Sa lente expérience et ses trésors savants.
> Je jure que jamais l'intérêt ni l'envie
>> Par leurs lâches conseils ne souilleront ma vie;
>> Que partout mes respects chercheront les talents;
>> Que ma tendre pitié, que mes soins consolants
>> Appartiendront surtout au malheur solitaire,
>> Et du pauvre d'abord trouveront la chaumière;
>> Que mes jours, dont mon cœur lui réserve l'emploi,
>> Pour conserver les siens ne seront rien pour moi

. . . .
. . . .
Libre de vains égards ou d'un orgueil coupable,
Je jure que ma voix, de détours incapable,
Montrera sans faiblesse, ainsi qu'avec candeur,
Et l'erreur étrangère et surtout mon erreur.
Je jure encor, fidèle à mon saint ministère,
Je jure, au nom des mœurs, que mon respect austère
Ne laissera jamais mes désirs ni mon cœur
S'égarer hors des lois que chérit la pudeur.
. . . .
. . . .
Ah! si mon cœur jamais, dans de honteux moments,
Abjurait sans puàeur ses vertueux serments,
Attache à tous mes pas les remords et le blâme,
Dieu vengeur qui m'entends! qu'en me fermant son
âme,
La sévère amitié me laisse en un désert!
Dans ce cœur maintenant aux goûts simples ouvert
Flétris les vrais désirs, étouffe la nature,
Frappe-le des terreurs que nourrit l'imposture;
Et que plein de l'effroi d'un obscur avenir,
Je meure sans laisser aucun doux souvenir!
Mais, si de la vertu dont l'image m'enflamme
La sévère beauté toujours parle à mon âme;
Si, malgré tant de maux dont les assauts constants
Ont flétri mes beaux jours et glacé mon printemps,
À mes devoirs livré, moi-même je m'oublie,
Pour ne songer qu'aux maux qu'un autre me confie;
Si toujours mes serments sont présents a mon cœur,
Dieu juste, sur mes jours répands quelque douceur;
Veille sur les amis qui consolent ma vie;
Nourris les sentiments dont tu l'as embellie!
Chéri du malheureux, du puissant révéré,

Que mon nom soit béni plutôt que célébré!

Il Cabanis, come più tardi il Manzoni, tenne fede al suo programma giovanile. E, se fu caso che due uomini come il Cabanis ed il Manzoni, l'uno al tramonto, l'altro al principio della vita, s'incontrassero e si amassero, quel caso almeno non si potè dir cieco, poichè, se il temperamento dei due scrittori era diverso, non potevano incontrarsi due uomini che si somigliassero di più nel desiderio del bene.

Il ritratto del Cabanis che accompagna il primo volume della edizione delle sue opere fatta nell'anno 1823 a Parigi dal Didot, ci offre la figura d'uomo pensoso e malinconico, ma benevolo e dall'espressione soave. La gioventù del Cabanis era stata molto agitata; giovinetto, egli aveva seguito, in qualità di segretario, un signore polacco a Varsavia; tornato a diciott'anni a Parigi, vi aveva atteso per alcuni anni a lavori letterarii, tra gli altri, a una versione dell'*Iliade*; ma non trovandosi abbastanza incoraggiato, elesse infine di studiar la medicina; laureato dopo sei anni di studio, si stabilì ad Auteuil, dove ebbe la ventura di conoscere la vedova del celebre Helvetius, che lo trattò come proprio figlio e gli fece conoscere gli uomini illustri che ne frequentavano la casa, tra i quali quel Beniamino Franklin, di cui il Cabanis ci ha poi raccontata così bene e con tanta efficacia morale la vita. Per mezzo dell'Holbach, divenne amico del Diderot, del D'Alembert e del Voltaire. All'arrivo della rivoluzione, il Cabanis ne approvò i principii e ne deplorò gli eccessi. Amico intimo del Mirabeau, ne descrisse la malattia e la morte. Assistette fino all'ultima ora il Condorcet, ne raccolse gli scritti, ne consolò la vedova; poco dopo, si congiunse in matrimonio con una cognata di lei, sorella del generale Grouchy. Nominato quindi professore, membro dell'Istituto, membro del Senato, la sua fama d'allora in poi andò sempre crescendo e la sua vita potè dirsi relativamente felice. Tutti gli scrittori francesi contemporanei s'accordarono nel chiamare il Cabanis non solo un gran medico, professore e filosofo, ma *un homme de bien*. Questa lode ch'egli ambiva sopra ogni altra, gli meritò pure la gloria di essere amato ed ammirato dal nostro Manzoni; ora, poichè nessuna delle ammirazioni del Manzoni rimase sterile per la sua vita, noi non possiamo tacere che, se il Manzoni tornò in Italia migliore che non ne fosse partito, una parte del merito vuole pure riferirsi all'*angelico Cabanis*. Quando il Cabanis morì, nel 1808, il suo posto nell'Accademia francese fu occupato da un altro filosofo, un amico, una conoscenza intima anch'esso del Fauriel e del Manzoni, l'ideologo Destutt de Tracy, l'autore dei celebri *Élements d'idéologie*, nato nel 1751, morto nel 1836[124].

Sebbene, per l'età, il Tracy potesse essere padre al Fauriel, sappiamo tuttavia che egli avea tanta fiducia nel criterio di lui, che gli dava ad esaminare e giudicare i proprii scritti prima di pubblicarli. Scrivendo poi al Fauriel, il Tracy gli diceva, citando un bell'adagio orientale, che l'albero dell'amicizia «est le seul qui porte des fruits toujours doux.»

Ma il grande amico, l'anima gemella, nella gioventù del Manzoni, fu Claudio Fauriel.

La signora di Staël, scrivendo al Fauriel, fra le altre cose gli diceva: «Ce n'est pas assurément que votre esprit aussi ne me plaise, mais il me semble qu'il tire son originalité de vos sentiments.» Queste parole ci possono dare la ragione della profonda simpatia, della viva amicizia che il Manzoni sentì pel Fauriel. La forza, la grandezza originale del Manzoni consiste pure nella sua capacità di sentire vivacemente e di tradurre sinceramente il proprio sentimento. Ammiratore del Parini e di Carlo Imbonati, due stoici, il giovine Manzoni arrivava a Parigi e vi incontrava lo stoico Fauriel, nel 1805, cioè nell'anno in cui questi preparava una storia dello Stoicismo ed attirava alle dottrine stoichei suoi migliori amici. Ma lo stoicismo del Fauriel non si scompagnava da un sentimento filantropico, più moderno

---

[124] L'Elogio del Cabanis recitato dal Tracy fu tradotto in italiano da Defendente Sacchi sopra il manoscritto dell'Autore e pubblicato nel 1834 a Piacenza.

che lo raddolciva. Amico del vero, e persuaso che il vero si può conciliar sempre col buono, per amor del vero egli amava pure nell'arte la naturalezza. Il Manzoni trovò dunque nel Fauriel più tosto un consenso che un ammaestramento; i due amici confermarono a vicenda, ne' loro lunghi e geniali discorsi, e determinarono meglio a sè stessi la loro poetica letteraria che riusciva al tempo stesso una poetica della vita. Anche al Manzoni si sarebbero forse potute rivolgere le parole che la Stael indirizzava al Fauriel: «Vous aimez les sentiments exaltés, et, quoique vous n'ayez pas, du moins je le crois, un caractère passionné, comme votre âme est pure, elle jouit de tout ce qui est noble avec délices.» Ingegni critici entrambi, ossia correttivi, erano impediti essi stessi da una clamorosa e tumultuosa dimostrazione de' loro sentimenti; poeti entrambi, non potevano tuttavia guardare con freddezza alcun oggetto della loro critica; moderavano dunque la passione e scaldavano la riflessione con una specie di compenso euritmico che le metteva quasi sempre fra loro in perfetta armonia.

Il Fauriel sarebbe stato amato con ardore dalla Stael, se egli lo avesse voluto; ma preferì una soddisfazione più viva, quella di essere ammirato da lei, che, deposta oramai ogni speranza di una corrispondenza amorosa, poteva quindi scrivergli: «Je croirai moins de mal de la nature humaine quand votre âme noble et pure me fera sentir au moins tout le charme et tout le mérite des ètres privilégiés.» Si comprende il fascino che un tal uomo dovette esercitare sopra il giovane Manzoni al suo arrivo in Parigi, e si capisce ancora come il Fauriel dovesse fortificarsi ne' suoi virtuosi convincimenti, trovando adesione ad essi nell'animo di un Manzoni.

Vuolsi egli da ciò argomentare che il Fauriel fosse, nella sua qualità di stoico, insensibile all'amore, e fargli quasi un merito di una tale insensibilità? Non è questo il mio pensiero. Pare, invece, che l'animo del Fauriel fosse preso, più ancora che dalle grazie, dalle virtù della vedova del Condorcet. Essa era nata sei anni prima di lui, ma, se egli amò alcuna donna, fu quella; ed amando fortemente quella, non ne poteva onestamente amare un'altra; perciò Beniamino Constant, scrivendo al Fauriel, dopo avere chiamata la Stael «la meilleure et la plus spirituelle des femmes,» si scusa, soggiungendo queste altre parole significanti: «Je m'aperçois que le superlatif est malhonnête, et je le rétracte pour l'habitante de la *Maisonnette*.» Il Fauriel era nato per sentire fortemente l'amicizia, degno quindi d'incontrarsi col Manzoni che si mostrò anch'esso affettuoso e costante nelle sue amicizie. E si può ancora riferire al Manzoni quello che il Sainte-Beuve scrisse del Fauriel: «En lui les extrémités, les terminaisons de l'âge précédent se confondent, se combinent à petit bruit avec les origines de l'autre; il y a de ces intermédiaires cachés qui font qu'ainsi deux époques, en divorce et en rupture à la surface, se tiennent comme par les entrailles.» Come il Fauriel comunicò al Cabanis, ad un ideologo, ad un filosofo, che era pure non grande, ma neppure infimo poeta, il proprio amore delle indagini storiche, così ne innamorò un altro poeta più grande e più originale, il nostro Manzoni. Il dramma *storico*, il romanzo *storico*, il discorso *storico*, la *Storia della Colonna infame*, riconoscono per loro padre legittimo, effettivo, il Manzoni; ma se il Manzoni ne fu il padre, il Fauriel ne vuol essere tenuto come l'amoroso padrino. Alla sua volta, il Manzoni, rapito da un nuovo profondo sentimento religioso, dovea forse contribuire ad animare di nuova poesia cristiana il sentimento stoico, quasi pagano, del Fauriel, e aggiungere a' pensieri virili dello storico una maggior soavità di espressione poetica. Il Fauriel poi ed il Manzoni erano di quegli uomini, in compagnia del quali, anche non volendo, si diventa migliore: il poeta danese Bággesen, per esempio, che era temuto da' suoi avversarii per i suoi frizzi e per le sue invettive, presso il sereno e virtuoso Fauriel diveniva o voleva almeno apparire un agnello: i frammenti delle sue lettere al Fauriel pubblicati dal Sainte-Beuve lo dimostrano.

Lo stoico Fauriel, amico della vedova del Condorcet, ma, senza dubbio, amico nel più nobile senso della parola, dovea tenere il posto presso il Manzoni di quel Carlo Imbonati, lo stoico discepolo del Parini, ed amico della signora Giulia Beccaria. Quando la signora Condorcet morì nel 1822, il Fauriel venne a cercare conforto al suo vivo, irreparabile dolore, presso il suo Manzoni, a Brusuglio.

Premesse queste poche parole intorno alle ragioni profonde della simpatia ed amicizia che legò insieme il Manzoni ed il Fauriel, mi giova ora, con la guida del Sainte-Beuve, seguire i discorsi che i due grandi scrittori tennero in Parigi sull'arte loro. Ma io discorderei tosto dall'illustre critico francese, il quale attribuiva al Fauriel il merito d'avere, dopo la lettura del noto Carme *In morte dell'Imbonati*, non pure consigliato al Manzoni di perfezionarsi nel verso sciolto, ma indicatigli «les modèles qu'il préférait.» Per quanto il Fauriel fosse intelligente di poesia italiana, conviene ammettere che il Manzoni se ne intendesse un poco più: il Fauriel provavasi egli pure a scrivere sonetti italiani e li leggeva al Manzoni; ma, se que' sonetti avessero avuto un vero valore, è assai probabile che gli avrebbero sopravvissuto. Il Fauriel deve avere semplicemente ammirato i bei versi del Manzoni, e convenuto con lui che il miglior modello di verso sciolto italiano era quello del Parini, che molto probabilmente il Manzoni fece conoscere al Fauriel e non, di certo, viceversa. Il Sainte-Beuve scrive, del rimanente, egli stesso parlando del Manzoni: «Le divin Parini, comme il l'appelait quelquefois, fut son premier maître; mais, en avançant, son vers tendit de plus en plus à se dégager de toute imitation prochaine, à se retremper directement dans la vérité et la nature.» Il che è vero soltanto, se si confronti lo sciolto della tragedia con quello del Carme per l'Imbonati, ma non potrebbe stare se si volesse riguardare come un progresso l'*Urania* ed altri componimenti lirici immediatamente successivi, rispetto a quel primo Carme mirabile per verità e naturalezza. Ma a questo punta non mi giova più citare; mi conviene invece riferire, per intiero, quanto il Sainte-Beuve ci lasciò scritta intorno ai discorsi principali che si tennero su argomenti letterarii fra il Manzoni ed il Fauriel, dall'anno 1806 all'anno 1808.

«Quante volte (scrive il Sainte-Beuve), correndo l'estate del 1806 o alcuno degli anni dipoi, nel giardino della *Maisonnette* e fuori, per le colline di Saint-Avoie, sul pendio di quella vetta, onde si scorge sì bello il corso della Senna, e l'isoletta coperta di salici e di cipressi, da cui l'occhio si allarga contento su quella fresca e tranquilla vallata, quante volte i due amici andavano ragionando tra loro sul fine supremo d'ogni poesia, sulle false immagini di che conveniva spogliarla, sull'arte bella e semplice che bisognava richiamare alla vita! Certo, il Cartesio non fu tanto insistente nel raccomandare al filosofo di deporre le idee della scuola e i pregiudizii dell'educazione, quanto il Fauriel nel raccomandare al poeta di liberarsi intieramente da quelle false immagini che sogliono ricevere nome di poetiche. Bisogna che la poesia sia cavata dall'intimo del cuore, bisogna sentire e saper esprimere i proprii sentimenti con sincerità. Quest'era il primo articolo della riforma poetica meditata dal Fauriel e dal Manzoni. Non è però che di mezzo alle speranze questi non sentisse un'amarezza nel cuore. Ben intendendo che la poesia non può corrispondere nè alle sue origini nè al suo fine, se non opera sulla vita del popolo e della società, scorgeva facilmente, che, per mille titoli, l'Italia non poteva arrivare a tanto. La divisione degli Stati, il difetto d'un centro comune, l'ozio, l'ignoranza, le pretensioni locali avevano arrecato differenze troppo profonde tra la lingua scritta e le parlate. Quella divenne addirittura una lingua morta. Non potè quindi prendere ed esercitare sulle varie popolazioni un'azione diretta, immediata, universale. E così, per una contradizione veramente singolare, la prima condizione in Italia d'una lingua poetica, pura e semplice, era di fondarsi sull'artificio. Il Manzoni sentì assai presto la gravità di questo inconveniente. Egli non poteva contemplare senza un certo piacere, misto d'invidia, il pubblico di Parigi tutto plaudente alla commedia del Molière. Quel vedere un popolo intero che gustava e intendeva in tutte le loro parti i capolavori del genio, come cosa sua, quasi ponendosi in comunicazione con esso, gli pareva un sintomo di quella vita attiva che temeva fosse divietata a una nazione divisa In tanti dialetti. Egli ch'era destinato a riunire un giorno i più eletti ingegni del suo paese in un concorde sentimento d'ammirazione, egli allora non credeva possibile siffatta unanimità, o almeno dolevasi che non potesse partire dal maggior numero. Il Fauriel lo incoraggiava con autorità, e ponevagli sott'occhio molti illustri esempi, anche di scrittori italiani, ricordandogli che tutti, più o meno, ebbero a lottare con difficoltà della stessa specie.»

Il soggiorno in Francia non valse di certo al Manzoni per fargli imparar meglio quella lingua italiana, allo studio della quale egli si appassionò poi tanto dopo il suo ritorno in Italia. Ma gli diede, quanto allo stile, quella naturalezza, quell'agevolezza e disinvoltura che le nostre scuole e le nostre Accademie non ci hanno mai insegnate, avendo anzi mirato molto spesso a nascondere con la frase elegante i pensieri, o il vuoto de' pensieri, più tosto che ad esprimerli. Il Manzoni ammirava grandemente e sovra tutti i prosatori il Voltaire, le opere del quale egli citava spesso, avendole fino al suo trentesimo anno 1820 avute sempre fra le mani! Se ne privò poi, per farne dono al proprio confessore monsignor Tosi, canonico del Duomo, poi vescovo di Pavia, e togliersi così la tentazione di ascoltare il Voltaire altrimenti che come scrittore, e di sorbire con l'ambrosia delle belle parole il veleno di pensieri che quella fede cattolica, della quale egli aveva assunta la difesa, gli comandava di riprovare[125].

---

[125] Il fatto ci è affermato dal professor Magenta, il quale aggiunge che il Voltaire appartenuto al Manzoni «era un magnifico esemplare parigino del 1785, di circa 100 volumi in-8°, legati in marocchino col labbro dorato. L'egregio Carlo Tosi ne tiene quattro soltanto, che degli altri alla morte del Vescovo non si trova che i cartoni.»

XII.

L'*Urania*. - L'Idillio manzoniano.

Fu scritto molto e forse troppo sopra gli amori molteplici e non tutti egualmente ammirabili e confessabili di Volfango Goethe. Il capitolo che tratta degli amori del Manzoni sarà assai più breve e più discreto, ma, come parmi, non privo d'importanza per chi s'occupi di psicologia letteraria. Io non piglio molto sul serio e però non dovrei curar qui il breve disgraziato amoretto di Venezia, del quale ho già fatto un breve cenno, perchè non sembra aver lasciata alcuna traccia profonda nell'arte manzoniana. Ma non posso, tuttavia, passare sotto silenzio che Niccolò Tommaseo aveva veduto un Sonetto giovanile del Manzoni, ov'era un verso molto espressivo. Il nostro Poeta, fin da giovinetto, aveva fermata la sua mente ad un alto ideale, e rivolgendosi alla sua Musa inspiratrice le prometteva di serbar fede al virtuoso ideale, arrecandone in pegno una ragione stupenda per la sua naturalezza:

> Perch'io non posso tralasciar d'amarti!

Questo bel verso ci assicura già che per Alessandro Manzoni l'amore non sarà una debolezza, ma una sola grande virtù, e che dalla donna egli avrebbe ricevuto soltanto inspirazioni gentili e benefiche. Dopo avere pubblicato il Carme *In morte dell'Imbonati,* e ricevute per esso magnifiche lodi in Italia ed in Francia[126], il Manzoni che, in una variante del suo Sonetto *Ritratto giovanile,* aveva scritto questo verso singolarissimo:

> Di riposo e di gloria insiem desìo,

---

[126] Per la Francia bastavano in ogni modo quelle del Fauriel, per l'Italia quelle del Foscolo.

contento di quel primo saggio della propria gloria, si riposò, e trovò in quel riposo una specie di voluttà, della quale, mi si perdoni la confusione di parole che sembrano farsi guerra, pensando prima da stoico, poi da cristiano, godette molte volte, nella sua vita, con una squisita compiacenza, non vorrei dire da epicureo. Di questa sua beata pigrizia poetica egli fu più volte piacevolmente rimproverato e canzonato da' suoi amici, uno de' quali, il poeta Giovanni Torti, lo raffigurava, anzi, sotto il nome di

Cleon nostro
Di beato far nulla inclito speglio[127].

Dicono che il Manzoni vecchio si compiacesse molto di quella canzonatura dell'amico, e non mi parrebbe niente improbabile, che quelle famose parole de' *Promessi Sposi,* le quali si pigliano generalmente come un complimento puro e semplice al poeta Giovanni Torti, fossero pure un'amabile vendetta intima di Cleone. L'Innominato una volta avea intorno a sè molti bravi, e tra questi, come si capisce, pochi galantuomini; dopo la conversione del padrone si dispersero, e rimasero soltanto presso l'Innominato alcuni fidati amici, *pochi e valenti come i versi del Torti,* il quale probabilmente ne aveva pure anch'esso dispersi e distrutti molti cattivi, prima di far grazia ai pochi che gli parevano

---

[127] Il signor Romussi crede pure che il Torti nella *Torre di Capua* raffigurasse il Manzoni convertito in Fra Calisto da Firenze:

......rifuggissi alla Scrittura, o quando
S'avvenne al loco, ove il Maestro disse
Che stretto è in quel d'amare ogni comando,
Fu come gli occhi della mente aprisse:
Tutto qui sta (diss'ei) vivere amando,
E amar fu sua scienza fin ch'ei visse;
Di che pur reso in suo sermon potente
Innamorava di ben far la gente.

233

riusciti secondo il suo cuore[128]. Ad ogni modo, per molti mesi dopo la pubblicazione del Carme *In morte dell'Imbonati*, il Manzoni non iscrisse più versi; nè gli valse «il dolce sprone» materno a toglierlo da quella specie di letargia. Quale fu dunque l'occasione, o, per dirla con Massimo d'Azeglio, la *tentazione tentante* che mosse il giovine Poeta, nell'anno seguente, a comporre il nuovo poemetto *Urania*? A me pare di non ingannarmi dicendo semplicemente che il Manzoni, in quell'anno, s'era innamorato della fanciulla, che divenne poi sua moglie, Enrichetta Blondel, e che l'*Urania* fu scritta specialmente per piacerle. Il Poeta incomincia ad invocare le Grazie per cantare un nuovo inno, il quale sia ascoltato, non solo all'ombra de' pioppi lombardi, ma anco presso i sacri colli dell'Arno, ai quali il Carme foscoliano *De' Sepolcri*, uscito nella primavera di quell'anno, dovea più fortemente tentarlo. Anch'egli desidera venire ascritto, non alla turba, ma «al drappel sacro» de' poeti d'Italia «antico ospizio delle Muse.» La recrudescenza nel desiderio della gloria presso i poeti risponde quasi sempre ad una recrudescenza d'amore; le donne amanti di poeti furono quasi sempre o autrici o principali collaboratrici della loro gloria; anche il Manzoni, il meno erotico forse di tutti i nostri grandi poeti, sentì crescere l'ardore poetico all'improvviso sollevarsi nel suo petto di una fiamma gentile. Ma, dopo ch'egli s'era scostato dagl'imitatori per accostarsi, com'egli canta, «ai prischi sommi,» la poca gloria poetica non bastava più alla sua giovanile ambizione, *aut Caesar, aut nihil*; anche il nostro pensava dunque fra sè, dopo avere conosciuto il Pindaro Lebrun, o Pindaro, o Dante, o Manzoni; e, dopo avere lodato il primo, si velava sotto la figura del secondo; per avere il diritto di ascoltare il glorioso discorso delle Muse. Dante vien celebrato per aver primo dato le bende ed il manto alla

---

[128] Anche il Monti, del resto, scrivendo nel 1818 a Giovanni Torti, gli avea detto: «Da chi avete voi imparata l'arte di far versi così corretti, così belli? *Fatene di più spessi* e crescete la gloria degl'Italiani, il più caldo lodatore della vostra Musa sarà sempre il vostro Monti.»

poesia italiana, per averla, primo, condotta a fonti illibate, per averla, maestro dell'ira nell'*Inferno* e del sorriso nel *Purgatorio* e nel *Paradiso*, creata degna di emular la madre latina:

> .... e nelle stanze sacre
> Tu le insegnasti ad emular la madre,
> Tu dolce maestro e del sorriso,
> Divo Alighier, le fosti. In lunga notte
> Giaceva il mondo, e tu splendevi solo,
> Tu nostra.

Quanta maestà e virgiliana soavità di affetto In quel *nostro*! - A questo punto, nondimeno, il Poeta che non ha per anco rinunciato a tutte le reminiscenze della scuola, si ricorda troppo d'avervi studiata la Mitologia greca; onde quello stesso Manzoni che, pochi anni dopo, scriverà l'Ode satirica intitolata: *L'ira d'Apollo*, nella quale, in pena d'aver posto da banda le vecchie ciarpe mitologiche, il poeta riformato si farà giocosamente condannare da Apollo a non più bere l'onda Castalia, a non cingersi più la fronte d'alloro, a non più salire sul Pegaso, a non più volare, a cantar sempre in umile stile quello ch'egli sentirà e nulla più:

> Rada il basso terren del vostro mondo,
> Non spiri aura di Pindo in sua parola;
> Tutto ei deggia da l'intimo
> Suo petto trarre e dal pensier profondo;

quello stesso poeta, per rappresentare gli antichi beneficii che le nove Muse recarono un giorno ai mortali, immagina che, discesa dal cielo, la stessa dea Urania gli abbia un giorno cantati al poeta Pindaro. Non sono da sperare stupendi effetti poetici da una tale intonazione mitologica, e però tutto l'Inno, nel tutt'insieme, riesce manierato e freddo. Pure qua e là la natura potente vince l'arte delle scuole, e ne vien fuori qualche verso di calore, di colore e di sapore tutto manzoniano, ove l'effetto è proprio cavato, come in molte delle immagini dantesche, dalla potenza di meditar sopra lo impressioni: questi, per esempio:

> Fra il romor del plauso,
> Chinò la bella gota, ove salìa
> Del gaudio mista e del pudor la fiamma.

Sono versi pittoreschi; ma il Manzoni ricordava senza dubbio, nel comporli una impressione propria, essendo ben noto agli amici del Poeta, com'egli soleva, innanzi a lodi che gli facevano piacere, arrossire come fanciullo.

In questi altri versi, il primo è da notare per l'equivoco della parola *amanti*, la quale si può riferire alla Gloria, come a tutte le donne amate in genere; ed è vero pur troppo, che di mille innamorati, i quali sognano la gloria, uno solo riesce, con pena, a conseguirla; parecchi de' versi che seguono, sentono come un soave afflato virgiliano:

> V'è la Gloria, sospir di mille amanti:
> Vede la schiva i mille, e ad un sorride.
> Ivi il trasse la Diva. All'appressarsi,
> Dell'aura sacra all'aspirar, di lieto
> Orror compreso in ogni vena il sangue
> Sentìa l'eletto, ed una fiamma lieve
> Lambir la fronte ed occupar l'ingegno.
> Poi che nell'alto della selva il pose
> Non conscio passo, abbandonò l'altezza
> Del solitario trono, e nel segreto
> Asilo Urania il prode alunno aggiunse.
> Come talvolta ad uom rassembra in sogno
> Su lunga scala, o per dirupo, lieve
> Scorrer col piè non alternato all'imo,

Nè mai grado calcar, nè offender sasso;
Tal su gli aerei gioghi sorvolando,
Discendea la Celeste.

L'immagine seguente ci ricorda un'analoga similitudine dantesca; quella che vien dopo ha pure per noi qualche importanza biografica, perchè, sotto la impressione provata dal poeta Pindaro, reso improvvisamente dubitoso delle sue forze, dopo aver fatto concepire di sè solenni speranze, sono da riconoscersi i sentimenti particolari che dovea provare il Manzoni divenuto quasi inerte, dopo le lodi forse più ambite che sperate, onde fu coronato il Carme per l'Imbonati; ed anco questi versi, ove l'Autore trae l'espressione dal proprio modo di sentire, riescono pieni di poetica efficacia:

Come la madre al fantolin caduto,
Mentre lieto al suo piè movea tumulto,
Che guata impaurito e già sul ciglio
Turgida appar la lagrimetta, ed ella
Nel suo trepido cor contiene il grido,
E blandamente gli sorride in volto
Per ch'ei non pianga; un tal divino riso
Con questi detti a lui la Musa aperse:
«A confortarti io vegno. Onde sì ratto
L'anima tua è da viltade offesa?
Non senza il nume delle Muse, o figlio,
Di te tant'alto io promettea.» - «Deh! come,
Pindaro rispondea, cura dei vati
Aver le Muse io crederò? Se culto
Placabil mai degl'Immortali alcuno
Rendesse all'uom, chi mai d'ostie e di lodi,
Chi più di me, di pregi e di cor puro,

Venerò le Camene?[129]

                  Or, se del mio
Dolor ti duoli, proseguir, deh! vogli
L'egro mio spirto consolar col canto»
Tacque il labbro, ma il volto ancor pregava,
Qual d'uom che d'udir arda, e fra sè tema
Di far, parlando, alla risposta indugio.
Allor su l'erba s'adagiàro, il plettro
Urania prese; e gli accordò quest'inno
Che, in minor suono, il canto mio ripete.

Ma spogliando il Carme del suo apparato mitologico, noi troviamo in esso i sentimenti particolari del poeta e però un nuovo elemento biografico, del quale ci giova tener conto. Il poeta Pindaro, dopo aver dato prove del suo valore poetico ed onorate le Muse, riesce improvvisamente dubitoso delle proprie forze; onde la Musa discende a rimproverarlo insieme ed aggiungergli coraggio. Il Manzoni, quantunque vago di riposo, quando s'accingeva all'opera non s'arrestava facilmente innanzi alle cose difficili; anzi, metteva più forte impegno per riuscire; il modo con cui tormentò sè stesso negli *Inni Sacri*, lo sforzo giovanile per frenare i versi volubili e ribelli, il lungo, ostinato studio ch'egli, lombardo, pose nella parlata fiorentina, possono servire di commento a questi versi dell'*Urania*:

     .... Baldanza a quel voler non tolse
Difficoltà, che all'impotente è freno,
Stimolo al forte.

Le Muse e le Grazie discendono sulla terra e recano i loro benefici ai mortali, cioè la pace, la concordia, la pietà. I versi

---

[129] In quell'anno medesimo il Manzoni aveva composto una Canzone di tessitura classica, in onore delle Nove Muse. Ne ho veduto un frammento non molto felice. Ogni strofa dovea descrivere una Musa.

seguenti del Manzoni, non ancora cattolico, concordano perfettamente col fine dell'Inno sulla *Pentecoste*, e col precetto evangelico che la mano sinistra non deve sapere quello che fa la destra, e ci dimostrano insomma ch'è una poco pia menzogna il miracolo della conversione dall'ateismo, dal materialismo e dal cinismo del Manzoni, che non fu mai nè ateo, nè materialista, nè cinico. Ma su questo argomento avremo occasione di ritornare; intanto, spogliando della loro veste classico-mitologica i versi che seguono, compiacciamoci di veder già vivo sotto di essa un Manzoni cristiano. Scrivendo nel 1805 al Monti, il giovine Manzoni gli ricordava già che le lettere non sono buone a nulla, se non servono a ringentilire i costumi; nell'*Urania*, le Muse devono fare qualche cosa di più, insegnarci la pietà ed il perdono delle offese, e la carità benefica e modesta:

> Così dal sangue e dal ferino istinto
> Tolser quei pochi in prima; indi lo sguardo
> Di lor, che a terra ancor tenea il costume
> Che del passato l'avvenir fa servo.
> Levâr di nuova forza avvalorato.
> E quei gli occhi giraro, e vider tutta
> La compagnia degli stranier divini,
> Che alle Dive fea guerra. Ove furente
> Imperversar la Crudeltà solea
> Orribil mostro che ferisce e ride,
> Viver pietà che mollemente intorno
> Ai cor fremendo, dei veduti mali
> Dolor chiedea: Pietà, degl'infelici
> Sorriso, amabil Dea. Feroce e stolta
> Con alta fronte passeggiar l'Offesa
> Vider, gl'ingegni provocando, e mite
> Ovunque un Genio a quella Furia opporsi,
> *Lo spontaneo Perdon che con la destra*
> *Cancella il torto e nella manca reca*

Il beneficio, e l'uno e l'altro obblia.

Per virtù delle Muse nasce nell'uomo l'amor della fatica industre, il sentimento dell'onore, della fedeltà, dell'umana ospitale fratellanza,

> .... che gl'ignoti astringe
> Di fraterna catena; e tutta in fine
> La schiera pia nell'opra affaticarsi
> Videro, e nuovo di pietà, d'amore
> Negli attoniti sorse animi un senso,
> Che infiammando occupolli.

I poeti si destano e cantano alla turba le *vedute bellezze*, la terra non più squallida, ride; al discendere dell'armonia nel cuore dei mortali, l'ira tace e sii sveglia un secreto ardente desiderio di carità e di pace, onde la vita si fa bella e riposata:

> L'ira
> V'ammorzava quel canto, e dolce, invece,
> Di carità, di pace vi destava
> Ignota brama.

Dopo aver'cantato, le Muse risalgono all'Olimpo e ne ricevono le lodi di Giove, ma per tornar sollecite presso Pindaro, a que' luoghi che un gentile ricordo rende cari,

> .... chè ameno
> Oltre ogni loco a rivedersi è quello
> Che un gentil fatto ti rimembri.

Le Muse spiegano a Pindaro che, se egli, a malgrado dell'amor delle Muse, non potè ancora sciogliere canti immortali,

ciò accade per la vendetta d'un Nume, poich'egli, fino ad ora, negò
il canto alle Grazie; senza le quali nè pure gli Dei

.... son usi

Mover mai danza o moderar convito.
Da lor sol vien se cosa in fra i mortali
E di gentile, e sol qua giù quel canto
Vivrà che lingua dal pensier profondo
Con la fortuna delle Grazie attinga.
Queste implora coi voti, ed al perdono
Facili or piega. E la rapita lode
Più non ti dolga. A giovin quercia accanto
Talor felce orgogliosa il suolo usurpa;
E cresce in selva, e il gentil ramo eccede
Col breve onor delle digiune frondi:
Ed ecco il verno le dissipa; e intanto
Tacitamente il solidario arbusto
Gran parte abbranca di terreno, e mille
Rami nutrendo nel felice tronco
Al grato pellegrin l'ombra prepara.
Signor così degl'inni eterni, *un giorno,*
Solo in Olimpia regnerai: compagna
Questa lira al tuo canto, a te sovente
Il tuo destino e l'amor mio rimembri.

Qui il Manzoni sembra certamente voler fare qualche allusione
personale. È evidente ch'egli lascia rivolger la parola a Pindaro,
perchè gli parrebbe cosa troppo vana ed orgogliosa obbligar le
Muse a discendere dall'Olimpo per lui e augurargli di regnar solo
in Olimpia. Se così è, noi dobbiamo riconoscere in questa giovine
quercia olimpica, che un giorno regnerà sola, il Manzoni stesso,
e domandargli chi possa nascondersi sotto la felce orgogliosa che
ingombra intanto la via alla giovine quercia, ma che, in pena della
sua temerità, vivrà un anno solo. Gl'indizii precisi od anco

probabili ci mancano per arrischiarci a qualsiasi congettura. Osservo, invece, come una potente ragione segreta dovette determinare il Manzoni a compiere la sua prima formola poetica *sentir e meditare*, con un nuovo elemento che le mancava, *la grazia*. Il Manzoni vecchio diceva che l'arte deve aver per oggetto il *vero*, per fine *l'utile*, per mezzo *l'interessante*, ossia il bello. Il senso dei versi dell'*Urania* è il medesimo:

> .... sol qua giù quel canto
> Vivrà che lingua dal pensier profondo
> Con la fortuna delle Grazie attinga.

Io dubito che l'amore abbia dettato que' versi, e che nell'anno 1807 il Poeta avesse già veduta la giovinetta che dovea l'anno seguente sposare. L'*Urania*, a malgrado della bellezza di alcune parti, riesce, tuttavia, un componimento freddo e stentato, a motivo specialmente della morta Mitologia evocata a velare più che a significare i sentimenti vivi e contemporanei del Poeta. Lo studio ch'e' fece per nascondersi, dopo essersi molto e forse troppo scoperto nel Carme per l'Imbonati, gli fece parer buoni quegli stessi mezzi mitologici, sopra i quali, pochi anni dopo, egli medesimo dovea gettar tanto ridicolo. Ed è a dolersi che l'amico Fauriel non abbia sconsigliato il Manzoni dal ritentar quella vana forma poetica. È da dolersi, ma non da stupire; poichè, in quel tempo medesimo, il Fauriel traduceva la *Parteneide*, poema alpestre del poeta danese Jens Bággesen[130], ove non solamente

---

[130] L'incontro del Manzoni in Parigi con questo illustre poeta danese non fu, di certo, senza risultamenti. Il Bággesen era nato nel 1761 da una povera famiglia; ricevuto gratuitamente all'Università di Copenhagen, diede tosto parecchi saggi del suo valore nel poetare. In età di ventun anno avea pubblicata la prima raccolta de' suoi versi, alla quale, dopo sette anni, era serbato l'onore di una versione tedesca; a ventiquattro anni, usciva il suo dramma *Uggiero il Danese*, che cadde intieramente dopo la parodia che ne fece l'Heiberg intitolata: *Uggiero il Tedesco*. Allora il giovine poeta disgustato desiderò lasciare il proprio paese e visitare la Germania, la Svizzera e la Francia; il Duca di Augustemborgo, suo protettore, gliene fornì i mezzi. Il Bággesen viaggiò così fuori di patria per quattro anni, e s'addestrò in questo tempo specialmente nella lingua

tedesca, la quale divenne per lui come una seconda lingua. Impromessosi a Berna con una nipote dell'Haller, rientrò per poco in patria, per ripartirne nell'anno 1793 e visitare nuovamente la Svizzera, Vienna e l'Italia. Lo ritroviamo nel 1796 a Copenhagen, aggregato a quel Corpo universitario; ma l'anno dipoi egli s'era già rimesso in viaggio, avea perduto la moglie a Kiel e sposava, in seconde nozze, a Parigi, come più tardi il Manzoni, la figlia di un pastore di Ginevra, con la quale, nell'anno 1798, ritornava in Danimarca. Chiamato a prender parte nella direzione di quel Teatro reale, vi rappresentava un proprio dramma, che fu molto applaudito. Ma, nel 1800, tornava a chiedere un congedo per recarsi a Parigi, dove, dopo avere pubblicato in Amburgo due volumi di poesie tedesche assai maltrattate dai giornali di quel tempo, e il suo poema della *Parteneide*, scritto pure in tedesco, nell'anno 1806 faceva ritorno a Copenhagen, dove intanto il Rahbez e l'Oehlenschlaeger, coi giovani ammiratori del Goethe e della scuola romantica di Weimar, avevano preso il posto del Bággesen nella simpatia del pubblico. Il nostro poeta ne sentì pena. Volle col suo *Labirinto* provare di esser anch'esso capace di trattare quel genere di poesia che piaceva ai romantici, ma intanto non si rattenne dallo scrivere una satira contro la moderna scuola, dal pubblicare epigrammi contro i capi romantici, e specialmente contro il Goethe che avea ammirato e certamente molto studiato, come lo prova lo stesso suo dramma *Il perfetto Faust*, e contro l'Oehlenschlaeger da lui prima molto onorato. Non potendo più esser riguardato come primo fra i poeti della Danimarca, il Bággesen lasciava nuovamente il suo paese nell'anno 1807, e soggiornava ora in Francia, ora in Germania, fino all'anno 1814, scrivendo ora satire ed epigrammi, ora inni d'amore pel suo paese, secondo il suo vario umore poetico. Natura mobile, egli subiva facilmente e mutava impressioni ed idee, in contradizione e lotta continua fra lo spirito romantico ed il classico, fra la fede e lo scetticismo. Il nostro giovane Manzoni, per mezzo del Fauriel, conobbe il Bággesen in Parigi fra gli anni 1806 e 1808, e fu tra i suoi più caldi ammiratori. Il Fauriel non fu amico inutile dei letterati e filosofi, dei quali divenne famigliare; com'egli rivedeva, prima della stampa, gli scritti del Tracy, attirava il Cabanis alle ricerche storiche, come più tardi traduceva e raccomandava ai Francesi le tragedie del suo Manzoni, così, innamoratosi della *Parteneide* del Bággesen, imprese a tradurla e quasi a rifarla, facendola precedere da una introduzione, ove scriveva il Sainte-Beuve: «A la définition délicate qu'il donne de l'idylle, à la peinture complaisante et suave qu'il en retrace, je crois retrouverà travers l'écrivain didactique l'homme heureux et sensible, l'hôte de la *Maisonnette* et l'amant de la nature.» Il Fauriel confessava poi che, primo il Bággesen, nella *Parteneide*, gli aveva dato: «le sentiment des Alpes,» e per questo pregio gli perdonava molte stranezze; il Botta ed il Manzoni parteciparono a quell'ammirazione. Quando nel 1810 il Fauriel pubblicò finalmente la *Parteneide* in francese, il primo gli scriveva: «Vous avez rencontré des beautés pures et presque angéliques, vous avez été attiré vers elles, vous les avez saisies, vous en avez été pénétré et nous les avez rendues avec le ton et le style qui leur conviennent;» il secondo, come scrive il Sainte-Beuve, «réinstallé à Milan, adressait *A Parteneide* une pièce de vers allégoriques dans le genre de son *Urania*, et il semblait se promettre de faire en italien une traduction, ou quelque poème analogue sur ses montagnes. Voici» prosegue il Sainte-Beuve «un passage dans lequel il exprime l'impression vive qu'il ressentit lorsque la belle *Vierge* lui fut présentée par son second guide, par ce cher Fauriel, qui la lui amenait par la main. Manzoni nous pardonnera d'arracher à l'oubli ces quelques vers de sa jeunesse, ce premier jet non corrigé (*non corretto*, est-il dit en marge); il nous le pardonnera en faveur du témoignage qu'il y rend a son ami:»

.... Col tuo secondo duca
Te vidi io prima, e de lo sacre danze
O dimentica o schiva; e pur sì franco.
Sì numeroso il portamento, e tanto
Di rosea luce ti fioriva il volto,
Che Diva io ti conobbi, e t'adorai.
Ed ei sì lieto ti ridea, sì lieta
D'amor primiero ti porgea la destra,
Di sì fidata compagnia, che primo
Giurato avrei che per trovarti ei l'erta
Superasse de l'Alpe, ei le tempeste
Affrontasse del Tuna, e tremebondo
Da la mobil Vertigo e da l'ardente
Confusïon battuto in sul petroso
Orlo giacesse. Entro il mio cor fêan lite
Quegli avversarii che van sempre insieme,
Riverenza ed Amor; ma pur sì pio
Aprivi il riso, e non so che di noto
Mi splendea ne' tuoi guardi, che Amor vinse,
E m'appressai sicuro. E quel cortese,
Di cui cara l'immago ed onorata
Sarammi, infin che la purpurea vita
M'irrigherà le vene, a me rivolto,
Con gentil piglio la tua man levando,
Fêa d'offrirmela cenno. Ond'io più baldo
La man ti stesi.

Mi piace ora aggiungere che *Parteneide* rispose al Manzoni, in lingua tedesca, per bocca dello stesso Bággesen in una poesia intitolata precisamente: *Parthenais au Manzoni*, la quale si legge nella quinta parte delle Poesie del Bággesen pubblicate dal figlio del poeta a Lipsia nell'anno 1836. Una nota dice: «Questa poesia si fonda sul fatto che dopo che il Fauriel ebbe tradotta la *Parteneide* in francese, il Bággesen ricevette dal Mansioni la promessa ch'egli l'avrebbe tradotta in italiano. La traduzione francese è in prosa; il Manzoni si proponeva di adoperare la terza rima. Non sappiamo per quali motivi il lavoro non sia poi stato seguito.» Debbo questa notizia alla cortesia del signor Kr. Arentzen, autore di un pregiato lavoro biografico sopra il Bággesen pubblicatosi di recente in lingua danese. Il signor Arentzen ebbe pure la bontà di trascrivermi gli esametri tedeschi del Bággesen diretti al Manzoni. Anche in essi come nel poema della *Parteneide*, egli si cela sotto il nome di *Nordfrank*, il poeta viaggiatore. *Parteneide* parla e dice come, guidata dal Bággesen, ella visitò la regione del Nord, guidata dal Fauriel la regione dell'Occidente; l'amicizia del Fauriel, essa dice, mi è cara, come quella di

Nordfrank. Si compiace in tale compagnia, quando sente un dolce richiamo verso il Mezzogiorno; le par di sognare, le par di viaggiare verso un mondo incantato, e stende la mano al nipote di Dante, del Tasso e del Petrarca, all'amico del Fauriel e del Bággesen, al simpatico Manzoni:

Ach! und ich ahne dass mildere Duft und sanftere Töne
Wonniger noch mit der blühenden Gluth lebhafterer Farben
Würden umwehn und vollenden den Schmück, wenn irgend ein Enkel
Dantes', Tasso's oder Petratk's mit gönnte der Bildung
Blümenkron, geflückt in des jungfraubeiligen Maro's
Muttergefild. O reichte die Hand mir Fauriel's Freund und
Nordfranks! *Liebe zuletzt noch lernte, holder Manzoni!*
Hold sunt Erröthen Dir schon die freundschaftseliger Jungfrau.

Questi due versi sembrano lasciar capire che al Bággesen fosse noto che nel tempo in cui il Manzoni tornato in Lombardia si preparava a tradurre la *Parteneide* (1807), per la prima volta conoscesse veramente l'amore, nel suo incontro con un'altra Vergine, la giovinetta Blondel, che divenne, poco dopo, sua moglie e che ciò possa essere, lo confermerebbe pure la seguente nota che troviamo nel caro libriccino dello Stoppani: *I primi anni di Alessandro Manzoni*, pag. 234: «I versi pubblicati di preferenza dal Sainte-Beuve, perchè gli tornavano bene ad illustrare il suo soggetto, sento ora con piacere che esistono fra le carte del Manzoni, preceduti da pochi altri che formano il principio del Carme, e seguiti da un numero maggiore che ne costituiscono come il corpo, sia questo o non sia del tutto compiuto.» Chi mi dà questa notizia aggiunge che, dopo aver letti quei versi, glien'è rimasta l'impressione che il Manzoni abbia cominciato il suo Carme col richiamo della Vergine ideale della *Parteneide*, per dire in seguito, come infatti dice, che egli ha trovato in Italia, sul *colli orobii*, una Vergine a lei somigliante. Sarebbe poi sua opinione che questa seconda Vergine del Manzoni non fosse ideale, ma reale, molto probabilmente la stessa Enrichetta Blondel, che fu poi sua sposa, o che egli deve aver conosciuta la prima volta da vicino, o presso i di lei zii Mariton in una lor villa, nelle vicinanze di Bergamo. Ad ogni modo non sarebbe questo Carme, secondo lui, quel lavoro, a cui allude il Sainte-Beuve, che il Manzoni sembrava *promettersi di fare in italiano*, perchè un poemetto *sul gusto di quello di Bággesen* il Manzoni diceva di averlo fatto realmente *in ottava* rima, e alcune stanze le recitava, anche in questi ultimi anni, a chi l'accompagnava nella passeggiata. Sfortunatamente questo poemetto non si trovò fra i suoi scritti, e pare indubitato che egli l'abbia consegnato alle fiamme.
La stessa Vergine ci descrive finalmente il Poeta in un'Ode giovanile, della quale citerò te strofe più espressive. Il Poeta, ancora irretito nelle immagini mitologiche, ci assicura che la sua fanciulla gli apparve la prima volta in forma somigliante a quella della dea Cinzia. Crediamogli sulla parola, e compiacciamoci ora nel veder partitamente descritte le qualità esteriori della sedicenne sposa sperata dal Manzoni, la quale dovea poi aver tanta parte, per quanto destramente dissimulata, nell'arte sua:

Tal prima agli occhi miei,

si rimettono in iscena gli Dei ma si crea una nuova dea della *Vertigine*, dove la *Jungfrau* o la *Vergine* è allegoricamente

---

Non ancor dotti d'amorose lagrime,
Appariva costei,
Vincendo di splendor l'emule vergini
Per mover d'occhi dolcemente grave
E per voce soave.
Dagl'innocenti sguardi,
Che ancor lor possa e gli altrui danni ignorano,
Escono accesi dardi;
Non certi men, nè di più lieve incendio,
Se dal fronte scendendo il crine avaro
Lor fa lene riparo;
Oh qual tutta di nuove
Fatali grazie ride allor che l'invido
Crin col dito rimove:
E doppio appresta di beltà spettacolo
Sul fronte schietto, trascorrendo lieve
Con la destra di neve.
Nè tacerò la bella
Bocca gentil, fonte di riso ingenuo
E di cara favella;
E in cui prepara, ahi, per chi dunque! Venere
I casti baci e le punture ardite
E le dolci ferite.

Non giova al Poeta il suo proposito, fatto nel Carme per l'Imbonati, di voler seguire la dottrina di Zenone; l'Amore lo ferì; egli è invitato ad amare e a cantare d'amore, quando per l'appunto ben più alti soggetti e più fieri gli occupavano la mente; Amore non vuole, egli esclama:

..........ch'io canti rossa
Di sangue Italia, onde ancor pochi godano;
Nè di plebe commossa
Le feroci vendette ed i terribili
Brevi furori, e i rovesciati scanni
Dei tremanti tiranni.

Il Poeta, come nell'Urania, cede alle grazie di Venere, e, per essa, lascia le cure della politica. Notiamo ora questa sua prima confessione poetica, perchè essa ci potrà aiutare, in appresso, a comprender meglio le sue tragedie ed il suo romanzo, e a scusare, in parte, il Manzoni della poca parte attiva ch'egli prese con la sua persona alle vicende politiche Italiane, alle quali diede pure co' suoi proprii scritti pieni d'efficacia educativa una spinta così gagliarda.

rappresentata come una poetica persona viva.

Nè pago il Fauriel di tradurre in francese il poema che il Bággesen avea composto in tedesco, invitava il Manzoni a tradurlo in italiano. Ma il Manzoni, che intanto avea già fatto, con la madre, nel 1806 il suo viaggio in Isvizzera e ammirato dappresso le montagne, che vi ritornò forse nel 1807, invece di tradurre, si provò a comporre un poema originale sopra le montagne, accompagnandone l'invio al Fauriel suo *secondo duca* alpestre, come il Bággesen era stato il primo, con una epistola in versi, della quale il Sainte-Beuve ci ha fatto conoscere un frammento «Alla Vergine ideale» del Danese egli opponeva nell'epistola e nel poema una Vergine che le somigliava, da lui conosciuta *sui colli orobii*, in una villa del Bergamasco: siamo, ove precisamente egli conobbe la sua Enrichetta Blondel. Il suo matrimonio con essa si celebrò in Milano il 6 febbraio dell'anno 1808 innanzi all'ufficiale civile. Enrichetta Blondel aveva sedici anni, era nata a Casirate, apparteneva ad una famiglia di origine ginevrina, di confessione evangelica riformata, onde nel giorno stesso in cui celebravasi il matrimonio civile, veniva in Milano da Bergamo il pastore protestante Giovanni Gaspare Degli Orelli a benedire quelle nozze evangelicamente; testimone dello sposo era non solo un cattolico, ma un prete, il sacerdote Francesco Zinammi (o Zinamini?). Dopo le nozze, gli sposi partirono per Parigi, ov'era rimasta la signora Beccaria. Il 31 agosto dell'anno 1808, il Manzoni scriveva da Parigi al suo amico Pagani: «Ho trovato una compagna che riunisce veramente tutti i pregi che possono rendere veramente felice un uomo e me particolarmente; mia madre è guarita affatto, e non regna fra di noi che un amore ed un volere.» In Parigi nasce al Manzoni una figlia; vien battezzata secondo il rito cattolico e le s'impone il nome di Giulia, in onore della madrina ch'era la nonna, e di Claudina, in onore del padrino Claudio Fauriel.

XIII.

La Conversione.

A questo punto si colloca dal biografi quella che si chiamò la meravigliosa conversione del Manzoni, e si raccontano storielle forse tutte veridiche, ma ove si dia loro una soverchia ed esclusiva importanza, poco credibili.

Alcuni vogliono che un semplice «io ci credo» opposto risolutamente dal piemontese conte Somis di Chiavrie alle invettive lanciate contro la religione cattolica in una conversazione di Parigi, abbia persuaso il giovine miscredente, e indottolo a cercar consigli edificanti presso il medesimo conte Somis, presso l'abate Grègoire e presso il giansenista genovese Padre Degola, che allora si trovava a Parigi e col quale entrò quindi in corrispondenza letteraria; altri che, smarrita un giorno la giovine sposa in mezzo alla folla delle vie di Parigi, attiratovi da un canto religioso, sia entrato nella chiesa di San Rocco, e abbia mormorato in ginocchio questa semplice preghiera: «O Dio, se tu ci sei, fammiti palese.» Egli ritrovò, dicesi, tosto la sposa, e divenne credente. Qualche piccolo fatto deve, senza dubbio, essere intervenuto per risolvere in un dato momento il Manzoni a fissare un po' meglio quelle idee vaghe ch'egli aveva intorno al Cattolicismo[131]. Ma egli era nato cattolico, la sua educazione di

---

[131] «L'histoire de la conversion de Manzoni (scrive il compianto Loménie) est diversement racontée; suivant quelques-uns, la première pensée en serait venue au poëte dans le voyage à Paris dont je viens de parler. Au milieu d'une conversation où le Catholicisme n'était pas épargné, une personne se serait tout-à-coup écriée «Et moi, je crois!» Et ce cri d'un homme avouant sa foi au milieu des sarcasmes de l'incrédulité aurait été pour Manzoni le signal d'une révolution intellectuelle. Suivant d'autres, l'écrivain milanais, marié avec une protestante en haine de la croyance catholique, aurait été conduit par elle et avec elle au Catholicisme. Un écrivain (M. Didier) qui a publié, dans la *Revue des Deux Mondes* de 1831, un article sur Manzoni, et qui raconte ce dernier fait, ajoute: «On aimerait que de telles démarches fussent spontanées et procédassent moins de circonstances accidentelles que d'une volonté libre et solitaire.»

Le même écrivain semble reprocher a la détermination de Manzoni d'être l'effet «d'une influence de foyer beaucoup plus que le résultat logique et volontaire d'une argumentation personnelle et indépendante.» Je crois ce reproche mal fondé, et le fait sur lequel il repose inexact. Je ne sais pas au juste toutes les circonstances qui ont précède et occasionné, de près ou de loin, la conversion de Manzoni, mais je sais que ce fait est bien le résultat logique et volontaire d'une argumentation personnelle et indépendante; car, durant la temps où Manzoni, revenu de Paris à Milan, flottait avec inquiétude entre le scepticisme et la foi, il écrivait à Paris, à un ami, des lettres où il peint l'état de son esprit, et où il s'annonce comme absorbé par l'examen d'une question à ses yeux la plus importante de toutes. Cette situation de doute et d'examen se prolonge fort longtemps; il est naturel de penser que cette résolution a été prise en connaissance de cause. Il n'est pas exact non plus que Manzoni ait épousé une protestante en haine de la croyance catholique. A son retour a Milan il se maria, très-jeune lui-même, avec une jeune personne de seize ans, mademoiselle Henriette Blondel, fille d'un Génevois établi à Milan, et qui était en effet protestante; mais il l'épousa, non parce qu'elle était protestante, mais parce quelle était fort intéressante, parce qu'il l'aimait beaucoup, et que sa mère désirait qu'il n'épousât pas une Milanaise. De plus, si mes renseignements sont exacts, loin d'avoir été conduit au Catholicisme par sa femme, ce serait lui au contraire qui aurait décidé l'abjuration de cette dernière.» Vogliono, come dissi, che il Padre Degola giansenista, ed il Padre Grégoire abbiano avuto il primo merito come catechisti del neo-cattolico; venuto poi ad abitar nuovamente in Lombardia, il giansenista monsignor Tosi, divenuto confessore del giovino Poeta, compì, a poco a poco, il preteso miracolo, con tanto maggiore efficacia, in quanto egli conformava intèramente la propria vita ai precetti religiosi che insegnava. - Tra le opere che formavano parte della libreria del Manzoni a Brusuglio, vi era un magnifico *Sant'Agostino* in undici volumi, con qualche postilla autografa. *Le Confessioni* di Sant'Agostino dovettero offrire materia di lunga meditazione al neo-cattolico Manzoni. Il professor Magenta è persuaso che la vera conversione del Manzoni sia stata operata dal Tosi, e noi lo crediamo tanto più facilmente, in quanto riconoscendo che nel Tosi vi erano le doti d'un santo, e che dal lato morale egli dovette fare un gran bene al Manzoni, pel rigore del suo Giansenismo, per l'angustia de' suoi sillogismi religiosi minacciò pure di soffocarne l'alto ingegno creatore. Il professor Magenta, al quale avevo domandato qualche schiarimento sul contenuto di certe lettere confidenziali da lui omesse nella stampa dell'importante suo libro relativo al Tosi, egli, dichiarando di non potermene dare, si distende nuovamente nelle lodi di monsignor Tosi, ed io credo mio dovere riferir qui le sue proprie parole: «Non s'esagera dicendo che (il Tosi) dominava l'animo del grande scrittore. Non pare vero che nessuno del biografi del Manzoni abbia mai parlato del vescovo Tosi, vero tipo di sacerdote, al quale il Manzoni professava una venerazione che non aveva limiti. Lo Sclopis, il Ferrucci e lo Zoncada, per citare alcuni nomi, mi scrissero che, dopo il mio libriccino, l'origine del ritorno del Manzoni al Cattolicismo non è più dubbia per loro; nè so se a lei paia così. In quanto a me le dirò che la mia persuasione è profondissima, persuasione che cavai anche dai tenore di talune lettere della Blondel che io aveva già stampate, e che, per ragioni che debbo tacere, levai dai torchi. L'eccesso delle dottrine volteriane, gli avvenimenti politici, la nativa temperanza e la grande dirittura di mente del Manzoni, tutto cospirava ad apparecchiare collegio era stata tutta cattolica; uscito di collegio, sappiamo ch'egli frequentava ancora le chiese; le scene orrende del cardinal Ruffo a Napoli, quelle di Binasco e di Pavia stavano presenti alla memoria del Manzoni; e però il *Trionfo della Libertà* esce in frequenti imprecazioni contro la Chiesa, ma a quel modo stesso con cui Dante cattolico imprecava contro la Lupa, e il canonico Petrarca contro l'avara Babilonia. Se il giovine Manzoni amava poco i preti ed i frati, se la lettura delle opere del Voltaire lo aveva anche maggiormente alienato da essi, se quando morì il suo giovine compagno di scuola Luigi Arese, ei si doleva che tenendosi lontani dal letto dell'infermo gli amici, gli si fosse accostata soltanto «l'orribile figura del prete» per accrescergli il terrore della morte, se, in somma, il Manzoni, pur credendo nella immortalità dell'anima, nell'esistenza di un Dio che premia «eternando ciò che a lui somiglia,» nei doveri cristiani della pietà e della carità, e pure adempiendo alcuno de' riti religiosi prescritti dalla sua condizione di cattolico, fra i quindici ed i ventitrè anni non fu un cattolico profondamente convinto, devoto e zelante, in

---

un'atmosfera morale, in cui fosse a lui facile di ricevere l'influenza d'un uomo ch'era altrettanto pio, quanto largo d'idee. Ho ragione di credere che la Curia Romana avesse ingiunto al Tosi di stampare una ritrattazione dell'illustre Tamburini, quando questi si trovava sul letto di morte; ma il venerando Vescovo di Pavia, pigliando tempo, riuscì a sottrarsi all'odioso ufficio. Una vita così immacolata, così caritatevole, così forte, umile e liberale ad un tempo, doveva esercitare un fascino sullo spirito del Manzoni, spirito de' più larghi anche in fatto di religione che sieno mai stati al mondo.» Noi conveniamo solamente in parte in questa ammirazione; noi crediamo che il Tosi ed il Manzoni, per natura, avessero ingegno ed animo largo; ma in quanto si proponevano di voler riuscire cattolici, esclusivamente cattolici, divenivano intolleranti. Quando giudicavano senza preconcetti cattolici, giudicavano bene, e liberalmente. Nella bella è lunga lettera che il Manzoni diresse da Parigi al Tosi sopra la questione religiosa, si trovano alcuni giudizii larghi che fanno onore a chi li proferiva e a chi gli ascoltava. La conclusione tuttavia è che noi in Italia dobbiamo essere contenti del nostro buon clero e della credulità del nostro volgo, ed una tale conclusione agghiaccia tutto il nostro entusiasmo: «Chi può dissimularsi gl'inconvenienti che esistono fra di noi? ma non v'è stato di guerra, perchè non ci son quasi protestanti; ma v'è una classe di buoni preti, i più dei quali potrebbero, è vero, senza danno, essere un po' più dotti, ma i quali per lo più hanno uno zelo sincero per la religione non mista di altre teorie, e una buona classe di fedeli che sono cristiani di cuore, e che non credono ad altri dogmi che ai rivelati.»

un pariniano, in uno stoico suo pari doveva riuscir molto agevole l'innestare un po' di devozione cattolica. Ma i preti furono solleciti a levarne soverchio romore e a trarne troppo grande profitto. Parlando, nel 1806, dei preti italiani che assediano il letto de' moribondi, in una lettera diretta all'amico Pagani, il ventenne Manzoni usciva in un fiero lamento, dichiarando ch'egli voleva rimaner lontano «da un paese, in cui non si può nè vivere nè morire come si vuole. Io preferisco, proseguiva egli, l'indifferenza naturale dei Francesi che vi lasciano andare pei fatti vostri, allo zelo crudele dei nostri che s'impadroniscono di voi, che vogliono prendersi cura della vostra anima, che vogliono cacciarvi in corpo la loro maniera di pensare.» Due anni dopo aver levato questo vivo lamento, Alessandro Manzoni doveva egli stesso cadere in cura d'anima, ed il tristo frutto di questo stato di forzata docilità, alla quale egli si sottomise, fu una sterilità intellettuale che durò quasi dieci anni, 1808-1818, e, per l'appunto i dieci anni più belli della sua vita, ne' quali con molto stento, con molti pentimenti, il Manzoni riuscì a pena a mettere insieme quattro Inni sacri, due Parodie letterarie e due povere e stentate Canzoni politiche di genere classico. Si dirà: in quegli anni, egli si godette le sue prime gioie domestiche, ed attese a' suoi affari un po' imbrogliati ed alle cure agrarie, ed è vero; ma nè le une nè le altre hanno mai impedita la manifestazione del genio. Il Manzoni ebbe, pur troppo, in quegli anni un'idea fissa, che non era la sua, un'idea che gli aveano messa; e quando v'ha un'idea fissa, tutte le altre idee, per quante siano, e per quanto originali, non trovano l'opportunità e l'agevolezza di manifestarsi. L'idea fissa era ch'egli dovesse come scrittore diventare il poeta e l'apologista della religione cattolica, o non iscrivere più.

XIV.

Il Manzoni a Brusuglio. Gl'*Inni Sacri* e la *Morale cattolica.*

Sopra la luna di miele manzoniana noi non abbiamo altre notizie, oltre quelle che il Sainte-Beuve e il Loménie avevano potuto raccogliere dai ricordi del Cousin e del Fauriel. Il Manzoni[132], già convertito alla fede cattolica, tediato delle ciarle,

---

[132] La vita del Manzoni in quegli anni ci è così descritta dal Sainte-Beuve: «Nel 1808 si ammogliava. Occupavasi d'agricoltura e d'abbellire la sua villa di Brusuglio presso Milano; poi tornava in Francia a rivedere gli amici della *Maisonnette*: e dava il Fauriel per padrino alla sua primonata, imponendole i nomi di Giulietta-Claudina. Così passava i giorni tra la famiglia, le piante ed i versi; e questi tenean forse l'ultimo posto. Il Mustoxidi scriveva da Milano al Fauriel: «Alessandro e gli altri della famiglia godono salute, e spesso vi ricordano. Tutto dedito alle cure domestiche, mi pare che s'allontani troppo di frequente dalle Muse, le quali pur gli furono liberali di santi favori (20 dicembre 1811).» Ma il Manzoni non s'allontanava forse dalla poesia quanto pareva; essa doveva tornare a lui, di lì a qualche tempo, ricca di nuovi e più santi gaudii. Dato alla famiglia come il Racine, sebbene forse un po' troppo presto convertito verso il 1810 alle idee religiose e alla pratica cristiana, padre, sposo, amico, davasi tutto, con animo pacato, ai più ordinati sentimenti, prendeva i costumi e gli abiti più puri e naturali; pareva vi si seppellisse. Non temete! L'immaginazione saprà trovar la sua strada; essa rimane sempre viva in certe anime ardenti insieme e delicate. Egli era di quelli, nel quali dovea verificarsi il bel motto proferito dal Fauriel nei loro primi colloquii: «L'immaginazione, quando s'applica alle idee morali, cogli anni, anzichè raffreddarsi, si fortifica e raddoppia d'energia.» Il Manzoni adunque in que' tempi occupavasi pur sempre di poesia, se non per farne, almeno per godere di tutto ciò che ne forma l'oggetto, e la parte migliore. Se l'architettura e i disegni di ville degni del Palladio parevan qualche volta dominare soverchiamente nelle sue fantasie, l'agricoltura e i suoi piaceri innocenti gli sorridevano più tranquillamente in mezzo a quella quiete. Il Fauriel inviavagli di Francia gran copia di scelte semenze, che riempivano i desiderii dell'amico cadendo su terra ubertosa; e i bachi da seta soprattutto e i gelsi erano la sua grande faccenda sul fine di maggio, come la trattura della seta. Un giorno, nei primi momenti della sua andata in campagna, uno sciame di api venne a stabilirsi nel suo giardino, proprio sotto i suoi occhi, quasi per dar pascolo di piaceri e studii classici a questo figliuol di Virgilio. Erano gioie sì pure, che la poesia non poteva esser lontana.» Fin qui il Sainte-Beuve. - Ho veduto due opere d'agricoltura, del Re e del Lastri, con postille autografe del Manzoni. La lettera del Manzoni al Grossi che pubblicai nella *Rivista Europea*, ed uno scritto pubblicato dai signor Galanti nella Perseveranza sopra il Manzoni agronomo, provano chiaramente che egli era non solo molto appassionato, ma anche intelligentissimo delle cose agrarie. Sappiamo pure ch'egli s'occupava a

Brusuglio di bachicoltura; e non ci deve perciò recar meraviglia» sebbene possa parere un po' tirata, la similitudine che troviamo ne' *Promessi Sposi*, quando Don Gonzalo, per risovvenirsi dell'affare di Lorenzo Tramaglino, un filatore di seta come il Manzoni, che ha dimenticato «al campo sopra Casale, dov'era tornato, e dove aveva tutt'altri pensieri, alzò e dimenò la testa, *come un baco da seta, che cerchi la foglia.*» - Poichè abbiamo ora sorpreso il Manzoni in casa sua, dirò pure che egli non solo leggeva i proprii libri, ma che li postillava quasi sempre, mettendosi volentieri in dialogo con l'autore da lui letto; ebbi in mano alcuni de' suoi libri postillati: uno di essi che posseggo è il seguente; *La théorie del'Economie politique fondée sur les faits résultants des statistiques de la France et da l'Angleterre*, par M. Ch. Ganilh: Paris, 1815. Nel secondo volume si trovano sei postille. Credo che possa destare qualche curiosità il vedere in qual modo il Manzoni leggeva e intendeva e criticava un libro di economia politica. Alla pag. 249 l'Autore scrive: «Comme l'on ne peut consommer habituellement les produits de l'étranger, qu'autant qu'on peut en payer la valeur en produits indigènes, il s'ensuit évidement que la consommation des produits indigènes est de la même valeur; et ce qu'il ne faut pas perdre de vue, c'est que, sans la consommation des produits exotiques, l'équivalent en produits indigènes n'aurait pas existé. L'effet nécessaire de la circulation des produits étrangers dans un pays, quand ils sont d'une nature différente de celle des produits nationaux, est donc d'accroître ces produits, de favoriser l'industrie particulière de chaque peuple, etc.» Il lettore Manzoni riproduce in margine lo stesso passo con una breve omissione e con alcune proprie aggiunte, che segneremo in corsivo: «Comme l'on ne peut consommer, habituellement *ou non*, les produits de l'étranger (*qu'ils soient ou non d'une nature differente de celle des produits nationaux*) qu'autant qu'on peut en payer la valeur en produits nationaux, il s'ensuit évidemment que la consommation des produits exotiques, quelle *que soit leur nature*, nécessite la production d'une quantité de produits indigènes de la même valeur. L'effet nécessaire de la circulation des produits étrangers dans un pays, *même quand ils sont de même nature que les produits nationaux*, est donc d'accroître ces produits, de favoriser l'industrie particulière de chaque peuple, etc.»

L'Autore ripiglia: «Enfin les peuples, en se refusant à la circulation de leurs produits identiques, me semblent avoir rempli parfaitement les intentions de la nature, et s'être conformés strictement à ses lois bienfaisantes. La circulation des produits identiques ne peut s'établir et se maintenir que par la concurrence, qui excite parmi les concurrens l'envie, la haine, et toutes les passions anti-sociales». Il Manzoni è pronto a ribattere: «*Oh prodige d'irréflexion! Il ne s'est pas souvenu que la concurrence est tout naturellement établie entre les fabricants et les débitants de produits identiques dans un même pays. Pour la prévenir, il faudrait qu'il n'y eût, par exemple, qu'un seul cordonnier en France.*»

Alla pag. 221, il Ganilh scriveva; «On chercherait inutilement, par la pensée, un seul cas où un individu quelconque pût être offensé ou affligé de voir, dans le marché de sa localité, des produits différens de ceux de son sol et de son industrie.» Il Manzoni, che ama la precisione, scrive in margine, con la solita arguzia: «*Il n'a pas observé qu'il y a des produits de nature différente, et qui servent aux mêmes usages. Ainsi* un individu quelconque *qui fabriquerait des étoffes de laine ou de fil, pourrait être fort bien* offensé alle quali quella conversione avea dato motivo, in compagnia della madre e della giovine sposa, ch'egli adorava, si ritrasse alla sua villa di Brusuglio, e parve nelle cure agresti dimenticare ogni tumulto della vita mondana. Il Loménie trova un'analogia fra il Manzoni ed il Racine[133], rapportandosi per l'appunto ai primi

---

ou affligé *de voir apparaître pour la première fois sur son marché des étoffes de soie; un fruitier de voir pour la première fois arriver des oranges, etc.»*

A pag. 222, l'Autore dice d'un'imposta che è a danno dei produttori e dei consumatori, ma torna a beneficio dello Stato: il Manzoni annota maliziosamente: *«Il faut donc entendre un État duquel sont exclus les consommateurs et les producteurs.»* A pagina 224, il Ganilh si pronuncia contro la libertà sconfinata del cambio, che «tend a soumettre toutes les industries particulières a l'industrie du peuple le plus industrieux, toutes les aisances nationales a la richesse du peuple le plus riche.» Il Manzoni, logico implacabile, interrompe questo slancio di eloquenza protezionista, osservando che il popolo più ricco vende *«mais a condition que ceux qui lui achètent ne s'appauvriront pas; car autrement il ne pourrait plus leur vendre.»*

Alla pag. 292, l'Autore sconsiglia i trattati di commercio con la Cocincina; l'Europa comprerebbe dalla Cina che, alla sua volta, non farebbe acquisto dei prodotti dell'Europa. Il Manzoni obbietta: *«Inconcevable! Il ne voit pas que si l'Europe achetait le sucre de la Cochinchine, celle-ci aurait le moyen d'acheter les produits du sol et de l'industrie de l'Europe: car, sans cela que ferait-elle des 125 millions (supposés) que l'Europe lui enverrait? Il ne voit pas que 125,000,000 importés tous les ans et jamais rendus embarrasseraient autant un pays que la même somme exportée annuellement et jamais remplacée. Au reste, il suppose que la Cochinchine pourrait fournir du sucre pour la consommation entière de l'Europe, etc., etc.»*

[133] «Au sortir (scrive il Loménie) d'une conversation avec une personne fort distinguée qui a vécu dans l'intimité de Manzoni, et qui, après m'avoir raconté en quelques mots sa vie assez dénuée d'incidents pittoresques, avait excité au plus haut point mon intérêt en me parlant longuement du caractère et des habitudes du poëte milanais, dans le but de me prouver que Manzoni était, suivant l'expression du narrateur, *tout ce qu'ily a de moins homme de lettres,* je m'en allais cherchant parmi les *hommes de lettres* de notre pays et de notre temps quelque poëte célèbre, doué d'une modestie plus grande encore que son talent, d'une piété aussi sincère qu'éclairée, sans affectation comme sans intolérance; quelque nature riche à la fois d'élévation, de finesse, d'ingénuité et d'abandon; quelque caractère reste simple, honnête et bon, malgré les séductions du génie et les corruptions de la gloire; quelque chose enfin qui pût m'aider à comprendre et faire comprendre Manzoni au lecteur par la comparaison. J'étais un peu embarrassé, quand j'eus l'idée de rétrograder de deux siècles, et de relire les Mémoires que le fils de Racine nous a laissés sur la vie de son père. J'avais trouvé mon affaire. - Et ce n'est pas seulement par le côté moral qu'il (Manzoni) ressemble á Racine; ce n'est pas seulement parce qu'il s'est renfermé très-jeune encore dans ces jouissances paisibles et pures d'époux, de père et de chrétien, qui firent le bonheur de Racine après *Phèdre,* depuis son mariage jusqu'à sa mort; ce n'est pas seulement parce qu'il a de Racine, avec la

anni del soggiorno di Alessandro Manzoni in Brusuglio, e la sua comparazione non è priva d'ogni fondamento; non ispiega tuttavia come il nostro Poeta, in mezzo agli splendori della natura ed alle contentezze domestiche trovasse così scarse occasioni d'ispirazione poetica. Mi duole dover ripetere che nello sforzo lungo e doloroso che il Manzoni dovette fare per credere, isterilì per alcuni anni il proprio ingegno, costretto a lavoro che dovette riuscirgli ingrato dall'autorità riverita del proprio confessore. Il Tosi volendo fare del Manzoni un poeta cattolico, gli aveva ordinato di comporre gl'*Inni Sacri* e le *Osservazioni in difesa della Religione cattolica* rivolte contro il Sismondi. Gli *Inni Sacri* doveano, nel primo intendimento, riuscir dodici come i dodici Apostoli o come i dodici mesi dell'anno[134]; ma il Manzoni stentò tanto a comporli, che in sette anni ne terminò a fatica cinque. L'Inno della *Risurrezione* fu incominciato nell'aprile del 1812, e compiuto soltanto i l 23 giugno; anzi l'ultima lima ricevette più tardi; il Manzoni vi notò di suo pugno, che era ancora da correggersi; nel vero, l'autografo e la stampa differiscono

---

simplicité des goûts, une légère teinte de causticité tempérée par le sentiment religieux qui charme dans maintes pages du beau roman des *Fiancés*, comme elle se fait jour dans la comédie des *Plaideurs;* ce n'est pas seulement parce qu'il abhorre franchement, comme Racine, tout entretien relatif à lui-même et à ses productions littéraires, que l'auteur de *Carmagnola* et d'*Adelchi* peut, sous plusieurs rapports, être comparé à l'auteur d'*Esther* et d'*Athalie*. Ces deux hommes représentent à la vérité dans l'art dramatique deux systèmes bien différents; mais, de tous les dramaturges de l'école dite *romantique*, je n'en connais point qui, par la délicatesse du sentiment moral, le fini et la distinction de la forme, se rapproche autant que Manzoni du plus pur, du plus élégant, du plus harmonieux représentant de la tragédie classique. Offrant dans leur caractère, dans le tour de leur inspiration, et dans la physionomie générale de leurs œuvres, je ne sais quel air de famille qui perce à travers la différence des idées, des pays et des temps, ces deux poëtes présentent encore une certaine analogie au point de vue biographique. Des deux côtés c'est la même vie honnête et simple, plus calme, plus solitaire, plus indépendante chez Manzoni, garantie plus tôt des orages du cœur par la croyance religieuse et les chastes douceurs d'un mariage heureux, moins affairée que celle de Racine, moins mélangée de soucis mondains et de devoirs de cour, mais également marquée par une double période d'inquiétude dans le doute et de repos dans la foi.»

[134] Gli argomenti dovevano esser questi: Il Natale, L'Epifania, La Passione, La Risurrezione, L'Ascensione, La Pentecoste, Il Corpo del Signore, La Cattedra di San Pietro, L'Assunzione, Il Nome di Maria, Ognissanti, I Morti.

notevolmente. Il 6 novembre del 1812, il Manzoni si accinse a comporre l'inno, *Il Nome di Maria*; durò sei mesi in quel breve lavoro, e vi si affaticò grandemente; Io stento appare ora grandissimo anche nel leggerlo: fu terminato il 19 aprile 1813. Il *Natale*, pieno di cancellature, costò più di quattro mesi di lavoro: incominciato il 15 luglio 1813, ebbe compimento il 29 novembre dello stesso anno, ma con poca soddisfazione dell'Autore che vi appose questa nota: *explicit infeliciter*. L'Inno della *Passione* costò un anno e mezzo di lavoro; fu ripreso in quattro volte: la prima nel 3 marzo dell'anno 1814, la seconda nel di 11 luglio dello stesso anno, la terza nel 5 gennaio del 1815, la quarta nell'ottobre di quell'anno. *La Pentecoste*, ch'è il più bello, il più inspirato, il più caldo degli *Inni Sacri*, fu bensì incominciato nel giugno 1817, ma abbandonato nel suo primo disegno dal Manzoni che vi scrisse sopra *rifiutato*, e ripreso soltanto il 17 aprile del 1819 e terminato, fra molte soste e cancellature, il 2 ottobre di quell'anno. Esso appartiene dunque già al nuovo periodo più agitato e più operoso della vita poetica manzoniana. Queste note cronologiche sopra la composizione degl'*Inni Sacri* devono avere per la critica la loro importanza. La lentezza del comporre non accenna a una troppo grande vivezza del sentire, ma l'ostinazione che il Manzoni pose per finirli, anche a dispetto delle Muse, provano la sua ferma volontà di credere, e la sua persuasione che fosse necessario comunicare altrui la propria fede; ma questa maniera di fede, pur troppo, male si comunica.

Vivo il Manzoni, osai fare sopra gl'*Inni Sacri* il seguente giudizio, ove nel rendere un omaggio riverente all'Autore intendevo lasciare aperto un adito alla critica dell'opera. «Gl'*Inni Sacri*, io diceva, hanno creato in Italia una nuova forma di poesia, il contenuto della quale che si giudicò, da prima, romantico, era semplicemente biblico, li Manzoni ha il gran merito d'avere liberato in Italia la poesia cristiana dalle forme convenzionali ereditate dal Paganesimo; forme convenzionali per noi moderni, che ci studiamo d'imitarle, mentrechè, invece, per gli antichi erano proprie, naturali, e frutto spontaneo e necessario di quella civiltà. Egli restituì ai poeti d'Italia la loro libertà, e col proprio esempio disse loro: essendo cristiani, inspiratevi da Cristo; essendo moderni, diffondete la parola di Cristo con la lingua vostra ch'è la lingua del cuore. Per questo rispetto gli *Inni Sacri* segnano nella storia della nostra poesia una vera rivoluzione letteraria, della quale saranno sentiti per sempre, ed invano si dissimulerebbero, i benefici effetti. Io non chiamo, senza dubbio, tali i numerosi inni nati dipoi in varie parti d'Italia ad imitazione di que' primi che avean fatto, se bene lentamente, fortuna; gl'imitatori avevano ne' loro esercizii dimenticato l'essenziale, cioè che per cantare la religione bisogna almeno portarla un poco, anzi molto nell'anima; essi lavoravano a soggetto come gli antichi istrioni, sul modello degl'*Inni Sacri*, ma per istemperare i primi colori, stancare le prime immagini, e dir poco in molto, come il Manzoni avea detto molto in poco. E questo carattere distintivo della poesia manzoniana parmi pure creare il suo difetto principale; poichè lo studio di restringere un gran senso in brevi parole fa sì che talora queste brevi parole siano adoperate ad esprimere più che naturalmente esse non potrebbero, e a diventare talora semplici formole astratte: il che se prova la potenza del poeta del concentrare le sue idee, impedisce per altro che la sua poesia riesca popolare, e le toglie molta parte di quell'impeto lirico e di quel calore che si comunica, tanto necessario ad ogni poesia, ma alla lirica religiosa in modo specialissimo. Il Manzoni giovine fece opera da vecchio, costringendo in linguaggio matematico le verità della religione che gli eran nuovamente apparse in modo luminoso, quasi egli volesse porsele innanzi, ed estrinsecarsele in una forma più precisa per potersi meglio persuadere della loro realtà e più durevolmente contemplarle ed adorarle. Ma ci sembra di non rischiar troppo, dicendo come il Manzoni vecchio, innamorato com'egli è e maestro nelle bellezza del linguaggio popolare, se dovesse oggi cantar la religione, sceglierebbe una via opposta a quella ch'ei tenne in gioventù, escludendo ogni parola equivoca che il popolo non potesse comprendere da sè ed ogni trasposizione men naturale di parole, per riuscire subito al desiderato effetto di dare al popolo un canto che non muoia appena recitato, che si diffonda senza bisogno d'interpreti, e che consoli veramente chi si muove a cantarlo.»

Ma, nell'ordine specialmente de' pensieri religiosi volendo sollevare l'espressione all'altezza del pensiero e chiudere quest'ultimo in una forma sacra ed immobile, che non gli permetta di deviare ad alcun senso profano, o l'espressione manca od assume un carattere mistico che non può riuscir popolare. L'età nostra non è punto mistica; il Manzoni dovea sentirlo più d'ogni altro. Per un verso egli voleva credere, e per rendersi degno della propria fede si adoprava ad esprimerla per infonderla in altri. Ma il lungo meditare sopra un sentimento religioso, più tosto che accrescerlo, lo diminuisce. In un'Ode sopra l'*Innesto del vaiuolo*, rimasta inedita, e forse incompiuta, dominato, senza dubbio, da un sentimento religioso, e riflettendovi lungamente sopra, per trovargli una espressione corrispondente, il Manzoni sentendo che egli usciva dal vero, e che fuori del vero fortemente amato non può più essere vera poesia, si scusava con due bellissimi versi, che sono pure una eccellente scappatoia:

E sento come il più divin s'invola,
Nè può il giogo patir della parola.

Quanto più il pensiero del poeta s'innalza, tanto più la materia fonica diviene inerte e incapace di farsene messaggiera; ma è vero ancora che, lanciando imprudentemente il pensiero in un campo, ove esso non può prender radice, invece di fecondarvisi, muore di sterilità. Il Manzoni parafrasando spiritosamente in prosa il pensiero dissimulato ne' due versi citati, accompagnava l'invio di un frammento d'Inno sacro inedito alla signora Louise Colet con questa scusa per non averlo finito: «Je me suis aperçu (diceva egli) que ce n'était plus la poésie qui venait me chercher, mais moi qui m'essoufflais a courir après elle.» Ed i pochi versi erano questi, che celebravano la presenza, l'onnipotenza, l'onnisapienza di Dio nella natura:

> A lui che nell'erba del campo
> La spiga vitale nascose,
> Il fil di tue vesti compose,
> Di farmachi il succo temprò,
> Che il pino inflessibile agli austri,
> Che docile il salcio alla mano.
> Che il larice ai verni, e l'ontano
> Durevole all'acque creò;
> A quello domanda, o sdegnoso,
> Perchè sull'inospite piagge,
> Al tremito d'aure selvagge,
> Fa sorgere il tacito fior,
> Che spiega davanti a lui solo
> La pompa del pinto suo velo,
> Che spande ai deserti del cielo
> Gli olezzi del calice e muor.

Il Manzoni, per propria confessione, voleva dimostrare che non vi è nulla e nessuno inutile a questo mondo; che come Dio ha le sue ragioni per far crescere il fiore nel deserto, così anche i monaci, anche gli eremiti sebbene apparentemente inutili alla società, avranno qualche merito, per le loro solitarie e segrete virtù, innanzi al Creatore. Ma ancora qui il ragionamento vince ed ammazza il sentimento. Il Manzoni ha pensato molto più che sentito gl'*Inni Sacri*. Non gli uscirono dal cuore per impeto di una fede ardente, ma dalla testa, per disciplina della propria ragione piegata e costretta a quell'esercizio letterario dai consigli, dagli eccitamenti, anzi dai precetti di monsignor Luigi Tosi suo confessore. Egli obbedì, ma era evidente che l'obbedienza gli costava molta fatica. Si voleva fare dell'ode Pariniana un'ode

Cattolica, e si toglieva alla lirica il principale dei suoi caratteri, la spontaneità. Nello sforzo per riuscir sublime, molte volte il Manzoni negl'*Inni Sacri* riuscì oscuro; una tale oscurità non si dissimulava egli medesimo, e, anzi che scusarsene a chi gli domandava schiarimento di qualche passo ambiguo, rispondeva su per giù come a Luigi Frati, il quale aveva assunta l'apologia degl'*Inni Sacri* contro il sacerdote Salvagnoli-Marchetti, autore di un opuscolo che li bistrattava: "Si contenti ch'io non dica nulla sul passo, dove Ella incontra difficoltà, e che, del rimanente, non porta il prezzo che Ella se ne occupi, appunto perchè v'incontra difficoltà; giacchè le parole hanno a dire da sè, a prima giunta, quel che voglion dire; e quelle che hanno bisogno d'interpretazione, non la meritano."[135]

L'Inno sacro del Manzoni è assai dotto, grave, solenne, elevato, quasi epico; è evidente che, dopa essersi immerso nella lettura della Sacra Scrittura per derivarne immagini, e tradurle in un linguaggio più moderno, il Manzoni fece quanto poteva per inalzarle. Ma in questo sforzo egli tolse un po' di naturalezza e di evidenza al sentimento; volle fare un commento poetico, anzi un compendio della leggenda biblica, e in questo lavoro tutto sintetico arrivò talvolta ad interpretarla in modo grandioso, ma non mai, o quasi che non mai, in modo popolare. L'Inno sacro manzoniano è buono per l'artista che vuol credere, ma non pel popolo che crede. Cristo col suo mondo storico appare, negl'*Inni Sacri*, come qualche cosa d'antico, di lontano da noi, che la sola immaginazione storica può ritrovare, non già presente, non già vivo, che nasce, che soffre, che risorge. Le immagini degl'*Inni*

---

[135] Il pubblico italiano non s'accorse degl'*Inni Sacri,* se non dopo pubblicato il *Cinque Maggio.* Quando, nel 1817, Carlo Mazzoleni indirizzava per essi complimenti al Manzoni, questi gli rispondeva: "Io non so quali grazie rendervi per le lodi, colle quali mi fate animo a proseguire questi lavori. Se io non dovessi attribuirle in gran parte alla indulgente vostra amicizia, mi leverei davvero in superbia; ma ad ogni modo *l'indifferenza del pubblico* mi farà stare a segno." Quando il Manzoni era forse ancora contento degl'*Inni Sacri* usciti di fresco da un parto molto laborioso, il pubblico non se ne volle accorgere; quando il pubblico se ne accorse e se ne contentò, chi non era più contento degl'*Inni Sacri* era il Manzoni stesso.

Sacri, quasi tutte bibliche, non sono più vive per la nostra moderna poesia, e non corrispondono quasi mai all'altezza de' pensieri e de' fatti che dovrebbero esprimere e far più evidenti. Tutti hanno a memoria le due prime strofe del *Natale* cioè l'immagine d'una valanga che ci ricorda il Manzoni alpinista, tornato di fresco da un viaggio nella Svizzera e dall'ammirazione della *Parteneide* del Bággesen; la valanga è stupendamente descritta:

> Qual masso, che dal vertice;
> Di lunga erta montana,
> Abbandonato all'impeto;
> Di romorosa frana,
> Per lo scheggiato calle,
> Precipitando a valle,
> Batte sul fondo e sta;
> Là dove cadde, immobile
> Giace in sua lenta mole,
> Nè per mutar di secoli
> Fia che riveggia il Sole
> Della sua cima antica,
> Se una virtude amica
> In alto nol trarrà;

a questo punto il lettore s'arresta, perchè ha bisogno di ripigliar fiato, come l'avrà di certo ripreso assai lungo il Manzoni scrivendo, e questo riposo che l'autore ed il lettore sono obbligati a prendere dopo due strofe, non è atto troppo ad agevolare l'intelligenza di quello che deve seguire. Lasciando poi stare che non è mai venuto in mente ad alcuno, e al Manzoni meno che ad altri, che *alcuna virtù amica* possa immaginarsi di far risalire in cima d'un monte quel macigno che n'è precipitato, nessuno si sentirà disposto a commuoversi al pensiero poco dopo espresso che l'uomo, per il peccato originale, sia caduto nella condizione medesima di quel macigno che non può da sè risorgere a quell'altezza, onde la giustizia o la vendetta di Dio lo precipitò. La comparazione dal maggior numero de' lettori che declamano l'Inno del *Natale*, non è, per fortuna, intesa; si guarda alla similitudine e non all'oggetto comparato; se fosse intesa, più tosto che commuovere, quasi offenderebbe. Ed il Manzoni non era di certo commosso, quando intonava il suo Inno. Proseguendo, il Poeta s'infiamma nel suo canto mistico e trova parole eloquenti per esprimere alcuni alti concetti; ma il Bambino Gesù si vede poco, quel Bambino che nei rozzi canti popolari di Natale, i quali si sentono in Italia, in Francia, in Ispagna, si ode veramente piangere, ha freddo, è povero, è accarezzato, è venerato. Io mi ricordo essermi intenerito, da fanciullo, cantando in coro con ingenua fede uno di que' rozzi idillii natalizii innanzi al Presepio; nessuno potrebbe innanzi al Presepio cantare ora tutto il *Natale* del Manzoni, perchè troppi versi vi sono, i quali avrebbero bisogno di commento per venire intesi, atti benissimo a significare alle persone colte (che pur troppo, in Italia almeno, non vanno più in chiesa a cantar inni) la grandezza del mistero che si vela nel nascimento di Cristo, ma non già a rappresentarlo in forma viva al popolo, al quale la poesia sacra è specialmente destinata. Il fine dell'Inno manzoniano sul *Natale* assume il tono del canto popolare; tuttavia qua e là occorrono ancora versi o immagini troppo sapienti. Il popolo capirà, per esempio, perfettamente il principio di questa strofa:

> Dormi, o Fanciul non piangere,
> Dormi, o Fanciul celeste;
> Sovra il tuo capo stridere
> Non osin le tempeste.

Il popolo capisce questa specie di tenerezza; ma essa non avrebbe mai aggiunto di suo i tre versi rettorici che seguono, i quali descrivono le tempeste:

Use su l'empia terra,
Come cavalli in guerra,
Correr dinanzi a te;

oltre che al nostro popolo l'idea che la *terra* sia *empia* non può entrare. Il popolo intenderà i due primi versi della strofa che segue:

Dormi, o Celeste, i popoli
Chi nato sia non sanno;

e non più i seguenti:

Ma il dì verrà che nobile
Retaggio tuo saranno;
Che in quell'umil riposo,
Che nella polve ascoso
Conosceranno il Re.

Per il popolo il Bambino nasce ogni anno. Il Manzoni si riporta col suo pensiero all'anno storico della nascita del Redentore, per profetare che un giorno il Bambino sarà adorato «in quell'umil riposo» come il Re. Ma il popolo che canta il Bambino che nasce, e però la poesia del *Natale*, non si cura di quello che ne penseranno i posteri; il Bambino è nato a posta per esso, esso lo canta, lo adora, come suo proprio Dio, che crescerà per lui, che per lui farà miracoli e si lascerà un giorno ammazzare. Il Manzoni volle, nel suo Inno, abbracciare il passato e l'avvenire, cantare ad un tempo come un antico cristiano, e come un cattolico del secolo XIX, quasi da Dio mandato a spiegare con la poesia i misteri del Cristianesimo. Egli compose parecchi bei versi, espresse alcuni alti e nobili concetti; come poeta, sostenne e forse accrebbe la propria fama, ma, sebbene gl'*Inni Sacri* si leggano, si spieghino e si raccomandino nelle scuole e nei seminarii d'Italia, nessuno è riuscito fin qui a farli imparare a memoria e cantare dal nostro popolo. Il Manzoni credette talora con immagini popolari render più chiari i suoi concetti morali; ma l'immagine, senza dubbio, chiarissima ed in Manzoni quasi sempre pittoresca, per la sua troppa luce abbaglia, e c'impedisce di veder bene quello che è destinata ad illuminare. Nella *Passione* ci si descrive, per esempio, l'altare della chiesa parato a bruno:

> Qual di donna che piange il marito.

Ecco l'immagine di una realtà ben viva; ma bisogna andare a pensare che la Chiesa ha chiamato sè stessa la Sposa di Cristo, per intenderne il motivo; onde, per capire l'immagine bisogna presupporre nel popolo una nozione che gli manca. Nella *Risurrezione*, per dirci che Cristo non durò alcuna fatica a rovesciare il marmo del suo sepolcro, il Manzoni ricorre ad una similitudine, per la quale il Redentore ci appare in figura di uno di que' poderosi Giganti della leggenda popolare indoeuropea, che senza alcuna fatica operano prodigiosi *tours de force*; e la lenta cura che pone il Poeta nel rappresentarci la similitudine, diminuisce l'efficacia dell'atto taumaturgico attribuito al Cristo:

> Come, a mezzo del cammino,
>   Riposato, alla foresta,
>   Si risente il pellegrino
>   E si scote dalla testa
>   Una foglia inaridita,
>   Che dal ramo dipartita
>   Lenta lenta vi ristè;
> Tale il marmo inoperoso,
>   Che premea l'arca scavata,
>   Gittò via quel Vigoroso,
>   Quando l'anima tornata

> Dalla squallida vallea
> Al Divino che tacea:
> Sorgi, disse, io son con te.

Ma quando il Manzoni, nell'Inno medesimo, lascia stare i dogmi od i miti, per tornare a predicar semplicemente quella carità cristiana ch'egli sentiva già fortemente anche prima di mettersi nelle mani del suo confessore, quella carità ch'è principio, fonte, alimento d'ogni religione, il suo linguaggio torna semplice, naturale, eloquente. Nella festa della Pasqua, ossia nella risurrezione primaverile, tutto il mondo si rallegra e sorride, ed i Cristiani si danno il bacio fraterno del perdono, e siedono democraticamente ad una mensa comune; ma perchè tutti mangino, il ricco non deve mangiar troppo; onde il Manzoni ci canta:

> Sia frugal del ricco il pasto;
> Ogni mensa abbia i suoi doni;
> E il tesor negato al fasto
> Di superbe imbandigioni
> Scorra amico all'umil tetto;
> Faccia il desco poveretto
> Più ridente oggi apparir.

Nel *Nome di Maria* notasi non pure lo stento dei pensieri, ma ancora un certo stento di parole, non di rado antiquate[136]; il Manzoni si ricordò forse troppo delle nostre antiche *Laudi spirituali*, e questo riuscì certamente l'Inno più cattolico del Manzoni. Ma il puro Cattolicismo non seppe mai inspirar nulla di grande; e se non si sapesse che il Manzoni non ischerzava mai con le cose sacre, si direbbe in alcune strofe ch'egli, anzi che scrivere un inno originale, volesse parodiare certi poeti

---

[136] In Milano si conservano alcune strofe dello stesso componimento, non più felici, che lo stesso Poeta tolse via, nel momento di stamparlo.

classicheggianti. È strano infatti il trovare in una sola poesia manzoniana forme come queste: *quando cade il die, invita ad onorarte, d'oblianza il copra, se ne parla e plora, d'ogni laudato esser la prima, in onor tanto avémo, vostri antiqui Vati, i verginal trofei, nosco invocate*. Conviene invece a tutti i Cristiani, siano cattolici, sian protestanti, l'Inno manzoniano della *Pentecoste*, ossia l'inno dell'amore, l'inno della carità. Il Manzoni sta per uscir dalla tutela troppo opprimente della sua guida spirituale. Egli è arrivato finalmente a riposare non più nel genere, ma in una sua propria specie di fede; ma egli vuole poi esser libero di cantarla come la sente, non vuol più traccie, la traccia egli se la darà questa volta da sè; non teme oramai più il ridicolo, che da principio lo disturbava ed irritava, è arrivato alla calma, anzi a quella pace che *il mondo irride*, ma *non può rapire*, e chi ha la pace nell'anima è libero e padrone di sè. Perciò, nel suo Canto della *Pentecoste*, che appartiene già ad un nuovo ciclo della vita manzoniana, il Poeta ritrova nuovamente sè stesso, tutta la sua originalità, tutta la sua potenza; noi sentiamo risorgere il Manzoni dell'Imbonati, ma rinvigorito, ma più eloquente, ma più sereno e più grande; noi recitiamo commossi la sua magnifica invocazione lirica all'*Amore cristiano*, perchè si diffonda e si comunichi a tutte le vite, a tutte le età della vita:

> Noi t'imploriam; nei languidi
>   Pensier dell'infelice
>   Scendi, piacevol Alito,
>   Aura consolatrice;
>   Scendi bufera ai tumidi
>   Pensier del vïolento;
>   Vi spira uno sgomento,
>   Che insegni la pietà.
> Per te sollevi il povero
>   Al ciel ch'è suo, le ciglia;
>   Volga i lamenti in giubilo,

Pensando a Cui somiglia;
Cui fu donato in copia,
Doni con volto amico,
Con quel tacer pudìco,
Che accetto il don ti fa.
Spira dei nostri bamboli
Nell'innocente riso;
Spargi la casta porpora
Alle donzelle in viso;
Manda alle ascose vergini
Le pure gioie ascose;
Consacra delle spose
Il verecondo amor.
Tempra dei baldi giovani
Il confidente ingegno;
Reggi il viril proposito
Ad infallibil segno;
Adorna la canizie
Di liete voglie sante;
Brilla nel guardo errante
Di chi sperando muor.

Dopo queste strofe sacre il Manzoni non ne scrisse altre; egli sentì che non si poteva andare più in su, tutti i dogmi religiosi si riducono finalmente ad una sola parola: *amate*. Dopo aver cantato l'amore, dopo averlo probabilmente sentito nella sua maggior veemenza, e sotto le varie forme, con le quali nella vita si può amare, il Manzoni stava per espandere liberamente il suo genio giovanile già temprato, e per drizzare il suo proposito virile a segno infallibile. Ma il confessore gli stava ancora presso per ricordargli ch'egli avea dato di sè pubblico scandalo, e che come pubblico era statolo scandalo, pubblica dovea essere la riparazione[137]. Non bastava che ci fosse diventato cattolico, e che egli avesse composto inni intieramente ortodossi; doveva adoprare tutto il suo ingegno in difesa della religione cattolica. La Chiesa sapeva bene quanto quell'ingegno valesse, e se lo volle appropriare. Al Manzoni fu imposto come penitenza da monsignor Tosi l'obbligo di scrivere le *Osservazioni sopra la Morale cattolica*. Noi leggiamo con ammirazione nella *Vita* dell'Alfieri che il grande Astigiano ordinava al suo servitore di legarlo fortemente alla sedia per obbligarsi al lavoro; ma non abbiamo letto senza una grande pietà e confusione, che monsignor Tosi chiudeva in camera Alessandro Manzoni, perchè mandasse innanzi il libro sulla *Morale cattolica* che non voleva andare avanti. Il fatto ci è assicurato dall'egregio biografo del Tosi, professor Carlo Magenta, il quale scrive precisamente: «Il Tosi, vedendo che quel lavoro procedeva lento, perchè l'Autore era occupato in altri studii, trovandosi a Brusuglio, ad una cert'ora del giorno andava a chiudere il Manzoni nel suo studio, dichiarandogli che non l'avrebbe lasciato escire, finchè non avesse scritto un certo numero di pagine.» Dallo stesso biografo abbiamo appreso con una specie di terrore che il Tosi consigliava il Manzoni a mettere in versi la storia di Mosè ed un lavoro ascetico, di cui ci è rimasta una traccia. Basterà per saggio che io ne riporti l'introduzione: «L'uomo aspira a riposare nella contentezza, ed è agitato dal desiderio di sapere; e, pur troppo, abbandonato a sè stesso cerca la soddisfazione in vani diletti ed in una scienza vana. Oggi ci è dato un Consolatore che insegna. Felici noi, se sappiamo comprendere che l'unica vera gioia e

---

[137] Dopo la morte del Manzoni, fu raccontato che il grand'uomo un giorno a chi lo ringraziava del bene ch'egli avea fatto, rispose commosso: «Senta, se c'è un nome che non meriti autorità, questo nome è il mio. Lei forse non sa che io fui un incredulo e un propagatore d'incredulità e con una vita conforme alla dottrina, che è il peggio. E se la Provvidenza mi ha fatto vivere tanto, è perchè mi ricordi sempre che fui una bestia e un cattivo.» Il Manzoni evidentemente, per eccesso di umiltà cattolica e d'immaginazione, si calunniava, esagerando la propria giovanile empietà e gli stravizii della sua vita di studente.

l'unico vero sapere vengono dallo Spirito che il Padre ci manda, nel nome di Gesù Cristo.» Come non fremere al pensiero che, se il Manzoni s'imbecilliva in un'opera di tal natura, l'Italia non avrebbe forse mai avuto i *Promessi Sposi*? E chi sa quante belle pagine de' *Promessi Sposi* sono andate perdute per la condanna di quel bravo e sant'uomo, che era monsignor Tosi!

Il signor Magenta ci dice che il Tosi «avrebbe voluto togliere quel brano bellissimo dei *Promessi Sposi*, in cui il Padre Cristoforo, dopo avere sciolta Lucia, soggiunge quelle commoventi parole che tutti sanno: *Peccato, figliuola? peccato il ricorrere alla Chiesa, e chiedere al suo ministro che faccia uso dell'autorità che ha ricevuta da essa, e che essa ha ricevuta da Dio? Io ho veduto in che maniera voi due siete stati condotti ad unirvi; certo, se mai m'è parso che due fossero uniti da Dio, voi altri eravate quelli; ora non vedo perchè Dio v'abbia a voler separati;*» parrebbe che questo passo fosso abbastanza religioso: ma al Tosi non bastava; ei si faceva ancora scrupolo, non avrebbe prosciolto Lucia dai voti, e da cattolico conseguente non poteva permettere che l'Autore del romanzo, posto che Lucia avea fatto voto alla Madonna di non isposar Renzo, li mandasse finalmente insieme all'altare. Ma si trovò, per fortuna, in Milano un altro prete di manica più larga, un altro amico, Don Gaetono Giudici, al quale il Manzoni dava a leggere gli stamponi dei *Promessi Sposi*, e Don Giudici vedendo che il Manzoni, per obbedienza al confessore, stava già per dar di frego a quelle parole e a parecchie altre pagine, vi si oppose energicamente. Il Manzoni lavorava dunque sotto una duplice censura, l'austriaca e l'ecclesiastica; ed abbiamo tutte le ragioni di credere che, se la prima sacrificò qualche parola, la seconda ci privò di molte belle pagine e chi sa forse d'intieri volumi manzoniani. Non apprendiamo forse dalle lettere del Manzoni al Tosi che questi cercava pure distoglierlo, nel 1824, dal lavoro sulla lingua italiana, al quale il Manzoni fin da quel tempo attendeva, temendo ch'egli vi si affaticasse troppo ed entrasse in polemiche letterarie? Polemiche contro il Sismondi per la difesa del Cattolicismo si potevano fare, e non erano da temersi; il Manzoni dovea invece più tosto riposarsi in un ozio beato ed infingardo, che correre il pericolo di agitare in Italia alcuna nuova questione letteraria che poteva divenir nazionale. Ma io qui mi fermo, per timore di cambiare il mio studio biografico sopra il Manzoni in una specie di processo contro il suo confessore, che, lo ripeto, era uomo di santi costumi, ed aggiungerò ancora di svegliato ingegno e d'animo liberale ed amantissimo della patria; ma i sillogismi cattolici sono terribili e fatali per la loro angustia; chi si rassegna a ragionare in quel dato modo, come l'esemplare delle opere del Voltaire già possedute dal Manzoni, avrebbe potuto indifferentemente sopprimere il genio del Manzoni. Alcune delle lettere di lui al Tosi ci fanno paura; questa per esempio: - «Veneratissimo e Carissimo Signor Canonico. Le rispondo immediatamente, perchè Ella possa assicurare la nota persona che tutto sarà saldato. Io intanto ringrazio vivamente il Signore che ci ha offerto questo fortunato mezzo di propiziazione per noi peccatori, e ringrazio pure di cuore la carità di Lei, del cui Santo Ministero Dio si vale per tutto quel bene ch'io possa fare. Dico senza esitare questa parola, perchè malgrado la mia profonda indegnità sento quanto possa in me operare la Onnipotenza della Divina Grazia. Si compiaccia di pregare il buon Gesù che non si stanchi di farne risplendere i miracoli in un cuore che ne ha tanto bisogno. È inutile raccomandarle il segreto. Si ricordi intanto d'una famiglia che tanto la venera ed ama, e mi tenga sempre Suo umilissimo e affezionatissimo Figlio in Gesù Cristo, ALESSANDRO MANZONI.» - Questo eccesso di umiltà cristiana ci atterra. La lettera allude, senza dubbio, ad una buona azione, a qualche opera di carità, per la quale il futuro Autore di quei bei versi, in cui si raccomanderà di far l'elemosina:

> Con quel tacer pudìco
> Che accetto il don ti fa,

domanda il segreto. Ma il linguaggio di quella lettera, pur troppo, ci umilia. Per fortuna, il Manzoni stesso reagì da sè medesimo contro quella servitù e contro quell'unzione di linguaggio, per tornare uomo anche col proprio confessore. Si trovano perciò con piacere molte altre lettere, nelle quali il Manzoni scrive al Tosi con molta naturalezza, e si rivela bonariamente qual è, senza prendere ad imprestito alcuno stile d'occasione e di convenienza o di obbedienza; che se il Manzoni *solamente cattolico* ci faceva l'effetto di un uomo asfissiato, noi ci sentiamo in esse inondare da un aere più spirabile che ci rinfresca e ci rasserena.

Il Manzoni stesso temette, del resto, egli medesimo d'esser preso per più cattolico ch'egli veramente non fosse e non si sentisse, e in un momento di molta, se non ancora di perfetta, sincerità, nei primi giorni dell'anno 1828, se ne confessava candidamente ad una donna, alla poetessa piemontese Diodata Saluzzo Roero, la quale rallegravasi con lui, perch'egli fosse apparso al prete Lamennais di allora «religieux et catholique jusqu'au profond de l'ame.» Quell'opinione lo spaventava come eccessiva, e però egli le scriveva: «Egli è vero che l'evidenza della religione cattolica riempie e domina il mio intelletto; io la vedo a capo e in fine di tutte le questioni morali; per tutto dove è invocata, per tutto donde è esclusa. Le verità stesse che pur si trovano senza la sua scorta, non mi sembrano intere, fondate, inconcusse, se non quando sono ricondotte ad essa ed appaiono quel che sono, conseguenze della sua dottrina. Un tale convincimento dee trasparire naturalmente da tutti i miei scritti, se non fosse altro, perciocchè, scrivendo, si vorrebbe esser forti e una tale forza non si trova che nella propria persuasione. Ma l'espressione sincera di questa può, nel mio caso, indurre un'idea pur troppo falsa, l'idea di una fede custodita sempre con amore, e in cui l'aumento sia un premio di una continua riconoscenza; mentre invece questa fede io l'ho altre volte ripudiata e contraddetta col pensiero, coi discorsi e colla condotta; e dappoichè, per un eccesso di misericordia, mi fu *restituita* (avvertasi la parola *restituzione*, la quale implica soltanto che vi furono anni, in cui il Manzoni negò o più tosto non custodì bene la fede cattolica, in cui era stato allevato, e diminuisce perciò il merito taumaturgico degli operatori della conversione di lui), troppo ci manca che essa animi i miei sentimenti e governi la mia vita, come soggioga il mio raziocinio. E non vorrei avere a confessare di non sentirla mai così vivamente, come quando si tratta di cavarne delle frasi; ma almeno non ho il proposito d'ingannare, e col dubbio d'aver potuto anche involontariamente dar di me un concetto non giusto, mi nasce un timore cristiano d'essere stato ipocrita, e un timore mondano di comparire tale agli occhi di chi mi conosce meglio.» Questa preziosa confessione può ridursi ad una sola formola: dal Manzoni cattolico uscirono, in somma, sole voci di testa; ed ora udremo, se vi piace, le sue più gagliarde e spontanee voci di petto, e vedremo finalmente spiegarsi tutta la singolare originalità del genio manzoniano.

XV

Il Manzoni Poeta drammatico.

Un psicologo troverebbe argomento di uno studio molto importante, esaminando in qual modo la mente del Manzoni abbia potuto, nel 1815, scrivere, dopo il Carme *In morte dell'Imbonati*, una Canzone stentata e rettorica, e poi rivelarsi di nuovo, con insolito splendore, nei *Cori del Carmagnola*. Ma converrebbe pure che fosse aiutato, in questa indagine, da qualche indizio biografico. Ora la biografia manzoniana dal 1810 al 1818, o tace intieramente, o ci dice soltanto che il Manzoni in quel tempo rimase sotto la disciplina religiosa di monsignor Tosi, scrisse alcuni *Inni Sacri* e s'occupò d'agricoltura. È troppo poco per ispiegarci la singolare, quasi febbrile e potente operosità dell'ingegno manzoniano che muove dall'anno 1818 e va fino al termine dell'anno 1824, sei anni preziosi, ne' quali veramente si è rivelato tutto il genio poetico del Manzoni. Le lettere di quel tempo dirette dalla Giulia Beccarla e dal Manzoni al Tosi ci mostrano Don Alessandro molto malato di nervi; ebbene, erano forse le insonnie del genio agitato da una specie di furore divino. Nel 1818, il Manzoni aveva pure avuto uno de' più grossi dispiaceri della sua vita; era stato costretto a vendere il *Caleotto*, la casa, le terre di suo padre, presso Lecco. In mezzo a que' disastri economici cercò forse sollievo nella poesia; il dramma che si compieva nella sua vita, gli fece forse eleggere la forma drammatica. Studiando una volta la storia di Venezia con l'intendimento di scrivere un poema sopra la fondazione della città delle Lagune, si era probabilmente innamorato della figura del Carmagnola; ma il momento non era più per lui da poemi; l'animo del Manzoni agitato, non più contenuto dalla pietà e dalla rassegnazione, che monsignor Tosi non si stancava di raccomandargli, avea bisogno di sfogarsi, mettendo fra loro in poetico contrasto drammatico diversi affetti. Forse la vendita del *Caleotto* avea dato occasione in Milano a nuove chiacchiere che lo avevano disgustato; la madre, la moglie, il Tosi, forse pure il Fauriel, a cui, dopo alcuni anni di silenzio, egli era tornato con più vivace affetto, aveano cercato di calmarlo; e vi erano, senza dubbio, riusciti in parte: ma il maggior conforto egli avea dovuto provarlo, ritirandosi in sè stesso, e creandosi, come avveniva in casi simili al Goethe, a sua immagine un proprio mondo poetico. In quel mondo tutto ideale egli poteva liberamente sfogare i suoi sentimenti, in quella finzione storica esprimere ad un tempo e nascondere i proprii dolori. E coi proprii il Manzoni sentiva pure profondamente i dolori della patria avvilita ed oppressa sotto l'ignominia d'un Governo straniero.

Nella Prefazione del *Conte di Carmagnola* il Manzoni stesso dichiarò che una delle ragioni che lo determinarono a introdurvi i Cori, fu questa, che «riserbando al poeta un cantuccio dov'egli possa parlare in persona propria, (essi) gli diminuiranno la tentazione d'introdursi nell'azione, e di prestare ai personaggi i suoi proprii sentimenti, difetto dei più noti negli scrittori drammatici.» Ma, quando leggiamo uno scrittore come il Manzoni, dobbiamo guardar sempre al senso preciso che vogliono aver le parole; egli non dice già che i Cori *toglieranno*, ma solamente che essi *diminuiranno* all'autore la tentazione di mettersi in iscena. Approfittiamo dunque di questa mezza negazione, che implica necessariamente una mezza affermazione. In una bella lettera che il Manzoni scrisse nel febbraio dell'anno 1820 al suo amico abate Gaetano Giudici di Milano, rimasta fino ad oggi inedita, trovo, fra le altre, queste parole: «Io aveva sentito che le circostanze e le azioni del Carmagnola non erano in proporzione coll'animo suo e coi suoi disegni; ma questa dissonanza appunto è quella che io ho voluto rappresentare. Un uomo di animo forte ed elevato e desideroso di grandi imprese, che si dibatte colla debolezza e colla perfidia de' suoi tempi, e con istituzioni misere, improvvide, irragionevoli, ma astute e già fortificate dall'abitudine e dal rispetto, e dagl'interessi di quelli che hanno iniziativa della forza, è egli un personaggio drammatico?»[138]

---

[138] Poichè il professor Giovanni Rizzi, dalla cortesia del quale io l'ho ricevuta, mi permette di valermene, io me ne valgo nel solo modo che mi sembri conveniente, cioè stampandola tutta:

«Parigi, 7 febbraio 1820.

Cariss. e Pregiat. Amico,

Sarei impacciato a ringraziarvi degnamente non solo dell'amabile pensiero che avete avuto di scrivermi, ma anche della pazienza che avete posta a regolare la vostra penna in modo che nulla per me fosse perduto dei preziosi sentimenti vostri, se non sapessi da lungo tempo quanto sia facile saldare con voi questi conti, e che voi vi tenete pagato d'ogni cosa, quando sappiate che con essa abbiate fatto piacere altrui. Sappiate dunque che la vostra lettera me ne ha cagionato uno dei più vivi e durevoli che per me si potessero provare, e che letta e riletta fra noi ha fatto una specie di festa di famiglia. Io non dubitava della continuazione della preziosa vostra amicizia, sapendo che è questo un dono che voi non prodigate nè ritirate leggermente, all'uso del mondo; ma le assicurazioni e le espressioni di essa, nutrendo le più care memorie dell'animo mio, l'hanno giocondamente e profondamente occupato. Già sufficentemente stabiliti in questa peregrinazione provvisoria, noi ci siamo ormai avvezzati alla nostra nuova situazione, ed io principalmente mi trovo in uno stato di quiete d'animo, e talvolta direi quasi di contentezza, della quale non saprei forse dare le ragioni io stesso; ma una mancanza, alla quale nulla può supplire, uno spazio che null'altra cosa può occupare, è sempre per me l'assenza di alcuni pochi amici, e quella singolarmente di uno, il quale mi ama, come merita egli d'esser amato. Non saprei altrimenti esprimere l'idea che ho dell'amicizia vostra, e se il riconoscere la mia fortuna può darmi taccia d'orgoglio, preferisco quest'accusa a quella d'ingratitudine. La venerazione e l'affetto ch'io nutro per voi, sarà, spero, un sentimento ereditario nella mia famiglia, e Giulietta, che ha più memoria nel cuore che nella mente, me ne ha già dato un segno, contandomi di essersi più volte rallegrata qui alla domenica dal pensiero che si andrebbe in casa Giudici: nè l'interruzione, nè la mutazione degli oggetti hanno potuto impedire che nascesse in lei questo pensiero così dissociato da tutte le sue attuali abitudini.
Serbando la legge del silenzio così ragionevolmente imposta agli scrittori in ciò che riguarda i loro *parti*, io non vi avrei certo fatto parola di quel povero Carmagnola; ma voi mi avete aperto un adito, e addio silenzio! Lasciate adunque che io vi ringrazii dell'avermi voi dato il più bel premio, e nello stesso tempo la più utile scuola che un manufatturiere di poesie possa desiderare, cioè la cognizione dell'impressione che un suo lavoro ha prodotta su un animo elevato e su un ingegno grande ed esercitato. Benchè voi abbiate alla fine ritirate le prime vostre obbiezioni, non vi maravigliate se io mi tengo pienamente assoluto da una seconda sentenza, che posso forse attribuire alla vittoria dell'amicizia sull'imparzialità. Vi esporrò quindi brevemente i motivi che mi hanno condotto nei passi che vi urtarono dapprima, acciocchè voi giudichiate anche la

mie intenzioni, e mi sia il giudizio vostro una norma per l'avvenire. Io aveva sentito che le circostanze e le azioni del Carmagnola non erano in proporzione coll'animo suo e coi suoi disegni, ma questa dissonanza appunto è quella che io ho voluto rappresentare. V'erano due difficoltà, una di diritto per così dire. Un uomo di animo forte ed elevato e desideroso di grandi imprese, che si dibatte colla debolezza e colla perfidia dei suoi tempi, e con istituzioni misere, improvvide, irragionevoli, ma astute e già fortificate dall'abitudine e dal rispetto, e dagli interessi di quelli che hanno l'iniziativa della forza, è egli un personaggio drammatico? Su questa quistione che può spiegare tutto un sistema drammatico, io aspetto da voi, quando vi piacerà occuparvene, la soluzione la più ragionata ed autorevole. L'altra difficoltà era per me il ridurre questa idea, quando sia plausibile» ad una lodevole pratica; ma in questo il vostro giudizio non mi sarà tanto sicuro, poichè si esercita sopra un amico. Il Coro era fatto certamente coll'intenzione di avvilire quelle stesse guerre, a cui io voleva pure interessare il lettore: vi è contradizione fra questi due intenti? Io non saprei certo affermare nè il sì nè il no - ma vi sottometto brevemente i motivi che mi hanno fatto credere possibile di eccitare questi due sentimenti. Mi sembra che lo spettatore o il lettore possa portare ad un dramma la disposizione a due generi d'interesse. Il primo è quello che nasce dal vedere rappresentati gli uomini e le cose in un modo conforme a quel tipo di perfezione e di desiderio che tutti abbiamo in noi: e questo è con infiniti gradi di mezzo, l'interesse ammirativo che eccitano molti personaggi di Corneille - di Metastasio - e d'infiniti romanzi. L'altro interesse è creato dalla rappresentazione più vicina al vero di quel misto di grande e di meschino, di ragionevole e di pazzo, che si vede negli avvenimenti di grandi e piccioli di questo mondo: e questo interesse tiene ad una parte importante ed eterna dell'animo umano, il desiderio di conoscere quello che è realmente, di vedere più che si può in noi e nel nostro destino su questa terra. Di questi due generi d'interesse io credo che il più profondo, ed il più utile ad eccitarsi, sia il secondo; credo che si possano anche riunire in un'azione e in un personaggio, purchè si trovino uniti spesso nel fatto, e tengo poi fermamente che sia metodo vizioso quello di trasportare negli avvenimenti la perfezione che non è che nell'idea, e che quando sia rappresentata in idea o veramente poetica e morale. - Voi vedete che ho voluto tentare di conservare entrambi questi mezzi di commozione e di riflessione, impiegandone uno nella tragedia e l'altro nel Coro. - A persuadermi di non aver riuscito ci vuol poco, perchè sento anch'io quanto l'esecuzione sia lontana dall'idea: ma a provarmi la falsità dell'idea sarebbero necessario molte ragioni, che spero di non sentire da voi, perchè amo credere che penserete in questo com'io. - Ben inteso che voi supplirete a questi cenni confusi e scritti alla *sciamannata*. La carta mi manca, e quel che è peggio il tempo. Non voglio ritardare a domani questa lettera per ridarla in più ragionevole figura intrinseca ed estrinseca. Dacchè ho perduta la speranza di divenire un giorno Accademico della Crusca, mi sono lasciato andare agli eccessi i più straordinarii della licenza: il peggio si è che la più parte di queste mie ciarle peccano contro il senso, ma a questo supplirà il vostro e a tutto l'indulgente vostra amicizia. Vorrei arrabbiarmi contro Torti che non mi scrive, ma con che diritto? Non tocca a me di negare! privilegi della pigrizia; ma se voi lo spingete, chi sa che non sia generoso! Ricordatemi alla Domenica e al Venerdì, ringraziate Mario dei cari saluti che gli rendo ben cordialmente. Alla degnissima vostra famiglia poi presentate l'espressioni della mia stima e della riconoscente mia amicizia coi più affettuosi complimenti di mia

Quest'uomo potrebbe essere così bene il Manzoni posto fra gli uomini del suo tempo, con un Governo come quello di Lombardia, posto a rischio continuo di perdere, nell'adempimento dei suoi doveri civili, la pace domestica e la vita, come il Conte di Carmagnola. In ogni modo, nelle parole della tragedia che s'intitola dal *Conte di Carmagnola*, più che i sensi di un capitano di ventura del Medio Evo, noi ritroviamo spesso l'animo, i pensieri, i dubbii, gl'interni combattimenti del Manzoni, geloso del suo buon nome, timido nell'opera, ardito ne' concepimenti, pio, delicato, amante della patria e della famiglia. Queste parole messe in bocca al Conte di Carmagnola non istonerebbero, per esempio, ove si collocassero nel Carme *In morte dell'Imbonati*:

> Oh! beato colui, cui la fortuna;
> Così distinte in suo cammin presenta
> Le vie del biasmo e dell'onor, ch'ei puote
> Correr certo del plauso e non dar mai
> Passo, ove trovi a malignar l'intento
> Sguardo del suo nemico. Un altro campo
> Correr degg'io, dove in periglio sono
> Di riportar, forza è pur dirlo, il brutto
> Nome d'ingrato, l'insoffribil nome
> Di traditor. So che de' grandi è l'uso
> Valersi d'opra ch'essi stiman rea;
> E profondere a quel che l'ha compita
> Premi e disprezzo, il so; ma io non sono
> Nato a questo; e il maggior premio che bramo,
> Il solo, egli è la vostra stima, e quella

---

madre, di Enrichetta e di Giulietta. Chi sa che il signor Castillia non mi porti qualche altra vostra lettera! Questo pensiero mi tiene allegro. Scriverò al Canonico fra pochi giorni; intanto vi prego di fargli i miei più teneri e rispettosi saluti. E voi accogliete le assicurazioni della profonda stima e della inalterabile affezione del vostro

Amico vero
A. MANZONI»

D'ogni cortese; e, arditamente il dico,
Sento di meritarla.

Così avrebbe parlato, così forse parlava allora il Manzoni a' suoi proprii accusatori. Noi sappiamo già che prima della pubblicazione del Carme *In morte dell'Imbonati*, ossia nell'anno 1805, si era ciarlato molto in Milano contro il Manzoni, e che si tornò a ciarlare contro di lui, quando, nel 1819, egli malato di nervi ritornò con la madre e con la moglie a Parigi. La madre del Manzoni, nell'aprile dell'anno 1820, scriveva a monsignor Tosi che il Manzoni preferiva «il soggiorno di Parigi a quello di Milano, per il gran ribrezzo che gli produce quella benedetta mania che si ha di parlare degli affari degli altri. Si ricorda di tante ciarle e di tante supposizioni fatte sul nostro viaggio; e qualche volta questa idea lo mette di cattivo umore:» Il malumore, o almeno un po' di malumore, penetra pure in alcuni versi del *Conte di Carmagnola*. Ma il sentimento cristiano e l'amor patrio vincono finalmente ogni altra cura. Il Manzoni assai più che il suo Conte di Carmagnola esplorava il suo tempo e cercava persuadersi ora che la salute d'Italia sarebbe venuta dalla Toscana, ora dal Piemonte.

Il Carmagnola, infatti, alludendo ai Fiorentini, dice:

A molti in mente
Dura il pensier del glorïoso, antico
Viver civile; e subito uno sguardo
Rivolgon di desìo, là dove appena
D'un qualunque avvenir si mostri un raggio,
Frementi del presente e vergognosi;

e al suo Piemonte belligero fida, con la propria, la vendetta d'Italia:

Voi provocate la milizia. Or sono

In vostra forza, è ver; ma vi sovvenga
Ch'io non ci nacqui; che tra gente io nacqui
Belligera, concorde; usa gran tempo
A guardar come sua questa qualunque
Gloria d'un suo concittadin, non fia
Che straniera all'oltraggio ella si tenga.

Ma, in pari tempo, nelle parole che Marco rivolge all'amico suo il
Conte di Carmagnola, ritroviamo la prudenza manzoniana; si
direbbe che Marco sostiene presso il Conte quella parte medesima
che il Fauriel presso il Manzoni; è l'amico Fauriel, al quale la
tragedia è per l'appunto dedicata:

                        ...... Consiglio
Di vili arti ch'io stesso a sdegno avrei,
Io non ti do, nè tal da me l'aspetti;
Ma tra la noncuranza e la servile
Cautela avvi una via; v'ha una prudenza
Anche pei cor più nobili e più schivi;
V'ha un'arte d'acquistar l'alme volgari,
Senza discender fino ad esse; e questa
Nel senno tuo, quando tu vuoi, la trovi.

Il Conte, ossia forse il Manzoni, vorrebbe fidarsi al suo destino, e
non curar troppo le male arti de' nemici; Marco, ossia ancora,
come si può sottintendere,, il Fauriel gli pone innanzi l'immagine
della moglie e della figlia amatissime, ma forse in qualche
momento dimenticate per alcun'altra più forte attrattiva, per
l'amore della patria:

                        Vuoi che una corda io tocchi
Che ancor più addentro nel tuo cor risoni?
Pensa alla moglie tua, pensa alla figlia,
A cui tu se' sola speranza; il cielo

Diè loro un'alma per sentir la gioia,
Un'alma che sospira i dì sereni,
Ma che nulla può far per conquistarli.
Tu il puoi per esse; e lo vorrai. Non dire
Che il tuo destin ti porta; allor che il forte
Ha detto: io voglio, ei sente esser più assai
Signor di sè che non pensava in prima.

Il Manzoni poeta cristiano detta ancora queste pie parole al fiero Conte condannato a morte:

E tu, Filippo, ne godrai! Che importa?
Io le provai quest'empie gioie anch'io;
Quel che vagliano or so.

E quest'altre affettuose alla moglie Antonietta paiono suggerite al Conte da Enrichetta Blondel, la moglie del Manzoni:

......O sposo
De' miei bei dì, tu che li fêsti, il core
Vedimi; io moio di dolor, ma pure
Bramar non posso di non esser tua.

Vi è finalmente tutta la pietà cristiana del Manzoni, molto più che il carattere storico del Carmagnola, in queste parole del Conte:

Allor che Dio sui buoni
Fa cader la sventura, ei dona ancora
Il cor di sostenerla.... Oh! pari il vostro
Alla sventura or sia. Godiam di questo
Abbracciamento; è un don del cielo anch'esso.
.... Il torto è grande,
Ma perdona; e vedrai che in mezzo ai mali
Un'alta gioia anco riman.

                .... Oh gli uomini non hanno
        Inventata la morte; ella sarìa
        Rabbiosa, insopportabile, dal cielo
        Essa ci viene, e l'accompagna il cielo
        Con tal conforto, che nè dar nè tòrre
        Gli uomini ponno.

Così sono uscite dal cuore di un marito credente, del Manzoni, in somma, queste belle e solenni ultime parole, con le quali il Conte raccomanda la moglie e la figlia al Gonzaga:

        Quando rivedran la luce,
        Di' lor... che nulla da temer più resta.

Poco, lo ripeto, sappiamo, pur troppo, della vita del Manzoni in quegli anni che corsero dal suo matrimonio alla pubblicazione del *Conte di Carmagnola* e dell'*Adelchi*; ma forse non andremmo troppo lontani dal vero, supponendo che alcun grande dolore abbia agitato l'animo del Manzoni nel tempo, in cui, venduto il *Caleotto*, egli scrisse le sue tragedie[139] ed incominciò il proprio romanzo. Vi sono versi che non si possono

---

[139] Sopra la lentezza relativa del Manzoni nel preparare le sue tragedie il Sainte-Beuve ci diede questi schiarimenti: «Il Manzoni, tutti lo sanno, lavorava le sue tragedie lentissimamente. Questa lentezza, che può dipendere da diverse cagioni, come per esempio dalla delicatezza di un'organizzazione nervosa, la quale si può trovare impedita a tener sempre dietro alla fantasia e all'intelletto, questa lentezza considerata in sè stessa non sarà forse cosa lodevole. Ma ciò che sicuramente merita lode, e vuolsi anzi proporre ad esempio, è la coscienza adoperata da lui nel preparare i materiali, e nello studiare gli argomenti delle sue composizioni. Sarebbe difficile il dire quel ch'abbia fatto per l'*Adelchi*, di cui cominciò ad occuparsi sul serio, dopo il suo ritorno da Parigi a Milano, negli ultimi mesi del 1820. Egli si accinse a studiare da storico, emulando gli uomini, coi quali aveva fin'allora conferito, tutto ciò che potè trovare nelle cronache sulle circostanze della dominazione e dello stato de' Lombardi in Italia. Non leggeva superficialmente tanto da poter riuscire a dare un qualche colore locale, una tinta qualsiasi del Medio Evo ad un'opera di fantasia. No davvero, egli volle vedervi il fondo; si seppellì nella collezione *Rerum Italicarum* del Muratori, e prese anche famigliarità, com'egli dicea sorridendo, *con qualcuno dei 49 grossi complici* di Agostino Thierry.»

scrivere altrimenti che sotto una impressione molto viva e dolorosa; ed i versi che ho citati, mi fanno dubitare che il Manzoni abbia desiderato in quegli anni prender parte a qualche congiura politica, che, per una recrudescenza d'amor patrio, abbia corso qualche gran rischio e temuto assai per la propria famiglia e siasi poi sentito accusare di qualche debolezza: la malattia nervosa che lo visitò, appena terminata la sua tragedia, le varie ciarle alle quali diede occasione il suo ritorno a Parigi, hanno forse qualche relazione con alcun fatto che ignoriamo, ma del quale potrebbe darsi che si trovassero indizii ne' suoi scritti di quel tempo. Fu caso fortunato che i componimenti del Manzoni cadessero sotto gli occhi del Goethe, ma non già caso che il Goethe se ne compiacesse. Vi era naturale simpatia fra que' due ingegni olimpici; anche il Goethe in quasi tutte le sue opere poetiche ha rivelato sè stesso in modo che la biografia di lui può farsi quasi che tutta sopra la sola guida de' suoi scritti. Il Manzoni sfogò meno le sue passioni, si frenò di più, tenne più fermo ad un solo alto segno il proprio ideale; ma sotto la sua calma apparente, sotto quella mirabile temperanza di linguaggio, è ancora possibile scorgere le tempeste d'un animo agitato, in continua lotta con sè medesimo, e più ancora che lottante fra il dovere e il piacere, contrastato fra due doveri diversi. I due doveri diversi, fra i quali il Manzoni lottò, dovettero essere la patria e la famiglia, come per un altro verso la libertà del pensiero e la fede. Il Goethe, come il Manzoni, mirava alla perfezione; ma io credo che, senza alcuna esagerazione, si possa dire che il primo mirava particolarmente ad una perfezione intellettuale, il secondo alla perfezione morale, che costa qualche cosa di più, poichè obbliga pure a qualche maggior sacrificio.

Nell'*Adelchi* si palesa generalmente assai meno il sentimento individuale dell'autore; tuttavia è lecito in più d'un passo, ove parla il giovine eroe longobardo, riconoscere i privati sentimenti del Manzoni. La tragedia fu terminata, quando, fallita la rivoluzione piemontese, parecchi de' migliori amici del

Manzoni dovettero andare o in esigilo, o al carcere duro. Il Nostro si dolse, certamente, seco stesso di non aver potuto far nulla per la patria e di dovere nascondere il suo potente ed inspirato Inno rivoluzionario dedicato a Teodoro Koerner, e, per amore della famiglia, evitare ogni imprudenza. S'io non m'inganno, è il Manzoni del 1821 che parla in questi versi posti in bocca ad Adelchi:

> Il mio cor m'ange, Anfrido; ei mi comanda
> Alte e nobili cose; e la fortuna
> Mi condanna ad inique: e, strascinato,
> Vo per la via che non mi scelsi, oscura,
> Senza scopo; e il mio cor s'inaridisce,
> Come il germe caduto in rio terreno
> E balzato dal vento.

Il Manzoni fu sempre un po' repubblicano; se ne lagnavano nel 1848 il Giusti e l'Azeglio, quando lo vedevano diffidar troppo delle promesse del re Carlo Alberto. E da repubblicano, con poca verosimiglianza storica, egli faceva parlare il moribondo Adelchi al re Desiderio suo padre:

> Gran segreto è la vita; e noi comprende
> Che l'ora estrema. Ti fu tolto un regno;
> Deh! nol pianger; mel credi. Allor che a questa
> Ora tu stesso appresserai, giocondi
> Si schiereranno al tuo pensier dinanzi
> Gli anni, in cui re non sarai stato, in cui
> Nè una lagrima pur notata in cielo
> Fia contra te, nè il nome tuo saravvi
> Con l'imprecar de' tribolati asceso.
> Godi che re non sei, godi che chiusa
> All'oprar t'è ogni via; loco a gentile,
> Ad innocente opra non v'è; non resta

> Che far torto, o patirlo. Una feroce
> Forza il mondo possiede e fa nomarsi
> Dritto; la man degli avi insanguinata
> Seminò l'ingiustizia; i padri l'hanno
> Coltivata col sangue; e omai la terra
> Altra mèsse non dà.

Tutto ciò è grande, è vero, è degno del Manzoni, e si capisce che dovesse piacere al Mazzini, ma stona nel linguaggio di un Principe longobardo del IX secolo. Come tragedie storiche, il *Carmagnola* e l'*Adelchi*, mi paiono, sia detto con tutto il rispetto de' loro pregi letterarii, lavori sbagliati; ma essi, oltre all'importanza che hanno per le novità che introducono nella drammatica italiana, obbligando le persone tragiche a parlare un linguaggio umano e a muoversi naturalmente, senza l'impaccio delle regole così dette aristoteliche intorno alle unità, contengono un gran numero di particolari poetici manzoniani, il che vuol dire nuovissimi, per i quali se non vi si andrà a cercare la verità storica e se essi non si potranno rappresentare sulle scene, vi si troveranno sempre affetti eloquentemente espressi, pensieri elevati, caratteri bene scolpiti, descrizioni pittoresche, intendimenti civili e patriottici che li faranno ammirare. Il Manzoni dedicava l'*Adelchi*, dodici anni dopo il suo matrimonio, a sua moglie Enrichetta Blondel, e non senza un motivo particolare, oltre i motivi generali che egli dovea parer di avere per dare un pubblico segno d'onore e d'affetto alla sua compagna. Come m'è parso di sentire nell'amicizia di Marco pel Conte di Carmagnola quella del Fauriel pel Manzoni, onde, perciò forse, veniva particolarmente dedicata al Fauriel la prima tragedia manzoniana; così mi paiono da ricercarsi nella tragedia stessa le ragioni particolari, per le quali Enrichetta Blondel fu onorata della dedicazione dell'*Adelchi*. «Il signor marchese Capponi (scrive il Tommaseo), nel conoscere la prima moglie, non bella e di poche parole, a quello appunto e al portamento sentì che la vera ispiratrice del Manzoni era lei.» Disse il simile qualche anno dopo un giornale di Francia, che, recando i versi di Ermengarda morente: *Amor tremendo è il mio*, ec., soggiunge: *Ah questa, signor Manzoni, non è roba vostra; ve l'ha dettata una donna.* Rileggiamoli dunque insieme questi bei versi che il Manzoni avrebbe rubati a sua moglie. Ermengarda, in amoroso delirio, si rivolge col memore pensiero allo sposo che la tradì:

> ....O Carlo,
> Farmi morire di dolor tu il puoi;
> Ma che gloria ti fia? Tu stesso un giorno
> Dolor ne avresti. *Amor tremendo è il mio;*
> *Tu nol conosci ancora; oh! tutto ancora*
> *Non tel mostrai; tu eri mio; secura*
> *Nel mio gaudio io tacea, nè tutta mai*
> *Questo labbro pudico osato avria*
> *Dirti l'ebbrezza del mio cor segreto.*

Nel personaggio di Adelchi, il Manzoni stesso confessò d'aver voluto foggiare un suo ideale; il medesimo si può dire dell'Ermengarda, sopra i sentimenti della quale la storia non ci dice nulla; ora gl'ideali che si coloriscono al di fuori della storia e che riescono caratteristici come questo di Ermengarda, non si possono concepire altrimenti che supponendoli determinati dagli stessi sentimenti più vivi del Poeta nell'ora in cui egli scrisse. Io non posso insistere di più sopra un argomento così delicato come le relazioni di Alessandro Manzoni con Enrichetta Blondel; ma parmi che un rimorso gentile dell'Autore verso la sua compagna che egli potè forse turbare co' suoi ardimenti patriottici o con alcun'altra sua imprudenza, abbia fatto parlare Ermengarda in quel modo straordinariamente appassionato, e che la dedica solenne dell'*Adelchi* alla sua compagna sia stata come una pubblica riparazione di qualche segreta lacrima domestica. S'io mi sono ingannato, ne domando perdono alla memoria del

Manzoni; ma come ai critici del Goethe fu lecito de tracciare sopra i suoi versi la storia de' suoi amori, non ho potuto spiegarmi altrimenti, come in un dramma, dove l'amore non entrava, sia apparso l'unico tipo veramente poetico di una moglie ideale che ci presenti la poesia italiana, e che il Dramma stesso porti la seguente dedicazione glorificatrice:

ALLA DILETTA E VENERATA SUA MOGLIE
ENRICHETTA LUIGIA BLONDEL
LA QUALE INSIEME CON LE AFFEZIONI CONIUGALI
E CON LA SAPIENZA MATERNA
POTÈ SERBARE UN ANIMO VERGINALE
CONSACRA QUESTO ADELCHI
L'AUTORE
DOLENTE DI NON POTERE A PIÙ SPLENDIDO
E A PIÙ DUREVOLE MONUMENTO
RACCOMANDARE IL CARO NOME E LA MEMORIA
DI TANTE VIRTÙ.[140]

---

[140] Il prof. Corrado Gargiolli mi fa noto che una signora, nel dividersi da un giovane che era da lei amato e che si era sposato ad un'altra donna, riaperse l'*Adelchi* alla scena di Ermengarda morente, e bagnandola delle sue lacrime scrisse all'amante una lettera commovente d'addio. Il Manzoni, cui venne dal Gargiolli riferito il caso, se ne compiacque soggiungendo: «Quelle erano davvero preziose postille,» alludendo certamente alle lacrime, e al commento vivo che ne faceva il dolore di quell'abbandonata.

XVI.

Il Manzoni unitario.

Noi abbiamo fin qui toccato del Manzoni come riformatore dello stile poetico italiano, come scrittore religioso e come autore di tragedie storiche ed autobiografiche. Vediamo direttamente e particolarmente lo scrittore politico.

Le opinioni politiche espresse in verso da un giovinetto di quindici anni non sembrano doversi pigliare molto sul serio. Quella spontaneità che appare, per lo più, nella manifestazione de' sentimenti di un giovine, è solo apparente; il giovine prima dei trent'anni sposa con ardore e difende con impetuosa eloquenza quelli che crede i suoi principii inviolabili e santi; ma egli non gli ha, gl'impara, li sposa, li riceve, gli accetta; rado accade che essi siano il prodotto di un intimo proprio convincimento. Il giovine, con tutta la sua furia simpatica che lo spinge a concepire i disegni più arditi e più vasti, a intraprendere le opere più pericolose, e con la felice illusione in cui vive che tutto il mondo sia suo, è meno libero assai dell'uomo maturo, tanto più composto e regolato nel suo modo di pensare, di sentire e di operare. Il giovine si crede libero, quando segue tutti i suoi istinti più diversi; l'uomo invece sente la libertà solamente dal punto, in cui egli incomincia a governare questa tumultuosa varietà d'istinti, a reggere la propria volontà, a dominare sè stesso. Non è quindi da chiedersi ad un giovine conto troppo severo di quel ch'egli abbia pensato politicamente fra i quindici ed i trent'anni; ma è poi tanto più mirabile il caso, in cui, come avvenne nella vita del Manzoni, si abbia a notare fra la giovinezza, la virilità e la vecchiaia d'un uomo una continuità progressiva di quei pensieri, che sono il fondamento e la regola della sua condotta civile. Del Manzoni si può dire che egli temperò con l'età il modo di manifestare i proprii pensieri; ma la somma di questi rimase costante e si confermò con la vita. Incominciò, come già sappiamo, a cantare il trionfo della libertà a quindici anni. Nel primo Canto del *Trionfo* incontriamo l'immagine dell'uccello che esce di gabbia e gode della sua libertà, adoprata a significare la gioia del prigioniero italiano ritornato libero:

> E a color che fuggir l'aspra catena,
>   Prorompea sugli occhi e su le labbia
>   Impetüosa del piacer la piena,
> Come augel che fuggì l'antica gabbia,
>   Or vola irrequieto tra le frondi,
>   Rade il suol, poi si sguazza ne la sabbia.

È singolare il vedere come le prime immagini della giovinezza manzoniana rifioriscono vive nella sua tarda vecchiaia. Il Manzoni, più che ottantenne, passeggiando ne' Giardini Pubblici di Milano, alla vista di uccellini chiusi in gabbia, compose alcuni eleganti distici, nei quali gli uccelli prigionieri, ai quali è contesa la vista del cielo, si lamentano per invidiare la sorte delle anitre che si diguazzano liberamente negli stagni:

> *Fortunatæ anates quibus æther ridet apertus,*
>   *Liberaque in lato margine stagna patent.*
> *Nos hic intexto concludunt retia ferro*
>   *Et superum prohibent invida tecta diem.*
> *Cernimus heu! frondes et non adeunda vireta*
>   *Et queis misceri non datur alitibus.*
> *Si quando immemores auris expandimus alas,*
>   *Tristibus a clathris penna repulsa cadit.*
> *Nullos ver lusus dulcesve reducit amores,*
>   *Nulli nos nidi, garrula turba, cient.*
> *Pro latice irriguo, læto pro murmure fontis*
>   *Exhibet ignavas alveus arctus aquas.*

Crudeles escæ, vestra dulcedine captae
Ducimus æternis otia carceribus.

L'Austria ricevette pure i primi colpi dal giovinetto Manzoni, nel *Trionfo della Libertà*:

S'alzò tre volte e tre ricadde al suolo
   Spossata e vinta l'Aquila grifagna,
   Che l'arse penne ricusâro il volo.
Alfin, strisciando dietro a la campagna
   Le mozze ali e le tronche ugne, fuggìo
   Agl'intimi recessi di Lamagna.

Non ci meravigliamo dunque che tra i Martiri dello Spielberg il conte Confalonieri sapesse a memoria e recitasse parecchie terzine del poema giovanile d'Alessandro Manzoni. L'anima gloriosa del francese Desaix caduto a Marengo combattendo contro gli Austriaci per quella che si sperava potesse divenire la libertà d'Italia, appare in una specie di Olimpo al giovine Poeta, il quale, pure imitando il noto incontro di Virgilio con Sordello, sa ancora trovare e produrre un nuovo effetto poetico:

Allor ch'egli me vide il piè ramingo
   Traggere incerto per l'ignota riva,
   Meditabondo, tacito e solingo,
A me corse gridando: «Anima viva,
   Che qua se' giunta, u' solo per virtute,
   E per amor di libertà s'arriva.
Italia mia che fa? di sue ferute
   È sana alfine? è in libertate? è in calma?
   O guerra ancor la strazia e servitute?
Io prodigo le fui di non vil'alma.»

Dicono che il Manzoni ed il Mazzini, ritrovandosi insieme un giorno dell'anno 1860, si rallegrassero insieme d'essere stati, per lungo tempo, i soli veri unitarii d'Italia. Nel vero, entrambi misero una specie di ostinazione nel desiderare e nel predicare in tutti i modi ed in ogni occasione l'unità italiana. Anche il Monti, per dire il vero, nella *Musogonia* aveva collocata la seguente strofa:

E voi di tanta madre incliti figli,
   Fratelli, i preghi della madre udite:
   Di sentenza disgiunti e di consigli,
   Che pensate, infelici, e chi tradite?
   Una deh sia la patria, e ne' perigli
   Uno il senno, l'ardir, l'alme, le vite.
   Del discorde voler che vi scompagna,
   Deh non rida, per Dio! Roma e Lamagna.

Si può anche ammettere che il Monti fosse in quel momento sincero, ed esprimesse con tali versi il proprio intimo sentimento; ma egli cantò tante volte idoli diversi, dal Braschi a Napoleone, dal Suvaroff all'Imperatore d'Austria, che una sua strofa unitaria non può far di lui un poeta unitario. Prima dell'anno 1860 gli unitarii in Italia si potevano contare; tra i liberali d'idee più avanzate prevaleva generalmente l'idea della federazione. Il professor De Benedetti racconta in questo modo il colloquio che il Mazzini avrebbe avuto col Manzoni: «Vede, Don Alessandro (avrebbe detto il Mazzini), durante un pezzo siamo stati noi *due soli* a credere all'unità di quest'Italia. Ora possiamo dire che avevamo ragione.» Al che il Manzoni volendo mostrare che egli vi aveva avuto poco merito, perchè l'unità era inevitabile, con un malizioso sorriso avrebbe risposto: «Il padre del nostro amico Torti, che aveva sempre freddo, cominciava al primo fresco di settembre a dire: *Vuol nevicare*. A ottobre e novembre sentiva crescere il freddo e ripeteva: *Nevica di sicuro*. Finalmente, a gennaio o febbraio s'aveva una gran nevicata, e il buon Torti esclamava: *L'avevo detto io che doveva nevicare.*» Ma, un anno innanzi, prima che il Mazzini gli facesse visita, egli, che era sempre stato un po' repubblicano e molto unitario, compiacevasi, in somma, di avere indovinato giusto giusto come il padre del Torti. «Alla fede dell'unità d'Italia (egli diceva) ho fatto il più grande dei sacrificii che un poeta potesse fare: quello di scrivere *scientemente* un brutto verso.»

Questo brutto verso si trova in un frammento di Canzone petrarchesca composta dal Manzoni nell'aprile dell'anno 1815, quando Gioachino Murat bandiva il suo famoso Proclama di Rimini, col quale chiamava alle armi gli Italiani, in nome dell'*Unità italiana.* Ma intanto che il Manzoni scriveva, la rotta di Tolentino, con tutti gli ambiziosi disegni del Murat, faceva cadere la penna di mano al nostro giovine Poeta, che, a mezzo della quinta strofa, si arrestava. Il frammento, più che quattro strofe finite, ci presenta un solo abbozzo, ove conviene tener molto conto de' pensieri ed usar qualche indulgenza alla inelegante povertà del verso. Nello stesso anno il giovinetto Leopardi componeva una specie di Orazione rettorica e reazionaria, della quale mi fece vedere una copia il marchese Ferrajoli di Roma. Quando verrà pubblicata, se pure a quest'ora non è già pubblica, sarà utile il riscontrare la Canzone del *reazionario* Manzoni con la prosa del Leopardi, il quale, per quanto intesi, era, alcuni anni dopo, col Nicolini tra quelli che si sdegnavano più forte contro il pietismo manzoniano e contro la sua teoria del perdono delle ingiurie. Il Manzoni nei versi del frammento, per la forma, classicheggia un po' pedestremente; ma ne' concetti egli si rivela moderno, e libero e coraggioso profeta d'un avvenire, intuito e sperato per l'Italia da pochi sapienti:

O delle imprese alla più degna accinto,
Signor, che la parola hai proferita,
Che tante etadi indarno Italia attese;

Ah! quando un braccio le teneano avvinto
Genti che non vorrìan toccarla unita,
E da lor scissa la pascean d'offese;
E l'ingorde udivam lunghe contese
Dei re tutti anelanti a farle oltraggio;
In te sol uno un raggio
Di nostra speme ancor vivea, pensando
Ch'era in Italia un suol senza servaggio,
Ch'ivi slegato ancor vegliava un brando.
Sonava intanto d'ogni parte un grido,
Libertà delle genti e gloria e pace,
Ed aperto d'Europa era il convito;
E questa donna di cotanto lido,
Questa antica, gentil, donna pugnace,
Degna non la tenean dell'alto invito;
Essa in disparte, e posto al labbro il dito,
Dovea il fato aspettar dal suo nemico,
Come siede il mendìco
Alla porta del ricco in sulla via;
Alcun non passa che lo chiami amico,
E non gli far dispetto è cortesia.
Forse infecondo di tal madre or langue
Il glorïoso fianco? o forse ch'ella
Del latte antico oggi le vene ha scarse?
O figli or nutre, a cui per essa il sangue
Donar sia grave? o tali, a cui più bella
Pugna sembri tra lor ingiuria forse?
Stolta bestemmia! eran le forze sparse,
E non le voglie; e quasi in ogni petto
Vivea questo concetto:
Liberi non sarem se non siamo uni;
Ai men forti di noi gregge dispetto,
Fin che non sorga un uom che ci raduni.
Egli è sorto per Dio! Sì, per Colui

Che un dì trascelse il giovinetto ebreo
Che del fratello il percussor percosse;
E fattol duce e salvator de' sui,
Degli avari ladron sul capo reo
L'ardua furia soffiò dell'onde rosse;
Per quel Dio che talora a stranie posse,
Certo in pena, il valor d'un popol trade;
Ma che l'inique spade
Frange una volta, e gli oppressor confonde,
E all'uom che pugna per le sue contrade
L'ira e la gioia de' perigli infonde.
Con Lui, signor, dell'itala fortuna
Le sparse verghe raccorrai da terra,
E un fascio ne farai nella tua mano...

I versi non belli, in questo frammento, sono parecchi; ma il Manzoni alludeva, nel suo discorso, a questo:

Liberi non sarem se non siamo uni.

Per questa unità da lui voluta, sperata, predicata, fin da giovinetto, il Manzoni aveva il coraggio di combattere apertamente, quantunque così devoto al Capo spirituale della Chiesa, il potere temporale de' Papi. Per questo riguardo, il Manzoni s'accordava perfettamente con l'antico e col nuovo poeta Ghibellino, con l'Alighieri e col Niccolini; il Poeta quindicenne, nel *Trionfo della Libertà*, e però prima della sua pretesa conversione, mentrechè egli mostra come Dio, ossia la religione, insegni soltanto l'amore:

Ei, con la voce di natura, chiama
Tutti ad armarsi, e gli uomini accompagna
E va d'ognuno al cor ripetendo: *ama!*

si rivolge dantescamente a Roma:

> Ahi! de la libertà l'ampia ruina
> Tutto si trasse ne la notte eterna,
> Ed or serva sei fatta di reina.
> Che il celibe Levita ti governa
> Con le venali chiavi, ond'ei si vanta
> Chiuder la porta e disserrar superna.
> E i Druidi porporati, oh casta, oh santa
> Turba di lupi mansüeti in mostra
> Che de la spoglia de l'agnel s'ammanta,
> E il popol riverente a lor si prostra
> In vile atto sommesso, e quasi Dei
> Gli adora e cole, oh sua vergogna e nostra!

Si offendeva il giovinetto Manzoni nel vedere che in Italia molto più che Cristo si adorasse il suo Vicario; egli presentiva già il giorno, in cui il Papa avrebbe finito per dichiararsi infallibile; perciò arditamente cantava:

> Infallibil divino a le devote
> Genti s'infinse, che a la putta astuta
> Prestâro omaggio e le fornîr la dote.

Si dirà facilmente da alcuno di que' devoti che si preparavano alla beatificazione di Alessandro Manzoni, che non è da tenersi conto del linguaggio intemperante di un giovine studente traviato; ma il guaio è che il Manzoni, quantunque ossequente alla Chiesa, in tutto ciò che riguarda la materia dommatica del Cattolicismo, non s'immaginava mai che verrebbe un giorno, in cui l'infallibilità e il potere temporale de' Papi diventerebbero due nuovi dommi, due nuovi articoli del *Credo* cattolico! Nell'*Adelchi*, lo stesso Desiderio re de' Longobardi, a cui l'Autore impresta pure i suoi proprii sentimenti religiosi, tanto da fargli dire vinto da Carlo Magno queste parole di sommissione, per le quali si riconosce nel vincitore la potenza del dito divino:

> In te del cielo
> Io la vendetta adoro, e innanzi a cui
> Dio m'inchinò, m'inchino,

quando si tratta di definire quali possano essere le relazioni di un Re che ambisce la piena signoria d'Italia col Papa, esclama:

> .... Roma fia nostra; e, tardi accorto,
> Supplice invan, delle terrene spade
> Disarmato per sempre, ai santi studii
> Adrian tornerà; re delle preci,
> Signor del Sacrifizio, il soglio a noi
> Sgombro darà.

In queste poche parole viene espresso, dodici anni prima, il concetto fondamentale dell'*Arnaldo* del Niccolini. Il Manzoni perciò non poteva in nessun modo accordarsi coi Gesuiti, i quali volevano che la Chiesa s'impacciasse nel governo politico del mondo; e fin dall'anno 1819, scrivendo da Parigi al suo proprio confessore Tosi un po' giansenista, esprimeva chiaramente il suo pensiero in proposito: «A malgrado (egli diceva) degli sforzi di alcuni buoni ed illuminati Cattolici per separare la religione dagli interessi e dalle passioni del secolo, malgrado la disposizione di molti increduli stessi a riconoscere questa separazione, e a lasciare la religione almeno in pace, sembra che prevalgano gli sforzi di altri che vogliono assolutamente tenerla unita ad articoli di fede politica che essi hanno aggiunto al *Simbolo*. Quando la Fede si presenta al popolo così accompagnata, si può mai sperare che egli si darà la pena di distinguere ciò che viene da Dio da ciò che è l'immaginazione degli uomini? I solitarii di Porto Reale l'hanno fatto, ma erano pochi, erano dotti, erano separati dal

mondo, assistiti da quella grazia che non cessarono d'implorare».
Ciò che è nuovo nel carattere religioso della letteratura
manzoniana è, per l'appunto, questo richiamo della religione a'
suoi principii fondamentali di carità e di libertà, questo accordo
dei principii umanitarii del Vangelo coi principii umanitarii
proclamati dalla Rivoluzione francese, la quale non gli osservò
poi sempre essa medesima, ma intanto gli ha come consacrati
nella società moderna. Gli scrittori cattolici francesi più venerati,
come il Chateaubriand ed il Montalembert, rimasero, per questo
riguardo, molto più indietro del Nostro. Il Montalembert, per
esempio, che conobbe il Manzoni a Brusuglio nel 1836,
discorreva un giorno con esso intorno all'assetto politico che si
poteva sperare o disperare di dare all'Italia. Il Manzoni disse tosto
che il suo ideale sarebbe stata l'unità d'Italia con un Principe di
casa Savoia. Sperava il Francese che il Manzoni avebbe fatta
un'eccezione pel dominio temporale del Papa, non potendo
ammettere che un cattolico supponesse possibile qualsiasi
attentato contro di esso; e però strinse i panni al Manzoni,
chiedendogli quello che contasse di fare del Papa-Re. «Quando vi
ho detto (rispose il Manzoni senza scomporsi) che voglio l'unità
con un Principe che non è il Papa, mi par d'avere già risposto in
anticipazione alla vostra dimanda.» Nell'anno 1848, quando tutta
l'Italia delirava per Pio IX e in casa dello stesso Manzoni il suo
primogenito si faceva bello con la medaglia del Papa, il Manzoni
fu de' pochissimi che non si lasciarono sedurre da un entusiasmo,
che a lui pareva più funesto che utile all'unità italiana. Egli non si
lasciava trasportare dalle opinioni volgari, quando non gli pareva
che il senso volgare fosse il buon senso; ma voleva camminare
co' suoi tempi, e progredire; anche nel modo di vestire,
desiderando evitare ogni ridicola stranezza, fino agli ultimi anni
di sua vita desiderava sempre mostrarsi uomo moderno. Di ogni
ritorno al passato, di ogni passo che si dèsse per andare indietro,
si doleva. Venerava i dommi cattolici, ma non trovava certamente
che fossero pochi; e però quando intese che se ne voleva

aggiungere uno nuovissimo, quello dell'infallibilità papale, il vecchio Manzoni si trovò intieramente d'accordo col giovinetto protestante del *Trionfo della Libertà*, si schierò dunque animosamente tra gli antinfallibilisti più risoluti e più rigorosi; «ma quando (scrive il Rizzi) egli, cattolico, seppe che in Vaticano era passata, come si direbbe noi laici, la nuova legge, non fece che esclamare: *pazienza!*, e non ne parlò più. E forse in questa sua sottomissione della ragione alla fede c'entrava per molto l'esempio del suo dottore e maestro l'abate Rosmini, il quale pure avea dichiarato di sottomettersi alla censura inflitta al suo libro delle *Cinque Piaghe.*» Ma, in somma, egli si rallegrò che Roma fosse tolta al governo del Papa, ed accettò con piacere l'onore di venire ascritto nell'albo de' cittadini di Roma capitale, dove il Papa infallibile si era rintanato a fare il broncio a quell'Italia, che, come ben disse lo stesso Manzoni, egli benedisse prima del Quarantotto, per mandarla, dopo il Quarantotto, a farsi benedire. Egli conosceva il pregio di certi onori, i quali ricevono importanza dall'occasione e dalla qualità speciale di chi li riceve e di chi li concede; perciò egli che, a malgrado dell'intercessione del conte Andrea Cittadella e di Alessandro Humboldt, non avea temuto offendere l'Imperatore d'Austria ed il Re di Prussia, ricusando le loro decorazioni, gradiva poi una stretta di mano del re Vittorio Emanuele, una rosa del generale Garibaldi, ed un ben tornito complimento del più dotto fra i coronati viventi, Don Pedro d'Alcantara. Un tempo, quando pubblicò i *Promessi Sposi*, egli avea pure gradito le cortesie del Granduca di Toscana; ma non dimentichiamo ch'era quello il decennio glorioso, in cui nella piccola ospitale Toscanina riparavano gli esuli delle altre provincie d'Italia, il Pepe, il Colletta, il Poerio, il Leopardi, il Tommaseo, il Giordani ed altri più che venivano a riscaldare le loro speranze intorno alla più coraggiosa ed importante delle Riviste letterarie italiane, l'*Antologia*, e nel Gabinetto letterario del ginevrino Giampietro Vieusseux. Ed il Manzoni di nessuno faceva maggiore stima che di quegli Italiani, che aveano avuto la fortuna non solo di scrivere, ma di patire e di combattere per l'Italia; quando il Settembrini si dimenticò pertanto a segno da paragonare il Manzoni *al vecchio Priamo che scagliava il suo telo senile*, egli, sebbene sentisse tutta l'indegna acerbità dell'offesa, la voleva perdonare, non tanto perchè come cristiano egli lo avrebbe dovuto, ma perchè egli pensava che si dovesse perdonar molto ad un uomo, il quale era stato in prigione per la patria.

È noto che il Manzoni, negli ultimi anni della sua vita, lavorava intorno ad un *Saggio comparativo fra la Rivoluzione francese del 1789 e la Rivoluzione italiana del 1859*. L'opera, tuttora inedita, non potè venir terminata; nella parte che riguarda la Rivoluzione francese, egli ammira l'Ottantanove e deplora e condanna il Novantatrè, che non gli pare sia stato nè utile nè, in alcun modo, necessario; trova, in somma, che il Novantatrè era un Ottantanove peggiorato; sono rimasti intatti di questa parte ben 286 fogli. La parte italiana, quale rimane fra le carte inedite del Manzoni, si compone di soli diciotto fogli; al nostro scopo, che è quello di mostrare quale concetto civile e politico il Manzoni si faceva della letteratura, basterà qui il riferirne, poichè la gentilezza e la memoria di un amico ci aiuta, alcuni saggi che il Manzoni stesso veniva leggendo ai più intimi ed assidui suoi frequentatori. Di Dante che voleva l'unità con Arrigo di Lussemburgo, il Manzoni scriveva: «Dante, il grande e infelice Italiano, che cercava in una qualche forza viva il mezzo di ottenere l'unità, credette di poterlo trovare nell'Impero. Ma, per verità, sarebbe difficile il decidere se questo sarebbe stato meno atto a crearla davvero o a mantenerla.» Il Manzoni ammirava il Piemonte e sperava molto da esso; perciò lasciò scritto: «La concordia nata nel 1849 tra il giovane Re di codesta estrema parte della patria comune e il suo popolo ristretto d'allora, fu la prima cagione di una tale indipendenza; poichè fu essa, e essa sola, che rese possibile anche il generoso e non mai abbastanza riconosciuto aiuto straniero; e essa sola che fece rimaner privi d'effetto gli sforzi opposti della Potenza allora prevalente in Italia, e fatalmente avversa a questa indipendenza.» Ma il Manzoni voleva il Piemonte italiano, non già l'Italia piemontese, e ancora meno l'Italia esclusa dal Piemonte o il Piemonte dall'Italia. Perciò quando il Piemonte formava con la Sardegna un regno separato, e l'Accademia delle Scienze, la quale soleva aggregarsi come *Accademici stranieri* gl'illustri Italiani delle altre provincie, nel 1833 eleggeva *Accademico straniero* il Manzoni, questi, rifiutando un tale onore, rispondeva al Presidente dell'Accademia conte Prospero Balbo in questi termini: «Un tanto onore sarebbe caramente pagato, se io non lo potessi ottenere che col titolo di *Accademico straniero*; standomi più a cuore l'esser compatriotta di Lei e degli altri uomini insigni, di cui codesta Accademia si vanta, che d'esser loro collega; chè, se questo è un effetto della degnazione loro, quello è un dono di Dio, che mi ha fatto nascere in questa Italia, che è superba di chiamarli suoi.» L'ultime sue parole d'affetto furono pure per la città di Torino. Egli le scrisse nell'anno 1873, poco prima di morire, e suonano così: «Trista condizione di cose, in cui anche gli uomini di alta mente e amici della patria non potevano far altro che disperare o sognare.» Vittorio Emanuele gli pare: «Un Re che al coraggio e alla costanza della sua stirpe univa un sentimento per l'Italia, che in questo caso non consentiremmo di chiamare ambizione, perchè la parte di vanità e d'interesse personale sottintesa in un tale vocabolo scompare nella grandezza e nella nobiltà del fine.» Riconosce l'antica forza di resistenza opposta allo straniero invasore dall'esercito del piccolo Piemonte, con una felice similitudine: «L'esercito piemontese aveva saputo tener addietro, da quella parte, per ben tre anni, il novo invasore, come quel valente ragazzo olandese aveva opposta all'acqua che stava per prorompere da un punto dell'argine la sua piccola, ma tenace schiena, aspettando soccorso.» Riconosce l'importanza del soccorso, che ci diedero i Francesi nel 1859; ma, nello stesso tempo, osserva che l'Italia si è pure un poco aiutata da sè: «La vita d'una nazione non può essere un dono d'altri. È bensì vero che una nazione divisa in brani, inerme nella massima parte, e compressa da una preponderante, ordinata e vigilante forza straniera, non potrebbe da sè rivendicare il suo diritto di essere; e questa è la sua infelicità e un ricordo di modestia. Ma è anche vero che non lo potrebbe nemmeno con qualunque più poderoso aiuto esterno senza un forte volere e uno sforzo corrispondente dalla sua parte. Un braccio vigoroso può bensì levar dal letto un paralitico, ma non dargli la forza di reggersi e di camminare.» Per la stessa ragione il Manzoni ammirava la grande impresa compiuta dal generale Garibaldi; ma, quanto più gli appariva meravigliosa, tanto più ei vi riconosceva l'opera del popolo italiano che la secondò: «E mille valorosi condotti, come a una festa, da un valorosissimo a conquistare a questa patria comune un vasto e magnifico tratto del suo territorio, da principio con l'armi, a un'immensa disuguaglianza di numero, come a prova dell'ardire, e poi con la sola forza del nome e della presenza, come a prova della spontaneità dell'assenso.» Questa pare a me e deve parere a molti bella e buona sapienza politica; si chiama pure (a dispetto di certe sottigliezze e squisitezze di stile che possono talora apparir soverchie) un parlar chiaro e sicuro, come d'uomo profondamente convinto.

Il Manzoni ebbe pure la grande fortuna che gli eventi gli diedero ragione. Nel 1848 egli voleva essere più tosto repubblicano con l'unitario Mazzini, che federalista col re Carlo Alberto; del che dolevansi i suoi amici piemontesi, in ispecie il Balbo e l'Azeglio. Quest'ultimo, perciò, scrivendo a sua moglie sfogava un po' di risentimento politico contro il Manzoni ed i suoi amici[141]: «Salutami gli amici, Grossi, Manzoni, e di' a tutti che

---

[141] Nell'anno 1832 (il Camerini afferma nel 1831) troviamo l'Azeglio stabilito in propria casa con la figlia primogenita di Alessandro Manzoni, la Giulia, che ebbe per padrino il Fauriel, divenuta sua moglie, intento a dipinger quadri e a limare il *Fieramosca*. «Le lettere (egli scrive ne' *Miei Ricordi*) erano rappresentate in Milano da Alessandro Manzoni, Tommaso Grossi, Torti, Pompeo Litta, ec. Vivevano fresche memorie dell'epoca del Monti, Parini, Foscolo, Porta, Pellico, di Verri, di Beccaria; e per quanto gli eruditi od i letterati viventi menassero quella vita da sè, trincerata in casa

ed un po' selvaggia, di chi non ama d'esser seccato, pure a volerli, e con un po' di saper fare, c'erano, e si poteano vedere, Io mi trovavo portato in mezzo a loro come genero di Alessandro Manzoni; conoscevo tutti, ma mi ero specialmente dimesticato con Tommaso Grossi, col quale ebbi stretta ed inalterata amicizia sino alla sua pur troppo precoce morte. A lui ed a Manzoni specialmente, desideravo di mostrare il mio scritto e chiedere consigli, ma di nuovo mi era presa la tremarella, non più pittorica, ma letteraria. Pure bisognava risolversi, e mi risolsi; svelai il mio segreto, implorando pazienza, consiglio e *non indulgenza*. Volevo la verità vera. Fischiata per fischiata, meglio quella d'un paio d'amici che quella del pubblico. Ambidue credo che si aspettavano peggio di quello che trovarono, a vedere il viso approvativo, ma un po' stupito, che mi fecero, quando lessi loro il mio romanzo. Diceva sorridendo Manzoni: «Strano mestiere il nostro di letterato; lo fa chi vuole dall'oggi al domani! Ecco qui Massimo: gli salta il grillo di scrivere un romanzo, ed eccolo lì che non se la sbriga poi tanto male.» Pare che il Manzoni abbia detto invece: «Eccolo lì che ci riesce alla prima.» - Lo stupore del Manzoni e del Grossi, del resto, aveva il suo fondamento, se è vero, come pare verissimo, quello che il signor Gaspare Barbèra disse aver inteso dallo stesso D'Azeglio: «Quando io scrissi (avrebbe detto l'Azeglio) la prima volta per illustrare la *Sacra di San Michele* (che fu stampata nel 1829), mi posi al lavoro dopo aver fatto raccolta di modi italiani, i quali mi pareva che dovessero fare un grande effetto sui lettori, e ne riempii più che potei il mio scritto. Andato in quei giorni a Milano, offrii a Manzoni una copia della *Sacra*, e lo pregai di notarmi ciò che gli fosse parso errore o difetto nello stile. Assunse di buon grado l'incarico; e dopo alquanti giorni essendomi fatto rivedere, il Manzoni mi fece per l'appunto notare quei passi che a me parevano i più belli e studiati, richiamandomi alla maggiore semplicità del dire. E coteste note accompagnate dalle sue osservazioni verbali mi aprirono un nuovo orizzonte nell'arte della scrivere e del dipingere.» - Il Camerini lasciò pure scritto che il Grossi ed il Manzoni aiutarono l'Azeglio a correggere le bozze di stampa del *Fieramosca*. Quando poi si pubblicò il *Niccolò de' Lapi*, l'opinione che premeva di più all'Azeglio, ch'egli temeva di più, era quella del Manzoni, ond'egli, nel dicembre dell'anno 1840, scriveva alla sua seconda moglie, Luisa Blondel (la prima moglie, la figlia del Manzoni, di cui è figlia la vivente egregia marchesa Alessandrina Ricci, gli era morta dopo quattro anni di matrimonio): «Se puoi sapere che cosa dice Manzoni del mio lavoro, scrivimene qualche cosa; chè, confesso, desidero di uscir d'incertezza. Già sai che da lui mi basta sentire un: *Tanto può passare.*» Col suo matrimonio con la Blondel l'Azeglio era diventato una seconda volta parente del Manzoni; tuttavia non può dirsi che i loro caratteri, le loro idee, i loro sentimenti si convenissero. La marchesa Alessandrina Ricci, figlia dell'Azeglio, nipotina del Manzoni, mi rappresenta in questo modo espressivo il contrasto morale che impediva ai due grandi di avere fra loro più intime relazioni: «Erano (ella scrive) di troppo diversa natura, dissentivano troppo in alcuni punti religiosi e politici. Mio nonno, fosse carattere o maggior filosofia, vedeva, per esempio, tutto *color di rosa*, prendeva le cose come venivano, sapeva insomma passar sopra facilmente a quelle che più lo contrariavano; ciò che, unito alla sua robusta costituzione, gli permise di campare fino ad ottantotto anni. Mio padre, invece, non prendeva, pur troppo, le cose come venivano; e di lui si può veramente dire ciò che io rimpiango continuamente, *que la lame avait usé le fourreau.*» - I dissensi politici fra l'Azeglio ed io, a forza di girare, conosco l'Italia più di loro; che non si fan repubbliche senza repubblicani; e di questi non ne ho quasi incontrati in Italia. Di' a Manzoni che, se riesce a far repubblicano Carlo Alberto, non riescirà a far Pio IX. Sarebbe metter in seno all'Italia due serpi che si combatterebbero e lacererebbero loro e lei. Per amor di Dio, contentiamoci di fare uno Stato forte sul Po, costituzionale; e preghiamo Dio di trovare un venti per cento che capisca *de quoi il s'agit*. A star sempre in una camera, parlar cogli stessi uomini, si giudica male un paese e il mondo pratico. Lasciamo andar la donna del giudizio di Salomone e il suo bambino; a lei Salomone dava la scelta, a noi la necessità la nega. Giudizio, cose possibili, e non poesia, per carità!» Pare che il Manzoni opinasse allora che chi amava l'Italia dovea piuttosto come, nel giudizio di Salomone, imitar la vera madre, la quale preferiva piuttosto saper viva ed intatta in mano altrui la propria creatura, che riscattarla dalle altrui mani per farla in pezzi, L'Azeglio dava al Manzoni del poeta, altri, con parola che vorrebbe significare il medesimo, lo qualificavano, a motivo delle

---

il Balbo da una parte e il Manzoni dall'altra si rivelarono specialmente nell'anno 1848, nel quale il Manzoni, nella terza giornata, dopo aver quasi rischiato il capo, firmando l'indirizzo dei Milanesi a Carlo Alberto, invocato in soccorso dei Lombardi, appena Carlo Alberto fu entrato in Lombardia, vide in lui più tosto un usurpatore che un liberatore; e si associò pertanto alla parte repubblicana che voleva una Lombardia indipendente. Tuttavia, i due grandi trattavano ad un modo le questioni di civile decoro. Un giorno il conte Andrea Cittadella, insigne e coltissimo gentiluomo di Padova, ciambellano dell'Imperatore d'Austria, si presentò al Manzoni per offrirgli col miglior garbo possibile una decorazione austriaca. Il Manzoni rifiutò non solo con fermezza, ma persino con una certa durezza, anzi non permise altrimenti che si continuasse un tale discorso. La Blondel aveva annunciato il caso all'Azeglio, e questi rispondeva: «La condotta di Manzoni porterà un ribasso almeno del 25% alla partita croci; e lo vado dicendo a tutti. Un giovane assai caldo mi parlava di questo fatto in modo che avrei avuto una terribile tentazione di dire: anch'io nel mio piccolo, eccetera; ma son uscito vittorioso dal conflitto, e spero che il mio avvocato difensore potrà giovarsi di questo fatto nell'assise della valle di Giosafat.» Questi uomini dunque, che forse non si amavano molto, erano invincibilmente legati l'uno all'altro da un mutuo rispetto, fondato sopra la stima leale delle loro reciproche eccellenti qualità morali. È noto poi come siano state le premure dell'Azeglio governatore a Milano che fecero ottenere al Manzoni, presidente dell'Istituto Lombardo, quella pensione di dodicimila lire annue, con le quali il grand'uomo potè passar meno angustiati gii ultimi anni della sua vita.

sue idee unitarie, per un utopista; al che egli rispondeva: «Eh! ben anche la vostra federazione è un'utopia; poniamo pure che l'unità sia un'utopia; la federazione è un'utopia brutta, come l'unità è invece un'utopia bella.» Dolevasi, invero, che i Francesi avessero chiesto un compenso del sangue versato in Lombardia, col privare l'Italia occidentale di due suoi antichi baluardi; ma, dominato dal suo concetto unitario, egli provava a consolarsi della dolorosa iattura con una similitudine: «Se la culla del Regno d'Italia (egli pensava) è stata la Savoia, come il fanciullo cresciuto in età, non avendo più bisogno della culla, la può dar via, così fece il Regno d'Italia cedendo la Savoia alla Francia.» Ma la Savoia era all'Italia, più ancora che una culla, una fortezza poderosa; chi la ricevette, invece, non si rallegrò forse di un acquisto proporzionato alla gravità della nostra perdita. Ma in Savoia non si parlava italiano, e uno de' più forti elementi per costituire fortemente l'unità della patria pareva al Manzoni l'unificarla in un solo linguaggio. Quindi il sacrificio nazionale, per la perdita di Nizza e Savoia, ma specialmente della Savoia, al Manzoni dovette parer minimo. Essa non poteva, secondo il concetto manzoniano, convergere al centro comune della patria, non poteva associarsi e partecipare all'opera vivificatrice del linguaggio, che doveva aver sede unica e base fondamentale in Firenze. Poichè ogni unità, ma specialmente ogni unità organica, ha il suo centro di attrazione e di gravità, poichè ogni albero ha la sua radice, la radice dell'albero della lingua italiana, ond'essa dovea ricevere succo e forza vitale, era pel Manzoni in Firenze, nella parlata fiorentina, come quella che in Toscana appare meno incerta, e, come più ricca di storia civile, necessariamente anco più ricca di parole adatte per esprimere un maggior numero di pensieri. «In fatto di lingua (diceva egli con vivacità a' suoi amici), in fatto di lingua non c'è un più o un meno; non c'è che il tutto o il niente.» Egli voleva il tutto; e non ammetteva alcuna diminuzione di questo concetto ch'ei si era fatto dell'unica base stabile e conveniente alla lingua italiana[142]. Chi, dicendosi manzoniano, cercava l'italiano in altre parti della Toscana, fuori del Contado fiorentino, spostava la sua questione, mostrava di frantenderla e irritava il valentuomo che l'aveva proposta, forse più degli avversarii aperti, i quali volevano che la lingua si pigliasse dove tornava più comodo.

La questione della lingua non è punto nuova in Italia; essa è nata, si può dire, con la nostra letteratura. Merito principale del Manzoni fu d'avere ricominciato a trattarla *nazionalmente*, con quella stessa serietà, con la quale l'aveano posta nel Trecento e nel Cinquecento il primo poeta e il primo prosatore d'Italia, Dante e il Machiavelli. Il merito dovea parere tanto maggiore nell'anno 1824, quando il Manzoni s'accinse la prima volta di proposito allo studio della lingua italiana, poichè Vincenzo Monti con la *Proposta* e gli Accademici della Crusca coi loro illustri e minuti battibecchi facevano anzi nuova mostra infelice, con meschini dispetti provinciali, dell'antica e funesta discordia italiana. Il Manzoni poi, lasciando stare le questioni minori, prese, come suol dirsi, il toro per le corna, si domandò se lingua c'era, dov'essa era migliore, e quando la fiorentina si riconoscesse migliore, richiese che quella sola si studiasse e adottasse per farne la lingua di tutti gl'Italiani. Il ragionamento pareva molto ovvio e semplice; il Manzoni aveva rinnovato il miracolo dell'uovo di Colombo. Ma

---

[142] La questione della lingua (mi scrive il Rizzi) fu, come tutti sanno, una delle passioni della sua vita. Ne parlava quanto più poteva, e con tutti; e si può dire che, dopo l'unità politica, era la cosa che gli stava più a cuore di tutte. Negli ultimi giorni della sua vita, le idee gli si erano confuse, ed egli tratto tratto diceva cose che non avevano senso, o, per lo meno, legame; ma, se si tirava il discorso sulla questione della lingua, parlava ancor sempre con quella maravigliosa lucidità, che fu uno de' suoi pregi più notevoli in tale questione; lui, così mite, così pieno di riguardi con tutti, diventava insofferente, s'irritava e qualche volta anche si sfogava. E non era già la contradizione che gli désse noia; era il modo con cui gli avversarii ponevano la questione, era il vedere che le sue ragioni non erano, anche dai migliori, combattute con altre ragioni, o negate così all'ingrosso, o trascurate, come se non meritassero nemmeno attenzione. E anche in questa, come nelle altre questioni, egli non era uomo da accontentarsi di un'adesione parziale. O tutto, o niente; la sua logica non gli permetteva di fermarsi e di acquetarsi in un punto intermedio.»

quando tutti ebbero capito quello che prima non capivano, pur volendo mostrare di saperne di più, invece di convenire che egli avea ragionato bene, si voltarono contro di lui come contro un sofista che, invece d'allargare la questione, l'avea ristretta troppo. Ma egli aveva ragionato anche questa volta da unitario. Egli ammirava forse nella storia più Firenze che Roma, e si sarebbe contentato che la sede del Regno d'Italia rimanesse in Firenze anzi che trasferirsi a Roma, la quale in ogni modo desiderava di gran cuore ridonata all'Italia libera dal dominio temporale de' Papi. I Fiorentini doveano parere al Manzoni gli Ateniesi d'Italia, la lingua fiorentina la nostra lingua attica. Ma, perch'egli potesse avere pienamente ragione, era prima necessario ascoltarlo; ora l'Italia non convenne a Firenze, per avvivarne l'antica floridezza, per mettervi dentro tutto il suo sapere, tutta la sua civiltà e per farne veramente la prima città d'Italia, com'era un tempo Atene per la Grecia; l'Italia vi si attendò per cinque anni, non vi pose stabile radice e, migrando nel 1870 ad altra riva, la lasciò più povera e più negletta di prima. La teoria manzoniana quindi ci pare ora più che mai eccessiva, poichè in Firenze non s'accentra più, com'era sperato dal Manzoni e dall'Azeglio, il fiore della civiltà, il nerbo della vita italiana; ed una lingua per ottenere il consenso universale d'una nazione ha bisogno di derivar la sua forza da una vita locale più gagliarda delle altre. Questa vita privilegiata potrebbe esistere, ma non può dirsi, pur troppo, che esista ora in Firenze; quindi la necessità di ammettere la ragionevolezza di que' temperamenti che il Fauriel proponeva già al Manzoni fino dal loro primi colloquii intorno alla lingua italiana. «Il Fauriel (scriveva il Sainte-Beuve), udendo le ingegnose ragioni del Manzoni, non ardiva contradirle in tutto, ma nondimeno aveva qualche cosa da ridire. L'Italia ebbe pure in tutti i tempi i suoi grandi scrittori; perchè dunque non potrà averne anche oggi? È poi un male così grande ed irrimediabile, alla fin fine, d'esser costretto a scegliere, ed anche, in un certo senso, a comporsi la lingua, a tenerla sollevata dalle trivialità, a cercare d'indirizzarla verso un tipo superiore, che s'appoggia direttamente, ma in modo larghissimo, all'esempio degli antichi maestri? È vero che, superate le difficoltà, ci vuole poi l'ingegno per far bene. Ma il Fauriel mostrava che qui il campo era assai vasto e glorioso. E ardiva, per certo, rimandare all'amico un rimprovero che ne avea ricevuto sovente; e incitarlo a non voler prendere per regola del suo lavoro un ideale di perfezione, a cui non è dato giungere interamente, neppure a coloro che ne hanno in sè il sentimento. E rifacevagli quella guerra che spesso il Manzoni compiacevasi fare a lui, per troppa incontentabilità. Il Fauriel era infatti incontentabile in ciò che componeva, ma sulle cose; il Manzoni sullo stile.» Noi possiamo ora trovar ragionevoli i temperamenti del Fauriel, ma dobbiamo essere persuasi ch'essi non convincevano il Manzoni, il quale mirava ad ogni specie di perfezione, e riconosceva come un elemento di perfezione l'unità.

Bisognava in Italia scrivere popolarmente per essere intesi da tutti, bisognava parlare una sola lingua, avere una sola fede religiosa, una sola fede politica; senza di ciò non vi è armonia e vera grandezza italiana. Il centro dell'unità del linguaggio doveva esser Firenze, quello dell'unità della fede Dio, come lo intende e lo spiega la Chiesa cattolica. Voleva pure unità di stirpe nel popolo italiano, e però nel suo celebre *Discorso sopra la Storia de' Longobardi* che ebbe il merito di promuovere in Italia una nuova serie d'indagini storiche molto importanti[143], escludeva i

---

[143] Sopra l'importanza vera del *Discorso storico* del Manzoni intorno alla storia dei Longobardi abbiamo l'opinione stessa dell'Autore, quale egli dovette esprimerla al Fauriel ed al Cousin. Parlando di quel Discorso, il Sainte-Beuve diceva: «Vorrei quasi paragonarlo ad alcuna di quelle argutissime lettere critiche di Agostino Thierry sulla nostra storia di Francia. Senza aver la pretesa di schiarire quella del Settentrione d'Italia nel IX secolo, questo Discorso produce l'effetto di rendere *visibile l'oscurità*, dimostrando come quella che pareva esser luce, non era. Quel che impazientava il Manzoni sovra ogni cosa e lo impazientava al pari del suo *confratello* Thierry (ch'egli chiamava con questo nome), erano le formole vaghe, volgari, vigliacche, con le quali gli storici moderni avevano nascoste e quasi soffocate le questioni che essi non intendevano. Egli era solito epilogare, scherzando, il senso del suo *Discorso* storico in questi termini a un dipresso: - Ho fatto sapere ad essi che non sapevano nulla; ho detto loro che non avevo nulla da dire; dopo di che li saluto, pregandoli di far lunghi studii,

Longobardi conquistatori da quel popolo italiano che aveano vinto ed oppresso e derubato, ma in nessun modo, potuto assimilarsi. Voleva bontà ed unità di leggi, liberate dal capriccio; quindi la critica legislativa della sua storia della *Colonna Infame*, ove, col pretesto di biasimar le antiche leggi, colpisce nella stessa condanna le nuove sommamente arbitrarie dell'Austria. Anche le idee avevano il loro principio, il loro centro d'unità; nel *Dialogo sull'Invenzione* egli sostiene la dottrina rosminiana delle idee innate, e le fa, per conseguenza, anche se non lo dice, risalire a Dio. Per lo stesso sentimento d'armonia universale, il Manzoni sente l'alto dominio della poesia, che abbraccia in sè l'universalità delle cose sentite e pensate, e la superiorità della poesia alla storia. «È una parte (egli esclama nel suo *Discorso sul Romanzo storico*) della miseria dell'uomo il non poter conoscere se non qualcosa di ciò ch'è stato, anche nel suo piccolo mondo; ed è una parte della sua nobiltà e della sua forza il poter congetturare al di là di quello che può sapere.» La realtà per lui era la base, l'ideale, la corona di ogni edificio poetico; perciò il suo edificio piantato sopra la terra poteva facilmente salire fino al cielo. Per questi supremi diritti concessi alla poesia, il Manzoni, sebbene confessi che ad ogni uomo d'ingegno giova il consenso altrui per assicurarsi delle proprie forze, sentendo sè stesso tanto superiore al volgo da poter talvolta osare di andar contro le opinioni volgari, lasciò pure scritto: «La maggior parte de' poeti, le cui opere sopravvissero a loro, ebbero qualche pregiudizio da vincere, e non divennero immortali se non con l'affrontare il loro secolo in qualche cosa.» Ma non frantendiamo: il Manzoni, per quanto grande rivoluzionario egli fosse in letteratura, non ha già voluto dire ai giovani che, per riuscire originali, essi hanno ad urtare i sentimenti più squisiti e più delicati del loro tempo; lo strano ed il grottesco non vogliono già dire l'originale; il Manzoni è sempre

---

affine di sapercene dir qualche cosa. E mi pare che anche questo si chiami aver fatto un passo.» - Sopra il valore del Manzoni come storico ci promette un saggio critico importante l'illustre storico lombardo Cesare Cantù.

ragionevole anche quando egli è maggiormente poeta, ossia quando il suo ingegno si alza di più; egli ha definito una volta la poesia *l'esaltazione del buon senso*, e basta questa definizione per farci intendere quello ch'egli crede si possa dire o non dire in poesia. Il reale e l'ideale devono essere fusi insieme; l'ideale deve alzare il reale, non abbassarlo, non abbassarsi ad esso; l'uno fuori dell'altro non istà nella poesia; e con uno solo di questi elementi non c'è vera poesia. Il Manzoni, in questo come in altri casi, vuole tutto o niente. Egli, così destro e fine nel cogliere i particolari accidenti delle cose, li nota soltanto per le loro attinenze con quell'armonia generale che, nell'età nostra, nessuno ha sentita più del Goethe. E quantunque assai lontano il Nostro dal possedere quelle profonde conoscenze nelle scienze fisiche e naturali, che il Tedesco aveva acquistate, è mirabile la loro concordia nell'alto concetto dell'unità ideale della scienza, o, se vogliam meglio, delle scienze. «Questo esser costretti (scriveva il Manzoni) a spezzar lo scibile in tante questioni, questo vedere come tante verità nella verità ch'è una, e in tutte vedere la mancanza e insieme la possibilità, anzi la necessità d'un compimento, questo spingerci che fa ognuna di queste verità verso dell'altre, questo ignorare che pullula dal sapere, questa curiosità che nasce dalla scoperta, com'è l'effetto naturale della nostra limitazione, è anche il mezzo, per cui arriviamo a riconoscere quell'unità che non possiamo abbracciare.»

Io mi sono forse troppo dilungato a parlare d'un Manzoni diverso da quello che gli stranieri si figurano. Ma tante volte mi è accaduto di sorprendere sulle labbra di gentili forestiere un sorriso ironico perchè richiesto d'indicar loro uno scrittore italiano da leggersi, io raccomandavo a tutte ostinatamente il Manzoni, tante volte mi sentii rispondere: sono pur noiosi que' suoi *Promessi Sposi* ch'io ho voluto dimostrare dapprima: che il Manzoni sarebbe per noi un grande uomo anche senza i *Promessi Sposi*; ed ora mi proverò a dichiarare le ragioni, per le quali i *Promessi Sposi* non possono parer noiosi a noi, e, se non mi lusingo troppo da me stesso, non dovranno parer più noiosi ai forestieri, pur che s'avvezzino a leggerli a quel modo con cui siam soliti a leggerli in Italia da un mezzo secolo e specialmente da alcuni anni in qua, la guida costante di un *rationabile obsequium*.

XVII.

Intermezzo lirico: Le strofe del *Marzo 1821*. Il *Cinque Maggio*.

Ho promesso di discorrere finalmente de' *Promessi Sposi*; ma, cosa che parrà alquanto singolare, questi non s'intendono bene se prima non rileggiamo insieme le strofe del *Marzo 1821* ed il *Cinque Maggio*. Ho detto rileggiamo, ma io temo pur troppo che le prime non solo alla maggior parte de' lettori stranieri, ma ad un gran numero di lettori italiani non siano note affatto; e le doveva ignorare il Settembrini, quando, con improvvida leggerezza, lanciava al Manzoni l'accusa di essere stato il *poeta della reazione*. Le conosceva invece benissimo e le faceva gustare vivamente al pubblico affollato di Zurigo nell'anno 1856 l'illustre critico Francesco De Sanctis, conchiudendone la lettura concitata con queste belle parole: «Non è una *Marsigliese*, neppure una poesia del Berchet, potentissimo de' nostri poeti patriottici. Ne' versi di costui sentite una certa profondità di odio che spaventa, la tristezza dell'esigilo, l'impazienza del riscatto, ed un tale impeto e caldo di azione che talora vi par di sentire l'odore della polvere ed il fragore degli scoppi; qui è il suo genio. La poesia del Manzoni non è solo un inno di guerra agl'Italiani, ma un richiamo a tutte le nazioni civili; la parola del poeta è indirizzata agl'Italiani ed ai Tedeschi insieme. In tanta concitazione di animi non gli esce una sola parola di odio, di vendetta, di bassa passione; lontano parimente da ogni iattanza, non vi è il fremito e la spuma della collera, ma la quieta temperanza di un'anima virile.» Ma questa bellissima tra le liriche manzoniane fu il meno fortunato de' suoi componimenti; nato nel marzo del 1821, alto scoppiar della rivoluzione torinese, quando s'attendeva da un giorno all'altro che l'esercito liberatore piemontese varcasse il Ticino, compresso dalle armi del Bubna e del Latour ogni moto rivoluzionario in Piemonte, rimase nascosto fino al giugno dell'anno 1848, quando

310

la rivoluzione lombarda non solo era già scoppiata, ma ferveva calda e vivissima la pugna fra gl'Italiani e gli Austriaci. Prostrata nuovamente ogni speranza italiana, tornò a nascondersi in Lombardia fino all'anno 1859, e solo fece capolino nella *Rivista Contemporanea* dell'anno 1856, dopo che il De Sanctis l'ebbe recitata a Zurigo.

Nel 1859 si ristampò, ma oramai come una poesia già vecchia, divenuta rara, non già come una lirica viva, eloquente, e piena di affetti vigorosamente italiani. Così essa tornò a dimenticarsi, e non si trova ancora, ch'io sappia, in alcuna nelle nostre antologie poetiche[144].

---

[144] Mi giova qui pertanto rimetterla sotto gli occhi de' lettori nella sua integrità:

MARZO 1821

--

ALL'ILLUSTRE MEMORIA
DI TEODORO KOERNER
POETA E SOLDATO
DELLA INDIPENDENZA GERMANICA,
MORTO SUL CAMPO DI LIPSIA
IL GIORNO XVIII D'OTTOBRE MDCCCXIII
NOME CARO A TUTTI I POPOLI
CHE COMBATTONO PER DIFENDERE O PER RICONQUISTARE
UNA PATRIA

ODE

Soffermati sull'arida sponda,
Volti i guardi al varcato Ticino,
Tutti assorti nel novo destino,
Certi in cor dell'antica virtù,
Han giurato: non fia che quest'onda
Scorra più tra due rive straniere;
Non fia loco, ove sorgan barriere
Tra l'Italia e l'Italia, mai più!
L'han giurato; altri forti a quel giuro
Rispondean da fraterne contrade,
Affilando nell'ombra le spade
Che or levate scintillano al Sol.
Già le destre hanno strette le destre;
Già le sacre parole son porte:
O compagni sul letto di morte,

O fratelli su libero suol!
Chi potrà della gemina Dora,
Della Bormida al Tanaro sposa,
Del Ticino e dell'Orba selvosa
Scerner l'onde confuse nel Po;
Chi stornargli del rapido Mella,
E dell'Oglio le miste correnti,
Chi ritogliergli i mille torrenti
Che la foce dell'Adda versò;
Quello ancora una gente risorta
Potrà scindere in volghi spregiati,
E a ritroso degli anni e dei fati
Risospingerla ai prischi dolor:
Una gente che libera tutta,
O fia serva tra l'Alpe ed il mare,
Una d'arme, di lingua, d'altare,
Di memorie, di sangue e di cor.
Con quel volto sfidato e dimesso,
Con quel guardo atterrato ed incerto,
Con che stassi un mendìco sofferto
Per mercede nel suolo stranier,
Star doveva in sua terra il Lombardo;
L'altrui voglia era legge per lui;
Il suo fato un segreto d'altrui;
La sua parte servire e tacer.
O stranieri, nel proprio retaggio
Torna Italia, e il suo suolo riprende;
O stranieri, strappate le tende
Da una terra che madre non v'è.
Non vedete che tutta si scote
Dal Cenisio alla balza di Scilla?
Non sentite che infida vacilla
Sotto il peso de' barbari piè?
O stranieri! sui vostri stendardi
Sta l'obbrobrio d'un giuro tradito:
Un giudizio da voi proferito
V'accompagna all'iniqua tenzon:
Voi che a stormo gridaste in quei giorni:
«Dio rigetta la forza straniera;
Ogni gente sia libera, e pêra
Della spada l'iniqua ragion.»
Se la terra, ove oppressi gemeste,
Preme i corpi de' vostri oppressori,
Se la faccia d'estranei signori
Tanto amara vi parve in quei dì;

Chi v'ha detto, che sterile, eterno
Sarìa il lutto dell'itale genti?
Chi v'ha detto che ai nostri lamenti
Sarìa sordo quel Dio che v'udì?
Sì, quel Dio, che nell'onda vermiglia
Chiuse il rio che inseguiva Israele,
Quel che in pugno alla maschia Giaele
Pose il maglio ed il colpo guidò;
Quel che è Padre di tutte le genti,
Che non disse al Germano giammai:
«Va, raccogli ove arato non hai;
Spiega l'ugne, l'Italia ti do.»
Cara Italia! dovunque il dolente
Grido uscì del tuo lungo servaggio,
Dove ancor dell'umano lignaggio
Ogni speme deserta non è;
Dove già libertade è fiorita,
Dove ancor col segreto matura,
Dove ha lagrime un'alta sventura,
Non c'è cor che non batta per te.
Quante volte sull'Alpi spiasti
L'apparir d'un amico stendardo!
Quante volte intendesti lo sguardo
Ne' deserti del duplice mar!
Ecco alfin dal tuo seno sboccati,
Stretti intorno a' tuoi santi colori,
Forti, armati de' propri dolori,
I tuoi figli son sorti a pugnar.
Oggi, o forti, sui volti baleni
Il furor delle menti segrete;
Per l'Italia si pugna, vincete!
Il suo fato sui brandi vi sta.
O risorta per voi la vedremo
Al convito de' popoli assisa,
O più serva, più vil, più derisa
Sotto l'orrida verga starà.
O giornate del nostro riscatto!
O dolente per sempre colui
Che da lunge, dal labbro d'altrui,
Come un uomo straniero le udrà!
Che a' suoi figli narrandolo un giorno
Dovrà dir, sospirando: «Io non v'era;»
Che la santa vittrice bandiera
Salutata in quel dì non avrà.

E pure mancò poco che per essa il Manzoni non rischiasse il capo, quando si pensi che per assai meno si empirono di generosi patriotti italiani le carceri di Gradisca e dello Spielberg.

È noto come il Confalonieri, quando in attesa de' Piemontesi si ponevano già dai congiurati lombardi del 1821 le prime basi di un Governo provvisorio, abbia pregato l'amico suo Manzoni di adoprare i suoi buoni amici presso il canonico Sozzi di Bergamo, affinchè questi si disponesse a prendervi parte; il Sozzi fu abbastanza avveduto per rispondere: «Vengano prima e allora ci troveranno tutti pronti.» Nel processo, il Confalonieri ebbe il torto di parlar troppo e nominò pure, quasi a propria scusa, il Sozzi fra i membri designati al futuro Governo provvisorio; un commissario di Polizia si recò prontamente presso il canonico; ma questi, evitando a studio di nominare il Manzoni, si strinse soltanto nelle spalle, dichiarando semplicemente che al Confalonieri egli non avea parlato mai e che non era mai nè pure passata fra loro alcuna lettera; il che era vero; così il Manzoni per quella volta fu salvo, ma il pericolo corso fu assai grande e gli dovette porre nell'animo un vivo sgomento. Il Confalonieri, che aveva il difetto di parlar troppo, sapeva a memoria le tremende strofe manzoniane per la rivoluzione piemontese del marzo e, se avesse parlato, il Manzoni era perduto. Quindi il Manzoni si ritrasse, in que' giorni pieni di sospetti e di denuncie, da Milano a Brusuglio, ove per tutto il tempo che durarono i processi politici, non cessò di temere. Non mai la poesia politica italiana aveva spiccato il suo volo così alto. Vi è una grande serenità e tranquillità in tutto l'Inno; ma quella pace sarebbe stata tanto più minacciosa ai tedeschi dominatori, se allora essi avessero potuto prenderne notizia. Col dedicarla poi nell'anno 1848 a Teodoro Koerner, il Manzoni che, come s'è detto, avea avuto la fortuna

---

Notiamo, tuttavia, come ci sembri molto probabile che l'ultima strofa sia stata composta dal Manzoni tra il poetico furore delle Cinque gloriose Giornate di Milano.

d'essere stato compreso e consacrato dal Goethe[145] volle fare intendere alla Germania che egli sapeva distinguere il popolo tedesco da' suoi Governi tirannici; ben disse dunque il Carcano che quella dedicatoria era omaggio insieme e rimprovero alla nobile nazione che ci calpestava. Il ritrarsi del Manzoni a Brusuglio, se fu consiglio di prudenza domestica, non fu già una viltà civile. Egli non faceva all'Austria alcuna concessione. Egli non le abbandonava nulla. Egli avea cessato di sperare nell'opera immediata della rivoluzione, quindi ritirava il suo Inno per riserbarlo a tempi migliori. Ma intanto continuava a protestare, e dolersi del presente, a custodire tutte le sue speranze patriottiche dell'avvenire. La rivoluzione piemontese era fallita; di là dunque per il momento non c'era da attendere altro. Ma nessuno ebbe una fede più viva del Manzoni nell'opera del tempo. Ed egli continuò a scrivere anche ne' giorni più desolati come un uomo che spera.

---

[145] Un opuscolo tedesco intitolato: *Interesse di Goethe per Manzoni* fu tradotto per cura dell'Ugoni in italiano. Ma alle notizie contenute in quell'opuscolo conviene premettere le poche parole che si trovano negli *Annalen* del Goethe, le quali non mi ricordo che siansi finqui citate dai biografi del Manzoni, neppure del Sauer. Raccogliendo dunque il Goethe nella memoria i casi principali della sua vita, nell'anno 1820, scriveva: «Quanto alla letteratura straniera, io m'occupai del *Conte di Carmagnola*. L'amabilissimo autore Alessandro Manzoni, un poeta nato, per avere infranta la legge di unità di luogo, fu da' suoi concittadini accusato di romanticismo, sebbene de' vizii di questo non se ne sia appigliato alcuno a lui. Egli s'attenne al procedimento storico; la sua poesia prese un carattere interamente umano; e sebbene egli indugi poco nelle metafore, i suoi voli lirici divennero gloriosi come gli stessi critici malevoli furono costretti a riconoscere. I nostri buoni giovani tedeschi potrebbero vedere in lui un esempio per mantenersi naturalmente in una semplice grandezza; ciò servirebbe forse a trattenerli da ogni falso trascendentalismo.» L'anno seguente, negli stessi *Annalen*, il Goethe scriveva che dall'Italia aveva ricevuta l'*Ildegonda* del Grossi, ove doveva ammirare molte cose, senza essersi tuttavia potuto formare un concetto pieno e preciso del lavoro; e soggiungeva: «Perciò tanto più gradito mi riesce il *Conte di Carmagnola*, tragedia del Manzoni, un vero e schietto poeta, che concepisce chiaramente, che va a fondo delle cose, e che sente umanamente.»
L'articolo del Goethe nel giornale: *Ueber Kunst und Alterthum*, si compendiava in queste parole:
«Noi non abbiamo trovato nel suo dramma un solo passo, ove avremmo desiderata una parola di più o di meno. La semplicità, la forza e la chiarezza sono nel suo stile fuse indissolubilmente, e, per questo riguardo, non ci periteremo di definire come *classico* il suo lavoro.»

Sentì e si persuase che egli non era fatto per cospirare, che la parte anche piccolissima da lui, quantunque inettissimo, presa alla congiura del Confalonieri non era adatta al suo temperamento; ma sentì che come scrittore, col permesso della Censura, la quale non avrebbe capito ogni cosa e approvato molte cose che non capiva, egli avrebbe ancora potuto fare un gran bene. Egli mostravasi ossequente alla censura; ne accettava tutti i tagli, bene persuaso che ciò che sarebbe rimasto sarebbe bastato a far penetrare il suo pensiero. Così sappiamo ora che la Censura austriaca fece parecchi tagli nell'*Adelchi.* Il Manzoni, specialmente quando egli scriveva il *Discorso storico*, ne' Longobardi raffigurava non già i Lombardi, ma la stirpe germanica, i Tedeschi, gli Austriaci. Il Giannone avea scritto che la signoria de' Longobardi doveva ormai risguardarsi come una signoria nazionale, perchè dominante in Italia da oltre due secoli; il Manzoni, in quegli anni, ne' quali la Grecia si agitava per la sua guerra d'indipendenza, demandava semplicemente se non fossero pure stranieri i Turchi in Grecia, benchè vi dominassero da tre secoli. La Censura soppresse quel brano. Quattro altri bei versi, ne' quali il giovine Adelchi, supplicando il padre a far la pace con papa Adriano, parlava dell'attitudine degli oppressi Latini, ossia degli oppressi Italiani:

> Di questa plebe che divisa in branchi,
>   Numerata col brando, al suol ricurva,
>   Ancor dopo tre secoli, siccome
>   Il primo dì, tace, ricorda o spera,

furono pure sacrificati. Così, nel Coro dell'*Adelchi*, scritto dopo che fallì la rivoluzione piemontese del 1821, tra gli altri versi vennero soppressi questi, ove l'Autore si rivolgeva agl'Italiani:

> Stringetevi insieme l'oppresso all'oppresso,
>   Di vostre speranze parlate sommesso.

Ma il censore che si credeva furbo, lasciò passare nello stesso Coro questi altri versi, ove il volgo latino vedendo arrivare i Franchi guerrieri (si legga Buonaparte coi Francesi),

> rapito d'ignoto contento,
> Con l'agile speme precorre l'evento,
> E sogna la fine del duro servir.

I Franchi, ossia i Francesi, arrivano contro i Longobardi, ossia contro i Tedeschi di Lombardia, contro gli Austriaci; ma, invece di liberare, portano in Italia una nuova tirannide, la tirannide napoleonica; e il censore si contenta che l'ultima strofa del Coro manzoniano dica così:

> Il forte si mesce col vinto nemico,
> Col novo signore rimane l'antico;
> L'un popolo e l'altro sul collo vi sta.
> Dividono i servi, dividon gli armenti,
> Si posano insieme su i campi cruenti
> D'un volgo disperso che nome non ha.

Era un canto di dolore, che dovea seguire naturalmente a quello tutto fiducioso che, nel marzo 1821, il Manzoni stesso avea composto, quando i congiurati lombardi aspettavano con ansia le novelle che l'esercito rivoluzionario piemontese avea passato il Ticino. Ma il censore non capì intanto che era l'Austria *la rea progenie*,

> Cui fu prodezza il numero,
> Cui fu ragion l'offesa,
> E dritto il sangue, e gloria
> Il non aver pietà,

e che con quelle parole il Manzoni vendicava finalmente nel 1822 i martiri piemontesi e lombardi della libertà italiana. Dopo il 1821, il Manzoni fece della Censura austriaca la propria alleata, per divulgare i suoi pensieri patriottici; prima di quel tempo, aveva, invece, anch'esso, se bene inutilmente, cospirato un poco. Ne' *Cento Giorni*, quando si temeva in Italia una nuova ristorazione della tirannide napoleonica, il Manzoni aveva, fra il 23 aprile e il 12 maggio 1814, composta una Canzone che si conserva inedita a Milano, diretta contro la signoria francese in Italia. Ne reco qui, per saggio, la prima strofa, la quale mi pare abbastanza significante pel suo particolare sapore manzoniano:

> Fin che il ver fu delitto, e la menzogna
> Corse gridando, minacciosa il ciglio,
> Io son sola che parlo, io sono il vero,
> Tacque il mio verso e non mi fu vergogna.
> Non fu vergogna, anzi gentil consiglio;
> Che non è sola lode esser sincero,
> Nè rischio è bello senza nobil fine.
> Or che il superbo morso
> Ad onesta parola è tolto alfine,
> Ogni compresso affetto al labro è corso;
> Or si udrà ciò che sotto il giogo antico
> Sommesso appena esser potea discorso
> Al cauto orecchio di provato amico.

Dopo il 1822, il Manzoni giudicò cosa più prudente e più pratica il confidarsi tutto all'ignoranza de' suoi censori. Quando il 5 maggio 1821 morì Napoleone, il nostro Poeta si trovava a Brusuglio. Parve a sua madre che quella morte sarebbe stata degno soggetto di un suo canto. Il Manzoni si raccolse brevemente in sè stesso, e bastarono sole ventiquattro ore ad ispirargli una delle più belle liriche del nostro secolo, nella quale il soggetto epico trae pure calore lirico dalle impressioni stesse che il poeta aveva ricevute nella sua gioventù alla vista di Napoleone. Lo Stoppani ci ha fatto noto che il verso del *Cinque Maggio*, ove si rappresenta il modo terribile, con cui il primo Napoleone poteva talora guardare:

> Chinati i rai fulminei,

risale ad una impressione ricevuta dal Manzoni giovinetto al *Teatro della Scala*. Dopo la battaglia di Marengo il Buonaparte era venuto a Milano più da padrone che da liberatore: entrò una sera in teatro, e scorse in un palco la contessa Cicognara, nemica implacabile che non gli perdonava l'ignobile mercato di Venezia. Incominciò a puntare gli occhi sopra di lei, quasi per fulminarla, e per tutta la sera non si rimosse. «Che occhi! (diceva il Manzoni, il quale stava nel palco della Contessa), che occhi aveva quell'uomo!» e richiesto se potesse esser vero che quegli occhi gli avessero suggerito il noto verso, rispose: «Proprio così, proprio così.»

Il Buonaparte gli aveva lasciato certamente per questo ricordo e per altri consimili una forte, viva e profonda impressione. Al poeta Longfellow, che, in una sua visita al Manzoni, avvertiva la Impossibilità, nella quale egli si era trovato di render convenientemente in inglese tutte le bellezze di quell'Inno straordinario, il Manzoni con la sua solita originalità ed arguzia, pur facendosi tutto rosso in viso, rispondeva: «Dio buono! Era il morto che portava il vivo!» Il Manzoni era, del resto, sinceramente persuaso che si fosse un poco esagerato il merito del proprio componimento, a cui fu senza dubbio non piccola gloria e pari fortuna l'essere stato proibito dalla Polizia austriaca, tradotto in tedesco dal Goethe, imitato in francese dal Lamartine[146]. L'Austria aveva tosto riconosciuto nel *Cinque*

---

[146] Dopo aver letto il *Cinque Maggio*, il Lamartine ne aveva scritto così al suo amico De Virieu: «J'ai été bien plus satisfait que je ne m'y attendais de l'ode de Manzoni; je faisais peu de cas de sa tragédie (*Il Conte di Carmagnola*); son ode est parfaite. Il n'y

Maggio del Manzoni un omaggio troppo splendido al suo temuto nemico, che pareva come evocato dal suo sepolcro, in quelle strofe potenti. Non ne permise la stampa; ma il Manzoni ebbe l'accorgimento di presentarne alla Censura due esemplari: un esemplare il censore tenne gelosamente presso di sè; dell'altro esemplare non prese alcuna cura; ed il caso volle che andasse smarrito negli stessi ufficii di Polizia, o sia che qualche impiegato lo trafugasse e trafugato lo divulgasse; onde il Manzoni poteva poi dire con la sua consueta maliziosa bonarietà, ch'egli il *Cinque Maggio* non l'aveva proprio stampato mai, non avendone mai avuto il tempo, poichè quella Polizia che ne avea proibita la stampa, si era essa data briga di farlo divulgare, tanto che usci la versione tedesca del Goethe prima che ne fosse conosciuta alcuna edizione italiana. Ogni grande scrittore ha nella sua vita il suo momento epico; il Manzoni lodato dal Goethe che canta Napoleone, dovette sentire tutta la potenza del suo genio poetico, e ch'egli, in quel punto, dominava veramente le altezze:

> Lui sfolgorante in soglio
> Vide il mio genio e tacque.

L'*io* Manzoniano qui appare potente come in quei *forse* già da me notato, forse più ambizioso di qualsiasi più audace affermazione:

> E scioglie all'urna un cantico
> Che forse non morrà.

Il *Cinque Maggio* è il degno epilogo poetico di una grande epopea storica, tanto più grande e più eloquente in bocca d'un poeta che poteva, con fiero e legittimo orgoglio, quasi unico tra i poeti

---

manque rien de tous ce qui est pensée, style et sentiment; il n'y manque qu'une plume plus riche et plus éclatante en poésie. Car, remarque une chose, c'est qu'elle est tout aussi belle en prose et peut-être plus; mais n'importe; je voudrais l'avoir faite.» Quest'ultima confessione, in bocca del Lamartine, vale quanto il più splendido elogio.

italiani e francesi del suo tempo, dirsi innanzi alla memoria di
Napoleone

> Vergin di servo encomio,
> E di codardo oltraggio,

quantunque la notizia che abbiamo ora di una Canzone
antinapoleonica, non codarda certamente e non oltraggiosa, ma
pure scritta dal Manzoni, quando il colosso napoleonico non lo
poteva più ferire, scemi una parte dell'efficacia potente che
avevano que' due mirabili versi[147].

---

[147] In un articolo intitolato: *Storia dei maneggi letterarii in tempo del dominio di
Buonaparte*, inserito, alla caduta del primo Impero, nel secondo numero del giornale
Lo Spettatore, leggiamo che parecchi del così detto *partito filosofico* che manteneva
idee repubblicane e però avverse a qualsiasi tirannide, finirono con far la corte al primo
Console e poi all'Imperatore. Il poeta Lebrun riguardava come soverchia degnazione,
come una discesa, il sedersi del Buonaparte sul trono dei re:

Et l'heureux Bonaparte est trop grand pour descendre
Jusqu'au trône des rois.

Il poeta Chènier, pel suo *Ciro*, riceveva una pensione di seimila franchi. Non mancarono
i poeti genealogisti. L'Esmenard, per esempio, faceva discendere il Buonaparte da un
Baldus re degli Ostrogoti, e lo fingeva parente del re di Svezia Gustavo IV. «Il padrone
disgradò la ridicola adulazione, non fece alcun caso di quell'ostrogoto lignaggio, e
nobilmente dichiarò che la famiglia Buonaparte incominciava dal 18 brumaio, êra di
salute per la Francia. Pure il poeta genealogista, sulle prime fischiato, dopo due o tre
anni ricavò frutto dalla sua cortigianeria.» Nell'elogio del Viennet proferito
all'Accademia francese dal conte di Haussonville, troviamo che il Viennet repubblicano
avea risposto all'Esmenard con un'Epistola, ov'era questa strofa:

J'estime tes aïeux, mais j'aime mieux te voir
Être grand par toi-même, et ne leur rien devoir.
La France, en t'elevant au trône de ses maîtres,
A compté tes hauts faits, et non pas tes ancêtres.

Dicono che l'Imperatore, pur ignorandone l'autore, abbia molto gradito l'Epistola, e siasi
esso stesso preso la briga di divulgarla. Quanti fatti consimili avrà avuto occasione di
notare e però di ricordare il giovine Manzoni in Francia ed in Italia, e quanto disgusto
deve egli aver provato alla caduta di quel Grande, nel vederlo indegnamente insultato
da quegli stessi che l'avevano maggiormente esaltato! Il Rosini, ne' suoi *Cenni di Storia*

contemporanea (Pisa, 1851), dice del Buonaparte console com'egli «nelle sue prime campagne in Italia onorò gl'ingegni dei viventi e dei trapassati, come una festa solenne celebrar fece per Virgilio, come un'altra egli ne promosse pel trasporto delle Ceneri dell'Ariosto, come una Iscrizione ordinò d'apporre sulla porta della casa, dove abitò Corilla in Firenze, come fondar fece una cattedra di Letteratura dalla Nazione israelitica, per farne grazia al loro poeta (Salomone Fiorentino), e come finalmente, volendo conoscer di persona l'Alfieri, e ributtato da lui, gli rispondesse non già come appare dalla *Vita* di quello (anno 1800, cap. 28), ma, per quanto allor se ne disse, precisamente così: - Aveva letto le vostre opere, e aveva desiderato di conoscervi; ho letto il vostro biglietto e me n'è passata la voglia. -» Ma il Buonaparte fece destituire il Cicognara, consigliere di Stato in Milano, per aver accettata la dedicazione de' versi del poeta Ceroni Mantovano, il quale sotto il nome di *Timone Cimbro* lamentava la caduta e il destino della Repubblica di Venezia.

Secondo il Cantù (*Cronistoria dell'Indipendenza italiana*) deve attribuirsi al Ceroni il Sonetto che incomincia:

Tinse nel sangue de' Capeti il dito
Il ladron Franco; e, di sue fraudi forte,
Vincitor scese nell'ausonio lito,
Ebbro gridando: Libertade o morte.

E finisce:

Che più? fra noi seder dee un Gallo in trono?
Ahi! se cangiar tiranno e libertade,
O terra, ingoia il donatore e il dono.

In un breve scritto di Giovanni Rosini: *Sugli Epistolari del Cesarotti e del Monti*, trovo intorno al Cicognara questa notizia: «Tornato in questo tempo in Milano e creato Consigliere di Stato, co' nobili suoi modi e col suo bell'ingegno a sè attirava gli sguardi dell'universale il conte Leopoldo Cicognara, e insieme con lui, anzi, come è più naturale, al disopra di lui, la bella, colta ed animosa sua consorte. Col cuore sempre vòlto a compiangere la caduta e il destino della veneta Repubblica, sua cara patria, ella fece gran plauso a certi versi del poeta Ceroni Mantovano, che trattavano quell'argomento e che furon letti, per quanto mi venne riferito, tra un gran numero di convitati, a pranzo da lei. Per l'arditezza dei sentimenti levaron grido, e mentre alcuni se ne ripetevano imparati a memoria, pochi giorni appresso comparvero stampati colla intitolazione: *Versi di Timone Cimbro a Cicognara*. Colui che comandava in Milano le armi francesi, partir fece un giandarme, che, cambiatosi di brigata in brigata, recò velocissimamente i *Versi* a Napoleone, il quale colla stessa sollecitudine ordinò la destituzione del Cicognara, e la sua cacciata da Milano. Allora fu che riparossi in Toscana, dove si diede a continuar lo studio delle Belle Arti, che gli affari politici gli avevano fatto interrompere. Ma la Contessa rimase in Milano.»

Il Monti, invece, del primo Console cantava:

L'anima altera,
Che nel gran cor di Bonaparte brilla,
Fu dell'italo Sole una scintilla;

poi volgendosi al Console stesso per rappresentargli le miserie d'Italia, aggiungeva:

Vedi che, *priva
Del Creator tuo sguardo*, appena è viva.

Il poeta Lodovico Savioli, nel 1803, salutava in Napoleone «il guerrier della vittoria alunno;» Luigi Lamberti «l'eroe dei Numi amor,» e infine esclamava:

Fondar popoli e far con sante leggi
La virtute reina e il vizio domo,
Impresa è sol d'immortal Nume, o d'uomo
Che a Nume si pareggi.

Il poeta Veneto Buttura diceva da Venezia a Napoleone:

Sull'indegne mio piaghe affisa il ciglio,
Vien, vinci, abbatti i coronati mostri;
E rendi a te la gloria, a me la vita.

Son note le basse adulazioni del Cesarotti, autore della *Pronea*, che parlava in versi a Napoleone, dicendo:

Parlo in prosa ai mortali, in versi ai Numi.

Il Foscolo non inneggiò a Napoleone, ma non fu insensibile alle grazie della vice-regina Beauharnais:

Novella speme
Di nostra patria, e di sue nuove grazie
Madre e del popol suo, bella fra tutte,
Figlia di regi, e agli Immortali amica.

Un'Ode del Crocco scritta per la *Nascita del Re di Roma* e citata dal Cantù, cantava:

Si scosse il Tebro, lo squallor depose
Roma, rinata allo splendor dal soglio,
Ed alla maestà si ricompose
Del prisco orgoglio.
Brillò limpido il Sol, di repentina
Gioia su i sette Colli alzossi un grido,
E più superba l'aquila latina

Uscì dal nido.

Il Gagliuffi voltava in distici latini il Codice napoleonico.
Il Monti aveva celebrato nel vincitore di Marengo il liberatore d'Italia:

Il giardino di Natura
No, pei barbari non è.

Ma nella sua visione presentendo in Napoleone l'ambizione di diventar Sovrano, gli fa
consigliar da Dante d'impadronirsi della signoria:

Vate non vile
Scrissi allor la veduta meraviglia
E fido al fianco mi reggea lo stile
Il patrio amor che solo mi consiglia.

Nel tempo stesso scriveva al Cesarotti: «Il Governo mi ha comandato e m'è forza
obbedire. Batto un sentiero, ove il voto della Nazione non va molto d'accordo colla
politica, e temo rovinare. Sant'Apollo m'aiuti, e voi pregatemi senno e prudenza.»
Lo stesso Monti dedicando la traduzione dall'*Iliade* al Beauharnais che gli avea ottenuto
il posto di storiografo del Regno d'Italia, scriveva nella dedicazione: «Se il cielo,
invidiandovi ai nostri giorni, vi avesse concesso agli eroici, Omero vi avrebbe collocato
vicino ad Achille fra Patroclo e Diomede. Noi, testimoni delle vostre alte virtù, vi
collochiamo in grado più d'assai eminente; tra Minerva ed Astrea, vicino al massimo
vostro Padre.»
Napoleone tuttavia si doleva di avere per sè tutta la piccola e contro di sè tutta la grande
letteratura.
Non mancò a Napoleone il suo improvvisatore imperiale, Francesco Gianni, che,
pensionato con seimila franchi l'anno, cantava:

Quell'eroe terribil tanto,
Onde Ettor di vita uscì,
In due lustri non fe' quanto
Bonaparte in un sol dì.

Il Mascheroni prima di morire scriveva al Serbelloni: «Vi prego dire a Buonaparte
ch'egli è in cima di tutti i miei pensieri,» e gli dedicò la *Geometria del Compasso*.
«Egidio Patroni, perugino (scrive il Cantù nella *Cronistoria*), oltre altri componimenti,
fece la *Napoleonide*, collezione di cento Odi, ciascuna preceduta da una medaglia
incisa, celebranti i fasti dell'Eroe.» Tra i lodatori del Buonaparte, il Cantù ricorda ancora
Quirico Viviani, Giulio Perticari, Carlo Porta, Saverio Bettinelli, Paolo Costa, Cesare
Arici, Felice Romani, Davide Bertolotti, Mario Pieri che d'aver lodato si pentì troppo
tardi, Angelo Mazza. «Il divinizzare Napoleone (scrive ancora il Cantù) fu un luogo
comune dei nostri retori. Nell'Università di Padova, dinanzi al suo busto, il Rettore
magnifico conchiuse l'orazione; - Veneriamo, o signori, la presenza del Nume. -» Il

XVIII

I *Promessi Sposi.*

I *Promessi Sposi* furono qualche cosa d'impreveduto e di singolare, non pure nella letteratura italiana, ma nella vita stessa del Manzoni. Per quanto i Cattolici abbiano desiderato farne il loro proprio romanzo, nessuno avrebbe mai immaginato che dalle mani dell'Autore degl'*Inni Sacri* e delle *Osservazioni sulla Morale cattolica* sarebbero usciti i tipi di Don Abbondio e della Signora di Monza.

Come intorno alla conversione religiosa, furono fatte e scritte parecchie congetture intorno alla vera origine dei *Promessi Sposi*. Pare che, nel primo concetto, il soggetto principale del romanzo dovesse essere la conversione dell'Innominato; e ci vuol poca fatica a indovinare da quella scelta, che il Manzoni voleva ancora col proprio romanzo adombrarci un episodio della propria vita. Secondo il Sainte-Beuve, l'idea di eleggere la forma del romanzo sarebbe venuta al Manzoni dall'intendere che in quel tempo il Fauriel meditava anch'esso un romanzo storico, del quale pare che la scena dovesse collocarsi in Provenza[148]. Ma poichè

Giordani nel *Panegirico*, dove si vanta di «altamente sentire la dignità del secolo,» ribocca di espressioni simili a queste: «Il mondo è venuto in potestà di tale, non oso dir uomo. Invitando gl'Italiani a considerare le grandezze de' tuoi benefizii, augusto Principe, in cui la nostra nazione adora il più caro benefizio che riconosca dall'Imperatore in Italia. Quale altro che Iddio, o virtù somiglievole agli Dii, poteva fare sì stupenda consonanza? La virtù di questo divino spirito non ci lascia sembrar temeraria qualunque speranza.» Nello stesso *Panegirico* il Giordani chiama Napoleone «l'Ottimo e Massimo,» e loda Cesena di fare ogni anno riaprire l'Accademia con le lodi del Buonaparte, egli che più tardi biasimò poi l'uso dell'Università di Torino di lodare ogni anno il Re di Sardegna.

[148] Il Fauriel, scrive il Sainte-Beuve, s'andava proponendo, circa quel tempo, di comporre un romanzo storico, di cui avrebbe certamente collocata la storia nel Mezzodì della Francia, in una di quelle epoche ch'egli conosceva così bene. Dopo aver finito l'*Adelchi*, il Manzoni, abbandonata l'idea di una tragedia *Spartaco*, si mise anch'egli a pensare di comporre il romanzo *Promessi Sposi*. Circa lo stesso tempo, il suo amico

l'affermazione del Sainte-Beuve mi pare alquanto vaga o non è probabile che il Manzoni abbia fatto un romanzo solamente perchè il Fauriel ne volea fare un altro, ma più tosto si crederebbe vero il contrario, cioè che il Fauriel trovandosi a Brusuglio, quando il Manzoni avea già terminato e stava correggendo i *Promessi Sposi*, potesse pensare esso a qualche cosa di simile, gioverà ricorrere ad altre spiegazioni.

Camillo Ugoni, che poteva forse averne avuto alcun sentore in casa stessa del Manzoni che lo amava e stimava moltissimo, lasciò scritto nella sua *Biografia del Filangieri*, che l'idea di eleggere ad un suo lavoro educativo la forma di romanzo venne al Manzoni dal leggere un passo della *Scienza detta Legislazione* del Filangieri, ove si raccomanda come ottima lettura educatrice ai fanciulli, che entravano nel decimo anno, i romanzi storici[149]. La congettura dell'Ugoni mi pare avere

---

Grossi s'occupava intorno ad un grande poema storico: *I Lombardi atta prima Crociata*. Era il tempo del grande ardore per l'*Ivanhoe*. Di qui nuove attivissime discussioni, e nuovo moto alle idee, sia per lettera, sia a voce, nel soggiorno del Fauriel in Italia (la Prefazione che precede il supplemento al secondo volume dei *Canti popolari della Grecia* del Fauriel reca la data di *Brusuglio vicin di Milano*) dal 1823 al 1825. Discutevasi, per esempio, come questione principale, tra i due amici, intorno al modo d'innestare la storia con la poesia, senza che l'una noccia all'altra. Il Fauriel inclinava a credere che, quindi in poi, la lotta condurrebbe la poesia propriamente detta a rimanere ogni dì più soccombente. Il Manzoni pensava altrimenti, e sosteneva contro le apparenze e i cattivi pronostici che *la poesia non ha volontà di morire*. E tutti due s'accordarono a dire che, in un certo sistema di romanzo, «c'è posto per l'invenzione de' fatti nella rappresentazione di costumi storici.» Ebbene, la è questa appunto, replicava il Manzoni, una di quelle forze potentissime che restano tuttavia alla poesia, la quale, com'io vi diceva, non ha volontà di morire. La narrazione storica non è fatta per lei; giacchè il racconto de' fatti ha virtù di svegliare nell'uomo, naturalmente e ragionevolmente curioso, una tale attrattiva da disgustarci delle invenzioni poetiche che vi si volessero mescolare fino a farle parere puerili. Ma riunire i caratteri distintivi di un'epoca della società, rischiararli o porli in moto con un'azione, profittar della storia senza mettersi in concorrenza con essa, senza pretender di fare quel che esse sa far meglio sicuramente, ecco ciò che mi sembra tuttavia riservato alla poesia; che anzi essa sola può fare. «Non crediamo ingannarci (soggiunge il Sainte-Beuve), epilogando per tal modo l'opinione del poeta.»

[149] Ecco le parole proprie del Filangieri, quali si possono leggere nel libro IV, capo 40, art. 3°, della *Scienza della Legislazione*: «Io propongo la lettura de' romanzi pe' fanciulli che sono giunti all'età che si richiede secondo l'ordine da noi esposto (cioè l'età di nove

qualche grado probabile, in quanto che, nell'anno in cui il Manzoni incominciò a scrivere i *Promessi Sposi* cioè nel 1821 (e non dopo pubblicato l'*Adelchi*, come afferma il Sainte-Beuve), la sua figlia primogenita Giulia avea per l'appunto undici anni, e il figlio Pietro dieci. Alieno com'egli era dal mandare i figli a scuola, dopo il duro esperimento che della scuola aveva fatto egli medesimo, il Manzoni dovette, senza dubbio, desiderare di potere scrivere, se gli riusciva, prima d'ogni cosa, un buon romanzo storico, che in Italia non esisteva pur troppo, per i suoi proprii figliuoli. E mi reca meraviglia che tra le tante cagioni astruse che s'andarono a cercare per chiarirsi come il Manzoni si fosse indotto a scrivere un romanzo, quest'una così ovvia, così semplice, non siasi ancora indicata. Il Manzoni, come ho già avvertito, era un lettore e un postillatore di libri infaticabile; la biblioteca di Don

anni compiuti), per assistere ai morali discorsi. Ma quali debbono essere questi romanzi? quali i soggetti, sui quali formar si dovrebbero? Ogni condizione può avere i suoi eroi, può avere i suoi mostri. Presso tutte le nazioni, in tutte l'età, in tutti i Governi, se ne trovano in tutte le classi dello Stato. I cenci dell'ultimo cittadino e la toga del primo magistrato nascondono spesso le più grandi virtù e i vizii più vili. L'occhio del filosofo penetra a traverso di questo velo, nel mentre che il volgare non vi vede che cenci e toga. Su questi fatti che l'istorie di tutti i tempi ci manifestano, formar si dovrebbero i romanzi, de' quali io parlo. L'eroe esser dovrebbe della classe, della quale son coloro, a' quali ne vien destinata la lettura. L'agricoltore dunque, il fabbro, il semplice soldato, o il duce che ha cominciato dall'esserlo, e che ha condotto l'aratro prima di condurre la legione, somministrar dovrebbero il soggetto e l'eroe dei romanzi che pe' fanciulli di questa classe io propongo. L'arte dello scrittore esser dovrebbe di mettere nel maggior aspetto quelle virtù così civili come guerriere che sono più alla portata degl'individui di questa classe; di dipingere co' colori più neri que' vizii, ai quali sono più esposti; di fecondare que' semi dell'amor della patria o della gloria, che si van gittando in tanti modi nel cuore de' nostri allievi, e d'ispirare quell'elevazione di animo, ch'è altrettanto più gloriosa, quanto meno si combina colla ricchezza delle fortune e coll'originaria dignità della condizione. *Io vorrei che il soggetto del romanzi fosse per lo più un fatto vero, e non interamente immaginato, e vorrei che l'autore ne assicurasse colui che legge. È incredibile quanto questa prevenzione ne renderebbe più efficace la lettura.* La moltiplicità e l'eccellenza delle opere che son comparse in questo genere presso tutte le nazioni, ed in tutte le lingue dell'Europa, renderebbe molto facile la collezione di questi romanzi d'educazione che io propongo. Gli effetti e i vantaggi, che ne produrrebbe la lettura, sono noti a chiunque conosca la forza dei sentimenti e l'influenza che questi aver possono sulla formazion del carattere e sullo sviluppo delle passioni.»

Ferrante dovea, per la varietà, somigliare alcun poco alla sua. Egli era dell'opinione non molto comune, o almeno poco ascoltata, che i libri si stampassero per venir letti; e leggeva di tutto; di storia e di poesia, di teologia e di filosofia, di agronomia e di giurisprudenza; e di tutto facea tesoro nella sua memoria prodigiosa, e succo di vera sapienza più ancora che di semplice dottrina. Egli discorreva volentieri coi libri che leggeva come se fossero persone vive, ed entrava volentieri con essi in segreta e minuta polemica, quando gli pareva che sragionassero. Altre volte egli se ne lasciava inspirare, e questo fu appunto il caso che gli dovette occorrere prima di scrivere i *Promessi Sposi*.

Quando il Manzoni ebbe letto in uno Studio biografico del tedesco Sauer, per quali ragioni artistiche, politiche, religiose, egli si fosse condotto a scrivere i *Promessi Sposi*, accompagnando le parole con un arguto sorriso, sclamò: *Cospetto! questo signore deve essere un gran dotto, perchè di me e delle cose mie ne sa assai più che non ne sappia io.* E, dopo aver dichiarato che di quelle intenzioni *sotterranee*, sintetiche, subbiettive o che so io egli non ne avea avute mai, raccontò per la centesima volta ad uno de' suoi amici presenti come l'idea del romanzo gli fosse nata a Brusuglio, dove egli avea per qualche tempo creduto cosa prudente il ritirarsi con Tommaso Grossi e con la famiglia, quando a Milano erano incominciati gli arresti de' Carbonari. Egli s'era portato in campagna due libri: la *Storia milanese* del Ripamonti, scritta, com'è noto, in latino, ed un'opera del Gioia: *Economia e Statistica*. Il Ripamonti gli suggerì l'episodio che, fin dal principio, fissò in particolar modo la sua attenzione e poco mancò non diventasse il pernio di tutta l'opera; l'episodio dell'*Innominato*. Dal Gioia gli venne l'idea della inutilità delle leggi, quando queste non siano in armonia coi costumi, ed i legislatori rimangano stranieri al paese[150].

---

[150] Questa notizia ch'io rilevo da una lettera del professore Giovanni Rizzi, trova pure conferma nelle seguenti parole del Buccellati: «Rattristato, per i rovesci del 1821, la morte e la prigionia degli amici, (il Manzoni} disse a Grossi ch'egli non potendo più

È lecito il supporre che, prima di accingersi a scrivere i *Promessi Sposi*, il Manzoni siasi consigliato col suo confessore canonico Tosi; è lecito il supporre che, nel primo disegno, annunziando il Manzoni di voler narrare la conversione d'un reprobo alla fede, egli abbia incontrato un'approvazione piena ed assoluta.

L'Innominato che si convertiva pubblicamente nel cospetto del cardinal Federigo, era il Manzoni stesso che, dopo avere per dodici anni lottato per credere, annunziava finalmente che il canonico Tosi gli avea toccato il cuore, lo avea vinto e fatto cosa di Dio; era il Manzoni stesso che confessava, anzi esagerava ai proprii occhi ed agli altrui la sua antica empietà, per far più grande il miracolo della Chiesa, la quale avea avuto la virtù di attirarlo nel proprio seno. Chi cerca ora in qual modo il Manzoni siasi condotto a credere, non ha da fantasticar molto, ma semplicemente da rileggere con un po' d'attenzione la scena commovente dell'incontro dell'Innominato col cardinal Federigo. Con pochissime mutazioni, si può sostituire al nome dell'Innominato quello del Manzoni, al nome del cardinal Borromeo quello di monsignor Tosi, con la sicurezza d'avere scritta ne' *Promessi Sposi* la propria confessione autentica, ma trasformata, dissimulata ed ingrandita in opera d'arte, del poeta convertito[151]. Aggiungiamo che, quando i *Promessi Sposi* si

---

vivere a Milano, intendeva ritirarsi colla famiglia a Brusuglio. Grossi trovò savio il pensiero di Manzoni, e se ne valse anche per suo conto, seguendo l'amico nel suo eremitaggio. Tra i libri che Manzoni portava seco da Milano eravi la *Storia* del Ripamonti e l'*Economia e Statistica* del Gioia, in cui si trovano citate le Gride contro i Bravi e gl'inconsulti Decreti annonarii. Oh! che tempi, diceva Manzoni a Grossi, segnando specialmente le pagine del Ripamonti che alludono all'Innominato. Sarebbe bene porre sottocchio in modo evidente queste istorie....»

[151] Lo riferisco, quantunque notissimo, perchè nella biografia manzoniana sembrami avere una importanza speciale:

«.... La presenza di Federigo era infatti di quelle che annunziano una superiorità, e la fanno amare. Il portamento era naturalmente composto, e quasi involontariamente maestoso; non incurvato, nè impigrito punto dagli anni; l'occhio grave e vivace, la fronte serena e pensierosa; con la canizie nel pallore, tra i segni dell'astinenza, della meditazione, della fatica, una specie di floridezza verginale; tutte le forme del volto indicavano che, in altra età, c'era stata quella che più propriamente si chiama bellezza; l'abitudine de' pensieri solenni e benevoli, la pace interna d'una lunga vita, l'amore degli uomini, la gioia continua d'una speranza ineffabile, vi avevano sostituita una, direi quasi, bellezza senile, che spiccava ancor più in quella magnifica semplicità della porpora.

Tenne anche lui, qualche momento, fisso nell'aspetto dell'Innominato il suo sguardo penetrante; ed esercitato da lungo tempo a ritrarre dai sembianti i pensieri; e, sotto a quel fosco e a quel turbato, parendogli di scoprire sempre più qualcosa di conforme alla speranza da lui concepita al primo annunzio d'una tal visita, tutt'animato; «Oh!» disse, «che preziosa visita è questa! e quanto vi devo esser grato d'una sì buona risoluzione: quantunque per me abbia un po' del rimprovero!»

«Rimprovero!» esclamò il signore maravigliato, ma raddolcito da quelle parole e quel fare, e contento che il Cardinale avesse rotto il ghiaccio, e avviato un discorso qualunque.

«Certo, m'è un rimprovero,» riprese questo, «ch'io mi sia lasciato prevenir da voi; quando, da tanto tempo, tante volte, avrei dovuto venir da voi io.»

«Da me voi! sapete chi sono? V'han detto bene il mio nome?»

«E questa consolazione ch'io sento, e che, certo, vi si manifesta nel mio aspetto, vi par egli ch'io dovessi provarla all'annunzio, alla vista d'uno sconosciuto? Siete voi che me la fate provare; voi, dico, che avrei dovuto cercare; voi, che almeno ho tanto amato e pianto, per cui ho tanto pregato; voi de' miei figli, che pure amo tutti e di cuore, quello che avrei più desiderato d'accogliere e d'abbracciare, se avessi creduto di poterlo sperare. Ma Dio sa fare Egli solo le meraviglie, e supplisce alla debolezza, alla lentezza, de' suoi poveri servi.»

L'Innominato stava attonito a quel dire così infiammato, a quelle parole, che rispondevano tanto risolutamente a ciò che non aveva ancor detto, nè era ben determinato di dire; e commosso, ma sbalordito, stava in silenzio. «E che?» riprese ancor più affettuosamente Federigo: «voi avete una buona nuova da darmi, e me la fate tanto sospirare?»

«Una buona nuova, io? Ho l'inferno nel cuore; e vi darò una buona nuova? Ditemi voi, se lo sapete, qual'è questa buona nuova che aspettate da un par mio.»

«Che Dio v'ha toccato il cuore e vuol farvi suo,» rispose pacatamente il Cardinale.

«Dio! Dio! Dio! Se lo vedessi! Se lo sentissi! Dov'è questo Dio?»

«Voi me lo domandate? voi? E chi più di voi l'ha vicino? Non ve lo sentite in cuore, che v'opprime, che v'agita, che non vi lascia stare, e nello stesso tempo v'attira, vi fa presentire una speranza di quiete, di consolazione, d'una consolazione che sarà piena, immensa, subito che voi lo riconosciate, lo confessiate, l'imploriate?»

«Oh, certo! ho qui qualche cosa che mi opprime, che mi rode! Ma Dio! Se c'è questo Dio, se è quello che dicono, cosa volete che faccia di me?»

Queste parole furon dette con un accento disperato; ma Federigo, con un tono solenne, come di placida ispirazione, rispose; «Cosa può far Dio di voi? cosa vuol farne? Un segno della sua potenza e della sua bontà: vuol cavar da voi una gloria che nessun altro gli potrebbe dare. Che il mondo gridi da tanto tempo contro di voi, che mille e mille voci detestino le vostre opere....» (l'Innominato si scosse, e rimase stupefatto un momento nel sentir quel linguaggio così insolito, più stupefatto ancora di non provare pubblicarono, il Tosi era già vescovo, e sarebbe forse stato assunto all'onore del cappello cardinalizio, senza quel po' di giansenismo ch'era rimasto nella sua dottrina, e che dovea dispiacere alla Curia Romana quanto piaceva, invece, al Manzoni. Ciascuno che rilegga que' capitoli de' *Promessi Sposi*, e li confronti con la diligente biografia che di Luigi Tosi scrisse il professor Magenta, si persuaderà facilmente che il Manzoni innestò la figura del cardinal Federigo sopra quella del proprio santo confessore.

Ma ciò che da principio doveva essere l'intero libro, diventò poi un semplice episodio di esso. Il Manzoni, riuscito, di giorno in giorno più, realista o verista nell'arte sua, desideroso di fare sopra il suo tempo, sopra la gioventù che doveva educarsi per mezzo della lettura, una impressione durevole e profonda, dopo aver concepito un alto e vasto poema, disegnò di scriverlo in prosa. Nel tempo in cui l'amico suo Tommaso Grossi venuto con

---

sdegno, anzi quasi un sollievo): «Che gloria,» proseguiva Federigo, «ne viene a Dio? Son voci di terrore, son voci d'interesse, voci forse anche di giustizia, ma d'una giustizia così facile, così naturale! Alcune forse, pur troppo, d'invidia di codesta vostra sciagurata potenza, di codesta, fino ad oggi, deplorabile sicurezza d'animo. Ma quando voi stesso sorgerete a condannare la vostra vita, ad accusar voi stesso, allora.... Allora Dio sarà glorificato! E voi domandate cosa Dio possa far di voi? Chi son io, pover'uomo, che sappia dirvi fin d'ora che profitto possa ricavar da voi un tal signore? Cosa possa fare di codesta volontà impetuosa, di codesta imperturbata costanza, quando l'abbia animata, infiammata d'amore, di speranza, di sentimento? Chi siete voi, pover'uomo, che vi pensiate d'aver saputo da voi immaginare e fare cose più grandi nel male, che Dio non possa farvene volere e operare nel bene? Cosa può Dio far di voi? E perdonarvi? e farvi salvo? e compiere in voi l'opera della redenzione? Non son cose magnifiche e degne di Lui? O pensate! se io omiciattolo, io miserabile e pur così pieno di me stesso, io qual mi sono, mi struggo ora tanto della vostra salute, che per essa darei con gaudio (Egli m'è testimonio) questi pochi giorni che mi rimangono, oh pensate! quanta, quale debba esser la carità di Colui che m'infonde questa, così imperfetta, ma così viva, come vi ami, come vi voglia Quello che mi comanda e m'ispira un amore per voi che mi divora!» A misura che queste parole uscivan dal suo labbro, il volto, lo sguardo, ogni moto ne spirava il senso. La faccia del suo ascoltatore, di stravolta e confusa, si fece da principio attonita e intenta; poi si compose a una commozione più profonda e meno angosciosa; i suoi occhi che dall'infanzia più non conoscevan le lacrime, si gonfiarono; quando le parole furon cessate si coprì il viso con le mani, e diede in un dirotto pianto, che fu come l'ultima e più chiara risposta.»

lui a Brusuglio si provava a vestire di forme più popolari l'ottava epica, scrivendo il poema de' *Lombardi alla prima Crociata*, il Manzoni intraprendeva una riforma più radicale. Egli era d'avviso che si dovesse pensare e sentir alto, ma scriver piano; e come Dante avea creata la lingua poetica italiana, il Manzoni, anco se non vi pretendeva, riuscì a fondare veramente la nuova prosa italiana. Si dirà; ma come? Il Foscolo ed il Monti non avevano forse preceduto il Manzoni? Sì, ma oltre che nessuno de' due ha presentato all'Italia una prosa così ricca di fatti, di osservazioni, d'idee originali, di affetti veri e di tipi scolpiti come i *Promessi Sposi*, l'uno e l'altro scrisse sempre con un po' di enfasi rettorica, con un po' di pompa teatrale, che ad ogni lettore di buon senso, per poca che sia, deve sempre apparire soverchia. Il Manzoni dovea fin da giovinetto aver meditato il libretto del suo nonno Beccaria sopra lo *Stile*, un libretto scritto male, ma pensato bene[152]; l'articolo del Verri intitolato: «Ai giovani d'ingegno che temono i Pedanti,» e i discorsi che si facevano contro l'Arcadia e contro la Crusca nell'Accademia, della quale l'Imbonati era stato presidente; ma, trovando poi giusto tutto ciò che si scriveva contro i parolai, gli Aristotelici della letteratura, i pedanti, i retori, egli credeva pure che si dovesse far qualche sforzo per mostrare che lo stile poteva acquistar nuova nobiltà dalla sua stessa naturalezza. Il Manzoni contribuì ad innamorare più fortemente l'odierna Italia della sua lingua, con l'occuparsene egli stesso per un mezzo secolo, col tornare pazientemente per tre lustri sopra la

---

[152] «Nell'Italia nostra (vi si diceva) vi sono tuttavia gli Aristotelici delle Lettere, come vi furono della Filosofia; e sono quei tenaci adoratori delle parole, i quali fissano tutti i loro sguardi sul conio di una moneta, senza mai valutare la bontà intrinseca del metallo e corron dietro e preferiscono nel loro commercio un pezzo d'inutile rame, ben improntato e liscio, a un pezzo d'oro perfettissimo, di cui l'impronta sia fatta con minor cura. Immergeteli in un mare di parole, sebben anche elleno non v'annuncino che idee inutili o volgarissime, ma sieno le parole ad una ad una trascelte, e tutte insieme armoniosamente collocate nei loro periodi, sono essi al colmo della loro gioia. Mostrate loro una catena ben tessuta di ragionamenti utili, nuovi, ingegnosi, grandi ancora, se una voce, se un vocabolo, una sconciatura risuona al loro piccolissimo orgtano, ve la ributtano come cosa degna di quella.»

lingua de' *Promessi Sposi*, col fine di purgarla dalle sue voci improprie; l'efficacia che per tale riguardo egli esercitò col proprio esempio, si sente ancora e non può venir disconosciuta. Ma la letteratura italiana gli deve molto più, per avere il Manzoni con l'autorità del suo nome e con la prova vivente ed immortale d'un capolavoro avvezzata la lingua ad uno stile così facile, così chiaro, e, ad un tempo, così virile e sostenuto, da rendere impossibile il ritorno alle viete forme accademiche e scolastiche, alla nostra stilistica tradizionale e così detta classica, senza pericolo di cadere nel ridicolo.

Dalla descrizione che il Manzoni ci fa della libreria di Don Ferrante ne' *Promessi Sposi*, rileviamo che quest'uomo enciclopedico (mettendogli solamente dappresso il piemontese Botero) prediligeva sovra tutti un autore «mariuolo sì, ma profondo,» il Machiavelli, di cui non si stancava di leggere e di ammirare il *Principe* e i *Discorsi sopra la Prima Deca di Tito Livio*. C'è da scommettere che una parte dell'ammirazione di Don Ferrante non andava al pensatore ed al politico unitario,[153] ma allo scrittore, il quale nella prosa non fu superato fin qui da

---

[153] «Due però (scrive il Manzoni) erano i libri che Don Ferrante anteponeva a tutti e di gran lunga in questa materia; due che, fino a un certo tempo, fu solito di chiamare i primi, senza mai potersi risolvere a qual de' due convenisse unicamente quel grado: l'uno, il *Principe* e i *Discorsi* del celebre Segretario fiorentino; mariuolo sì, diceva Don Ferrante, ma profondo: l'altro la *Ragion di Stato* del non men celebre Giovanni Botero; galantuomo sì, diceva pure, ma acuto.»

Il Manzoni dovea pensare ne' suoi studii storici un po' come il suo Don Ferrante: «Ma cos'è mai la storia senza la politica? Una guida che cammina, cammina, con nessuno dietro che impari la strada, e, per conseguenza, butta via i suoi passi; come la politica senza la storia è uno che cammina senza guida.»

L'Autore entra spesso in iscena anche come attore. Così dopo aver fatto una descrizione, forse un po' troppo minuta della biblioteca di Don Ferrante, soggiunge: «Noi cominciamo a dubitare se veramente il lettore abbia una gran voglia di andar avanti con lui in questa rassegna, anzi a tornerò di non aver già buscato il titolo di copiator servile per noi, e quello di seccatore da dividorsi con l'anonimo sullodato, per averlo bonariamente seguito fin qui, in cosa estranea al racconto principale, e nella quale probabilmente non s'è tanto disteso, che per isfoggiar dottrina, e far vedere che non era indietro del suo secolo. Però lasciando scritto quel che è scritto per non perder la nostra fatica, ometteremo il rimanente, per rimetterci in istrada.»

alcuno, ma emulato dal solo Manzoni, il quale partecipava senza dubbio in proposito dell'opinione di Don Ferrante. Qual merito maggiore per uno scrittore che la sua virtù non solo di dir molto in poco, ma di dire facilmente le cosa difficili, l'arte di far diventare universali le idee più elevate ed originali? E bene questa virtù, quest'arte il Manzoni possedette, come autore de' *Promessi Sposi*? in grado supremo e singolarissimo. Sotto questo aspetto, la sua prosa è la più democratica che sia stata scritta in Italia.

Ma il Manzoni dovette ben presto accorgersi che, ov'egli avesse fatto l'Innominato il centro di tutto il suo poema o romanzo, oltre allo scoprir troppo sè medesimo, non avrebbe mancato di dare al suo romanzo un'aria reazionaria che veramente non ha e che ingiustamente gli fu attribuita dal Settembrini.

Chè se nell'*Innominato* che potremmo chiamare della prima maniera, come già nel *Carmagnola*, vi è qualche cosa del *Wallenstein* dello Schiller e del *Goetz von Berlichingen* del Goethe, cioè uno spirito ribelle a leggi che gli paiono ingiuste, del secondo Innominato, dell'Innominato convertito, proposto a modello, i Gesuiti non avrebbero mancato di fare il loro uomo-tipo, il loro modello ideale; e tutto il buon effetto della conversione molto più morale che religiosa operata dal cardinal Federigo si sarebbe guastato, col mettere sul volto dell'Innominato la brutta maschera di Tartufo.

Consoliamoci dunque che il Manzoni abbia voluto egli stesso allargare il proprio soggetto, opporre al cardinal Federigo Don Abbondio e la Monaca di Monza, e fra questi due mettere quella brava Donna Prassede che si proponeva di far l'educazione di Lucia, su per giù a quel modo con cui credono di potere educare le famose Dame del Sacro Cuore. Il Manzoni doveva aver conosciuto qualche Donna Prassede; quindi fa vivezza e finitezza del suo malizioso ritratto: «Era Donna Prassede una vecchia gentildonna molto inclinata a far del bene; mestiere certamente il più degno che l'uomo possa esercitare; ma che pur troppo può anche guastare, come tutti gli altri. Per fare il bene, bisogna conoscerlo; e, al pari d'ogni altra cosa, non possiamo conoscerlo che in mezzo alle nostre passioni, per mezzo de' nostri giudizii, con le nostre idee, le quali bene spesso stanno come possono. Con l'idee Donna Prassede si regolava come dicono che si deve far con gli amici; n'aveva poche, ma a quelle poche era molto affezionata. Tra le poche ce n'era, per disgrazia, molte delle storte; e non eran quelle che lo fossero meno care. Le accadeva quindi, o di proporsi per bene ciò che non lo fosse, o di prender per mezzi cose che potessero piuttosto far riuscire dalla parte opposta, o di crederne leciti di quelli che non lo fossero punto, per una certa supposizione in confuso che chi fa più del suo dovere possa far più di quel che avrebbe diritto; le accadeva di non vedere nel fatto ciò che ci era di reale, o di vederci ciò che non ci era; e molte altre cose simili, che possono accadere, e che accadono a tutti senza eccettuarne i migliori; ma a Donna Prassede troppo spesso e, non di rado, tutte in una volta.» - «... Fin da quando aveva sentito la prima volta parlar di Lucia, s'era subito persuasa che una giovine, la quale aveva potuto promettersi a un poco di buono, a un sedizioso, a uno scampaforca, in somma, qualche magagna, qualche pecca nascosta la doveva avere. Dimmi chi pratichi, e ti dirò chi sei. La vista di Lucia aveva confermata quella persuasione. Non che, in fondo, non le paresse una buona giovine; ma c'era molto da ridire. Quella testina bassa col mento inchiodato sulla fontanella della gola, quel non rispondere, o risponder secco secco, come per forza, potevano indicar verecondia; ma denotavano sicuramente molta caparbietà; non ci voleva molto a indovinare che quella testina aveva le sue idee. E quell'arrossire ogni momento, e quel rattenere i sospiri.... Due occhioni poi, che a una Donna Prassede non piacevano punto. Teneva essa per certo, come se lo sapesse di buon luogo, che tutte le sciagure di Lucia erano una punizione del cielo per la sua amicizia con quel poco di buono, e un avviso per far che se ne staccasse affatto; e, stante questa, si proponeva di cooperare a un così buon fine. Giacchè, come diceva spesso agli altri e a sè stessa, tatto il suo studio era di secondare i voleri del cielo; ma taceva spesso uno sbaglio grosso, ch'era di prender per cielo il suo cervello.» Qui metteremo un punto d'interrogazione. Quando si pensi che il Manzoni avea corso rischio nella primavera del 1821, di andare a morire sulle forche, a motivo del suo Inno rivoluzionario e della sua amicizia pel Confalonieri, non è egli probabile che sotto quel «*poco di buono,* quel *sedizioso*» quello *scampaforca* di Renzo sia da ravvisarsi per un momento il Manzoni stesso, in Lucia che avrebbe dovuto staccarsi da lui la signora Blondel, in Donna Prassede qualche sua bigottissima amica, a cui il Manzoni non dovea parere convertito abbastanza e in ogni modo

Un di que' capi un po' pericolosi,

come il poeta Giusti nel *Sant'Ambrogio* definiva per l'appunto l'Autore de' *Promessi Sposi*? Mi provo a indovinare, e malgrado dell'industria grande del Manzoni a mescolar bene le sue carte, mi studio di capire la malizia del suo giuoco. La Blondel, com'è noto, era nella sua nuova fede cattolica molto più ardente dello stesso Manzoni, ed avrà, senza dubbio, cercato o trovato fra le sue nuove amiche qualche consigliera del tipo di Donna Prassede. Noi non sapremmo essere attratti molto, per dire il vero, dalle idee di una povera e rozza contadina come Lucia; ma se si fosse, per un'ipotesi, travestita, anche un solo momento, da Lucia la signora Blondel, quando il Manzoni ci assicura che «quella testina aveva le sue idee,» non ne faremmo più le meraviglie. Non dimentichiamo poi che il Manzoni si lagnava spesso della cura d'anime che i così detti amici, e con gli amici si comprendano pure l'amiche, si erano assunta presso la famiglia Manzoni, gli uni per fare di Don Alessandro un santo, gli altri per salvare in lui il liberale, e troveremo, senza dubbio, molto più gustoso il ritratto di Donna Prassede, che, per dire tutta la verità, collocato nel secolo decimosettimo, presso quello di una semplice contadinella, ci riesce quasi strano, ed in ogni modo, indifferente. Il Manzoni voleva bensì credere, ma non passare per un ipocrita; egli si sentiva capace e volonteroso di far del bene, di farne molto, ma anche debole all'occasione e soggetto a cadere; nè desiderava infingersi agli occhi altrui migliore di ciò che egli poteva essere. Ricordiamo il principio del ventesimosesto capitolo dei *Promessi Sposi*: quanta delicatezza in quel suo interrompersi, quando il cardinal Federigo rimprovera Don Abbondio di non aver resistito a Don Rodrigo, d'avere avuto paura, d'avere preferito al dovere la sua tranquillità; Don Abbondio, confuso, non sa che rispondere e rimane senza articolare parola; l'Autore è preso da uno scrupolo personale, e soggiunge: «Per dir la verità, anche noi, con questo manoscritto davanti, con una penna in mano, non avendo da contrastare che con le frasi, nè altro da temere che le critiche dei nostri lettori, anche noi, dico, sentiamo una certa ripugnanza a proseguire, troviamo un non so che di strano in questo mettere in campo con così poca fatica tanti bei precetti di fortezza e di carità, di premura operosa per gli altri, di sacrifizio illimitato di sè. Ma pensando che quello cose erano dette da uno che poi le faceva (il Manzoni alludeva, senza dubbio, a monsignor Tosi), tiriamo avanti con coraggio.»

Ciò che nel libro del Manzoni piace è il Manzoni stesso. Inconsapevolmente que' passi, ove egli entra, più o meno dissimulato, in iscena, ove passano i suoi pensieri, le sue impressioni, ci attirano e ci seducono piacevolmente; con quanto maggior diletto li rileggeremo noi dunque ora sapendo che egli, come il Goethe, si è diviso un poco fra tutti i suoi personaggi! Il forestiero ha cercato tutta l'attrattiva del Romanzo manzoniano nella semplice storia dei due fidanzati; ed ha ragione di conchiudere che l'attrattiva è piccola, che il libro si distende troppo a raccontarla; ha ragione ancora s'egli sente qualche po' di dispetto contro l'Autore, il quale, invece di farlo correre speditamente verso lo scioglimento, lo interrompe con descrizioni infinite, e con la citazione di documenti legali poco intelligibili.

Se Aristotile avesse dato le regole del romanzo storico, è probabile che il Romanzo manzoniano si troverebbe scritto contro tutte le regole; vi mancano le giuste proporzioni: vi manca pure quel *crescendo* d'attrattiva che si vuol trovare in quasi tutti i romanzi; l'azione principale è poco importante, od almeno pare di piccola importanza, considerata in sè e non negl'intendimenti sociali dell'Autore, il quale, per mezzo d'un caso minuto e specialissimo, volle rappresentare l'eterna lotta fra oppressori ed oppressi, fra padroni e servi, fra grandi e popolo, aggruppando intorno a questa lotta alcune gravi questioni sociali, come quella del caro dei viveri, della salute pubblica, della legislazione penale, dell'amministrazione delle Opere Pie, de' mali che reca con sè la guerra, del clero, de' conventi, ed altre più, ciascuna delle quali potrebbe dar materia, anco più che a nuovi libri, a nuove ed opportunissime leggi, che, quando fossero veramente buone ed osservate, varrebbero meglio di qualsiasi libro pure ottimo, poichè la più difficile di tutte le traduzioni umane è quella delle idee nei fatti, della teoria nella pratica, della sapienza intellettuale in tanta eccellenza di virtù operativa. Il Romanzo manzoniano di per sè, come invenzione di casi, dice poco; di grandi e forti passioni non vi è quasi traccia; il lettore non rimane stordito e sorpreso da alcuna grande novità; ma è singolare, che in questo solo romanzo si cerchi meno quello che piace di più negli altri, l'elemento romanzesco, e molto più singolare che, privandosi quasi di questo elemento che pare così necessario negli altri romanzi, l'Autore de' *Promessi Sposi* trovi fuori di esso tanta materia di lettura viva ed attraente.

Egli trattò il romanzo come l'Autore comico la commedia; vi rappresentò la società nella sua vita solita ed ordinaria, per mostrare che questa vita stessa è una commedia che si rinnova di secolo in secolo, eternamente. L'ingegno satirico che tentava naturalmente il Manzoni giovinetto, gli giovò mirabilmente nella commedia, o nel dramma, o nel poema, o nel romanzo che si voglia chiamare, de' *Promessi Sposi*, i quali sono tutte queste cose insieme, ora molto, ora poco, ed entrano nella condizione privilegiata, e disperante, più che disperata, di tutti i grandi capolavori letterarii, che non si lasciano classificare in verun genere, perchè hanno essi stessi creato un genere nuovo, di cui, per lo più, non essendo l'originalità cosa molto imitabile, rimangono poi soli rappresentanti. Ciò che nella *Divina Commedia* attrae più non è il suo soggetto, ma la maniera con cui l'Autore lo pensa, lo sente e lo tratta; il medesimo si può ripetere de' *Promessi Sposi*: nel primo, cerchiamo la poesia di Dante, l'anima e la mente di Dante; nel secondo; la poesia del Manzoni, l'anima e la mente del Manzoni, e il modo con cui il reale e l'ideale gli appaiono. Chi legge i *Promessi Sposi* come un libro ordinario, non può gustarli se non mediocremente; chi vi cerca tutto ciò che l'Autore ha voluto mettervi, non può mancare di trovarvelo, e di ammirare, senza fine, l'Autore che, con mezzi quasi umili, seppe ottenere effetti massimi. Si, Renzo e Lucia sono povera e zotica gente, e se il Manzoni ce li figurasse soltanto come tale, senz'altre sue malizie, comprenderemmo poco i motivi che spinsero un così alto ingegno a raccogliersi tutto negli anni più vigorosi e potenti della sua vita sopra una materia così scarsa d'inspirazione. Ma il Manzoni ha voluto appunto l'opposto di quello che si vuole generalmente, non inalzare sè sopra un soggetto nobile, ma inalzare e nobilitare un soggetto quasi ignobile, col versarvi dentro la miglior parte di sè. Egli adopera i suoi poveri contadini con quella stessa malizia, con la quale egli si serve talora di similitudini volgari per dichiarare meglio certi pensieri che, alla prima, non appaiono nella loro piena evidenza. Sotto i grossi panni del villano di Lecco si trova sempre il cervello sottile del Manzoni. Se la fine ironia che vi è dentro non si coglie, il racconto può talora riuscire insipido, e le riflessioni che lo accompagnano sembrare superflue. Quando l'Autore intraprende, per esempio, a descriverci quello che sia propriamente un carteggio fra contadini, i quali sogliono ricorrere ad un letterato della loro condizione per far sapere i loro negozii ai lontani, osserva: «al letterato suddetto non gli riesce sempre di dire tutto quel che vorrebbe, qualche volta gli accade di dire tutt'altro; accade anche a noi altri, che scriviamo per la stampa;» questa specie di prima punta maliziosa c'incomincia ad avvertire di che veramente si tratta; e il fine della descrizione riesce a persuadercene del tutto: «Quando la lettera così composta arriva alle mani del corrispondente, che anche lui non abbia pratica dell'abbicci, la porta a un altro dotto dello stesso calibro, il quale gliela legge e gliela spiega. Nascono delle questioni sul modo d'intendere: perchè l'interessato, fondandosi sulla cognizione dei fatti antecedenti, pretende che certe parole voglian dire una cosa; il lettore, stando alla pratica che ha della composizione, pretende che ne vogliano dire un'altra. Finalmente bisogna che chi non sa si metta nelle mani di chi sa, e dia a lui l'incarico della risposta: la quale, fatta sul gusto della proposta, va poi soggetta a un'interpretazione simile. Che se, per di più, il soggetto della corrispondenza è un po' geloso; se c'entrano affari segreti, che non si vorrebbero lasciar capire a un terzo, caso mai che la lettera andasse persa; se, per questo riguardo, c'è stata anche l'intenzione positiva di non dire le cose affatto chiare; allora, per poco che la corrispondenza duri, le parti finiscono a intendersi tra di loro come altre volte due scolastici che da quattr'ore disputassero sull'entelechia; per non prendere una similitudine di cose vive, che ci avesse poi a toccare qualche scappellotto.» Le cose vive, alle quali il Manzoni faceva allusione, potevano essere benissimo le famose polemiche sorte in quel tempo, da una parte fra Classici e Romantici, dall'altra fra il Monti e gli Accademici della Crusca: polemiche, le quali sembravano fatte molto più per imbrogliare le idee che per renderle più chiare e popolari.

Così non s'intenderebbe come il Manzoni, dopo aver lasciato fare a Lucia quell'imprudente suo voto di non più sposare Renzo, si désse poi tanta pena per rappresentare l'immagine di un Renzo ideale che le tornava, malgrado del voto, nella mente, se non fosse lecito il supporre che in quelle immagini entrasse la reminiscenza di qualche scena domestica manzoniana.

«Lucia, quando la madre ebbe potuto, non so per qual mezzo, farle sapere che quel tale era vivo e in salvo e avvertito, sentì un gran sollievo, e non desiderava più altro, se non che si dimenticasse di lei; o, per dir la cosa proprio a un puntino, che pensasse a dimenticarla. Dal canto suo, faceva cento volte al giorno una risoluzione simile riguardo a lui; e adoperava anche ogni mezzo per mandarla ad effetto. Stava assidua al lavoro, cercava d'occuparsi tutta in quello, quando l'immagine di Renzo le si presentava, e lei a dire o a cantare orazioni a mente. Quell'immagine, proprio come se avesse avuto malizia, non veniva per lo più così alla scoperta; s'introduceva di soppiatto dietro all'altre, in modo che la mente non s'accorgesse d'averla ricevuta, se non dopo qualche tempo che la c'era. Il pensiero di Lucia stava spesso con la madre; come non ci sarebbe stato! e il Renzo ideale veniva pian piano a mettersi in terzo, come il reale avea fatto tante volte. Così con tutte le persone, in tutti i luoghi, in tutte le memorie del passato, colui si veniva a ficcare. E se la poverina si lasciava andar qualche volta a fantasticar sul suo avvenire, anche lì compariva colui, per dire, se non altro: io, a buon conto, non ci sarò. Però, se il non pensare a lui era impresa disperata, a pensarci meno, e meno intensamente che il cuore avrebbe voluto, Lucia ci riusciva fino a un certo segno; ci sarebbe anche riuscita meglio, se fosse stata sola a volerlo. Ma c'era Donna Prassede, la quale, tutta impegnata dal canto suo a levarle dall'animo colui, non aveva trovato migliore espediente che di parlargliene spesso. «Ebbene?» le diceva, «non ci pensiam più a colui?» - «Io non penso a nessuno,» rispondeva Lucia. Donna Prassede non s'appagava d'una risposta simile, replicava che ci volevan fatti e non parole; si diffondeva a parlare sul costume delle giovani, «le quali,» diceva, «quando hanno nel cuore uno scapestrato, ed è lì che inclinano sempre, noa se lo staccan più. Un partito onesto, ragionevole, d'un galantuomo, d'un uomo assestato, che, per qualche accidente, vada a monte, son subito rassegnate; ma un rompicollo, è piaga incurabile.» E allora principiava il panegirico del povero assente, del birbante venuto a Milano, per rubare e scannare; e voleva far confessare a Lucia le bricconate che colui doveva aver fatte, anche al suo paese. Lucia con la voce tremante di vergogna, di dolore, e di quello sdegno che poteva aver luogo nel suo animo dolce e nella sua umile fortuna, assicurava e attestava che, al suo paese, quel poveretto non aveva mai fatto parlar di sè altro che in bene; avrebbe voluto, diceva, che fosse presente qualcheduno di là, per fargli far testimonianza. Anche sull'avventure di Milano, delle quali non era ben informata, lo difendeva, appunto con la cognizione che aveva di lui e de' suoi portamenti fin dalla fanciullezza. Lo difendeva o si proponeva di difenderlo, per puro dovere di carità, per amore del vero, e, a dir proprio la parola con la quale spiegava a sè stessa il suo sentimento, come prossimo. Ma da questa apologia Donna Prassede ricavava nuovi argomenti per convincere Lucia, che il suo cuore era ancora perso dietro a colui. E, per verità, in que' momenti, non saprei ben dire come la cosa stésse. L'indegno ritratto che la vecchia faceva del poverino, risvegliava, per opposizione, più viva e più distinta che mai nella mente della giovine l'idea che vi si era formata in una così lunga consuetudine; le rimembranze, compresse a forza, si svolgevano in folla; l'avversione e il disprezzo richiamavano tanti antichi motivi di stima; l'odio cieco e violento faceva sorger più forte la pietà; e con questi affetti, chi sa quanto ci potesse essere o non essere quell'altro che dietro ad essi s'introduce così facilmente negli animi; figuriamoci cosa farà in quelli, donde si tratti di scacciarlo per forza. Sia come si sia, il discorso per la parte di Lucia non sarebbe mai andato molto in lungo; che le parole finivan presto in pianto.»

Io mi potrei facilmente ingannare; ma queste parole che mi parrebbero troppe se fossero dette per ispiegare i sentimenti d'una rozza contadina lombarda, hanno tutto il loro senso se Lucia deve in questo caso nascondere un'altra persona che ci sta a cuore assai più, la quale poteva benissimo trovar qualche piccola imperfezione nel Manzoni, reale e vicino, salvo a sognarlo come un ideale, quand'egli stava lontano, quando lo sapeva perseguitato ed in pericolo, quando, peggiore di tutte le malvagità umane, essa sentiva che la calunnia voleva indegnamente colpirlo. Renzo è compromesso anch'esso quasi involontariamente come il Manzoni ne' casi politici di Milano; e se non ci fosse stato per l'Autore il proposito di mettersi un poco in iscena, ma di farsi povero contadino, per lasciarsi scorgere meno, avrebbero avuto ragione que' primi critici de' *Promessi Sposi*, quando biasimavano l'Autore d'aver fatto andare Renzo a Milano solamente per avere un'occasione di fare nuovo sfoggio d'ingegno nelle descrizioni del tumulto, della fame e della peste di Milano. E qui prevedo un'obbiezione: non ci diceste che il Manzoni ha forse voluto rappresentare nella conversione dell'Innominato la propria? Ora se egli è l'Innominato, come potrebbe essere ancora Renzo? Egli è l'Innominato, per un verso, Renzo per un altro, Don Ferrante, Fra Cristoforo in altri momenti. I lettori del Goethe conoscono bene questa specie di *avatar* del genio, questa potenza tutta divina di staccar da sè un attributo per farne un nuovo tipo umano vivente, come nell'Olimpo dalla testa di Giove esce una Minerva, come dagli attributi di un solo Dio vien fuori la pluralità degli Dei. Il Manzoni si moltiplica e si riproduce quasi senza fine ne' *Promessi Sposi*, non meno che il Goethe nel *Faust*, nel *Wilhelm Meister*, nel *Werner*, nell'*Egmont*, nel *Tasso* e in altri suoi drammi, per tacere delle *Elegie Romane*, ov'egli entra direttamente e quasi furiosamente in iscena. L'aver condensato ad un tempo e distribuito ed esaurito quasi tutto sè stesso in un solo capolavoro è gloria maggiore nel Manzoni, e principal fascino, quasi misterioso, de' *Promessi Sposi*. Il centro simpatico di tutto il libro è l'Autore stesso, come accade pure nel *Don Chisciotte*. Tra i due lavori vi è anzi qualche affinità di tóno umoristico; ma nel libro italiano la varietà è molto maggiore, ed i pensieri e i sentimenti si levano più alto. S'io li riscontro qui è perchè oramai stimo necessario che ci avvezziamo a studiare i *Promessi Sposi*, come si studiano i libri già divenuti classici, i quali si pigliano come sono, senza pretendere, che dovessero riuscire diversi da quelli che i loro grandi Autori gli hanno voluti. Noi non possiamo volere che in questi classici si approvi e si ammiri tutto; crediamo invece che tutto meriti di venire studiato, e che la conclusione di un tale studio sia sempre, per un verso, una somma di maggiore ammirazione, per l'altro, una somma di maggior profitto.

Fra le tante cose che s'ammirano nei *Promessi Sposi*, la più mirabile, se si consideri la difficoltà artistica della composizione, pare a me e ad altri la grande varietà, con la quale l'Autore ci presenta quadri e tipi paralleli, che sono simili senza monotonia, e dissimili senza stonatura. Presso la conversione di Fra Cristoforo noi troviamo quella dell'Innominato, presso la descrizione della fame quella della peste, presso il cardinal Federigo Fra Cristoforo, presso Don Rodrigo il conte Attilio e l'Innominato, presso Don Abbondio Fra Galdino, presso il conte zio il Ferter, Renzo presso Bortolo, e così di seguito, si riproducono ne' *Promessi Sposi* casi e tipi analoghi, con caratteri distintivi che scusano pienamente, anzi glorificano l'Autore d'averli immaginati. Non vi è nulla di più facile in arte che il creare de' contrasti forti; mettendo dall'un lato chi è tutto buono, dall'altro chi è tutto tristo, la maggior parte degli autori ha combinato rumorosi e stupendi effetti drammatici; il Manzoni sentiva che le proprie forze bastavano a superare maggiori difficoltà; se le creò e le vinse. Nell'arte de' chiaroscuri, delle mezze tinte, nessuno lo supera; ad egli tira ogni linea con mano tanto sicura, che anche i suoi personaggi secondarii diventano tipi popolari, non escluso quel buon sarto di villaggio che pizzicava del letterato perchè sapeva leggere ne' *Reali di Francia*, divenuti suo Vangelo.

S'io non erro, il professore Stoppani fu il primo a cercare ne' tipi de' *Promessi Sposi* le persone reali, delle quali il Manzoni, avendole conosciute, si ricordava nell'immaginarli. Egli credette ravvisarne alcune; così dalla Caterina Panzeri contadina di Galbiate suppose che s'inspirasse per disegnare la figura della Lucia. Ma la Lucia Mondella, in quanto è contadina, non dice nulla; in quanto dice qualche cosa, noi l'abbiamo già accennato, nasconde la signora Blondel. Il Manzoni andò a cercarsi la sposa in un paesello del Bergamasco, come Renzo va nel Bergamasco a metter su casa. Come la Edmengarda dell'*Adelchi*, anche la Lucia è pudica con lo sposo e parca di parole; ma le poche parole che essa dice a lui, valgono più delle molte dette ad altri. Quando Lucia, uscita dal Lazzeretto, rivede Renzo, non sa dirgli altro che questo: «Vi saluto. Come state?» L'Autore soggiunge: «E non crediate che Renzo trovasse quel fare asciutto, e se l'avesse per male. Prese benissimo la cosa per il suo verso; e come tra gente educata si sa far la tara ai complimenti, così lui intendeva bene che quelle parole non esprimevan tutto ciò che passava nel cuore di Lucia. Del resto, era facile accorgersi che aveva due maniere di pronunziarle: una per Renzo, e un'altra per tutta la gente che potesse conoscere.» Quando Renzo passa in rassegna, al fine della sua storia, tutti i brutti casi che gli sono intervenuti e gl'insegnamenti che gliene rimasero, onde egli non si mescolerà più nei tumulti, non si lascerà più andare a bere oltre il bisogno, eviterà di dar sospetto di sè come testa calda, fuggirà, in somma, con una maggior prudenza e moderazione ogni maniera d'impicci,, sentiamo ch'è presente il Manzoni; come abbiamo il Manzoni in questo proponimento finale di Renzo: «Prima d'allora era stato un po' lesto nel sentenziare, e si lasciava andar volentieri a criticare la donna d'altri, e ogni cosa. Allora s'accorse che le parole fanno un effetto in bocca, e un altro negli orecchi; e prese un po' più d'abitudine d'ascoltar di dentro le sue, prima di proferirle. Il Manzoni, in verità, pubblicati i *Promessi Sposi*, si mostrò nel suo contegno pubblico e nei suoi discorsi che potevano esser riferiti, d'un riserbo ebe parve eccessivo; anche le sue lettere, dopo quel tempo, prendono quasi tutte un carattere uniforme di convenienza, in qualche modo, diplomatico e stereotipato; nella lettera straordinariamente sincera ch'egli scrisse venti e più anni dopo a Giorgio Briano, per iscusarsi di non poter fare il deputato, se il Collegio di Arona, come gli veniva scritto, si fosse ostinato a volerlo eleggere, troviamo parole che consuonano perfettamente con gli ultimi propositi pacifici di Renzo, e li dichiarano, «Quel senso pratico delle opportunità, quel saper discernere il punto o un punto, dove il desiderabile s'incontri col riuscibile, e attenercisi, sacrificando il primo, con rassegnazione non solo, ma con fermezza, fin dove è necessario (salvo il diritto, s'intende) è un dono che mi manca, a un segno singolare. E per una singolarità opposta, ma che non è nemmeno un rimedio, perchè riesce non a temperare, ma impedire ciò che mi pare desiderabile, mi guarderei bene dal proporlo, non che dal sostenerlo. Ardito, finchè si tratta di chiacchierare tra amici, nel mettere in campo proposizioni che paiono, e saranno, paradossi; e tenace non meno nel difenderle, tutto mi si fa dubbioso, oscuro, complicato quando le parole possono condurre a una deliberazione. Un utopista e un irresoluto sono due soggetti inutili per lo meno in una riunione, dove si parla per concludere; io sarei l'uno e l'altro nello stesso tempo. Il fattibile le più volte non mi piace. E dirò anzi, mi ripugna; ciò che mi piace, non solo parrebbe fuor di proposito e fuor di tempo agli altri, ma sgomenterebbe me medesimo, quando si trattasse non di vagheggiarlo o di lodarlo semplicemente, ma di promuoverlo in effetto, d'aver poi sulla coscienza una parte qualunque delle conseguenze. Di maniera che, in molti casi, e singolarmente ne' più importanti, il costrutto del mio parlare sarebbe questo: nego tutto, e non propongo nulla. Chi desse un tal saggio di sè, è cosa evidente che anco i più benevoli gli direbbero: ma voi non siete un uomo pratico, un uomo positivo; come diamine non vi conoscevate? dovevate conoscervi; quando è così, si sta fuori degli affari. È una cosa dolorosa e mortificante il trovarsi inutile a una causa che è stata il sospiro di tutta la mia vita. Ma *Ipse fecit nos et non ipsi nos*; e non ci chiederà conto dell'omissione, se non nelle cose, alle quali ci ha data attitudine. Scampato al gravissimo pericolo dell'anno 1821 al Manzoni non dovette parer vero, quando pubblicò i *Promessi Sposi*, di potersi finalmente riguardare al sicuro; quella specie di bando che esisteva contro di lui pareva levato; ed egli vi alluse, come parmi, quando nel fine della storia di Renzo già compromesso ne' tumulti di Milano, si domandò; «Come andava col bando? L'andava benone; lui non ci pensava quasi più, supponendo che quelli, i quali avrebbero potuto eseguirlo, non ci pensassero più nè anche loro; e non s'ingannava. E questo non nasceva solo dalla peste che aveva fatto monte di tante cose; ma era, come s'è potuto vedere anche in varii luoghi di questa storia, cosa comune a que' tempi che i decreti tanto generali, quanto speciali contro le persone *se non c'era qualche animosità privata e potente che li tenesse vivi e li facesse valere*, rimanevano spesso senza effetto, quando non l'avesse avuto sul primo momento.» Il Manzoni non ebbe di questi nemici privati e potenti che lo volessero perdere ad ogni costo; e però tenuto fuori dai primi processi, quando i processi si chiusero, non si parlò altro di lui; non già per questo ch'egli fosse contento dell'andamento delle cose, e rassegnato al Governo straniero; vi è anzi un passo dei *Promessi Sposi*, che potrebbe anche essere di Tacito o del Machiavelli, ov'è chiaro che l'Autore intende muover rimprovero agl'Italiani, i quali dopo aver levato alte grida pel supplizio di pochi generosi tollerano poi in pace l'ignominia d'oltraggio di una lunga servitù. «Noi uomini siamo, in generale, fatti così: ci rivoltiamo sdegnati e furiosi contro i mali mezzani, e ci curviamo in silenzio sotto gli estremi, e sopportiamo, non rassegnati, ma stupidi, il colmo di ciò che da principio avevamo chiamato insopportabile.» Altrove l'Autore, nel tempo stesso che gli scusa, sembra rivolgere un biasimo delicato a que' patrioti, i quali espatriavano senza una vera necessità; naturalmente l'Autore vuole aver aria di parlare soltanto di Renzo e di Lucia, che lasciano il loro villaggio per recarsi nell'ospitale e laborioso

Bergamasco; ma il Bergamasco potrebbe assai bene nel caso nostro nascondere l'Inghilterra ed il Belgio. «Chi domandasse se non ci fu anche del dolore in distaccarsi dal paese nativo, da quelle montagne, ce ne fu sicuro; chè del dolore ce n'è, sto per dire, un po' per tutto. Bisogna però che non fosse molto forte, giacchè avrebbero potuto risparmiarselo, stando a casa loro, ora che i due grand'inciampi, Don Rodrigo e il bando, eran levati. Ma già da qualche tempo erano avvezzi tutt'e tre a riguardar come loro il paese dove andavano. Renzo l'aveva fatto entrare in grazia alle donne, raccontando l'agevolezze che ci trovavano gli operai; e cento cose della bella vita che si faceva là. Del resto, avevan tutti passato de' momenti ben amari in quello, a cui voltavan le spalle; e le memorie tristi, alla lunga, guastan sempre nella mente i luoghi che le richiamano. E se que' luoghi son quelli, dove siam nati, c'è forse in tali memorie qualcosa di più aspro e pungente. Anche il bambino, dice il manoscritto, riposa volentieri sul seno della balia, cerca con avidità e con fiducia la poppa che l'ha dolcemente alimentato fino allora; ma se la balia, per divezzarlo, la bagna d'assenzio, il bambino ritira la bocca, poi torna a provare, ma finalmente se ne stacca; piangendo sì, ma se ne stacca.» Renzo, che cessa di essere un eroe di romanzo, rimane alcun tempo incerto sul modo d'impiegare quel po' di danaro ch'egli ha, se nell'agricoltura o nell'industria; il Manzoni, che ha rinunciato alla vita politica, si ritira a Brusuglio per darsi tutto all'agricoltura ed a' suoi studii di lingua, lieto di trovarsi fuori delle tempeste. Quando Renzo dice alla sua Lucia ch'egli dai molti guai ha imparato almeno molte cose che non sapeva, Lucia, assai dotta e fine e intelligente per una contadina, risponde al suo moralista: «E io cosa volete che abbia imparato? Io non sono andata a cercare i guai; son loro che son venuti a cercar me. Quando non voleste dire» aggiunge soavemente sorridendo «che il mio sproposito sia stato quello di volervi bene, e di promettermi a voi.» - «Renzo (prosegue il Manzoni) alla prima rimase impicciato. Dopo un lungo dibattere e cercare insieme, conclusero che i guai vengono bensì spesso, perchè ci si è dato cagione; ma che la condotta più cauta e più innocente non basta a tenerli lontani e che quando vengono, o per colpa, o senza colpa, la fiducia in Dio li raddolcisce, e li rende utili per una vita migliore. Questa conclusione, benchè trovata da povera gente, ci è parsa così giusta, che abbiam pensato di metterla qui, come il sugo di tutta la storia.» Questa conclusione del libro riesce un vero accento acuto; ed è meraviglia che, invece di accusare, come fecero alcuni critici, il Manzoni di aver talora imprestato a «povera gente» sentimenti troppo elevati, non siasi capito alla prima che, da profondo umorista, il Manzoni avea voluto far passare sè stesso per un povero diavolo che s'impicciò da poeta in avventure troppo romanzesche, per le quali non si sentiva nato, riserbandosi poi il diritto di burlarsene come critico, su per giù come il Cervantes avea fatto prima di lui, ma con maggior caricatura, nel suo immortale *Don Chisciotte*. In ciascuno di noi vi è un lato comico e un lato drammatico; il proprio lato comico il Manzoni rappresentò talora in Renzo, talora in quel Don Ferrante che in casa sua non voleva nè *comandare nè ubbidire*, proprio come il Manzoni, ma era *despota in fatto di ortografia*; è noto lo scrupolo che il Manzoni metteva nella punteggiatura; nessun autore forse fece un maggior consumo di virgole; e nell'ortografia italiana tanto più legittimamente poteva egli comandare in una casa, ove la padrona, come la signora Blondel, era forestiera; il lato drammatico lo abbiamo personificato in Fra Cristoforo e nell'Innominato.

Nella Prefazione un po' stramba ai *Promessi Sposi*, il Manzoni mette già da sè stesso il lettore sull'avviso che nel preteso vecchio manoscritto da lui ritrovato e rimaneggiato s'incontrano casi e persone ch'egli credeva ricordarsi unicamente da esso, quando invece gli accadde poi di riscontrarli con casi e persone che le storie rammentano. «Taluni di que' fatti (egli dice) certi costumi descritti dal nostro Autore, c'eran sembrati così nuovi, così strani, per non dir peggio, che prima di prestargli fede, abbiam voluto interrogare altri testimoni; e ci siam messi a frugar nelle memorie di quel tempo per chiarirci se veramente il mondo camminasse allora a quel modo. Una tale indagine dissipò tutti i nostri dubbii; a ogni passo ci abbattevamo in cose consimili, e in cose più forti e, quello che ci parve più decisivo, abbiam perfino ritrovati alcuni personaggi, dei quali non avendo mai avuto notizie fuor che dal nostro manoscritto eravamo in dubbio se fossero realmente esistiti. E, all'occorrenza, citeremo alcuna di quelle testimonianze, per procacciar fede alle cose, alle quali, per la loro stranezza, il lettore sarebbe più tentato di negarla.» Con questa sua malizia l'Autore vuole lasciarci intendere che egli, dopo aver messo in scena sè stesso o persone da lui conosciute, ha voluto cercare se, per caso, esse potessero avere qualche riscontro con persone vissute nella stessa Lombardia due secoli innanzi; e poichè, in tal sorta d'investigazioni, si trova quasi sempre quello che si cerca, poichè gli uomini si modificano nelle forme, ma nel fondo sono sempre gli stessi, egli non dovette troppo meravigliarsi nel trovare ch'egli ed i suoi conoscenti presentavano sotto parecchi aspetti caratteri di molta somiglianza con alcuni veri ed autentici personaggi storici. Così l'Innominato egli non l'inventò tutto; era Bernardino Visconti, a proposito del quale la duchessa Visconti rallegravasi un giorno che il Manzoni le avesse messo in casa «prima un gran birbante, ma poi un gran santo;» il poeta Giusti soleva *e converso* chiamare il Manzoni «un santo birbone,» alludendo alla santità della sua vita e della sua fede e all'infinita malizia del suo ingegno. L'Innominato aveva dunque esistito; ma il Manzoni lo riscaldò coi proprii sentimenti e ne fece un gran tipo[154]. Chi dubita dell'esistenza del cardinal

---

[154] È il Manzoni stesso che ce lo fa sapere in una sua letterina a Cesare Cantù, il quale, valendosi, com'è noto, in gran parte dei materiali di studio dei *Promessi Sposi* che avevano servito al Manzoni, compose il suo *Commento storico* ai *Promess Sposi*: «L'Innominato (scriveva il Manzoni) è certamente Bernardino Visconti. Per l'*aequa potestas quidlibet audendi* ho trasportato il suo castello nella Valsássina. La duchessa Visconti si lamenta che le ho messo in casa un gran birbante, ma poi un gran santo.» Nella Valsássina aveva avuto signorìa, nel tempo in cui è collocata l'azione del

Federigo? ma il Manzoni si ricordava la nobile condotta di monsignor Opizzoni innanzi al Buonaparte, e il suo confessore Tosi e il vicario Sozzi, e delle loro virtù riunite animava anco più la bella figura del Borromeo, ed in parte ancora quella di Fra Cristoforo. Si trovò poi che un Fra Cristoforo da Cremona avea realmente sacrificato la propria vita per gli appestati di Milano; ma, in quanto il Manzoni se ne servì per farne un tipo immortale, oltre alla sua particolare simpatia per i Padri Cappuccini, che risaliva alle prime vivaci impressioni d'infanzia, ci doveva entrare lo studio dell'Autore a rappresentarci la vittoria riportata sopra sè stesso dal violento Lodovico che diventa un monaco piissimo, per meglio persuadere sè stesso che nella prima gioventù non avea sempre dovuto essere moderato e temperato, della necessità di domare gl'istinti e di vincere le passioni. Qualche cosa del giovine Manzoni, qualche pagina della sua prima vita è lecito argomentare che si trovi accennata nel racconto della gioventù di Lodovico. Noi non sappiamo se il Manzoni abbia avuto duelli nella sua gioventù; delle cosidette leggi cavalleresche egli ne parla come un uomo che le conosce, meglio che dai libri di cavalleria, i quali si trovano nella biblioteca di Don Ferrante, per un po' di pratica; ed è possibile che qualche caso di provarsi alla scherma, se non di un serio duello, gli sia occorso in Milano innanzi al suo primo viaggio di Parigi; ma non abbiamo per ora alcun indizio per affermarlo[155]. In ogni modo, Lodovico

---

romanzo, la casa Manzoni. L'aver fatto l'Innominato il signore della Valsássina parmi un altro segno evidente che il Manzoni voleva, in qualche modo, rappresentar sè stesso nell'Innominato, per l'*aequa potestas quidlibet audendi*. Vogliono che il Manzoni un giorno a chi lo ringraziava del bene ch'egli avea fatto co' suoi scritti, rispondesse; «Senta, se c'è un nome che non meriti autorità, questo nome è il mio. Lei forse non sa che io fui un incredulo e un propagatore d'incredulità e *con una vita conforme alla dottrina, che è il peggio*. E se la Provvidenza mi ha fatto vivere tanto, è perchè mi ricordi sempre che fui *una bestia e un cattivo*.»

[155] «Lodovico (scrive il Manzoni) aveva contratte abitudini signorili; e gli adulatori, tra i quali era cresciuto, l'aveano avvezzato ad esser trattato con molto rispetto. Ma, quando volle mischiarsi coi principali della sua città, trovò un fare ben diverso da quello, a cui era accostumato; e vide che a voler esser della loro compagnia, come avrebbe desiderato, gli conveniva fare una nuova scuola di pazienza o di sommissione,

convertito in Fra Cristoforo rassomiglia tanto all'Autore che par proprio lui, eccetto il tono di predica che non era del Manzoni. «Il suo linguaggio, è detto, era abitualmente umile e posato; ma, quando si trattasse di giustizia o di verità combattuta, l'uomo s'animava, a un tratto, dell'impeto antico, che, secondato e modificato da un'enfasi solenne, venutagli dall'uso di predicare, dava a quel linguaggio un carattere singolare. Tutto il suo contegno, come l'aspetto, annunciava una lunga guerra, tra un'indole focosa, risentita, e una volontà opposta, abitualmente vittoriosa, sempre all'erta, e diretta da motivi e da ispirazioni superiori. Un suo confratello ed amico, che lo conosceva bene, l'aveva una volta paragonato a quelle parole troppo espressive nella loro forma naturale, che alcuni anche ben educati pronunziano, quando la passione trabocca, smozzicate con qualche lettera mutata: parole che in quel travisamento fanno però ricordare della loro energia primitiva.»

Il professore Stoppani dice aver conosciuto da fanciullo il parroco, che dovette servire al Manzoni come tipo del suo Don Abbondio. Il Manzoni era ancora giovinetto, quando conobbe quel curato, il quale gli raccontava in qual modo avesse preso gli ordini: «Quando mi presentai all'esame, l'esaminatore mi domandò se i parroci erano d'istituzione umana o divina. Io sapeva benissimo che loro volevano si rispondesse che erano d'istituzione umana, e, furbo, risposi tosto: d'istituzione umana, d'istituzione umana!» Il giovine Manzoni si permise domandargli se fosse quello il suo convincimento; il parroco ripose: «Oh! giusto! a me avevano insegnato ben diversamente a Pavia. Ma se avessi risposto come la pensava io, non mi lasciavano dir Messa.» Il Manzoni voleva fare qualche obbiezione; ma il curato troncò il discorso con questa sentenza: «Quando i superiori domandano,

---

star sempre al di sotto e ingozzarne una ogni momento. Una tal maniera di vivere non s'accordava, nè con l'educazione, nè con la natura di Lodovico. S'allontanò da essi indispettito. Ma poi ne stava lontano con rammarico, perchè gli pareva che questi veramente avrebber dovuto essere i suoi compagni; soltanto gli avrebbe voluti più trattabili.»

bisogna saper rispondere a seconda del come la pensano loro.»
Questo aneddoto è autentico; il Manzoni stesso lo fece conoscere
a' suoi amici, e dalla bocca di questi lo Stoppani lo raccolse. È
evidente la rassomiglianza di questo curato con Don
Abbondio[156]; ma per formarne quel tipo che riuscì, occorreva il
concorso di un genio, e la conoscenza de' materiali, dei quali il
Manzoni si servì, giova soltanto a mostrare che i grandi poeti son
quasi come Domeneddio, poichè, con l'attenuazione di un quasi,
creano anch'essi opere divine, *ex nihilo.*

Storico è pur troppo il personaggio della Geltrude, la
Monaca di Monza; ma quando il Manzoni ne lesse la storia, per
tornare a colorirla potentemente gli giovò il ricordarsi la zia ex-
monaca, già da me ricordata, la quale ebbe cura ch'egli imparasse
la musica, il ballo, forse pure la scherma, su per giù come quel
Lodovico, a cui il padre fece dare un'educazione «secondo la
condizione de' tempi e per quanto gli era concesso dalle leggi e
dalle consuetudini; gli diede maestri di lettere ed esercizii
cavallereschi, e morì, lasciandolo ricco e giovinetto.»

Ma, senza i frequenti richiami de' tipi manzoniani alla vita
dell'Autore e a' suoi conoscenti, che accrescono vivacità o
naturalezza alle sue mirabili ipotiposi, per tacere de' casi, ne' quali
egli nomina direttamente o sottintende troppo chiaramente i suoi
amici Giovanni Torti e Tommaso Grossi, di cui loda i versi «pochi
e valenti» di cui raccomanda, con molta industria, la diavoleria
ch'egli stava scrivendo a Brusuglio, ossia il poema de' *Lombardi*

---

[156] Forse vi è pure qualche cosa delle idee di quel parroco conosciuto dal Manzoni, nel
battibecco fra Agnese e Don Abbondio sul titolo da darsi al cardinal Federigo
«illustrissimo» o «monsignore» o «eminenza,» ove Don Abbondio prova che il Papa ha
decretato che i Cardinali si chiamino eminenze, perchè troppi si appropriarono il titolo
d'illustrissimi. Un giorno, è vero, si chiameranno tutti eminenze, gli abati, i proposti,
ma intanto per un po' di tempo, perchè gli uomini son fatti così, sempre voglion salire,
sempre salire, i soli curati a tirar la carretta, e a pigliarsi del reverendo fino alla fine del
mondo. Piuttosto, non mi meraviglierei punto che i cavalieri, i quali sono avvezzi a
sentirsi dar dell'illustrissimo, a esser trattati come i Cardinali, un giorno volessero
dell'eminenza anche loro. E se lo vogliono, vedete, troveranno ehi gliene darà. E allora
il Papa che ci sarà allora, troverà qualche altra cosa per i cardinali.

alla prima Crociata, i *Promessi Sposi* sono pieni zeppi di osservazioni maliziose tutte manzoniane, traendone talora materia dalle occasioni più impensate. Tutti ricordano il viaggio di Renzo allo studio del dottor Azzeccagarbugli, coi quattro capponi che doveano servirgli di commendatizia. Renzo, agitato dalla viva passione, «dava loro di fiere scosse e faceva balzare quelle quattro teste spenzolate,» al qual punto l'Autore soggiunge: «le quali intanto s'ingegnavano a beccarsi l'una coll'altra, come accade troppo sovente tra compagni di sventura.» Quest'osservazione messa lì, come per sotterfugio, è forse più potente, pel suo effetto, di tutto il bellissimo Coro della battaglia di Maclodio, che lamenta le discordie italiane, più potente perchè meno enfatico, e più opportuno, più speciale. Gli esuli italiani che si laceravano, talora, senza pietà, da quelle poche parole erano invitati a pensare. Ed il pensare, in simili casi, è, quasi sempre, un rimediare. Quanta forza satirica in una sola frase manzoniana! La serva del dottor Azzeccagarbugli, per un esempio, sa bene che il suo padrone è così abile, così destro avvocato da far parere galantuomo qualsiasi birbante che si raccomandi a lui; non vi è causa spallata che nelle sue mani non sia diventata buona; perciò, dopo ch'ella serve il dottore, non ha mai visto tornar via il ricorrente co' suoi doni rifiutati; il primo caso è quello di Renzo venuto dal dottore a domandar giustizia contro un prepotente; ma alla serva non può venire in capo che si tratti d'un innocente perseguitato; nel restituirgli dunque le quattro bestie per ordine del padrone, le dà a Renzo «con un'occhiata di compassione sprezzante, che pareva volesse dire: *bisogna che tu l'abbia fatta bella.*» Bisogna che Renzo sia più birba di tutte le altre birbe che il dottore ha rivendicate all'onore del mondo, perch'egli si decida a lasciarlo partire col suo vistoso regalo. Il torto che la serva fa a Renzo, pensando così male di lui, è men grave della condanna del dottore e di tutti i dottori di legge che gli somigliano, sottintesa in quel giudizio temerario. Renzo torna a casa indignato, e non sa dir altro col cuore in tempesta, se non queste parole: «Saprò farmi

ragione, o farmela fare. A questo mondo c'è giustizia finalmente.»
Al che il Manzoni è pronto a soggiungere: «Tant'è vero che un
uomo sopraffatto dal dolore non sa più quel che si dica.» Quanta
profonda ironia in questa frase! Renzo torna da una spedizione,
nella quale ha pur troppo potuto accorgersi che giustizia nel
mondo proprio non ce n'è; ma vi sono parole che si dicono senza
alcun perchè; Renzo vuole la giustizia, e non la trova; per rendere
questo suo sentimento usa un'espressione popolare, e dice che la
giustizia finalmente c'è, quando ha proprio fatto esperimento del
contrario; il Manzoni, da quel fine umorista che è, nota la
contradizione che esiste talora fra le cose che si dicono e quelle
che si pensano, e come nel dolore si ragioni meno e si dica
qualche volta precisamente l'opposto di quello che si pensa. E, in
somma, la conclusione vera del terzo capitolo è, che non c'è da
fare assegnamento di sorta su quella che si chiama giustizia
umana, in genere, ma che nel caso nostro, nell'intendimento
manzoniano; dovea chiamarsi giustizia straniera, giustizia de'
signori in Lombardia, ossia nessuna giustizia, arbitrio, violenza,
che le leggi in parte mantenevano e l'abuso delle leggi accresceva
a dismisura.

Talora incontriamo qualche passo che appare una
stonatura. Renzo non ha ancora avuto il tempo di far chiasso in
paese pel caso di Don Rodrigo; anzi il caso è tale, che non se ne
può parlare con alcuno senza grave pericolo di guastarlo. Non è
verosimile dunque che Renzo ne abbia fatto rumore nel villaggio;
e pure, malgrado della inverosimiglianza, il Manzoni ci lascia
credere che Renzo siasi sfogato con gli amici, e che questi, invece
di prestargli una mano al bisogno, siansi ritirati tutti; onde Renzo
se ne sfoga con Fra Cristoforo: «Oh, lei non è come gli amici del
mondo! Ciarloni! Chi avesse creduto alle proteste che mi facevan
costoro, nel buon tempo; eh! eh! Eran pronti a dare il sangue per
me; m'avrebbero sostenuto contro il diavolo. S'io avessi avuto un
nemico? Bastava che mi lasciassi intendere; avrebbe finito presto
di mangiar pane. E ora, se vedesse come si ritirano!» Per Renzo e

pel caso suo queste parole ci paiono troppe e sproporzionate e strane; ma se il Manzoni si nasconde sotto Renzo, alludono a qualche abbandono simile da lui patito, e poich'egli ci preme, in verità, molto più di Renzo, prendiamo a cuore il suo caso.

Vi è una scenetta domestica fra Renzo e Lucia, che il Manzoni deve aver colta proprio sul vivo, Renzo va in collera, vorrebbe uccidere Don Rodrigo, rovinarsi, se Lucia non consente a recarsi con lui dal curato per sorprenderlo. Lucia si spaventa e gli si butta in ginocchi, e promette che farà tutto quel che egli vorrà, pur che diventi più trattabile, più umano, pur che torni buono. L'Autore a questo punto si fa una domanda, che obbliga molto naturalmente un lettore intelligente a farsene un'altra. Siamo noi in casa Mondella, od in casa Manzoni? E la domanda è questa: In mezzo a quella sua gran collera, aveva Renzo pensato di che profitto poteva esser per lui lo spavento di Lucia? E non aveva adoperato un po' di artifizio a farlo crescere, per farlo fruttare? Il nostro Autore protesta di non saper nulla; e io credo che nemmen Renzo non lo sapesse bene. Il fatto sta che era realmente infuriato contro Don Rodrigo, e che bramava ardentemente il consenso di Lucia; e quando due forti passioni schiamazzano insieme nel cuor di un uomo, nessuno, neppure il paziente, può sempre distinguer chiaramente una voce dall'altra, e dire con sicurezza qual sia quella che predomini, «Ve l'ho promesso,» rispose Lucia, con un tono di rimprovero timido e affettuoso; «ma anche voi avevate promesso di non fare scandoli, di rimettervene al padre....» - «Oh via! per amor di chi vado in furia? Volete tornare indietro ora? e farmi fare uno sproposito?» - «No, no,» disse Lucia, cominciando a rispaventarsi, «Ho promesso e non mi ritiro. Ma vedete come mi avete fatto promettere. Dio non voglia....» - «Perchè volete far de' cattivi augurii, Lucia? Dio sa che non facciam male a nessuno.» - «Promettetemi almeno che questa sarà l'ultima.» - «Ve lo prometto, da povero figliuolo.» - «Ma questa volta, mantenete poi,» disse Agnese. - Qui l'Autore confessa di non sapere un'altra cosa; se Lucia fosse, in tutto e per tutto, malcontenta d'essere stata spinta ad acconsentire. Noi lasciamo, come lui, la cosa in dubbio[157].

La persona dell'Autore viene, per lo più, ad accrescere la forza de' sentimenti de' suoi personaggi; a colorirli più gagliardamente; occorreva un grande poeta per far così commovente l'addio di Lucia ai suoi monti, occorreva un buon patriotta per far sentire con tanta tenerezza il dolore di chi si stacca dalla patria. Ma talora i sentimenti dell'Autore che si mettono fra quelli de' suoi personaggi appaiono soverchianti e guastano una parte dell'effetto artistico.

Chi è rimasto veramente commosso, per un esempio, dall'addio di Lucia, desidera rimanere in quella commozione, e non vorrebbe accogliere nell'animo alcun sentimento diverso da quello. Ma il Manzoni vuole ad ogni costo che prevalga ne' dolori umani il sentimento della rassegnazione cattolica; quindi, senza pure accorgersi che la commettitura o la toppa cattolica riesce troppo evidente, non badando ad alcuna regola di transizione, dopo l'ultimo addio di Lucia, soggiunge senz'altro: «Chi dava a voi tanta giocondità è per tutto; e non turba mai la gioia de' suoi figli se non per prepararne loro una più certa e più grande.» Per arrivare a un tal sentimento, Lucia avea bisogno di un po' di preparazione; e il Manzoni, da quel profondo psicologo che era,

---

[157] Enrichetta Blondel, moglie del Manzoni, morì cinque anni dopo la pubblicazione dei *Promessi Sposi* nel 1833, e il Manzoni ne rimase per lungo tempo inconsolabile. Il Tommaseo ricordava, in proposito; un aneddoto commovente: «Il Manzoni era a Stresa per assistere all'agonìa dell'amico Antonio Rosmini; e fu soggetto d'ammirazione agli astanti la venerazione figliale di lui più vecchio ed il cordoglio di quella morte; e io posso dire quanto profondamente (non parendo ai profani) egli sentisse i dolori. Rincontratomi seco a Stresa, a caduto il discorso su Virgilio {religione dell'anima sua) rammentando io quel sovrano concetto d'Evandro; *Tuque o santissima coniux, felix morte tua*, egli continuava la citazione: *neque in hunc servata dolorem*, accompagnandola coll'atto del viso e della mano abbandonata sul ginocchio, e sentì la *diletta e venerata sua moglie*, la sua ispiratrice, della quale consunta da lento languore ei diceva con parole degne di chi ci ritrasse Ermengarda morente:,- Tutti i dì la offro a Dio, e tutti i dì gliela chieggo. - Veggasi pure quanto scrive in proposito il professor Prina nel suo diligente *Studio biografico sopra il Manzoni*.

lo dovea sentire meglio d'ogni altro. Ma è assai possibile che nella prima composizione del romanzo quella pia appendice non esistesse, e che per solo suggerimento di alcuno dei suoi revisori egli l'abbia introdotta nel secondo manoscritto o sulle prove di stampa. Sappiamo invero che il Manzoni avendo incominciato il romanzo il 24 aprile dell'anno 1821, cioè appena fallita la rivoluzione piemontese, e dopo i primi arresti de' patriotti lombardi, lo avea terminato nel 1823, e precisamente il 17 settembre. Il Grossi ch'era con lui a Brusuglio dovette essere il primo a leggerlo, *in camera charitatis*; ma il Grossi, l'amico e collaboratore di Carlo Porta, poteva al Manzoni parere un confessore di manica larga. Un lettore più difficile fu di certo l'amico critico e filosofo Ermes Visconti, al quale il Manzoni passò la sua prima minuta de' *Promessi Sposi*; il Visconti la copri di note, appunti, correzioni; il Manzoni ne tenne buon conto nella nuova trascrizione del proprio lavoro ch'egli fece nell'anno 1824; la diede quindi a ricopiare per passarla ad altri amici; il Fauriel, il Tosi, Gaetano Giudici, il Tommaseo, furono nel numero de' lettori privilegiati; ricevute le osservazioni, egli corresse nuovamente di proprio pugno tutta la copia, che passò quindi alla Censura, e finalmente alla Tipografia; sulle prove di stampa che si conservano, il Manzoni fece nuove correzioni; la stampa del primo volume incominciò nell'anno 1825, quella del secondo nel 1826, il terzo ed ultimo volume si finì di stampare nella primavera dell'anno 1827[158]. L'aspettativa del romanzo era grande; il Fauriel ne parlava a' suoi amici in Francia; Victor Cousin che avea visitato il Manzoni a Brusuglio ne recava notizie al vecchio Goethe a Weimar. In Italia, alla sola notizia che il Manzoni stava scrivendo un romanzo storico, parecchi letterati si misero a

---

[158] Il Tommaseo, scrivendo al signor Giovanni Sforza, gli diceva: «Nel marzo (1827) egli (Manzoni) stava scrivendo gli ultimi fogli, e io sul principio di quell'anno o sulla fine del precedente lessi buona parte del terzo volume all'abate Rosmini che, passeggiando la sua stanza, sorrideva e ammirava. Un giorno che Don Alessandro correggeva le bozze e le metteva al sole che s'asciugassero: *vede che ho qualcosa anch'io al sole*, coll'arguzia solita, nel vedermi entrare, sorridendo egli disse.»

scrivere romanzi storici, confondendo la speranza di far più presto
con quella di far meglio[159]. Non sapevano, non pensavano che il

[159]   Del rumore che fecero al loro apparire, i Promessi Sposi, possiam prendere
argomento dalle seguenti parole di Paride Zajotti, il critico detta *Biblioteca Italiana*:
«Alessandro Manzoni conduce in Italia la scuola romantica; nè la placidezza della sua
vita, nè la dignitosa temperanza dell'alto suo ingegno valsero a liberarlo da questo onore
pericoloso, cui necessariamente lo solleva la fama universale delle sue opere, e il
bisogno riconosciuto da' suoi seguaci di ripararsi sotto un gran nome. Non è quindi a
maravigllare, se le sue scritture al primo venire in luce destano una commozione sì viva,
e chiamano tosto i partiti a sdegnose e gareggianti parole; i classicisti non gli vogliono
permettere d'acquistar tanta gloria violando i loro antichi precetti, e i romantici menano
un romoroso trionfo, attribuendo alla bontà de' nuovi principii le lodi unicamente debite
all'eccellenza del loro maestro.» Più volgarmente il prete Giuseppe Salvagnoli
Marchetti, il quale nell'anno 1829 pubblicava in Roma un opuscolo contro gl'*Inni Sacri*
di Alessandro Manzoni, per far dispetto al Borghi che gli ammirava, gl'imitava e non
volea le lodi del Salvagnoli se quelle lodi doveano tacitamente contenere un biasimo
agl'Inni manzoniani, confessa la popolarità, di cui godevano fin da quell'anno i
Promessi Sposi. Dicendo egli al proprio libraio che non avea ancora letto il romanzo
del Manzoni, fa poi che il libraio malignamente gli soggiunga: «Si tollererebbe più
volentierl il non aver letto Dante che i *Promessi Sposi* oggidì.» Il libraio gli offre
venticinque zecchini, a patto ch'ei scriva contro i *Promessi Sposi*; il Salvagnoli finge
ricusare il compenso larghissimo, per questa sola ragione, ch'egli non suol leggere nè
insegnare «una storia *corretta e rifatta* in un romanzo.» Che se consente a scrivere
contro gl'*Inni Sacri*, l'invidia non c'entra. «Non invidio (egli scrive) il Manzoni, perchè
non ho mai invidiato chi segue false immagini di bene e di vero.» La critica dell'opera
manzoniana fu in parte pubblica, in parte privata. Lo stesso critico della *Biblioteca
Italiana* fin dall'anno 1827 ce ne avverte: «I varii giudizii, che diedero di quest'opera le
pubbliche stampe e i privati discorsi, cominciarono a dividersi già sul principio di cssa,
dove si venne a disputare se le convenisse il nome di romanzo che l'Autore non le aveva
assegnato.... troppo oziosa è la disputazione de' nomi, quando il giudizio della cosa
stessa non ne dipende. Non manca mai chi voglia seguire l'esempio dell'Addison, il
quale, negandosi il titolo di poema epico al *Paradiso perduto*, solea chiamarlo poema
divino; e noi medesimi, quando veggiamo per un sì tenue soggetto così accese battaglie,
amiamo ripetere sotto voce la sentenza del poeta persiano: *che importa alla rosa che le
si cambi il nome, se le rimane il suo usato profumo?* E pure lo stesso critico, da principio
al fine del suo esame, si mostra incontentabile, fin che conchiude lagnandosi che il
Manzoni non abbia frammischiato al suo racconto qualche lirica potente sacra o
guerresca o cittadina. Il critico non dovette esser solo a muover questo lamento, e chi
sa che non gli tenesse bordone in quell'anno lo stesso Grossi, il quale nel *Marco Visconti*
introdusse poi le sue due più belle liriche.
Lo stesso critico Zajotti, dopo aver notato come, per cagione dell'abate Chiari, fosse
caduto in basso il romanzo italiano, avverte quello che occorreva per farlo vivere
onorato: «A cancellare quella macchia, a rimettere nella vera sua sede l'onesto romanzo,
era necessario che sorgesse un uomo ricco di qualità rarissime, e troppo difficili ad

essere congiunte in un solo. Ei doveva aver bollente l'ingegno ed il cuore, ma saperli tenere a freno, chè la fantasia non gli avesse a travolgere; dovea conoscere gli uomini, e tuttavia poterli amare, conoscere le passioni, ma, coll'averne trionfato, sapere come si vincano. All'antica erudizione gli era d'uopo unire la nuova sapienza, e l'una e l'altra ravvivare col fuoco d'una splendida immaginativa. Nè questo ancora gli poteva bastare. Bisognava che la sua fama fosse superiore non all'invidia, ch'è impossibile, ma sì alla calunniai bisognava che, circondato da bellissima gloria acquistata con opere di alta letteratura, non avesse a temere la taccia di frivolità impressa da noi agli Studii del romanziere; bisognava finalmente che il suo nome amato dai buoni e riverito anche dai malvagi presentasse l'idea delle più insigni virtù religiose e morali, e solo bastasse colla sua dignità a liberare da ogni sospetto i romanzi. Ma dove rinvenire quest'uomo e come sperarlo? La fortuna ha prosperato l'Italia, e quest'uomo è Alessandro Manzoni. La sola notizia che l'Autore dell'*Adelchi*, il Poeta degl'*Inni Sacri* scriveva un romanzo, nobilitò la carriera, e trasse alcuni chiari intelletti ad entrarvi. {Camillo Laderchi, traducendo nel 1846 il giudizio del Sainte-Beuve sopra il Fauriel e il Manzoni, scriveva: «Allorquando Manzoni sta per dar fuori uno scritto, possiam esser sicuri che n'escono in precedenza cento altri a trattare l'argomento che deve essere oggetto della sua pubblicazione, quasi intendendo prevenirlo e torgli la materia di mano. Ciò avvenne per la *Storia degli Untori*, quando si seppe vicina la stampa del suo libro sulla *Colonna infame*. Ma poi, tostachè il suo lavoro comparisce, si trova che siffatti tentativi non valsero a impedirgli di conquistare una nuova gloria, camminando per vie prima intentate, e nondimeno sempre sul vero, lontano lontanissimo da tutto ciò che può sapere d'esagerato e di stravagante.»)
«Il vero ostacolo, il solo che l'ingegno abbandonato a sè stesso non potea vincere, fu pienamente atterrato; gli altri impedimenti, che sarebbe troppo facile annoverare, cadranno di leggieri innanzi al passo animoso degl'Italiani. Nei due secoli della nostra gloria noi avemmo romanzi eccellenti: perchè dovrebbero mancarci nel terzo, ora ch'è sgombra la strada a raccor questa palma? Tutta la terra è scena conveniente ai racconti del romanziere; ma se, com'è desiderio giusto comune, gl'Italiani vorranno rimanersi in Italia, chi potrà sorpassarli nella varia descrizione dei costumi e dei luoghi? Ov'è il paese più favorito dalla natura e del cielo? Ove sono i campi guardati con più amore dal sole? Ed infinita è la diversità delle costumanze e degli usi. Ogni montagna, quasi ogni fiume, divide due popoli vicini, e tuttavia fra loro distinti come due lontanissime genti. Roma, Napoli, Firenze, Milano, Venezia, sembrano altrettante nazioni, che risalendo fino alle loro origini si trovano sempre uguali a sè medesime, ma sempre differenti nelle pratiche della vita civile. L'indole e perfino il modo di pensare n'è diverso, come la storia. Quale mèsse ricchissima pel romanziere che ha da descrivere una tanta delizia, un tanto orrore di luoghi, e può rappresentare sì svariati costumi e con sì facili combinazioni metterli insieme a contrasto! Non ci rimane alcun dubbio, la vittoria in corto volgere d'anni sarà nostra, se il mal augurato *romanzo storico* non affascina gl'ingegni.» Imprende quindi il critico a biasimare l'uso di mescolare il romanzo con la storia, e il biasimo suo conforta di molte buone ragioni, parecchie delle quali dovettero far pensare e persuadere il Manzoni, che s'accinse quindi egli medesimo a giudicare il *romanzo storico*, per condannarlo senza riguardo.

Romanzo manzoniano avrebbe tratto tutta la sua gloria non dall'essere storico, ma dall'averlo immaginato, sentito e scritto a modo suo, e come sapeva farlo egli solo, il Manzoni. Il 12 marzo dell'anno 1827, ad una domanda della contessa Diodata Saluzzo relativa al romanzo il Manzoni rispondeva: «La filastrocca, della quale Ella ha la bontà di richiedermi, è bensì stampata in gran parte, ma nulla ne è ancor pubblicato, nè sarà che ad opera compiuta. Del quando non posso fare alcuna congettura un po' precisa; perchè di quel che manca alla stampa, una parte manca ancora allo scritto; e il compimento di questo dipende da una salute incerta e bisbetica, la quale spesso mi fa andare assai lento, e talvolta cessare affatto per buon numero di giorni. Dell'essersi poi, come Ella mi accenna, veduto costi il già stampato, io non so che mi dire nè che pensare, non ve ne avendo io spedita certamente copia, nè in altra parte d'Italia. Nè anche posso tacere che, siccome l'aspettazione di alcuni mi aveva già posto in gran pensiero, così in grandissimo mi pone codesta ch'Ella si degna mostrarmi: che, riguardando al mio lavoro, sento troppo vivamente quanto sia immeritevole di una sua curiosità; e troppo certamente prevedo quanto questa sia per essere mal soddisfatta. Ma, ad ogni modo, la prova non sarà terribile che per la vanità; e io confido ch'Ella si contenterà di dimenticare il libro noioso, senza cacciar per questo l'autore dal posto accordatogli nella sua benevolenza.» Da questa lettera rileviamo che nel marzo 1827 il libro era al suo fine, ma che il Manzoni doveva ancora scriverne gli ultimi fogli. È potuto parere strano ai lettori de' *Promessi Sposi* che il Manzoni fissasse il numero de' suoi lettori a soli venticinque; o eran troppi, o troppo pochi; si disse che in quel caso il Manzoni affettava soverchia modestia; ma è difficile il cogliere il Manzoni in fallo; il buon senso è stato forse più vicino a lui che a qualsiasi altro mortale. Ora noi sappiamo che, prima di venir pubblicati, i *Promessi Sposi* furono veramente letti e talora molto criticati da un numero scelto di amici, che potrebbero per l'appunto sommare insieme al numero di venticinque. Essi furono, dal 1823 in cui i *Promessi Sposi* furono finiti di comporsi, al 1827, ossia per ben quattro anni, per un caso singolare, il solo vero pubblico de' *Promessi Sposi*; e, per quanto nel trovarsi così limitato ci fosse da sperare che usasse discrezione e riserbo, non pare che una tal regola siasi osservata da tutti; sembra anzi che alcuno de' venticinque lettori parlasse troppo e che si permettesse un genere di censure irritante per ogni autore, ma specialmente per un autore come il Manzoni; ond'egli preparò per la stampa e pubblicazione definitiva del libro, destinato da prima ai soli amici fidati, una frecciata delle sue, e la lanciò in modo che il pubblico potesse non capire, e la dovessero sicuramente sentire gli amici indiscreti, ai quali essa era diretta[160]. Non sarà troppa temerità la nostra il supporre che una delle persone più colpite doveva essere Niccolò Tommaseo: l'articolo critico ch'egli pubblicò nel fascicolo di ottobre del 1827 nell'*Antologia*, è forse, fra tutti gli articoli che si scrissero allora sopra i *Promessi Sposi*, il più malizioso, Il Tommaseo parla della «degnazione,» con la quale il Manzoni «si è abbassato a voler fare un romanzo,» e si domanda: «Chi mi sa dire per quali pensieri e sentimenti passasse lo spirito di quest'uomo singolare nel corso del suo lavoro? Chi mi sa dire se egli non l'abbia compiuto in uno stato di opinione molto

---

[160] Il Manzoni si destreggiava contro i suoi critici e contro gli amici dissidenti press'a poco come quel giudice di pace, di cui egli stesso ci ha parlato nel suo ingegnoso e formidabile *Discorso sul Romanzo storico*: «Un mio amico, di cara e onorata memoria, raccontava una scena curiosa, alla quale era stato presente in casa di un giudice di pace in Milano, val a dire molt'anni fa. L'aveva trovato tra due litiganti, uno de' quali perorava caldamente la sua causa; e quando costui ebbe finito, il giudice gli disse: Avete ragione. Ma, signor giudice, disse subito l'altro, lei mi deve sentire anche me, prima di decidere. È troppo giusto, rispose il giudice, dite pure su, che v'ascolto attentamente. Allora quello si mise con tanto più impegno a far valere la sua causa; e ci riuscì così bene, che il giudice gli disse: Avete ragione anche voi. C'era lì accanto un suo bambino di sette od ott'anni, il quale, giocando pian piano con non so qual balocco, non aveva lasciato di stare anche attento al contradittorio; e a quel punto alzando un visino stupefatto, non senza un certo che d'autorevole, esclamò: Ma babbo! non può essere che abbiano ragione tutt'e due! Hai ragione anche tu, gli disse il giudice. Come poi sia finita, o l'amico non lo raccontava, o m'è uscito di mente; ma è da credere che il giudice avrà conciliate tutte quelle sue risposte, facendo vedere tanto a Tizio, quanto a Sempronio, che se aveva ragione per una parte, aveva torto per un'altra.»

diverso da quello, in cui l'ha cominciato?» Dopo aver censurato i caratteri de' *Promessi Sposi*, trovato Renzo, per un villano, troppo gentile, Lucia priva di carattere, troppo poco villana, Agnese pesante, avvertito che il cardinal Federigo compare troppo tardi, che l'Innominato si converte troppo presto, dice: «Quel della Signora sarebbe più individuale e più vivo, se l'Autore, *come la pubblica voce afferma*, non avesse per eccesso di delicatezza troncata la parte de' suoi traviamenti;» trova Don Abbondio quasi noioso, perchè troppo simile a sè stesso; il lepore manzoniano gli sa talvolta «del mendicato e del picciolo.»

E qui, nel tempo stesso che l'accusa, vuole parer di scusarlo, accusandolo un po' di più: «Se non che (scrive il Tommaseo) da un uomo che segue con amabile semplicità i miti impulsi del suo bel cuore e del suo raro ingegno, non è poi da esigere un freddo rigore in seguire quella certa convenienza di tuono, ch'è così facile a degenerare in sistema, ed a farsi monotonia. Egli è lecito però l'affermare, che nel tuono di questo libro domina insieme col vasto non so che di vago, che alla fin fine potrebbe essere il difetto di chi si abbassa a soggetti minori della propria grandezza. Perchè se quel libro è fatto pel volgo, è tropp'alto; se per gli uomini colti, è tropp'umile. In questo libro sarebbe a desiderare un far più svelto e più franco. La modestia dell'Autore si spinge, se è lecito dire, talvolta sino a diventare orgogliosa. Egli teme di non iscolpire abbastanza i caratteri, di non fare abbastanza impressione; perciò si ferma su tutto. Se invece di mostrarsi conoscitore degli uomini in genere, Manzoni avesse voluto spiegarci solamente i misteri di quel pezzo d'uomo che è l'uomo morale, allora egli sarebbe stato sempre grande; ma allora non avrebbe fatto un romanzo. Manzoni talvolta lascia immaginar troppo al lettore, talvolta nulla; il suo tuono è il tuono d'un uomo superiore che si abbassa per giovare altrui, ma talvolta par non si abbassi che per piacere; e questo lo fa troppo lepido. La sua naturalezza è quasi sempre artifiziata, ma di un'arte sublime; le sue intenzioni vanno sempre al di là delle sue parole;

e per gustare molte espressioni, molti tratti, e lo spirito dominante dell'opera, bisognerebbe aver conosciuto l'Autore, dappresso. Si conosce più il libro dall'Autore, che non l'Autore dal libro.» A malgrado del bisticcio, si capisce quello che il Tommaseo voleva dire; egli era stato in casa Manzoni, avea letto in casa sua i *Promessi Sposi* prima che si pubblicassero, ed era di quelli che potevano legger molto fra le linee. L'articolo che il Tommaseo amico osò stampare in Firenze, quando il Manzoni si trovava con la sua famiglia festeggiato, ammirato, invidiato forse anco, non è punto simpatico, e ci lascia facilmente supporre quali altri giudizii il Tommaseo dovesse permettersi contro il romanzo nei privati discorsi, prima che si pubblicasse. Quelle censure anticipate, per la maggior parte ingiuste e piene di sofisticherie, irritarono, senza dubbio, il Manzoni, al quale vennero riportate; perciò, nell'ultimo foglio del suo romanzo, poco prima di mandarlo in giro, egli volle inserire una sua pagina tutta significativa: il lettore di romanzi che arriva al fine de' *Promessi Sposi* ed intende che quella Lucia e quel Renzo, ai quali o poco o molto s'è affezionato, vanno a finire in un paese, dove non sono poi bene accolti, ha un po' ragione di mettersi di malumore contro l'Autore, che non seppe immaginare alcun'altra miglior conclusione; ma, se il lettore di romanzi è persona intelligente, la quale più de' casi straordinarii di un eroe o di un'eroina sappia ammirar l'arte, con la quale l'Autore crea, egli passerà invece, tosto, dal breve malumore ad una viva e durevole ammirazione. Dopo il cenno che ho qui fatto sopra il modo singolare con cui si preparò in Milano la stampa de' *Promessi Sposi*, tutti possono intendere la finezza di questa pagina, che si può pertanto tornare a rileggere: «Il parlare che, in quel paese, s'era fatto di Lucia, molto tempo prima che la ci arrivasse, il saper che Renzo aveva avuto a patir tanto per lei, e sempre fermo, sempre fedele; forse qualche parola di qualche amico parziale per lui e per tutte le cose sue, avevan fatto nascere una certa curiosità di veder la giovine, e una certa aspettativa della sua bellezza. Ora sapete come è l'aspettativa: immaginosa, credula, sicura; alla prova poi, difficile, schizzinosa; non trova mai tanto che le basti, perchè, in sostanza, non sapeva quello che si volesse; e fa scontare senza pietà il dolce che aveva dato senza ragione. Quando comparve questa Lucia, molti, i quali credevan forse che dovesse avere i capelli proprio d'oro, e le gote proprio di rosa, e due occhi l'uno più bello dell'altro». e che so io? cominciarono a alzar le spalle, ad arricciare il naso, e a dire: «Eh! l'è questa? Dopo tanto tempo, dopo tanti discorsi, s'aspettava qualche cosa di meglio. Cos'è poi? Una contadina come tant'altre. Eh! di queste e delle meglio ce n'è per tutto.» Venendo poi a esaminarla in particolare, notavan chi un difetto, chi un altro; e ci furon fin di quelli che la trovavan brutta affatto. Siccome però nessuno le andava a dir sul viso a Renzo queste cose, così non c'era gran male fin lì. Chi lo fece il male, furon certi tali che gliene rapportarono; e Renzo, che volete? ne fu tocco sul vivo. Cominciò a ruminarci sopra, a farne di gran lamenti, e con chi gliene parlava, e più a lungo tra sè «E cosa v'importa a voi altri? E chi v'ha detto d'aspettare? Son mai venuto io a parlarvene? a dirvi che la fosse bella? E quando me lo dicevate voi altri, v'ho mai risposto altro, se non che era una buona giovine? È una contadina! V'ho detto mai che v'avrei menato qui una principessa? Non vi piace? non la guardate. N'avete delle belle donne? guardate quelle.» E vedete un poco come alle volte una corbelleria basta a decidere dello stato di un uomo per tutta la vita. Se Renzo avesse dovuto passar la sua in quel paese, secondo il suo primo disegno, sarebbe stata una vita poco allegra. A forza d'esser disgustato, era ormai diventato disgustoso. Era sgarbato con tutti, perchè ognuno poteva essere uno de' critici di Lucia. Non già che trattasse proprio contro il Galateo; ma sapete quante belle cose si possono fare senza offender le regole della buona creanza; fino sbudellarsi. Aveva un non so che di sardonico in ogni sua parola; in tutto trovava anche lui da criticare, a segno che, se faceva cattivo tempo due giorni di seguito diceva: «Eh già, in questo paese!»[161] Vi dico che non eran pochi quelli che l'avevan già preso a noia, e anche persone che prima gli volevan bene; e col tempo, d'una cosa nell'altra, si sarebbe trovato, per dir così, in guerra con quasi tutta la popolazione, senza poter forse nè anche lui conoscer la prima cagione di un così gran male.» Così il Manzoni pigliava non due, ma tre colombi ad una fava; conchiudeva la sua storia in un modo certamente insolito, per quanto sia sembrato umile; alludeva forse ai discorsi che si fecero in Milano intorno alla sua sposa, quando egli la menò dal contado bergamasco in Milano; e dava una sferzata allegra a que' critici impazienti, che si preparavano a gettare il discredito sul libro prima che venisse pubblicato.

Io potrei ora proseguire questa indagine biografica manzoniana sopra i *Promessi Sposi*, ma temerei recarvi tedio. Non terminerò tuttavia senza avvertire come l'ottimo commento ai *Promessi Sposi* si possa fare soltanto a Lecco. Chi voglia ammirare veramente tutta la potenza artistica dell'ingegno manzoniano deve recarsi sopra la scena stessa del romanzo. Non mai si è rivelata meglio la virtù d'uno scrittore a idealeggiare il reale. Quello che il Manzoni aveva fatto degli uomini, lo fece pure de' luoghi; col suo genio plastico gli espresse, con la sua fantasia poetica li sollevò, col suo proprio sentimento diede loro una tinta calda ed un calore simpatico. Il Manzoni, io l'ho già detto, aveva dovuto con suo grave dolore vendere la propria palazzina detta il *Caleotto* che sorge presso Lecco (ove il Manzoni possedeva pure alcune terre, come il suo Renzo un orto), in faccia ad Acquate ed al bel Resegone, e sovrasta all'Adda. V'è una leggenda a Lecco, che io vi ripeto come la intesi: secondo essa, dopo la vendita dolorosa de' beni paterni, il Manzoni non sarebbe più tornato a Lecco, ma a ricordo de' vecchi, un giorno, nel tempo in cui egli

---

[161] Si confronti quello che fin da giovine il Manzoni scriveva da Parigi a' suoi amici lombardi, e ciò che la moglie scriveva di lui nel 1820 al Tosi. Probabilmente il Manzoni avrà parecchie volte prima della pubblicazione de' *Promessi Sposi* lamentata la indifferenza, la malignità italiana, la quale doveva rincrescergli tanto più dopo essere stato ammirato dal Fauriel e dal Goethe.

scriveva i *Promessi Sposi*, una vettura si sarebbe fermata in vista del *Caleotto* e di Acquate; in quella vettura vogliono che si trovasse il Manzoni, e che alla vista de' cari luoghi della sua infanzia abbia dato in uno scoppio di pianto, e mancatogli il coraggio di scendere, egli sia invece ripartito prontamente per Milano, per sottrarsi alla vivezza del dolore subitamente provato. Sia storia o storiella, questo racconto esprime, in ogni modo, il sentimento vivissimo che il Manzoni aveva, senza dubbio, del panorama incantevole ch'egli aveva più volte, essendo fanciullo, ammirato dal suo *Caleotto*. Si direbbe che di là tutti i luoghi principali de' *Promessi Sposi* non solo s'abbracciano con gli occhi, ma si pigliano, per così dire, con le mani. La viottola, per la quale passeggiava Don Abbondio, la chiesa d'Acquate, la casa di Agnese e di Lucia, la palazzina di Don Rodrigo, il Resegone, il convento di Pescarenico, il passo del Bione, le rovine del supposto castello dell'Innominato, tutto si spiana alla vista di chi contempli la scena ridente e svariata dal *Caleotto*. Chi visita ora que' luoghi li trova certamente bellissimi; ma bisogna proprio visitarli per vedere coi proprii occhi, con piena evidenza, quale meraviglioso artista, quale stupendo poeta anche scrivendo in prosa siasi rivelato il Manzoni[162]. Nessuno che legga i *Promessi Sposi* in vista d'Acquate troverà una sola linea che si discosti dal vero; ma la poesia di quel vero prima di lui l'aveva forse sentita in parte qualcuno, egli la sentì e la espresse tutta; ecco dunque, in qual modo il Manzoni è stato verista; ecco in qual modo io vorrei pure che lo diventassimo noi tutti, imparando nel tempo stesso da lui a fare molto con assai poco e non viceversa assai poco con molto. Di montagne come il Resegone se ne trovano certamente in Italia parecchie altre; ma quella è la montagna d'Acquate, cioè del villaggio, ove Renzo e Lucia son nati e cresciuti; tutti i loro ricordi, tutti i loro affetti sono là, ma un signore prepotente viene a cacciare dal loro tetto, dal loro nido e disperde nell'esiglio i

---

[162] Colgo l'occasion per ringraziare l'egregio Antonio Ghislanzoni che mi fu guida intelligente e simpatica nel mio pellegrinaggio artistico ai luoghi manzoniani.

giovani fidanzati; allora il Resegone appare più bello, più grande, più poetico di tutti gli altri monti, perchè quel monte vuol dire ai fuggiaschi la patria; ed ecco, in qual modo naturale, il Manzoni converte l'addio di una povera contadina al suo villaggio in un vero inno commovente dell'esule italiano alla patria.

XIX.

IL MANZONI E LA CRITICA.

Appena che i *Promessi Sposi* si pubblicarono, il pubblico li comprò e li lesse avidamente[163]: se ne fecero subito in tutte le provincie d'Italia ristampe, in Francia, in Germania, in Inghilterra traduzioni. Il pubblico lesse ed ammirò; parecchi nobilissimi ingegni sacrarono tosto con parole di vero entusiasmo il capolavoro della moderna prosa italiana; i soli letterati di professione, facendo il loro solito invido mestiere, criticarono indegnamente. Ma il pubblico, come spesso accade, non gli ascoltò; i *Promessi Sposi* diventarono, in poco tempo, classici; i luoghi descritti nel romanzo parvero degna mèta di nuovi pellegrinaggi ideali; i tipi de' *Promessi Sposi* diventarono tutti popolari; il romanzo parve così poetico, che un Del Nobolo si provò pure a mettere quella storia in versi; la pittura, la musica s'impadronirono di quel tèma popolare, reso illustre da una mente sovrana; fino ad oggi le edizioni italiane del romanzo superano le centocinquanta. Nessun libro italiano è forse mai stato letto di più; e pure è singolare che oggi, dopo oltre cinquant'anni, ci siano ancora da scoprire nc' *Promessi Sposi* tante finezze, tante bellezze che erano passate intieramente inosservate. Un commento ai *Promessi Sposi* rimane ancora da farsi e non può mancare. Il libro è assai piano, e non sembra abbisognarne: e pure confido che quanto ne sono venuto dicendo fin qui, abbia già convinto alcuno di voi che in questa come in tutte le opere del genio si può sempre

---

[163] Milleseicento erano stali i soscrittori; in pochi giorni nella sola Milano se ne spacciarono oltre seicento copie. Dalla *Bibliografia Manzoniana* del Vismara (Milano, Paravia) rileviamo che fino all'anno 1875 erano state fatte ben 118 edizioni italiane separate de' *Promessi Sposi*, 17 edizioni tedesche, 19 edizioni francesi, 10 edizioni inglesi; esistono inoltre traduzioni spagnuole, greche, olandesi, svedesi, russe, ungheresi, ec. Non si contano qui 86 edizioni italiane delle opere varie del Manzoni, nelle quali si comprendono pure i *Promessi Sposi*.

scoprire qualche abisso inesplorato. L'antico bisticcio del Tommaseo avrebbe potuto da lungo tempo spingere i lettori a questa maniera d'indagini; ma, o non vi si pose mente, non vedendosi altro in quel giuoco di parole che il giuoco stesso e non l'occasione che gli avea dato mouvo, o, vivo Manzoni, nessuno osò andare a cercar l'Autore nel libro. Dopo la sua morte, si raccolsero parecchi de' suoi motti, si ricordò qualche suo discorso, si pubblicarono alcune sue lettere; ma a rileggere criticamente tutto intiero il libro de' *Promessi Sposi*, dico a rileggerlo per il pubblico, non s'è pensato ancora; ed è cosa assai strana, fra tanto consenso di ammirazione, che non solo dura, ma cresce sopra la tomba del grande Milanese. I *Promessi Sposi* li rileggiamo volentieri, perchè ad ogni nuova lettura ci pare d'intenderli e di gustarli meglio; ma, quanto maggiore sarà questo nostro diletto, se noi potremo d'ora in poi leggere quelle tante altre belle cose che il Manzoni nascose prudentemente fra riga e riga, ed alle quali non avevamo fin qui posto mente! Ricordiamoci ch'è del Manzoni e che si trova per l'appunto ne' *Promessi Sposi* quella similitudine fra i segni del vasto saccheggio fatto nella parrocchia di Don Abbondio accozzati insieme nel focolare e «molte idee sottintese, in un periodo steso da un uomo di garbo.»

Dicono che Walter Scoti, venuto a Milano, cercasse tosto del Manzoni, per rallegrarsi con lui del suo bel romanzo, e che il Manzoni, il quale definì un giorno lo Scott «l'Omero del romanzo storico,» con modestia rispondesse ai primi complimenti: «Se i miei *Promessi Sposi* hanno qualche pregio, sono opera vostra, tanto sono il frutto del lungo mio studio sui vostri capolavori.» Il grande Romanziere scozzese sentì tosto ciò che vi era di eccessivo in quella modestia, e tagliò corto, a quanto si narra (il Carducci pone in dubbio il racconto stesso), con una risposta non meno spiritosa che eloquente, la quale non ammetteva replica: «Or bene, in questo caso dichiaro che i *Promessi Sposi* sono il mio più bel romanzo.»

Carlo Cattaneo, forte ingegno lombardo, che non partecipava punto delle idee della scuola manzoniana, anzi le combatteva, parlando un giorno col professor De Benedetti, dichiarava ch'egli non conosceva alcuno scrittore più originale del Manzoni, perchè in nessun altro scrittore si vedono come nel Manzoni armonizzate due qualità che di consueto si escludono, la pietà e la satira.

Ho riferito l'opinione d'un rivale e quella d'un dissidente; gioverà ancora ascoltare quella di un nobile avversario.

Il Sismondi, contro il quale il Manzoni avea composto il suo libro sopra la *Morale cattolica*, scrivendo nel 1829, da Ginevra, a Camillo Ugoni, esprimevasi in questi termini sopra il Manzoni: «Je suis enchanté d'apprendre que vous préparez une novelle édition de ses oeuvres; c'est un homme d'un beau talent et d'un noble caractère. J'apprends avec bien de chagrin qu'au lieu de préparer quelque nouvel ouvrage dans le genre du roman historique dont il a fait un présent a l'Italie, il écrit au contraire un grand livre contre ce genre d'ouvrages. Il y avait da génie dans ses *Promessi Sposi*, il y avait en même temps l'exemple da genre de lecture qui peut, en dépit de la censure, faire l'impression la plus générale et la plus utile sur le public italien.»[164]

Ma il Manzoni doveva essere originale in tutto; egli avea promesso a vent'anni di mirar sempre alla *salita*, ma che egli

---

[164] Il poeta Niccolini che lagnavasi di essere santamente abborrito dal Manzoni, cosa non vera, poichè il Manzoni non odiava alcuno e faceva invece grande stima del Niccolini, {Parlando il Manzoni delle tragedie del Niccolini al professor Corrado Gargialli che gli dedicava un volume delle tragedie niccoliniane, gli scriveva: «La minore delle mia inferiorità rispetto al Niccolini come autore di tragedie è nel numero.»} confessava pur tuttavia che un solo scrittore italiano avea potenza di farlo pensare, e che questo solo era il Manzoni. In bocca d'un rivale una tale confessione è preziosa e dice molto. Ma il Manzoni faceva pensare, perchè pensava sempre, prima di dire o di fare checchessia; anzi egli pensava troppo. Le sue parole avevano tutte un gran senso: ond'è veramente a dolersi che tante siano volate via, senza che alcuno abbia provveduto a raccoglierle ed a metterle insieme. Una vita di ottantotto anni, de' quali più di settanta vissuti con una piena coscienza di sè, con una ferma volontà diretta ad un alto segno, piena di alti pensieri, quanto sarebbe istruttiva se si potesse conoscere intimamente!

sarebbe caduto sopra una via propria, sulla sua propria orma, quando avesse dovuto cadere. Appena composti i *Promessi Sposi*, vedendo il pericolo che si correva a passare per creatore del romanzo storico in Italia, e ad esser tenuto complice di tutti i pretesi romanzi storici che si sarebbero pubblicati dopo il suo, ebbe un'idea *poetica*. Adopero la parola *poetica* nel modo, in cui piaceva adoprarla a Renzo. Vi ricordate la scena dell'osteria? Un giuocatore dice che le penne d'oca, con le quali si scrive, sono in mano de' signori, perchè sono essi che mangiano le oche, ed è giusto che s'ingegnino a far qualche cosa anche delle penne. Si ride, e Renzo esclama: «To' è un poeta costui. Ce n'è anche qui de' poeti; già ne nasce per tutto. N'ho una vena anch'io, e qualche volta ne dico delle curiose..., ma quando le cose vanno bene.» L'Autore soggiunge: «Per capire questa baggianata del povero Renzo, bisogna sapere che, presso il volgo di Milano, e del contado ancora più, poeta non significa già, come per tutti i galantuomini, un sacro ingegno, un abitator di Pindo, un allievo delle Muse, vuol dire un cervello bizzarro e un po' balzano che, ne' discorsi e ne' fatti, abbia più dell'arguto e del singolare che del ragionevole. Tanto quel guastamestieri del volgo è ardito a manomettere le parole, e a far dir loro le cose più lontane dal loro legittimo significato! Perchè, vi domando io, cosa ci ha che fare poeta con cervello balzano?» Il Manzoni dovette sentirsi dare a quel modo del poeta, e non da sole persone del volgo. Quando egli stava correggendo i *Promessi Sposi*, cioè nel luglio del 1824, dopo avere scritto una bella lettera scherzosa a monsignor Tosi, conchiude: «Ma io m'accorgo che lo scherzo eccede e che la mia pensata di non dirle seriamente quello che io sento, per timore d'essere poco rispettoso, è stata veramente, com'Ella dice qualche volta, *poetica*. Perdoni Ella davvero questa scappata d'un *cervello* che Ella conosce per *balzano*, la perdoni alla vivezza d'un sentimento che aveva proprio bisogno di sfogo.» Queste parole sono il commento più autentico che si possa desiderare a quel brano veramente *poetico* dei *Promessi Sposi*.

Il Manzoni dovea temere i suoi pedissequi, non meno forse che il pericolo d'esser preso egli stesso per un pedante che camminasse sulle traccie altrui. Per i grandi egli aveva un *rationabile obsequium*; Virgilio, Dante, lo Shakespeare, il Voltaire, il Goethe ammirava, ma sentendosi abbondanza d'ingegno originale, non si provò mai, dopo il Carme per l'Imbonati e l'*Uranio*, ad imitarli. Concepì il romanzo come un lavoro nuovo e *sui generis*, anzi, tutto proprio, e nell'anno medesimo in cui l'ebbe terminato, che fu, come s'è già detto, il 1823, diresse al marchese Alfieri una lunga lettera sul *romanticismo*, la quale rimase allora inedita, ma che ci pare molto eloquente. Compiuto un lavoro destinato a diventar classico, ecco in qual modo egli ragionava intorno ai Classici: «Gli antichi, o almeno i più lodati di essi, sono stati appunto eccellenti, perchè cercavano la perfezione nel soggetto stesso che trattavano, e non nel rassomigliare a chi ne aveva trattati di simili; e quindi per imitarli nel senso più ragionevole e più degno del vocabolo, bisognava appunto non cercare d'imitarli nell'altro senso servile. Chè molte cose de' Classici erano piaciute, perchè avevano trovato negl'intelletti una disposizione a gustarle, nata da circostanze, da idee, da usi particolari che più non sono. Che, fra i moderni stessi, più vantati son quelli che non imitarono, ma crearono; o, per parlare un po' più ragionevolmente, seppero scoprire ed esprimere i caratteri speciali, originali, degli argomenti che presero a trattare; vi è un po' di contradizione nel dire: prendete a modelli quegli scrittori che furono sommi, perchè non presero alcun modello.» Egli non può tollerare l'impero delle leggi stabilite, con molto arbitrio, dai retori. «Ricevere (egli esclama) senza esame; senza richiami, leggi di tali, e così create, è cosa troppo fuori di ragione. E quale infatti (aggiungeva) è l'effetto più naturale del dominio di queste regole? Di distrarre l'ingegno inventore dalla contemplazione del soggetto, dalla ricerca de' caratteri proprii ed organici di quello, per rivolgerlo e legarlo alla ricerca e all'adempimento di alcune condizioni talvolta affatto estranee al soggetto, e quindi d'impedimento a ben trattarlo. Una delle lodi che noi Italiani in ispecie diamo ai poeti che più siamo in uso di lodare, non è ella forse dell'aver eglino abbandonate le norme comuni, dell'essersi resi superiori a quelle, dell'avere scelta una via non tracciata, non preveduta, nella quale la critica non aveva ancor posti i suoi termini, perchè non la conosceva, e il genio solo doveva scoprirla? Se essi dunque hanno fatto così bene, prescindendo dalle regole, perchè ripeteremo sempre che le regole sono la condizione essenziale del far bene?» E sopra questo argomento della ragionevolezza nell'ammirazione egli ritorna ancora con altre parole: «L'ammirazione pe' sommi lavori dell'ingegno è certamente un sentimento dolce e nobile; una forza non so se ragionevole, ma tuttavia universale, ci porta a gustare più ancora un tal sentimento, quando gl'ingegni che lo fanno nascere sono nostri concittadini. Ma l'ammirazione non deve mai essere un pretesto alla pigrizia, voglio dire che non deve mai inchiudere l'idea di una perfezione che non lasci più nulla da desiderare nè da fare. Nessun uomo è tale da chiudere la serie delle idee in nessuna materia; e come nelle opere della produzione materiale, così in quelle dell'ingegno, ogni generazione deve vivere del suo lavoro, e risguardarsi il già fatto come un capitale da far fruttare con nuovi trovati, non come una ricchezza che dispensi dall'occupazione.»

Egli scrive dunque a suo modo un libro che si battezza come un *romanzo storico*; così tuttavia non l'ha battezzato egli; egli ha fatto un libro originale che fu ascritto tra i romanzi originali; ma *il suo* romanzo storico è tale che si può dire di esso:

Manzoni il fece e poi ruppe lo stampo.

Vennero numerosi imitatori: nessuno, non esclusi i migliori, come il Varese, il Bazzoni, l'Azeglio, il Grossi, il Cantù, riuscirono a darci un romanzo *manzoniano*; chi si avvicinò di più, per alcune parti, al tipo, fu Giulio Carcano con la sua *Angiola*

Maria; ma questa, più ancora che i *Promessi Sposi*, arieggia il *Vicario di Wakefield* del Goldsmith. Il Manzoni previde il caso, e col suo bravo discorso contro il Romanzo storico mise, come suol dirsi, le mani innanzi, per non venire confuso co' suoi probabilmente numerosi seguaci, che si credettero e non furono e non potevano essere imitatori. Egli non può naturalmente, per modestia, parlare di sè; ricorre quindi ad un altro esempio illustre, ed esclama: «Mi sapreste indicare, tra le opere moderne e antiche, molte opere più lette e con più piacere e ammirazione dei romanzi storici di un certo Walter Scott? Voi volete dimostrare, con questo e con quell'argomento, che non doveano poter produrre un tal effetto. Ma se lo producono! - Che quei romanzi siano piaciuti, e non senza di gran perchè, è un fatto innegabile, ma è un fatto di quei romanzi, non il fatto del romanzo storico.» Con questo argomento egli salva il proprio libro dal naufragio, in cui si accorge che tutti i romanzi storici devono andare perduti; e meglio ancora da questo argomento, che richiede sempre il sussidio della prova, lo salva, fuor di ogni dubbio, la creazione di alcuni tipi; il poeta creatore di tipi salva il romanziere. Non si domanda, invero, nè importa sapere in qual secolo, in qual villaggio precisamente, Don Abbondio abbia vissuto; ciò che rileva è che si abbia in lui rappresentato al vivo un certo carattere umano, un certo tipo di parroco italiano. Il romanzo può perire; Don Abbondio e l'artista che lo scolpì, vivranno immortali. Ma il genere, insomma, è proprio falso. «Un gran poeta e un gran storico (disse con ragione il Manzoni sentendo sè stesso) possono trovarsi, senza far confusione, nell'uomo medesimo, ma non nel medesimo componimento. - Il positivo non è, riguardo alla mente, se non in quanto è conosciuto; o non si conosce se non in quanto si può distinguerlo da ciò che non è lui; e quindi l'ingrandirlo con del verosimile non è altro, in quanto all'effetto di rappresentarlo, che un ridurlo a meno, facendolo in parte sparire. Ho sentito parlare di un uomo più economo che acuto, il quale si era immaginato di poter raddoppiare l'olio da bruciare, aggiungendoci altrettanta acqua. Sapeva bene che, a versarcela semplicemente sopra, l'andava a fondo, e l'olio tornava a galla; ma pensò che, se potesse immedesimarli mescolandoli e dibattendoli bene, ne resulterebbe un liquido solo, e si sarebbe ottenuto l'intento. Dibatti, dibatti, riuscì a farne un non so che di brizzolato, di picchiettato che scorreva insieme, ed empiva la lucerna. Ma era più roba, non era olio di più; anzi, riguardo all'effetto di far lume, era molto meno. E l'amico se ne avvide, quando volle accendere lo stoppino.» Quando il Manzoni ebbe pubblicato il suo Discorso contro il Romanzo storico - *Siamo fritti!* - scriveva Tommaso Grossi a Cesare Cantù. E si capisce che, dopo avere pensato e scritto un tale discorso, ove ogni pagina, anzi ogni parola rivela una profonda persuasione, egli non si sarebbe mai accinto a scrivere un secondo libro sul tipo dei *Promessi Sposi*. Prima di tutto, un libro simile non può essere altrimenti che unico per uno scrittore e per una letteratura. Concepite, se vi riesce, due *Iliadi* per la Grecia, due *Divine Commedie* per l'Italia, due *Amleti* per l'Inghilterra, due *Faust* per la Germania, due *Don Chisciotti* per la Spagna; l'uno dei due deve essere una freddura o una caricatura. Così non si può dare in Italia un altro libro simile ai *Promessi Sposi*, e il Manzoni avea troppo buon senso per immaginarsi di poterlo scrivere; egli non era, per dire il vero, un grande ammiratore del Tasso; anzi è strano il disprezzo che mostrò a questo nostro grande e infelice ingegno; ma, se ammirava qualche cosa in lui, la *Gerusalemme Conquistata* dovea parergli una grande miseria nel confronto della *Gerusalemme Liberata*. Egli dunque non avrebbe mai commesso lo sbaglio di comporre un secondo poema, o sia un secondo romanzo; ma nel capitolo 22 del suo romanzo si era letto questo passo, relativo alla storia della Colonna infame ed agli Untori: «È parso che la storia potesse esser materia di un nuovo lavoro. Ma non è cosa da uscirne con poche parole; e non è qui il luogo di trattarla con l'estensione che merita. E, oltre di ciò, dopo essersi fermato su quei casi, il lettore non si curerebbe più certamente di conoscere ciò che rimane del nostro racconto. Serbando però a un altro scritto la storia e l'esame di quelli, torneremo finalmente ai nostri personaggi.»

Fu uno sbaglio quella pubblica promessa; poichè si trovarono subito, non so se speculatori o spigolatori, o l'uno e l'altro insieme, che gli sfiorarono l'argomento, così chiaramente indicato alla curiosità del pubblico, di maniera che quando il Manzoni ebbe pronta la sua *Storia della Colonna infame*, troppi dei documenti ch'egli aveva esaminati il primo, aveano già vista la luce. E poi il pubblico s'era immaginato da quella aperta promessa, e dalla lunga aspettativa, che sarebbe uscito un nuovo racconto; quando, invece, s'accorse di che si trattava, esso si credette burlato, e mormorò, quantunque il Manzoni l'avesse, con onesta previdenza, messo subito sull'avviso, scusandosi da sè stesso della soverchia curiosità, con cui s'era attesa la *Storia della Colonna infame*. «In una parte (egli scrive) dello scritto precedente (*I Promessi Sposi*), l'Autore aveva manifestata l'intenzione di pubblicare la storia; ed è questa che presenta al pubblico, non senza vergogna, sapendo che da altri è stata supposta opera di vasta materia, se non altro, e di mole corrispondente. Ma, se il ridicolo del disinganno deve cadere addosso a lui, gli sia permesso almeno di protestare che nell'errore non ha colpa, e che, se viene alla luce un topo, lui non aveva detto che dovessero partorire i monti.» Il Manzoni, proseguendo l'opera di Pietro Verri che nel secolo innanzi aveva scritto le *Osservazioni sulla Tortura*, voleva fare inorridire per le iniquità dei sistemi di procedura, insistendo sul processi degli Untori, non tanto per far prendere in odio la tortura già scomparsa, quanto per rendere odiosi i processi che l'ignoranza rende ancora sempre arbitrarii e fallaci. «Noi (egli scrive), proponendo a lettori pazienti di fissar di nuovo lo sguardo sopra errori già conosciuti, crediamo che non sarà senza un nuovo e non ignobile frutto, se lo sdegno e il ribrezzo che non si può non provarne ogni volta, si rivolgeranno anche, e principalmente, contro passioni che non si posson bandire come falsi sistemi, nè abolire come cattive istituzioni, ma render meno potenti e meno funeste, col riconoscerle ne' loro effetti e detestarle.» Si meraviglia il Manzoni e si duole e s'arrabbia ad una volta che, per un secolo e mezzo, non pur dal volgo, ma da uomini dotti ed onesti siasi non pur creduto agli Untori, ma diffusa per gli scritti l'opinione che gli Untori esistessero, e che fosse carità e giustizia il perseguitarli. «Se non che (osserva il Manzoni) anche quella indegnazione alla rovescia, anche il dispiacere che si deve provare nel riconoscerla, porta con sè il suo vantaggio, accrescendo l'avversione e la diffidenza per quell'usanza antica e non mai abbastanza screditata di ripetere senza esaminare, e se ci si lascia passar quest'espressione, di mescere al pubblico il suo vino medesimo, alle volte quello che gli ha già dato alla testa.»

I processi erano condotti con la ferma intenzione di trovare materia di condanna, e di provare ad ogni costo la reità dell'accusato. A proposito del Mora, il quale sotto la tortura si confessa reo, il Manzoni osserva: «Così eran riusciti a far confermare al Mora le congetture del birro, come al Piazza le immaginazioni della donnicciola; ma in questo secondo caso con una tortura illegale come nel primo con un'illegale impunità. L'armi eran prese dall'arsenale della giurisprudenza; ma i colpi eran dati ad arbitrio e a tradimento.» Il Manzoni mirava evidentemente a colpire con queste parole la pretesa legalità dei processi politici austriaci, ai quali premeva provare la reità degli accusati; sopra questi processi si dovea poi scrivere la storia. Ora noi vediamo quale opinione avesse il Manzoni degli storici ufficiali, quando leggiamo quello che egli scriveva intorno al Ripamonti: «Il Ripamonti era istoriografo della città, cioè uno di quegli uomini, ai quali, in qualche caso, può esser comandato e proibito di scriver la storia.» Così egli fa una critica degli storici, quando giustifica sè d'aver fatto la storia di povera gente: «I giudizii criminali e la povera gente, quand'è poca, non si riguardano come materia propriamente della storia.»

Nella seconda parte del suo scritto, il Manzoni cogliendo l'occasione che gli si offre di cercare quello che gli storici avean detto degli Untori, intraprende pure una critica eruditamente demolitrice di Pietro Giannone, storico audacemente plagiario, e la conchiude con queste parole: «Chi sa quali altri furti non osservati di costui potrebbe scoprire chi ne facesse ricerca; ma quel tanto che abbiam veduto d'un tal prendere da altri scrittori, non dico la scelta e l'ordine de' fatti, non dico giudizii, l'osservazioni, lo spirito, ma le pagine, i capitoli, i libri, è sicuramente, in un autor famoso e lodato, quel che si dice un fenomeno. Sia stata, o sterilità, o pigrizia di mente, fu certamente rara, come fu raro il coraggio, ma unica la felicità di restare, anche con tutto ciò (fin che resta), un grande uomo. E questa circostanza, insieme con l'occasione che ce ne dava l'argomento, ci faccia perdonare dal benigno lettore una digressione, lunga, per dir la verità, in una parte accessoria di un piccolo scritto.»

Dopo aver citato i versi del Parini, che fanno eco alla tradizione popolare degli Untori e della Colonna infame:

> O buoni cittadin, lungi, che il suolo
> Miserabile infame non v'infetti,

Il Manzoni soggiunge. «Era questa veramente l'opinione del Parini? Non si sa; e l'averla espressa così affermativamente bensì, ma in versi, non ne sarebbe un argomento; perchè allora era massima ricevuta che i poeti avessero il privilegio di profittar di tutte le credenze, o vere o false, le quali fossero atte a produrre un'impressione o forte o piacevole. Il privilegio! Mantenere e riscaldar gli uomini nell'errore, un privilegio! Ma a questo si rispondeva che un tal inconveniente non poteva nascere, perchè i poeti, nessun credeva che dicessero davvero. Non c'è da replicare; solo può parere strano che i poeti fossero contenti del permesso e del motivo.»

Noi abbiamo qui un Manzoni intieramente critico; il poeta creatore è scomparso. Ma quanta novità ed originalità pure in questa critica! quanta onestà e profondità d'intendimenti! quanta efficacia, quanta poesia, se si può dire, in questa stessa critica! Noi dobbiamo tuttavia, a nostra confusione, confessare che la *Storia della Colonna infame* come, in generale, tutte le prose critiche del Manzoni, in Italia fu letta da pochi e meditata da pochissimi; e che il Manzoni dovette anche una volta convenire che egli era stato meglio capito, in ogni modo, meglio apprezzato da un forestiero che dai proprii concittadini. In una lettera di ringraziamento ch'egli diresse, nell'anno 1843, al conte Adolfo di Circourt, noi leggiamo queste parole scritte in francese, lingua della quale egli aveva già dato splendido saggio nella sua bella lettera al Chauvet sopra le Unità drammatiche, pubblicata dopo una rispettosa critica del suo *Conte di Carmagnola*: «J'avais, effet, en travaillant au petit ouvrage que vous avez jugé avec tant d'indulgence, les intentions que vous exprimez si bien. Evènement isolé et sans relation avec les grands faits de l'histoire; acteurs obscurs, les puissants autant que les faibles; erreur sur laquelle il n'y a plus personne à détromper parmi ceux qui lisent; institutions contre lesquelles on n'a plus a se défendre: il m'avait semblé que sons tout cela il y avait pourtant encore un point qui touchait aux dangers toujours vivants de l'humanité, a ses intèrèts les plus nobles, comme aux plus matériels, a sa lutte perpétuelle sur la terre. Mais comme on aime beaucoup à viser, on se fait facilement des buts; et la persuasion la plus vive, qui par cela même pourrait n'être qu'engouement, le témoignage même de quelques amis dont le jugement, de grande autorité en toute autre occasion, pourrait être égaré par la sympathie, ne peuvent rassurer que faiblement contre la crainte de s'être trompé. C'est du public que l'on attend une assurance, non pas entière, mais plus ferme; et cette épreuve m'a été complètement défavorable. Quand ma petite histoire a paru, le silence (permettez-moi de ramener à un sens plus réel une expression que vous avez employée d'une manière trop bienveillante) le silence s'est fait; et la curiosité qui s'était assez éveillée dans l'attente a cessé tout d'un coup, non comme satisfaite, mais comme déçue. Jugez après cela, Monsieur, quel plaisir a dû me faire une voix inattendue et éloquente, qui a bien voulu me dire que je ne m'étais pas tout a fait trompé.»

Dopo la pubblicazione della *Storia della Colonna infame*, fuori de' suoi scritti sull'unità della lingua, il Manzoni non pubblicò altro. E pure il suo robusto e vivace ingegno si mantenne vegeto fino agli ultimi giorni della sua lunga vita,

Egli non iscrisse quasi più per la stampa; ma ogni giorno riceveva vecchi e nuovi amici, discorrendo coi quali il suo ingegno, simile a molla che scattasse, gittava luminose faville, e diffondeva idee così originali, che avrebbero, ciascuna per sè, potuto formar la fortuna di un libro e di un autore. Ed è veramente peccato che il Manzoni non abbia avuto presso di sè un Eckermann come il Goethe, per trascriverci i suoi quotidiani discorsi; se Carlo Porta, il Torti, il Grossi, il Tosi, il Giudici, il Sozzi, il Rosmini, il Cantù, il Carcano, il Rossari, il Ceroli, il Bonghi, il Rizzi e gli altri più intimi amici del Manzoni (non parlo della signora Blondel) avessero pensato a notare tutti i motti che uscirono dalla bocca del Manzoni, nessun libro più originale e più sapiente di quello che riunisse tutti quegli appunti sarebbe forse mai stato immaginato e composto. Le uscite manzoniane erano tutte impensate e quasi sempre felici. Lo stesso imbarazzo che il Manzoni provava talora nell'esprimersi, poichè qualche volta e ne' momenti per l'appunto che egli aveva una maggior fretta di parlare, gli accadeva di balbettare, aggiungeva una nuova forza alle parole che uscivano poi come palle esplodenti. E sopra quel suo difetto organico egli avea preso la buona abitudine di ridere il primo, per toglierne la volontà ed il pretesto agli altri.

«La balbuzie di Alessandro Manzoni (scrive Antonio Stoppani) non era una balbuzie di genere comune come sarebbe quella, per esempio, consistente in una specie di sincope momentanea dell'organo vocale.... Il Manzoni non era nemmeno di quelli che vanno soggetti a quella specie di paralisi mentale momentanea, per cui la parola, benchè comunissima, rifiuta di presentarsi nell'istante, in cui si ha bisogno di proferirla. «Io, diceva il Manzoni, la parola la vedo; essa è lì; ma non vuole uscirmi dalla bocca;» quando era in questo caso, troncava improvvisamente il discorso. «Se la si lascerà dire,» soggiungeva l'illustre paziente: e dopo questa specie di scongiuro, pronunciava senza difficoltà quella parola che prima s'era rifiutata assolutamente a pigliar forma sensibile nella sua bocca. Avendo Don Giovanni Béttega, ora parroco di Anzano, avuto occasione di presentargli, Alessandro Manzoni, giocando di parole sul cognome di quel bravo ecclesiastico che, pronunciato lungo, in dialetto lombardo vuol dire *balbetta*: «Lei, disse, ha il *nomen* ed io l'*omen*.» Nella lettera che scrisse al Briano per rinunciare alla deputazione, il Manzoni fece pure allusione alla sua balbuzie; ad un amico poi che gli domandava perchè non avea voluto esser deputato, egli, scherzando, rispondeva: «Poniamo il caso che io volessi parlare e mi volgessi al presidente per domandargli la parola, il presidente dovrebbe rispondermi: - Scusi, onorevole Manzoni, ma a lei la parola io non la posso dare. -»

Ma non è qui il luogo di raccogliere aneddoti, tanto più che il loro numero, se gli amici del Manzoni superstiti vorranno ricordarli e parlare, può divenire infinito. Ho qui solamente toccato di un difetto fisico del Manzoni solamente per mostrare come anche da esso il Manzoni abbia saputo trovar nuovo alimento alle sue inesauribili arguzie.

Molti venivano a domandargli pareri letterarii in iscritto, ma inutilmente.

Un parere scritto gli era pure stato chiesto, prima ch'esso pubblicasse le sue *Novelle*, dall'illustre poetessa piemontese Diodata Saluzzo, ed egli allora s'era schermito con queste parole: «Ella dee dunque sapere che io ho un'avversione estrema, come una specie di terrore, all'esprimere giudizio su cose letterarie, massime in iscritto, e a ridurre in breve i motivi; questa avversione nasce in me dall'incertezza o, dirò meglio, dalla improbabilità di farlo bene, e dalla difficoltà del farlo comunque. Il giudizio di una parola può essere, ed è sovente, derivato da principii di una grande generalità; di modo che non sia possibile motivarlo, nè quasi esprimerlo, senza espor quelli, cioè senza scarabocchiar molte pagine. Nel che sovente il lavoro materiale sarebbe ancora la più piccola faccenda; vi è questo di più che tali principii ponno essere, e sono sovente (parlo del fatto mio) tutt'altro che connessi, che certi, che distinti, puri e riducibili a formole precise e invariabili; e l'applicazione che pur se ne fa, è un tal quale intravvedimento; è quel che Dio vuole; ma pur lo si fa. E siccome questa incertezza o confusione è anche, per men male, riconosciuta sovente dall'intelletto, in cui è, così dove si vorrebbe un giudizio, spesso non si presenta che un dubbio, più difficile assai a mettere in parole, che non un giudizio. Queste difficoltà e altre congeneri (giacchè non voglio abusar troppo della licenza che le ho chiesta di riuscirle seccatore) si trovano a cento doppi più nello scritto che nella conversazione. Qui hanno luogo le espressioni più indeterminate, i periodi non formati, le parole in aria, formole cioè proporzionate a quella incertitudine e imperfezione d'idee; e tali formole hanno però un effetto, giacchè la parte stessa che si degna volere il giudizio altrui, viene in aiuto a chi ha da formarlo, dando mezzo, colle spiegazioni, colle risposte, a porre in forma il dubbio, a svolgere il giudizio che non era nella mente del giudicante che un germe confuso. Questa parolona di *giudicante* basta poi a farle ricordare gli alti motivi di avversione che ha e dee avere per un tale uffizio chi conosce la propria debolezza. Contuttociò non voglio dire che io non mi conduca a farlo qualche volta a viva voce con persone, a cui mi lega una vecchia famigliarità; nè ch'io non ardisca pur di farlo, comandato, con persona, per cui sento la più rispettosa stima; dandomi animo da una parte questa stima medesima che dall'altra mi tratterrebbe; che, quanto al pericolo di dire sproposito o di non saper bene cosa si dica, è poca cosa per chi protesta e avvisa innanzi tratto che probabilmente gli accadrà l'uno e l'altro.»

Così, quando accadeva al Manzoni di dover giudicare di una contesa letteraria e non averne voglia, egli dovea ricorrere press'a poco a quel famoso espediente, a cui, come dicemmo, si riferiva un suo amico di cara e onorata memoria, che gli raccontava una scena curiosa, della quale era stato spettatore molt'anni innanzi in casa d'un giudice di pace.

Il Manzoni imitò spesso la tattica di quel giudice di pace, ne' giudizii che gli toccò proferire, sedendo in tribunale; ma, a quattr'occhi, coi più intimi amici, diede sempre torto o ragione a chi l'aveva. Grande coraggio personale egli non ebbe forse mai; ma la sua mente ardita non si arrestò innanzi ad alcuna difficoltà, anzi le dominò sempre tutte come sovrana. Egli non avrebbe, per un esempio, mai scritta una riga da pubblicarsi in favore d'un libro del Tommaseo, o contro di esso; ma, quando egli pubblicava in Francia il romanzo *Fede e Bellezza*, ove l'eroe passa per molte avventure erotiche per arrivare poi ad una specie di gesuitica compunzione, il Manzoni lo definiva, in un crocchio d'amici, con due parole: *metà Giovedì grasso, metà Venerdì santo*. Al Borghi imitatore degl'*Inni Sacri* egli era stato, per lettere, generoso di lodi soverchie; se ne pentì in appresso, e ne' discorsi famigliari con gli amici temperò il soverchio in modo che il povero innaiuolo toscano ne rimaneva annientato. Fu invece largo sempre di lodi sincere al Grossi, al Rosmini, al Torti, al Giusti, a proposito del quale rispondeva a chi gli faceva osservare che anche in Toscana la lingua si va corrompendo, col parafrasare le parole della *Bibbia* relative a Sodoma e Gomorra: «Dieci Giusti bastano a salvare la città.»

Nel *Dialogo dell'Invenzione*, il Manzoni mette senza dubbio in iscena sè ed il Rosmini, sebbene non lo dica: anzi egli dà il nome di *Primo* all'uno, di *Secondo* all'altro, dicendo: «Guai a me se mettessi in piazza i loro nomi veri.» Il primo è senza dubbio, il Rosmini; il secondo, il Manzoni. Il secondo dice che l'artista crea, poi corregge che l'artista inventa. Il primo dimostra che nè crea nè inventa, poichè l'idea essendo semplice, non si compone, ma esiste per sè, è anteriore all'opera dell'artista e conduce il secondo per una serie di sillogismi stringenti, al fine de' quali il secondo deve darsi per vinto, ma domanda altro. Il primo osserva: «Tanto meglio se queste nostre chiacchiere vi lasciano la curiosità di conoscere più di quello che richiede la nostra questione, e soprattutto di quello che potrei dirvi. Vuol dire che studieremo filosofia insieme.» Il secondo conviene: «Insomma, bisogna studiarla questa filosofia.» Il primo soggiunge: «Fate di meno ora, se potete, con quelle poche curiosità che vi sono venute. Non fosse altro che l'ultima, quella che non v'ho nemmeno lasciata finir d'esprimere. Tutte queste idee.... avevate intonato; e infatti tante idee, tanti esseri eterni, necessarii, immutabili, aventi cioè gli attributi che non possono convenire se non a un Essere solo, non è certamente un punto, dove l'intelletto si possa acquietare. E nello stesso tempo, come negare all'idee questi attributi? E non v'è, di certo, uscito dalla mente neppure quell'altro fatto altrettanto innegabile, e altrettanto poco soddisfacente, dell'esser tante di queste idee comprese in una, che pure riman semplice e che potete fare entrare anch'essa in un'altra più estesa, più complessa; come potete da una di quelle farne uscire dell'altre moltiplicando, per dir così, e diminuendo, a piacer vostro, questi esseri singolari, senza potere né distruggerne nè predarne uno. Ora, quando il tornare indietro è impossibile, e il fermarsi insopportabile, non c'è altro ripiego che d'andare avanti. Non è poi un così tristo ripiego! È con l'andare avanti che si passa dalla moltiplicità all'unità, nella quale solo l'intelletto può acquietarsi fondatamente e stabilmente.»

E in questo concetto sovrano dell'unità che balenò alla mente manzoniana e la contenne, m'acquieterò anch'io per conchiudere che uno scrittore che bandi a vent'anni la formola poetica: «sentir e meditar», e le serbò fede costante nell'arte sua, non può venir letto superficialmente; egli conduceva tutte le forme del bello alla suprema unità del vero, o più tosto poneva il vero come base fondamentale di tutti i suoi edifizii poetici. Quanto a' suoi intendimenti civili e religiosi, essi non hanno propriamente che fare con l'arte sua; essi non le sono inerenti. Si può credere diversamente dal Manzoni; ma non si dovrebbe oramai concepire l'arte in modo diverso da quello, con cui egli l'ha trattata in modo non superabile ne' *Promessi Sposi*. Il Manzoni scrisse il suo capolavoro fra le discussioni dei Classici e dei Romantici che lo riconoscevano come loro caposcuola; la comparsa del capolavoro manzoniano troncò le discussioni; così le recenti battaglie combattute in Italia fra i così detti Veristi e Idealisti potranno aver fine, se nelle file degli uni o degli altri apparirà un altro genio capace di risolvere il problema con un altro capolavoro. Auguriamoci che questo genio nasca presto, e, intanto che s'aspetta, studiamo il Manzoni.

SOMMARIO